ACCESO GRATIS **a la Lectura en la Nube**

Para visualizar el libro electrónico en la nube de lectura envíe junto a su nombre y apellidos una fotografía del código de barras situado en la contraportada del libro y otra del ticket de compra a la dirección:

ebooktirant@tirant.com

En un máximo de 72 horas laborables le enviaremos el código de acceso con sus instrucciones.

NUEVAS PERSPECTIVAS JURÍDICAS ANTE LOS RETOS DEL MEDIO RURAL

REFLEXIONES DESDE LA ACADEMIA

NUEVAS PERSPECTIVAS JURÍDICAS ANTE LOS RETOS DEL MEDIO RURAL

REFLEXIONES DESDE LA ACADEMIA

Directores
Marcos Cruz González
Julia Lago Muñoz

tirant lo blanch
Valencia, 2026

En caso de erratas y actualizaciones, la Editorial Tirant lo Blanch publicará la pertinente corrección en la página web www.tirant.com.

EDITA: TIRANT LO BLANCH
C/ Artes Gráficas, 14 - 46010 - Valencia
TELFS.: 96/361 00 48 - 50
FAX: 96/369 41 51
Email: tlb@tirant.com
www.tirant.com
Librería virtual: www.tirant.es
DEPÓSITO LEGAL: V-4604-2025
ISBN: 979-13-7021-190-5

Si tiene alguna queja o sugerencia, envíenos un mail a: *atencioncliente@tirant.com*. En caso de no ser atendida su sugerencia, por favor, lea en *www.tirant.net/index.php/empresa/politicas-de-empresa* nuestro procedimiento de quejas.

Responsabilidad Social Corporativa: http://www.tirant.net/Docs/RSCTirant.pdf

Índice

ACCESO GRATIS **a la Lectura en la Nube**

Para visualizar el libro electrónico en la nube de lectura envíe junto a su nombre y apellidos una fotografía del código de barras situado en la contraportada del libro y otra del ticket de compra a la dirección:

ebooktirant@tirant.com

En un máximo de 72 horas laborables le enviaremos el código de acceso con sus instrucciones.

NUEVAS PERSPECTIVAS JURÍDICAS ANTE LOS RETOS DEL MEDIO RURAL

REFLEXIONES DESDE LA ACADEMIA

Procedimiento de selección de originales, ver página web:
www.tirant.net/index.php/editorial/procedimiento-de-seleccion-de-originales

NUEVAS PERSPECTIVAS JURÍDICAS ANTE LOS RETOS DEL MEDIO RURAL

REFLEXIONES DESDE LA ACADEMIA

Directores
Marcos Cruz González
Julia Lago Muñoz

tirant lo blanch
Valencia, 2026

EDITA: TIRANT LO BLANCH
C/ Artes Gráficas, 14 - 46010 - Valencia
TELFS.: 96/361 00 48 - 50
FAX: 96/369 41 51
Email: tlb@tirant.com
www.tirant.com
Librería virtual: www.tirant.es
DEPÓSITO LEGAL: V-4604-2025
ISBN: 979-13-7021-190-5

Si tiene alguna queja o sugerencia, envíenos un mail a: *atencioncliente@tirant.com*. En caso de no ser atendida su sugerencia, por favor, lea en *www.tirant.net/index.php/empresa/politicas-de-empresa* nuestro procedimiento de quejas.

Responsabilidad Social Corporativa: http://www.tirant.net/Docs/RSCTirant.pdf

Índice

CAPÍTULO I.

BREVE ANÁLISIS DE LA ESTRATEGIA DE SOSTENIBILIDAD DEMOGRÁFICA Y DINAMIZACIÓN TERRITORIAL DE CASTILLA Y LEÓN: UNA HISTORIA INTERMINABLE[1]

JOSÉ LUIS DOMÍNGUEZ ÁLVAREZ[2]
Profesor de Derecho Administrativo
Universidad de Salamanca
jldoal@usal.es

---

1 La presente contribución científica forma parte de los resultados del proyecto de I+D+i "Agricultura climática: marco regulatorio para la transición" (ACLIMATRA), liderado por el Prof. Dr. Marcos M. Fernando Pablo. Así mismo, el presente capítulo de libro se enmarca en la estancia de investigación desarrollada por el autor en la Faculdade de Direito da Universidade do Porto bajo la dirección de la Profa. Dra. Juliana Manuela Alves Ferraz Coutinho.

2 El autor forma parte actualmente del Consejo de Dinamización Demográfica de Castilla y León, designado como vocal experto por la Consejería de Medio Ambiente, Vivienda y Ordenación del Territorio de Castilla y León y quisiera agradecer el compromiso y la inestimable colaboración de Dña. Cristina Gredilla Cardero, Jefa del Servicio de Dinamización Demográfica de la Junta de Castilla y León, durante la realización de esta contribución científica.

RESUMEN: El presente estudio pretende examinar la propuesta de Estrategia para la Sostenibilidad Demográfica y Territorial de Castilla y León, ofreciendo una foto fija de las iniciativas más icónicas y relevantes en materia de sostenibilidad demográfica y dinamización territorial puestas en marcha recientemente por la Administración autonómica, al tiempo que pretende esbozar una serie de propuestas de *lege ferenda* con las que se aspira a arrojar luz sobre algunos de los desafíos más acuciantes que habitan en el corazón de las comunidades rurales castellanas y leonesas.

Palabras Clave: Reto demográfico; Castilla y León; Actividad de planificación

«Cada uno mira demasiado lo propio y olvida que hay cosas que son de todos y que hay que cuidar»

Miguel Delibes, *El Camino*

I. INTRODUCCIÓN

En los últimos años, la cuestión demográfica y territorial ha logrado permear en el sustrato político, institucional y administrativo, a medida que la crispación y el descontento social del campo se incrementaban llegando incluso a propiciar una oleada de movilizaciones capaz no solamente de paralizar las principales arterias urbanas, sino también de visibilizar el importante grado de dependencia que posee el entorno urbano del vilipendiado y maltrecho medio rural[3].

Como resultado, el elenco de Administraciones públicas ha destinado innumerables esfuerzos a diseñar los contornos propios de una auténtica política pública multinivel de reto demográfico y territorial[4], la cual por vez primera contempla un conjunto de inversiones reales y tangibles con las que se pretenden paliar las carencias propias de décadas de abandono

---

3 Así, en España se suceden una serie de manifestaciones y protestas agrícolas, en el marco de la conocida como «revuelta agrícola europea» desde el 6 de febrero de 2024 hasta inicios de junio del mismo año. Estas manifestaciones fueron apoyadas, por las principales organizaciones profesionales agrarias (OPAs) entre las que destacan la Unión de Uniones de Agricultores y Ganaderos (UdU), la Asociación Agraria Jóvenes Agricultores (ASAJA), la Coordinadora de Organizaciones de Agricultores y Ganaderos (COAG) o la Unión de Pequeños Agricultores y Ganaderos (UPA), así como por grupos de agricultores y ganaderos independientes, con el objetivo de animar a los agricultores y ganaderos españoles a manifestarse en contra de las políticas agrícolas restrictivas puestas en marcha por la Unión Europea, entre las más conocidas, la Política Agraria Común, el Pacto Verde Europeo o la Ley 16/2021, de 14 de diciembre, por la que se modifica la Ley 12/2013, de 2 de agosto, de medidas para mejorar el funcionamiento de la cadena alimentaria, las cuales también desencadenaron una gran serie de revueltas en países europeos vecinos como Francia, Alemania o Polonia, entre otros.

4 El mayor exponente de este esfuerzo institucional lo constituyen las Directrices Generales aprobadas en el Consejo de Ministros del 29 de marzo de 2019, las cuales plantean una Estrategia de carácter global y transversal, desde una perspectiva multidisciplinar y con la participación de todos los departamentos ministeriales, las comunidades autónomas, las ciudades con Estatuto de Autonomía y las entidades locales.

institucional, propiciadas por el repliegue, cuando no plena desaparición, de la acción social del Estado de Derecho[5].

Sin embargo, esta edificación de la política pública de reto demográfico y territorial no ha experimentado la misma evolución y desarrollo en todos los territorios como atestigua la experiencia castellano y leonesa, una de las pocas Comunidades Autónomas que destaca por no estar en disposición actualmente ni de instrumentos programáticos ni normativos[6] en la materia, a pesar de que la cuestión demográfica y territorial se presenta aquí como uno de los grandes e impostergables desafíos a afrontar[7]. Sin embargo, en los últimos tiempos los cambios producidos en el organigrama de la Junta de Castilla y León[8], unidos al especial grado de sensibilidad y compromi-

---

5 *Cfr.* DOMÍNGUEZ ÁLVAREZ, J.L., *Comunidades discriminadas y territorios rurales abandonados. Políticas públicas y Derecho Administrativo frente a la despoblación*, Thomson Reuters-Aranzadi, Cizur Menor, 2021, 297 pp.; DOMÍNGUEZ ÁLVAREZ, J.L., «Legislative and institutional reforms to adress the demographic and territorial challenge: a global perspective», en VV.AA., *Administrative rural proofing for territories with demographic challenges*, Colex, A Coruña, 2024, pp. 17-67, etc.

6 *Vid.* SANZ LARRUGA, F.J., «La respuesta jurídica de las Comunidades Autónomas al reto demográfico: un "retrato robot"», en FERNANDO PABLO, M.M. y DOMÍNGUEZ ÁLVAREZ, J.L. (Dirs.), *Rural Renaissance: normas, territorio y conflicto*, Colex, A Coruña, 2024, p. 137-138; quien afirma que «pasada ya casi una década desde que en España se ha abordado el problema de la despoblación rural como una cuestión de Estado [...] se han sucedido múltiples iniciativas de diversa naturaleza [...] desde el punto de vista normativo, cabe resaltar las normas legales aprobadas por varias Comunidades Autónomas con una pretensión de abordar de forma integral el común problema de la despoblación en cada uno de sus territorios».

7 *Cfr.* GONZÁLEZ BUSTOS, M.A., *Régimen jurídico administrativo de la dinamización rural*, Atelier, Barcelona, 2023, pp. 46 y ss.

8 Sirva como ejemplo el Decreto 1/2022, de 19 de abril, del Presidente de la Junta de Castilla y León, de reestructuración de consejerías, en el que figura por vez primera como competencia de la Consejería de

so de personas concretas con la cuestión rural, han permitido abrir una ventana de oportunidad para las áreas rurales con desafíos demográficos e inaugurar un nuevo tiempo en la configuración de las políticas públicas autonómicas en materia de reto demográfico y territorial, circunstancia que contrasta extraordinariamente con el inmovilismo y la dejadez institucional que ha caracterizado tradicionalmente la paupérrima apuesta autonómica en la materia.

En este contexto, el presente estudio pretende no solamente examinar la propuesta de Estrategia para la Sostenibilidad Demográfica y Territorial[9] presentada recientemente por la Junta de Castilla y León sino también, ofrecer una foto fija de las iniciativas más icónicas y relevantes en materia de sostenibilidad demográfica y dinamización territorial puestas en marcha recientemente por la Administración autonómica, al tiempo que pretende esbozar una serie de propuestas de *lege ferenda* con las que se aspira a arrojar luz sobre algunos de los desafíos más acuciantes que siguen habitando en el corazón de las comunidades rurales castellanas y leonesas, tales como la esperada articulación de medidas de discriminación normativa positiva, la protección del abundante patrimonio de los territorios rurales y la salvaguarda de las raíces locales o la prestación efectiva de los servicios esenciales para ampliar la esfera vital de las sociedades rurales.

Medio Ambiente, Vivienda y Ordenación del Territorio la «dinamización demográfica» (art. 2.4).

9 En el momento de elaboración de esta contribución científica, dicho texto aún está pendiente de aprobación, encontrándose en trámite de audiencia pública. La misma puede consultarse en: https://lc.cx/DjNk9c

II. EL RETO DEMOGRÁFICO Y TERRITORIAL EN LA VIEJA CASTILLA: EPICENTRO DE LA DESPOBLACIÓN Y EL ABANDONO RURAL

Como es sobradamente conocido, con sus 94.225 km^2 Castilla y León representa la mayor comunidad autónoma de España en términos de superficie. Su orografía múltiple y distinta da origen a una variedad de climas, paisajes y paisanajes tremendamente diversos y de gran valor medioambiental[10]. El territorio castellano y leonés se organiza en 9 provincias y solo hay una entidad local supramunicipal distinta de las provincias: la Comarca de El Bierzo, creada en 1991 y regulada por medio de la Ley 17/2010, de 20 de diciembre, de modificación de la Ley 1/1991, de 14 de marzo, por la que se crea y regula la Comarca de El Bierzo[11].

Castilla y León se caracteriza no solamente por ser la comunidad autónoma que posee un mayor número de provincias y la que, por su extensión y posición, con más regiones limita: 9 españolas y 2 portuguesas. Lo verdaderamente destacable y lo que mayor número de quebraderos de cabeza genera a nivel

---

10 La Red de Espacios Naturales de Castilla y León (REN) está compuesta por 33 espacios naturales protegidos que destacan por sus valores ecológicos, geológicos y paisajísticos, y suman 820.000 hectáreas declaradas: 2 parques nacionales, 2 parques regionales, 14 parques naturales, 5 reservas naturales, 8 monumentos naturales y 2 paisajes protegidos. Esta forma de conservar la naturaleza integrando todo el territorio, de manera que los espacios naturales no sean zonas aisladas, enlaza y relaciona la REN con Natura 2000, la red de espacios protegidos de la Unión Europea, figura de protección ambiental que está presente en el 26,4 % de la superficie total de la región.

11 *Vid.* QUINTANA LÓPEZ, T., «Las comarcas en Castilla y León: la comarca del Bierzo», en *Revista Aragonesa de Administración Pública*, núm. 3, 1993, p. 140; quien ya auguraba que la adopción de este instrumento normativo no iba a suponer la extensión y generalización del proceso de creación de comarcas en el territorio castellanoleonés.

institucional y administrativo, especialmente en lo que atañe a la correcta prestación de servicios públicos esenciales, es su dispersión poblacional[12]. En efecto, pese a su enorme extensión geográfica (18,6% del territorio nacional) su población únicamente es de 2.375.969 habitantes[13], que se distribuyen en 2.248 municipios (más de un cuarto de la totalidad nacional) y 6.175 entidades singulares agrupadas en municipios de pequeño tamaño, por encima de cualquier otra Comunidad Autónomas de España[14].

---

12 Aunque Castilla y León es la sexta comunidad autónoma de España en cuanto a volumen de población es la que menor densidad de población presenta. En efecto, su gran extensión hace que mantenga una baja densidad (25,28 hab./km^2; 11,34 hab./km^2 en el ámbito rural de los municipios con menos de 10.000 habitantes) si la comparamos con la densidad de población de España (95,26 hab/km^2 en 2022) y la del resto de las comunidades autónomas.

13 Las cifras de población referidas a 1 de enero de 2023 son resultantes de la revisión del Padrón municipal y declaradas oficiales por el Gobierno mediante el Real Decreto 1085/2023, de 5 de diciembre (BOE n.º 306 de 23 de diciembre de 2023). *Vid.* DIRECCIÓN GENERAL DE PRESUPUESTOS, FONDOS EUROPEOS Y ESTADÍSTICA DE LA JUNTA DE CASTILLA Y LEÓN, *Cifras oficiales de población de los municipios españoles: Revisión del Padrón Municipal,* Valladolid, 2024. Disponible en: https://lc.cx/7k7IKh

14 Para conocer el estado actual y las diferentes entidades locales de Castilla y León (recogidas en la Ley 1/1998, de 4 de junio de Régimen Local de Castilla y León), se crea, en virtud del Decreto 215/2000, de 19 de octubre, el Registro de Entidades Locales de la Comunidad de Castilla y León, donde se encuentran la relación de entidades actualizadas, tanto de provincias, municipios, mancomunidades, comarcas y entidades locales menores. El citado registro nos arroja los siguientes datos: en Castilla y León existen 2.248 municipios, 244 mancomunidades, 1 comarca y 9 provincias, a lo que se suma, sin aparecer en dicho listado, 2.209 EATIM (Entidad de ámbito territorial inferior al municipio, aunque el Consejo de Cuentas ofrece el dato de 2.227 Entidades Locales Menores) y 13 entidades históricas, todo ello en una extensión territorial de 99.224 km^2 y una población total

En esta compleja estructura territorial de Castilla León son predominantes los 2.113 municipios (un 94% sobre el total de 2.248) que tienen menos de 2.000 habitantes. Este conjunto supone el 87% de la superficie regional, y, aunque sólo albergue el 25,4% de la población, contiene el 36,4% de las viviendas, y, lo que es más relevante, ha acogido un 41,3% de la variación en la ocupación de suelo experimentada en la región entre 1987 y 2006[15]. En Castilla y León nos encontramos con más de la cuarta parte de los municipios totales de nuestro país, más del 80% de los mismos tiene una extensión inferior a la media de los municipios a nivel estatal (62km^2) y, además, prácticamente ⍰ de los mismos tiene una densidad poblacional inferior a 9 hab./km^2. Así mismo, el 97% de los municipios cuenta con una población inferior a 5.000 habitantes[16]. Por otra parte, existen 5.913 asentamientos o entidades de población, bien se trate de pueblos, aldeas, barrios o grupos de casas.

---

de 2.557.330 habitantes (densidad poblacional de 27,14 hab/km2). Disponible en: https://bit.ly/2ZwRf9q

15 *Vid.* DE SANTIAGO RODRÍGUEZ, E. y GONZÁLEZ GARCÍA, I., «El estudio del planeamiento urbanístico municipal en España: Análisis de los instrumentos vigentes y de los municipios sin planeamiento», en *Cuadernos de Investigación Urbanística*, núm. 127, 2019, p. 40.

16 *Vid.* MINISTERIO DE POLÍTICA TERRITORIAL. *Estudio de los datos contenidos en el Registro de Entidades Locales de Castilla y León.* 2009. Disponible en: https://bit.ly/3rjWzsq

Mapa 1. Límites municipales de Castilla y León

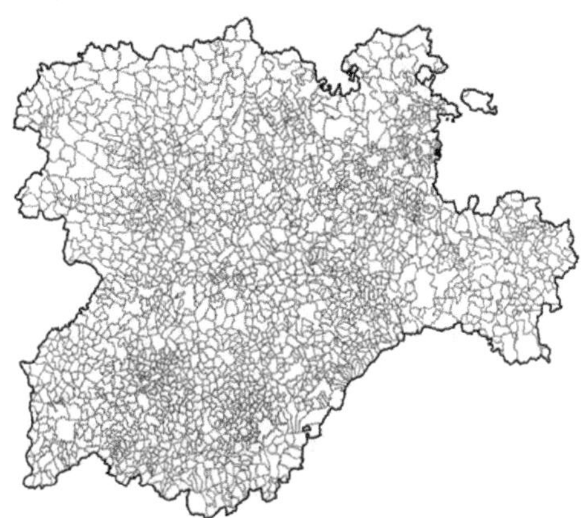

Fuente: Visor de Infraestructura de Datos Espaciales de Castilla y León (IDECyL). Disponible en: https://bit.ly/2ZyrtBP

Por consiguiente, desde el punto de vista normativo-territorial, el resultado es que la gran parte del territorio de la Comunidad está sujeto al régimen propio de los municipios de menos de 5.000 habitantes que se compone, entre otros, de estos elementos: (i) la prestación de servicios mínimos (alumbrado público, cementerio, recogida de residuos, limpieza viaria, abastecimiento domiciliario de agua potable, alcantarillado, acceso a los núcleos de población y pavimentación de las vías públicas, ex art. 26.1.a) LRBRL); (ii) la coordinación, en su caso, de los mismos por la Diputación provincial (art. 26.2 LRBRL); (iii) más un tratamiento simplificado de su contabilidad, contratación y personal, en el que cobra especial relevancia la agrupación de las plazas de Secretaría-Intervención[17].

---

17 A este respecto, recuérdese que el propio art. 77.b) y c) de la Ley 1/1998, de 4 de junio, de Régimen Local de Castilla y León prevé la aprobación por parte de la Junta de Castilla y León de un Reglamento Orgánico para los municipios de población inferior a 5.000 habitantes que regirá en defecto del aprobado por cada municipio, así como

Más allá de la problemática propia que plantea esta «colmena municipal», la cual en muchas ocasiones se ha abandonado a su suerte por parte de la Administración autonómica, en lugar de emplear la Administración local como el instrumento idóneo para catalizar las políticas públicas y medidas institucionales frente al reto demográfico y territorial, también plantea importantes desafíos la controvertida fórmula seleccionada por la Junta de Castilla y León para ordenar y organizar la prestación de servicios a lo largo y ancho de la región.

En este sentido, conviene reseñar que la Ley 7/2013, de 27 de septiembre, de Ordenación, Servicios y Gobierno del Territorio de Castilla y León[18] es el instrumento normativo que configura el modelo de ordenación del territorio, que se establece a través de las Unidades Básicas de Ordenación y Servicios del Territorio[19] (UBOST), las Áreas funcionales[20] (AFE) y las Man-

---

la posibilidad de utilizar actas tipo y modelos tipo en esta clase de municipios.

18 *Vid.* GONZALO MIGUEL, C.M., «Ley 7/2013, de 27 de septiembre, de Ordenación, Servicios y Gobierno del Territorio de la Comunidad de Castilla y León (BOCyL núm. 189, de 1 de octubre de 2013)», en *Actualidad Jurídica Ambiental*, núm. 29, 2013, p. 112.

19 De conformidad con el art. 3 de la citada Ley, las unidades básicas de ordenación y servicios del territorio son espacios funcionales delimitados geográficamente, que constituyen la referencia espacial y el parámetro básico para el desarrollo de la ordenación del territorio de Castilla y León. Su delimitación se establecerá en un mapa de ordenación territorial, pudiendo ser de carácter rural o urbano. Actualmente, la Junta de Castilla y León contempla 15 UBOST urbanas y 177 UBOST rurales.

20 Las áreas funcionales son espacios delimitados geográficamente para el desarrollo de la ordenación del territorio de Castilla y León y la aplicación de sus instrumentos y herramientas de planificación y gestión. Las mismas pueden ser estables, que perdurarán en el tiempo, o estratégicas, que tendrán una duración determinada (art. 7).

comunidades de Interés General[21] (MIG). A esta estructura se suman las áreas funcionales estratégicas, con un carácter funcional coyuntural[22]. Pese a la edificación de toda esta superestructura[23], la prestación de los servicios autonómicos en el

---

21 Las mancomunidades aparecen reguladas en los arts. 29 a 41 de la Ley 1/1998, de 4 de junio de Régimen Local de Castilla y León y en los arts. 32 a 51 de la Ley 7/2013, de 27 de septiembre de Ordenación, Servicios y Gobierno del Territorio de la Comunidad de Castilla y León. Así mismo, el Decreto 30/2015, de 30 de abril, aprueba el Reglamento de Organización y Funcionamiento de las Mancomunidades de Interés General configura a las mismas como un ente de concentración de la prestación y/o realización de determinados servicios y obras. El ámbito competencial más común es la recogida de residuos sólidos urbanos, el abastecimiento de agua y la prevención y extinción de incendios. Solo en determinadas provincias (León, Soria y Valladolid) la capital aparece asociada a alguna Mancomunidad.

22 En junio de 2021 se remitió a las Cortes de Castilla y León el Proyecto de Ley por el que se modifica la Ley 7/2013 de Ordenación de Servicios y Gobierno del Territorio de Castilla y León, (Proyecto de Ley PL/000009-01, BOCL, núm. 271, de 29 de julio 2021) que pretende una «integración funcional» de los municipios, y fortalecer los municipios rurales, «partiendo del reconocimiento de las actuales entidades locales asociativas tradicionales... si bien, se ha configurado a la mancomunidad de interés general como una decidida herramienta útil para los municipios, para lograr una adecuada vertebración del territorio». Se diferencia ahora claramente entre las mancomunidades de interés general rurales y urbanas, si bien, respecto de las primeras «se ha procedido a simplificar la configuración de la cartera de competencias y funciones de las mancomunidades... estableciendo un mínimo de competencias y funciones como base a un conjunto de prestaciones comunes en todos los territorios donde se constituyan».

23 Conforme a los datos que obran en poder del Instituto Universitario de Urbanística de la Universidad de Valladolid sobre la organización espacial de la prestación de servicios públicos en el territorio, en Castilla y León existen: 190 zonas de centros de asistencia social dependientes de las diputaciones; 247 zonas básicas de salud; 864 municipios con farmacia; 59 comarcas agrarias; 44 zonas LEADER; 41 partidos judiciales; 31 secciones de medio ambiente; y 1300 colegios

territorio castellanoleonés sigue estando lejos de los estándares que serían adecuados para preservar la dignidad y el bienestar de las comunidades rurales[24], requerimiento indispensable para hacer frente al reto demográfico y territorial.

En este punto, conviene señalar que la problemática de la despoblación[25] y el abandono rural «tiene tintes singularmente graves en buena parte de Castilla y León, en Asturias y, de

---

públicos. A su vez, existen 36 localidades que reúnen a la vez servicios financieros, Instituto, Centro de Salud y Farmacia. De ellas, 10 son municipios con más de 5.000 habitantes; 13 lo harían en torno a municipios entre 2.000 y 5.000 habitantes y las restantes alrededor de municipios con menos de 2.000 habitantes.

24 Esta opinión no es única y exclusiva del autor. A este respecto, *vid.* CONSEJO ECONÓMICO Y SOCIAL DE CASTILLA Y LEÓN, *Situación Económica y Social de Castilla y León 2023*, Tomo II (Recomendaciones), Valladolid, 2024, pp. 25 y 68 quien afirma que «se debe garantizar el acceso de toda la ciudadanía de la Comunidad a los servicios públicos en condiciones de igualdad con independencia de su residencia, estableciendo ayudas para la recepción de servicios esenciales y las bonificaciones o ayudas equivalentes para el acceso de los habitantes del medio rural a los servicios y actividades de los que carezcan en su municipio de residencia [...] es necesario seguir promoviendo actuaciones, con la financiación adecuada, que tengan como objetivo la consideración del medio rural como lugar de oportunidades, para lo que se debe fomentar el conocimiento del territorio, atrayendo tanto nuevos talentos como nuevas inversiones al entorno rural. Además, para ello, [...] es necesario aprovechar las oportunidades que ofrecen las nuevas tecnologías en el medio rural, para lo que es imprescindible eliminar las barreras tecnológicas, garantizando la comunicación en todas las zonas, especialmente en las aisladas. Para conseguir este objetivo el CES considera imprescindible adecuar e implementar la cartera de servicios públicos en los que apoyar las oportunidades en el medio rural (sanidad, educación, transporte, comercio, etc.)».

25 *Cfr.* BELLO PAREDES, S.A., «Castilla y León vacía (vaciada): esperando a Ulises», en *Revista de Estudios de la Administración Local y Autonómica*, núm. 13, 2020, pp. 110-130.

forma algo menos acusada, en las dos provincias gallegas y en Teruel»[26]. Así las cosas, «la Comunidad Autónoma de Castilla y León es la segunda región, tras el Principado de Asturias, que más población ha perdido desde comienzos del siglo XXI en un panorama nacional de ganancia de habitantes. A escala provincial, excepto Segovia y Valladolid, todas han padecido la caída demográfica e, incluso, varias se sitúan en los primeros lugares del ranking con mayor porcentaje de retroceso del padrón: Zamora, Palencia y León»[27].

Ciertamente, como insisten en señalar numerosos estudios geográficos y demográficos[28], en el caso concreto de Castilla y León el drama de la sangría poblacional no solamente se

---

26 *Vid.* BANDRÉS MOLINÉ, E. y AZÓN PUÉRTOLAS, V., «La España despoblada: tendencias recientes», en *Economistas,* núm. 181, 2023, p. 272.

27 *Vid.* HORTELANO MÍNGUEZ, L.A., «Prestación y garantía de los servicios de proximidad con un carácter social en el medio rural de Castilla y León: medida imprescindible frente al reto demográfico», en FERNANDO PABLO, M.M. y DOMÍNGUEZ ÁLVAREZ. J.L. (Dirs.), *Rural Renaissance: normas, territorio y conflicto,* Colex, A Coruña, 2024, p. 249.

28 *Vid.* BANDRÉS MOLINÉ, E. y AZÓN PUÉRTOLAS, V., *La despoblación de la España interior,* Funcas, Madrid, 2021, p. 12; quienes afirman que «a que podría llamarse la España despoblada estaría así formada por las provincias que cumplen conjuntamente los dos criterios siguientes: tener una tasa de crecimiento demográfico negativa entre 1950 y 2019, y contar en este último año con una densidad de población inferior a la media nacional, excluyendo del cómputo en ambos casos las capitales de provincia y las ciudades de más de 50.000 habitantes. Bajo esta aproximación, las provincias en las que existen territorios susceptibles de ser considerados como áreas despobladas son 23: las 9 provincias de Castilla y León (Ávila, Burgos, León, Palencia, Salamanca, Segovia, Soria, Valladolid y Zamora), las 3 de Aragón (Huesca, Teruel y Zaragoza), 4 de Castilla-La Mancha (Albacete, Ciudad Real, Cuenca y Guadalajara), las 2 de Extremadura (Cáceres y Badajoz), 2 gallegas (Lugo y Ourense), 2 andaluzas (Córdoba y Jaén) y La Rioja».

circunscribe al ámbito rural. Comienzan a hacerse visibles y plenamente palpables los efectos de una «segunda oleada de la despoblación»[29], la protagonizada por aquellos jóvenes sobrecualificados que ante la falta de oportunidades de futuro se ven expulsados de las cabeceras de comarca y capítales de provincia hacia las grandes urbes, viéndose obligados a abandonar sus raíces ante la inacción institucional que impera en estos territorios y forzados a habitar en grandes megalópolis, donde las condiciones y la calidad de vida son más una quimera que una aspiración plausible para un número creciente de personas.

Esta perniciosa tendencia, que trasciende los tradicionales cálculos vinculados a la natalidad, la mortalidad o la tasa del sobreenvejecimiento[30], es la consecuencia lógica de la inacción y pasividad institucional que ha caracterizado a la Junta de Castilla y León desde principios del siglo XXI en materia de reto demográfico y territorial. Sin embargo, con la finalidad de ser justos y ecuánimes, conviene precisar en este punto que Cas-

---

29 *Vid.* GONZÁLEZ-LEONARDO, M. y LÓPEZ-GAY, A., «Del éxodo rural al éxodo interurbano de titulados universitarios: la segunda ola de la despoblación», en *Ager. Revista de Estudios sobre Despoblación y Desarrollo Rural,* núm. 31, 2021, pp. 7-42.

30 En Castilla y León se estima que, en los próximos 15 años, se producirá un crecimiento de población en el grupo de edad de mayores de 64 años (22,75%), mientras que se prevé un decrecimiento tanto en el grupo de edad de menores de 16 años (-30,00%) como en el de 16 a 64 años (-19,35%). Actualmente, 1 de cada 4 personas tiene más de 65 años y en la inmensa mayoría de los municipios hay más ancianos que jóvenes incluso hay un numeroso grupo de ellos en los que no hay ningún joven, municipios rurales repartidos aleatoriamente por la mayoría de las provincias. Las capitales provinciales y algunos otros municipios del entorno de las mismas son los que mantienen valores más positivos, mientras que el resto de la región presenta cifras muy negativas, incluso en muchos municipios hay más de 10 mayores de 65 años por cada menor de 15.

tilla y León se ha caracterizado por ser uno de los territorios pioneros en el desarrollo de instrumentos y diseño de políticas públicas para hacer frente al fenómeno de la despoblación, como atestiguan:

- La adopción de la Estrategia de Lucha contra la Despoblación (2005)
- La creación del Observatorio Permanente de Estudio de la Evolución de la Población en Castilla y León (2006)
- El diseño de la Agenda para la población de Castilla y León 2010-2020 (2010)
- La creación del Consejo para la Población de Castilla y León (2010)
- El impulso de la Ley 7/2013 de 27 de septiembre, de Ordenación, Servicios y Gobierno del Territorio de la Comunidad
- La creación del Consejo de Políticas Demográficas (2015)
- La creación del Consejo de Dinamización Demográfica (2022)

El problema estriba en que todas estas medidas han tenido escasos o nulos resultados[31], algo que debería hacer repensar

---

31 Esta idea no es solamente una crítica académica fundada en la experiencia propia del estudio de esta cuestión. Este mismo reproche ha sido realizado, entre otros, por algunas de las Instituciones propias de Castilla y León. *Vid.* CONSEJO DE CUENTAS DE CASTILLA Y LEÓN, *Fiscalización de la aplicación de las medidas aprobadas por las Cortes de Castilla y León en materia de despoblación en las entidades locales de Castilla y León*, Valladolid, 2019, pp. 23 y ss.; donde se señala a propósito de la Agenda para la Población de Castilla y León 2010-2020 que «las medidas que se plantean, una vez establecida la falta de definición del problema, y teniendo en cuenta la naturaleza del documento, son

las formas de intervención administrativa para hacer frente al reto demográfico y territorial, al tiempo que debería reducir las expectativas de aquellos académicos que realizan una ferviente y desmedida defensa de la actividad de planificación de la Administración pública, como si el simple hecho de adoptar una estrategia, plan o programa contra la despoblación fuera la solución a todos los problemas de las comunidades rurales y de aquellos otros territorios que afrontan desafíos demográficos. Por desagracia para estos últimos, la siempre caprichosa y tozuda realidad, como atestigua la pésima experiencia castellanoleonesa, demuestra que de nada sirve la actividad de planificación de las Administraciones públicas sin realizar las transformaciones normativas pertinentes[32], las modificaciones en términos financieros y presupuestarios necesarias y sin el compromiso real y tangible de los poderes públicos, el cual por suerte se vislumbra en la entrega y vocación de los servidores públicos que destinan cantidades ingentes de esfuerzo para ha-

---

de carácter programático, no concreto. En todo caso, se considera que existe una falta de coherencia cuando se habla de la falta de natalidad y no se apoyan precisamente medidas para su fomento. Además, se habla de falta de trabajo para jóvenes, y al mismo tiempo de falta de mano de obra cualificada y simultáneamente de aumento de la inmigración [...] no se establece un sistema de evaluación, pero en el punto 10 de sus consideraciones generales plantea que es necesario efectuar unas reevaluaciones objetivas, pormenorizadas y exhaustivas de numerosos programas y políticas establecidos en el ámbito económico, social y político, que deberán incorporar una perspectiva a largo plazo».

32 Pues entre nosotros seguiremos defendiendo que la problemática de la despoblación y el reto demográfico constituyen «[u]n problema de personas; un problema de territorios; un problema, en primer lugar, jurídico, pues a ese campo pertenece la regulación de las relaciones no solo entre personas, sino también entre poderes públicos y ciudadanos, y entre personas y medio". *Vid.* FERNANDO PABLO, M.M., «Devolver el alma a los pueblos: el encuentro "Rural Renaissance"», en *Ars Iuris Salmanticensis,* vol. 7, núm. 2, 2019, p. 12.

cer de la cuestión rural una prioridad en la hoja de ruta de la Administración pública, en sus diferentes niveles.

III. ANÁLISIS DE LA FUTURA ESTRATEGIA PARA LA SOSTENIBILIDAD DEMOGRÁFICA Y TERRITORIAL DE CASTILLA Y LEÓN: LA HISTORIA INTERMINABLE

De conformidad con el art. 16 del Ley Orgánica 14/2007, de 30 de noviembre, de reforma del Estatuto de Autonomía de Castilla y León[33] (EACyL), los poderes públicos de Castilla y León, en el ejercicio de sus competencias, deben orientar sus actuaciones de acuerdo con los principios rectores establecidos en la Constitución y en el propio Estatuto, promoviendo y adoptando aquellas medidas necesarias que garanticen la plena eficacia de determinados objetivos, entre los que se encuentra: «*la lucha contra la despoblación, articulando las medidas de carácter institucional, económico, industrial y social que sean necesarias para fijar, integrar, incrementar y atraer población*» (art. 16.9 EACyL).

A mayor abundamiento, dicho texto contempla como principio rector estatutario de la actuación de los poderes públicos: «*[e]l crecimiento económico sostenible, orientado a la cohesión social y territorial y a la potenciación y aprovechamiento pleno de los recursos de la Comunidad para mejorar la calidad de vida de los castellanos y leoneses*» (art. 16.2 EACyL).

Pese a estas previsiones normativas, Castilla y León es uno de los escasos territorios del Reino de España que no dispone todavía ni de instrumentos normativos propios ni de herramientas de planificación autonómica en materia de reto demo-

---

33 Un análisis detallado y actual del citado instrumento normativo puede verse en SÁNCHEZ DE VEGA, A. (Dir.), *Castilla y León: 40 años de autonomía,* Aranzadi, Cizur Menor, 2024, 1350 pp.

gráfico y territorial. Hoy, se encuentra en proceso de elaboración de sus respectivos documentos programáticos para hacer frente al reto demográfico y territorial. No obstante, existen una serie de antecedentes que conviene reseñar a los efectos de contextualizar el marco en el que se gesta la esperada Estrategia de Sostenibilidad Demográfica y Territorial de Castilla y León.

Así las cosas, mediante Acuerdo 88/2020, de 25 de noviembre, de la Junta de Castilla y León se procedió a la creación de un Grupo de Trabajo Interconsejerías de Dinamización Demográfica con el objetivo de analizar, coordinar, llevar a cabo el seguimiento y realización de propuestas en materia de dinamización demográfica[34].

Tiempo después, el 31 de agosto de 2021, la Administración autonómica suscribió un convenio con la Universidad de Burgos[35], en colaboración con las restantes universidades públicas

---

34 A comienzos de noviembre de 2020, la Consejería de Transparencia, Ordenación del Territorio y Acción Exterior de la Junta de Castilla y León inició la consulta púbica para elaborar un anteproyecto de Ley de Población y Territorio de Castilla y León.

35 Por medio de dicho instrumento se autoriza a la Consejería de Transparencia, Ordenación del Territorio y Acción Exterior la concesión directa de una subvención a la Universidad de Burgos, por un importe de doscientos cuarenta mil euros (240.000 €), para la realización de actuaciones en materia de dinamización demográfica con la colaboración técnico de las Universidades de León, Salamanca y Valladolid. Como se desprende de los términos previstos en su anexo, la finalidad de la subvención es múltiple: (i) fomentar la investigación interdisciplinar en materia de dinamización demográfica entre profesores, investigadores y especialistas universitarios procedentes de las diversas ramas del saber, incluyendo enfoques temáticos y metodológicos multidisciplinarios, así como transferir los resultados de esa investigación generando espacios de discusión y debate que reúnan a un gran número de especialistas de muy diversos campos científicos. Se trata de estudiar el problema de la despoblación y la dinamización

castellanoleonesas para la realización de los trabajos conducentes a la elaboración de la Estrategia de Sostenibilidad Demográfica y Territorial de Castilla y León[36], la cual se encuentra actualmente pendiente de aprobación.

Como se desprende de la literalidad del documento publicitado en el sitio web oficial de la Junta de Castilla y León[37], el mismo queda definido como una Estrategia, *«no es un plan, sino un enfoque, una dirección y una forma de actuar. No concreta actuaciones o medidas, sino propuestas de medidas para su valoración e implantación por los órganos competentes. Para ello se ha seguido una metodología estricta y estandarizada que da forma a un trabajo estructurado para el futuro»*[38]. Con ella, se pretende que la política

---

demográfica, ayudando a comprender tanto su trayectoria histórica, como su presente y las problemáticas económicas y sociales a las que se enfrenta, analizando las causas y los retos que se plantean en el futuro; (ii) difundir los estudios sobre la realidad y nuevas aportaciones en materia de dinamización demográfica entre los estudiantes, los profesionales y las personas interesadas, principalmente en Castilla y León, a la vez que proporcionar formación e información pública sobre estudios e investigaciones en la materia; (iii) analizar desde una perspectiva académica los problemas económicos, sociales y culturales intrínsecamente relacionados con la dinamización demográfica en Castilla y León; (iv) fomentar iniciativas y proyectos sobre el análisis de la situación demográfica y su dinamización; y (v) elaborar propuestas de las políticas públicas necesarias para la lucha contra la despoblación en Castilla y León.

36 El citado proyecto contó con la implicación de más de un centenar de académicos del Sistema Universitario de Castilla y León, procedentes de diferentes áreas de conocimiento, bajo la dirección del Prof. Dr. Santiago A. Bello Paredes, Catedrático de Derecho Administrativo de la Universidad de Burgos.

37 Disponible en: https://lc.cx/G6NBAB

38 La finalidad es articular un instrumento de planificación a medio plazo con una visión integral, que agrupe actuaciones y proyectos aprovechando las potencialidades y fortalezas de la Comunidad, y que sean impulsados desde el conjunto de departamentos y entidades de

pública de sostenibilidad demográfica y territorial adopte un carácter estratégico y transversal para el gobierno autonómico permitiendo asegurar la cohesión territorial y social.

Entre los objetivos estratégicos que vehiculan y dan forma a la citada Estrategia sobresalen los siguientes:

1. Incentivar la natalidad[39].
2. Incrementar el balance migratorio.
3. Mejorar la presencia de jóvenes en los municipios rurales.
4. Mejorar el sistema de gobernanza de la sostenibilidad demográfica y territorial.
5. Adoptar medidas de calidad normativa que favorezcan el desarrollo económico en las zonas prioritarias.
6. Garantía normativa de servicios esenciales[40].

---

la administración regional, con la colaboración indispensable con las entidades locales (municipios, diputaciones provinciales y el Consejo Comarcal de El Bierzo). *Vid.* JUNTA DE CASTILLA Y LEÓN, *Estrategia para la Sostenibilidad Demográfica y Territorial en Castilla y León. Avance provisional*, Valladolid, 2024, p. 5.

39 Desde la Administración de la Comunidad se viene impulsando un conjunto extenso de planes y estrategias sectoriales que contribuyen a aportar, desde diferentes áreas competenciales, soluciones al desafío demográfico, con iniciativas específicas en materia de fiscalidad diferenciada y natalidad, entre otras.

40 Recientemente hacia su aparición en escena la Ley 8/2024, de 16 de septiembre, por la que se garantiza la prestación de los servicios autonómicos esenciales en la Comunidad de Castilla y León, hito normativo que tiene por objeto garantizar al ciudadano la prestación y el acceso en condiciones de igualdad en el territorio de la Comunidad de Castilla y León de los servicios autonómicos esenciales de asistencia sanitaria, educación y servicios sociales, que se desarrollan directamente por la Administración de la Comunidad de Castilla y León o en colaboración con otras administraciones públicas.

7. Completar la transición del modelo de ordenación del territorio supramunicipal.
8. Dotar de criterios estables y homogéneos y sostenibles al desarrollo de infraestructuras en el territorio.
9. Facilitar la accesibilidad de cercanía a todos los servicios y equipamientos en entornos de los centros de prestación de servicios.
10. Transporte de proximidad sostenible.
11. Favorecer nuevos modelos para la transformación y comercialización de productos.
12. Impulsar los equipamientos para los productos de primera necesidad.
13. Favorecer la creación de servicios de mejora de calidad de vida.
14. Tomar las medidas para ajustar la oferta y la demanda en la formación y el empleo.
15. Potenciar modelos asistenciales de cercanía para mayores.
16. Impulsar la conciliación específicamente en el medio rural.
17. Abordar procesos de especialización económica que pongan en valor recursos endógenos.
18. Impulso a las empresas innovadoras, y apuesta por la digitalización.
19. Definición formal del vínculo de arraigo y censo de población de residencia no permanente en los pequeños municipios.
20. Impulsar la puesta a disposición de vivienda rural.
21. Fomentar los valores del medio rural.

22. Fortalecer la colaboración público-privada y con las asociaciones en el territorio.
23. Estructurar la coordinación interadministrativa cooperación institucional.
24. Medidas de refuerzo competencial de las Corporaciones Locales.

La Estrategia de Sostenibilidad Demográfica y Territorial de Castilla y León se organiza en cuatro ejes de actuación prioritarios, dedicando el primero de ellos a la «Gobernanza multinivel», en el que se agrupan todas aquellas actuaciones orientadas a fortalecer la cooperación entre los agentes implicados en el desarrollo e implementación de la citada Estrategia, estableciendo como líneas de actuación un diseño conjunto de un modelo de gestión en el territorio encargado de dar respuesta a la necesidad y garantía de servicios esenciales, básicos y complementarios, estructurar la coordinación interadministrativa y la cooperación institucional e impulsar la colaboración público-privada aprovechando las ventajas y potencialidades del tejido asociativo en el territorio.

En el segundo eje, destinado a los «Espacios para la calidad de vida», prevé el desarrollo de actuaciones con el objeto de asegurar un nivel adecuado de calidad de vida mediante el desarrollo de proyectos de infraestructuras, servicios y equipamientos con incidencia directa en la vida de las personas que viven en los espacios rurales, medidas tendentes a incentivar la natalidad, así como la atracción de nuevos pobladores, definiendo nuevas formas de vivir y trabajar en el seno de las comunidades rurales.

El tercer eje relativo al «Emprendimiento enfocado y conectado» pone de manifiesto la existencia de numerosas posibilidades de desarrollo impulsando los sectores estratégicos de nuestra comunidad como el patrimonio cultural, natural, forestal y turístico, el sector agroalimentario, la energía, el medio ambiente y el hábitat, todo ello mediante líneas de actuación para favorecer un emprendimiento innovador mediante el apoyo y asesoramiento para el desarrollo de nuevos nichos, la innovación de los modelos de comercialización, así como el ajuste de la especialización productiva y de la formación profesional[41].

Finalmente, el cuarto eje de la Estrategia relativo al necesario establecimiento de «Sinergias entre lo rural y lo urbano», contempla un paquete de medidas que aseguren una mirada

---

41 En este punto conviene señalar que mediante Acuerdo 97/2024, de 19 de septiembre, de la Junta de Castilla y León, se ha aprobado la Estrategia de Talento 2031 y el Plan de Acción Integral de Talento de la Junta de Castilla y León 2024-2027, instrumento en el que se pone de manifiesto que el talento es factor clave para impulsar el crecimiento y la productividad de las organizaciones, así como de los territorios, siendo una prioridad estratégica en Castilla y León con el objetivo de consolidar el ecosistema necesario para favorecer la generación, atracción y fidelización del talento a la Comunidad, como palanca de impulso de la economía en su conjunto.
El Plan contempla, entre otras, medidas y actuaciones específicas favorecedoras de la sostenibilidad demográfica y territorial con medidas fiscales para el fomento del emprendimiento y para los jóvenes, así como medidas específicas en materia de vivienda para apoyar un proyecto de vida en Castilla y León, con deducciones especiales y más favorables en el Impuesto de la Renta de las Personas Físicas en el caso de adquisición, rehabilitación o alquiler de viviendas en el medio rural, contemplando la aplicación de tipos superreducidos en el Impuesto de Transmisiones Patrimoniales y Actos Jurídicos Documentados por la adquisición de la vivienda habitual o la adquisición de inmuebles destinados a sede social o centros de trabajo de empresas o negocios profesionales en el medio rural. Se contemplan además actuaciones para la dinamización de la actividad económica en las zonas rurales, impulsando proyectos capaces de crear actividad y riqueza en nuestras zonas rurales, aprovechando y poniendo en valor sus propios recursos endógenos, facilitando asistencia técnica en el desarrollo de estos proyectos en todas sus fases, entre otras.

reciproca que permita potenciar los valores rurales en las ciudades, reforzando su vínculo y mejorando así a ambos entornos mediante la puesta en marcha de medidas de sensibilización y reconocimiento de las zonas rurales, medidas de puesta en valor de los productos y economía rural, incentivos para el comercio de proximidad y con medidas para favorecer estancias de larga duración en los espacios rurales.

IV. APORTACIONES DESDE EL PRISMA DEL DERECHO ADMINISTRATIVO A LA HOJA DE RUTA DE LA ADMINISTRACIÓN AUTONÓMICA

Una vez analizadas las líneas maestras de la futura Estrategia de Sostenibilidad Demográfica y Territorial de Castilla y León, la aportación que modestamente podemos realizar desde el Observatorio de Derecho Rural de la Universidad de Salamanca[42] centra sus esfuerzos en potenciar una transformación jurídico-administrativa en favor de las comunidades rurales con desafíos demográficos con el propósito de combatir el neocolonialismo normativo autonomista que impera a sus anchas asfixiando la dinamización económica y social de gran parte de los territorios rurales que conforman la geografía castellano-leonesa. Ante esta tesitura se han identificado una serie de ámbitos normativos que, en el supuesto de caso de Castilla y León disponen de una transcendencia singular para nuestros

42 El Observatorio de Derecho Rural es una iniciativa enfocada en analizar, simplificar y hacer accesible el marco legal que afecta a las comunidades rurales. Nuestro objetivo es examinar cómo las leyes y políticas públicas impactan a estas comunidades y proponer mejoras para asegurar que el derecho sea justo y beneficioso para el entorno rural. Más información, disponible en: https://observatorioderechorural.usal.es

preciados municipios, sectores entre los que conviene destacar los siguientes[43].

4.1. Patrimonio local: a vueltas con la protección y los usos de los bienes comunales

Existen dos tipos de bienes titularidad de la Administración pública, bienes de dominio público, y bienes de dominio patrimonial o patrimoniales. La Constitución española (art. 132) señala que los bienes de dominio público o demaniales (a diferencia de los patrimoniales) son inembargables, imprescriptibles e inalienables, remitiéndose a la ley para la regulación de su régimen jurídico.

Así, la Ley 33/2003, de 3 de noviembre, de Patrimonio de las Administraciones Públicas se aplica evidentemente a las Entidades Locales, por un lado, y determina, el régimen relativo a la administración, defensa y conservación del Patrimonio del Estado. Por su parte, la Ley 11/2006, de 26 de octubre, del patrimonio de la Comunidad de Castilla y León, completa el régimen jurídico del patrimonio de la Comunidad Autónoma, así como su administración, conservación y defensa.

El Régimen jurídico de los bienes de las Entidades Locales resulta tanto de la aplicación de la ya citada Ley 33/2003 como de la Ley 7/1985, de 2 de abril, Reguladora de Bases de Régimen Local (Título VI, cap. I) —LRBRL—, el Real Decreto Legislativo 781/1986, de 18 de abril, por el que se aprueba el texto refundido de las disposiciones legales vigentes en mate-

---

[43] En torno a esta cuestión, más ampliamente, *vid.* DOMÍNGUEZ ÁLVAREZ, J.L.; FERNANDO PABLO, M.M. y TALAVERA CORDERO, P., «Ventajas y potencialidades de ruralizar la legislación y las políticas públicas: del Pacto Rural Europeo al supuesto de caso castellanoleonés», en HORTELANO MÍNGUEZ, L.A. (Dir.), *Gestionando la despoblación*, Aranzadi, Cizur Menor, 2023, pp. 303-326.

ria de Régimen Local (Título VI, Cap. I) —TRRL— y el Real Decreto 1372/1986, de 13 de junio, por el que se aprueba el Reglamento de Bienes de las Entidades Locales.

Un segundo bloque normativo vendría determinado por el desarrollo autonómico de la legislación básica estatal, pero no existe en Castilla y León una regulación específica en materia de bienes, siendo aplicable la legislación básica y las especialidades que se pueden contemplar de la regulación del patrimonio autonómico, así como los aspectos tratados en la legislación de régimen local de Castilla y León, en la Ley 1/1998, de 4 de junio, de Régimen Local de Castilla y León regula (Título VII), en relación a las Entidades Locales Menores y el régimen de sus bienes, mientras que la Ley 1/1991, de 14 de marzo, por la que se crea y regula la Comarca de El Bierzo, contiene alguna vaga alusión al patrimonio y los bienes de dicho territorio.

Hay que tener en cuenta que en muchas ocasiones las Entidades Locales, en uso de su potestad normativa local, dictan Ordenanzas (Municipales o Provinciales) que muy bien pueden versar sobre el régimen jurídico de su patrimonio. Son normas reglamentarias para cuya validez deben respetar las normas enunciadas en los dos bloques normativos a que se ha hecho referencia.

Esta tendencia es especialmente visible en el supuesto de una categoría singular de bienes de dominio público, como son los bienes comunales, cuyo aprovechamiento corresponde a los vecinos[44]. En nuestra opinión, una regulación más

---

[44] Sobre los bienes comunales en Castilla Y León, *vid.* PROCURADOR DEL COMÚN, *Los bienes y los aprovechamientos comunales en Castilla y León*. Disponible en: https://bit.ly/3ohaiOF
Sobre su problemática jurídica los diferentes informes del Consejo Consultivo, a propósito de la "Ordenanza especial" que permite limitar el aprovechamiento a quienes acrediten determinadas condiciones de arraigo. *Vid.* CONSEJO CONSULTIVO DE CASTILLA Y LEÓN: *Extracto*

cuidadosa de la históricamente recibida para esta importante masa territorial quizás permitiría actuar positivamente sobre la demografía de los pequeños núcleos (muchos de ellos sin el rango de municipios) que resultan ser titulares del aprovechamiento. A este respecto, conviene destacar que otras Comunidades Autónomas, como la andaluza, se han dotado de legislación específica sobre los bienes de las Entidades Locales con esta finalidad: Ley 7/1999, de 29 de septiembre de Bienes de las Entidades Locales de Andalucía, y su reglamento, aprobado por Decreto 18/2006, de 24 de enero.

La regulación de los bienes comunales se lleva a cabo en la mayor parte de los municipios por ordenanzas locales. En este sentido, sería aconsejable confeccionar una norma modelo que fuera aplicable a los diferentes aprovechamientos, que han variado considerablemente en los últimos años ya que los usos originales como son el aprovechamiento de pastos o maderero ha cedido su protagonismo a la instalación de parques eólicos, huertos solares, etc.

4.2. Montes y aprovechamientos forestales

La regulación actual de los montes se contiene en la Ley 43/2003, de 21 de noviembre, de Montes, a nivel estatal, y en la Ley 3/2009, de 6 de abril, de Montes, de Castilla y León.

Las fuentes estadísticas de la Junta de Castilla y León indican que gran parte de los bosques de la Comunidad pertenecen a los municipios (1.654), las entidades locales menores (1.410), las comunidades de villa y tierra, agrupaciones locales, etc. (295), y una parte escasa de los mismos es propiedad de la Iglesia, las Diputaciones provinciales y de otros organismos

---

doctrinal, V. Régimen local. Ordenanzas reguladoras de aprovechamientos comunales. Disponible en: https://bit.ly/3p3TKc6

(5). Es de destacar el número de montes que son propiedad de las entidades locales menores, así como las comunidades de villa y tierras, agrupaciones de entidades locales etc., que contrasta con el resto de los propietarios como particulares (2047) o la propia Comunidad Autónoma (171). Número que además varía según las provincias destacando León (788) seguida de Burgos (292) y Palencia (285), en cuanto a los montes pertenecientes a las entidades locales menores se refiere[45].

Los Montes de Utilidad Pública (MUP) catalogados como tales en la Comunidad Autónoma de Castilla y León ocupan una destacada posición *periférica* en el territorio de la Comunidad que contribuyen decisivamente al perfil territorial de ésta.

Junto con el conjunto de limitaciones que supone la calificación de un monte como de Utilidad Pública, una norma del sector de montes, no muy destacada, que llega a tener alguna repercusión en los ámbitos rurales (juntamente con otras limitaciones en materia de aprovechamientos forestales y aprovechamientos forestales menores), es la prevista hoy, en la Ley 3/2009, de 6 de abril, de montes de Castilla y León, cuyo art. art. 2.2.c establece que *«tienen la consideración legal de monte los terrenos cuyo cultivo agrícola hubiera sido abandonado por plazo superior a veinte años y que hubieran adquirido signos inequívocos de su estado forestal, salvo cuando se hallen acogidos a programas públicos de abandono temporal de la producción agraria»*, norma que extiende el ámbito de aplicación de la legislación forestal a terrenos abandonados que hayan ganado alguna consideración forestal.

---

[45] *Vid.* CONSEJERÍA DE MEDIO AMBIENTE Y FOMENTO. JUNTA DE CASTILLA Y LEÓN, *Tabla de montes y propiedades por provincias.* Disponible en: https://bit.ly/32Gs9WP

4.3. Urbanismo y medio ambiente: entre la ineficiencia y la sobrerregulación

Sobre las bases constitucionales y la normativa básica estatal (hoy, el Real Decreto legislativo 7/2015, de 30 de octubre, por el que se aprueba el Texto Refundido de la Ley de Suelo y Rehabilitación Urbana), alguna de aplicación supletoria, el texto legislativo de Castilla y León es la Ley 5/1999, de 8 de abril, de Urbanismo de Castilla y León, que ha de completarse con el Decreto 22/2004 que aprueba el Reglamento de Urbanismo, además de la normativa de Ordenación del Territorio (normas todas objeto de reformas, las últimas de las cuales son la Ley 5/2019, de 19 de marzo, que modifica la Ley 5/1999, de 8 de abril, de Urbanismo de Castilla y León y el Decreto Ley 4/2020, de 18 de junio de impulso y simplificación de la actividad administrativa para el fomento de la reactivación productiva en Castilla y León).

De conformidad con la normativa estatal, el Planeamiento Urbanístico Municipal es la normativa esencial que disciplina los usos del suelo según su configuración legal (calificación y clasificación del suelo). No obstante, son aún muchos los territorios municipales que no cuentan con alguno de los mecanismos de planificación urbanística completa de su término municipal.

Por otra parte, tampoco las normas provinciales subsidiarias de planeamiento municipal aportan una solución eficaz, especialmente cuando algunas de ellas se remontan al siglo pasado, frente a las especiales necesidades de adaptación específica a sus circunstancias que presentan hoy los municipios rurales.

Junto a la ineficiencia de la legislación urbanística conviene destacar, de igual forma, las implicaciones territoriales que se desprenden de la exuberante normativa medioambiental en Castilla y León. A la gran extensión de la superficie objeto de alguna figura (europea, nacional o regional) de protección de espacios o hábitats, hay que unir la protección de singulares especies de fauna y flora.

Con todo ello, del análisis jurídico público-territorial se desprende un notable «*efecto corona periférica*», es decir, son los territorios de la corona exterior geográfica de la Comunidad los más afectados por la normativa de protección ambiental territorial, en parte porque es en ellos donde radica la mayor masa de terrenos calificados como «monte» y en parte porque, concurriendo razones legales, muestran una *proliferación de calificaciones de protección de la biodiversidad o ambiental.* No obstante, el grado de restricciones de actividad que impone tal proliferación de figuras de protección es difícil de evaluar y exige acometer un estudio detallado de los efectos que genera la superposición de sucesivas figuras de protección ambiental, las cuales en numerosas ocasiones constituyen un obstáculo insalvable o un desincentivo trascendental en forma de tediosas cargas administrativas que impiden la dinamización de las economías locales y contradicen los usos y costumbres de las sociedades rurales, sin llegar a lograr su objetivo primigenio: maximizar los estándares de protección y conservación ambiental, aspecto este último que nos parece excesivamente peligroso.

V. REFLEXIONES FINALES

El procedimiento de elaboración de la Estrategia de Sostenibilidad Demográfica y Territorial de Castilla y León no solamente ha permitido escenificar la necesidad de articular respuestas jurídico-administrativas innovadoras y sustancialmente diferentes a las implementadas hasta la fecha con el propósito de transitar una senda en la que el reto demográfico y territorial constituyan una prioridad real en el seno de la Administración autonómica. Al mismo tiempo, el proceso de confección y diseño del nuevo y esperado instrumento programático de la Junta de Castilla y León ha permitido evidenciar otras realidades que hasta la fecha habían pasado desapercibidas, cuando no se habían invisibilizado conscientemente por una parte importante de los responsables encargados del diseño de las principales políticas públicas autonómicas. Nos referimos, sin ánimo de ser exhaustivos, a las siguientes cuestiones: (i) la importancia de fortalecer el municipalismo, destacando con ello el poder transformador y el protagonismo que presentan las Entidades Locales en la conformación de medidas y políticas de reto demográfico y territorial destinadas a incrementar el bienestar y la calidad de vida de las comunidades rurales; (ii) la necesidad impostergable de garantizar la prestación efectiva y la igualdad de acceso a un conjunto de servicios públicos esenciales de titularidad autonómica como requerimiento indispensable para garantizar la dignidad de los territorios rurales; (iii) la urgencia de articular un auténtico mecanismo que garantice la adopción de medidas de discriminación normativa positiva en favor de las comunidades rurales, al tiempo que se inicien las transformaciones pertinentes para acometer la simplificación y racionalización de la burocrática prosa de las normas administrativas que lastran y/o impiden la dinamización socioeconómica de las áreas rurales[46]; y (iv) la conveniencia de interiorizar de una vez por todas, de cara al diseño de políticas públicas y medidas administrativas, que el territorio no se comporta respetando los límites administrativos tradicionales, lo que exige repensar las formas y las fórmulas de intervención administrativa, especialmente en lo que atañe a la actividad prestacional del conjunto de las Administraciones públicas.

---

46 Sirva como ejemplo el Decreto 3/2024, de 6 de febrero, por el que se adoptan medidas de simplificación y racionalización administrativa de la Junta de Andalucía.

VI. BIBLIOGRAFÍA

BANDRÉS MOLINÉ, E. y AZÓN PUÉRTOLAS, V., «La España despoblada: tendencias recientes», en *Economistas,* núm. 181, 2023.

La despoblación de la España interior, Funcas, Madrid, 2021.

BELLO PAREDES, S.A., «Castilla y León vacía (vaciada): esperando a Ulises», en *Revista de Estudios de la Administración Local y Autonómica,* núm. 13, 2020.

CONSEJO DE CUENTAS DE CASTILLA Y LEÓN, *Fiscalización de la aplicación de las medidas aprobadas por las Cortes de Castilla y León en materia de despoblación en las entidades locales de Castilla y León,* Valladolid, 2019.

CONSEJO ECONÓMICO Y SOCIAL DE CASTILLA Y LEÓN, *Situación Económica y Social de Castilla y León 2023,* Tomo II (Recomendaciones), Valladolid, 2024.

DE SANTIAGO RODRÍGUEZ, E. y GONZÁLEZ GARCÍA, I., «El estudio del planeamiento urbanístico municipal en España: Análisis de los instrumentos vigentes y de los municipios sin planeamiento», en *Cuadernos de Investigación Urbanística,* núm. 127, 2019.

DIRECCIÓN GENERAL DE PRESUPUESTOS, FONDOS EUROPEOS Y ESTADÍSTICA DE LA JUNTA DE CASTILLA Y LEÓN, *Cifras oficiales de población de los municipios españoles: Revisión del Padrón Municipal,* Valladolid, 2024.

DOMÍNGUEZ ÁLVAREZ, J.L., «Legislative and institutional reforms to adress the demographic and territorial challenge: a global perspective», en VV.AA, *Administrative rural proofing for territories with demographic challenges,* Colex, A Coruña, 2024.

Comunidades discriminadas y territorios rurales abandonados. Políticas públicas y Derecho Administrativo frente a la despoblación, Thomson Reuters-Aranzadi, Cizur Menor, 2021.

DOMÍNGUEZ ÁLVAREZ, J.L.; FERNANDO PABLO, M.M. y TALAVERA CORDERO, P., «Ventajas y potencialidades de ruralizar la legislación y las políticas públicas: del Pacto Rural Europeo al supuesto de caso castellanoleonés», en HORTELANO MÍNGUEZ, L.A. (Dir.), *Gestionando la despoblación,* Aranzadi, Cizur Menor, 2023, pp. 303-326.

FERNANDO PABLO, M.M., «Devolver el alma a los pueblos: el encuentro "Rural Renaissance"», en *Ars Iuris Salmanticensis,* vol. 7, núm. 2, 2019.

GONZÁLEZ BUSTOS, M.A., *Régimen jurídico administrativo de la dinamización rural,* Atelier, Barcelona, 2023.

GONZÁLEZ-LEONARDO, M. y LÓPEZ-GAY, A., «Del éxodo rural al éxodo interurbano de titulados universitarios: la segunda ola de la despoblación», en *Ager. Revista de Estudios sobre Despoblación y Desarrollo Rural*, núm. 31, 2021.

GONZALO MIGUEL, C.M., «Ley 7/2013, de 27 de septiembre, de Ordenación, Servicios y Gobierno del Territorio de la Comunidad de Castilla y León (BOCyL núm. 189, de 1 de octubre de 2013)», en *Actualidad Jurídica Ambiental*, núm. 29, 2013.

HORTELANO MÍNGUEZ, L.A., «Prestación y garantía de los servicios de proximidad con un carácter social en el medio rural de Castilla y León: medida imprescindible frente al reto demográfico», en FERNANDO PABLO, M.M. y DOMÍNGUEZ ÁLVAREZ. J.L. (Dirs.), *Rural Renaissance: normas, territorio y conflicto*, Colex, A Coruña, 2024.

MINISTERIO DE POLÍTICA TERRITORIAL. *Estudio de los datos contenidos en el Registro de Entidades Locales de Castilla y León*, Madrid, 2009.

QUINTANA LÓPEZ, T., «Las comarcas en Castilla y León: la comarca del Bierzo», en *Revista Aragonesa de Administración Pública*, núm. 3, 1993.

SÁNCHEZ DE VEGA, A. (Dir.), *Castilla y León: 40 años de autonomía*, Aranzadi, Cizur Menor, 2024.

SANZ LARRUGA, F.J., «La respuesta jurídica de las Comunidades Autónomas al reto demográfico: un "retrato robot"», en FERNANDO PABLO, M.M. y DOMÍNGUEZ ÁLVAREZ, J.L. (Dirs.), *Rural Renaissance: normas, territorio y conflicto*, Colex, A Coruña, 2024.

CAPÍTULO II.

LA LENGUA LEONESA ANTE EL RETO DE LA DESPOBLACIÓN

ÁLVARO ROSALES FERNÁNDEZ
Contratado predoctoral en Derecho Constitucional
Universidad de León

RESUMEN: La lengua asturleonesa, bajo el glotónimo de leonés, cuenta con protección estatutaria en Castilla y León en el art. 5.2 desde el año 2007. Desde entonces, son numerosos los actores que han denunciado la falta de desarrollo legal de dicho precepto que regule el mandato de protección, uso y promoción. La sociolingüística en León, Zamora y Salamanca se basa en el periferismo, la ruralidad, el envejecimiento y la despoblación. Así, el decreciente número de hablantes —entre 20.000 y 50.000— y la inclusión en el Atlas de las lenguas del mundo en peligro de la UNESCO, obligan a configurar con urgencia una política lingüística conocedora de esta realidad.

Palabras clave: Despoblación, lengua leonesa, política lingüística, diglosia, derechos lingüísticos.

I. INTRODUCCIÓN

La lengua asturleonesa forma parte del acervo cultural inmaterial de varias Comunidades Autónomas españolas —además de la vecina Portugal en la Tierra de Miranda—, entre las que se encuentra la Comunidad de Castilla y León, donde la denominación tradicional de sus variantes es la de leonés o llionés.

Si bien es cierto que existen ciertas características comunes a todo el dominio lingüístico —ausencia de declaración de cooficialidad, diglosia, riesgo de extinción, etc.— la singularidad territorial que representa el central y vasto territorio por donde se extiende el leonés en Castilla y León hace imprescindible un enfoque holístico centrado en esta última Comunidad Autónoma.

De otro modo, el análisis de esta lengua en torno a su situación normativa y sociolingüística, obliga a tener en cuenta además el entronque multicisplinar que representa el reto de las políticas públicas y los derechos prestacionales. Así, nos encontramos con que una de las mayores problemáticas que rodean al territorio de Castilla y León es la despoblación. Dicha cuestión si bien afecta de manera general a todas sus provincias, se revela con especial virulencia en el antiguo Reino de León —León, Zamora y Salamanca—, precisamente en sus comarcas más occidentales donde se continúa hablando leonés con cierta vitalidad. De este modo, nos encontramos ante un reto que trasciende los derechos lingüísticos de la comunidad hablante de leonés, y nos situamos de lleno en un espacio donde confluyen, o, deberían de confluir, tanto las políticas lingüísticas, educativas, culturales, como, por último, las políticas sociodemográficas contra la despoblación.

En definitiva, estamos ante un reto con trascendencia constitucional, en tanto que representa un paso más en el desarrollo del todavía abierto y redefinible Estado Autonómico, en el que se sitúan de manera concurrente varias materias en las que eminentemente la competencia es autonómica.

II. MARCO CONSTITUCIONAL DE LA PROTECCIÓN LINGÜÍSTICA EN ESPAÑA

Como punto de partida, cabe decir que España, lejos de ser un Estado monolingüe, cuenta con siete grupos lingüísticos que persisten con distintos grados de vitalidad[1]. Esta riqueza cultural hunde sus raíces en la historia medieval peninsular y se manifiesta como un rasgo más de la pluralidad; aunque el multilingüismo no haya sido visto siempre como patrimonio a proteger, sino como un obstáculo a la unidad del estado.

Debe entenderse por tanto que el complejo marco constitucional de las lenguas en España se configurara alrededor de dos elementos de indefinición. El primero de ellos depende esencialmente de la estructuración del modelo autonómico lingüístico fruto del desarrollo del principio dispositivo; mientras que el segundo hace referencia a la incorporación eventual de compromisos internacionales que pueden condicionar el derecho interno —entre los que se encuentra el proceso de integración europeo—.

La Constitución española de 1978 constituye así un cambio de paradigma en la historia de la regulación del multilingüismo en España, al asumir compromisos tendentes a corregir la discriminación sufrida por los hablantes de lenguas minoritarias. Sin embargo, el desarrollo estatutario, legal y jurispruden-

---

1 TASA FUSTER, V., "El sistema español de jerarquía lingüística. Desarrollo autonómico del artículo 3 de la Constitución: Lenguas cooficiales, otras lenguas españolas y modalidades lingüísticas. Teoría y praxis" en *Revista de Derecho Político*, N.° 100, septiembre-diciembre 2017, pp. 53-54.

cial no ha dado respuesta a todas las cuestiones que suscitan los derechos lingüísticos. En este sentido, la existencia de varias lenguas españolas —entre ellas, el asturleonés— carentes de la máxima tutela jurídica posible como es la garantía institucional de la cooficialidad, obliga a profundizar acerca de las consecuencias de haber configurado un marco alternativo e inferior de tutela.

La discusión del modelo lingüístico obliga a introducir el debate acerca del marco territorial. Toda vez que su característica fundamental es la citada indeterminación al no establecerse expresamente los territorios que conformaban el Estado en la Constitución, y se dejaba abierta la posibilidad de la generalización del autogobierno. Cuestiones como el equilibrio entre centro y periferia o las pugnas nacionalistas de toda índole llevaron al constituyente a no ser capaz de dar lugar a un modelo cerrado. Esta cuestión trasladada al ámbito lingüístico, ocasionaba que la lengua distinta del castellano quedase vinculada al territorio, y que su protección[2] dependiera del autogobierno de cada uno de ellos de manera estatutaria. Si bien, la indefinición territorial y competencial se vino supliendo a través de convenciones constitucionales, dado el carácter pactista de los Estatutos entre Comunidad Autónoma y Estado Central.

Es decir, la problemática política del momento derivó en un marco jurídico complejo que dependía del desarrollo de las Comunidades Autónomas, a causa del principio dispositivo[3]. El cual, también denominado principio de voluntarie-

---

2 Así, SOLOZÁBAL ECHEVARRIA, J.J., "El modelo lingüístico constitucional como conjunto categorial específico" en Lenguas y Constitución Española, Tirant lo Blanch, Valencia, 2013, p. 44, entiende que el constituyente fijó "la protección del pluralismo a través de la cooficialidad, en virtud de la técnica de la garantía institucional".

3 Este principio, nombrado también como de voluntariedad y definible como un principio estructural básico de la Constitución española,

dad, encontró inspiración en la regulación de la Constitución Republicana de 1931; como del mismo modo, los preceptos lingüísticos encontrarían como antecedente a los arts. 4 y 50 republicanos[4]:

Llegados al texto de la Carta Magna, en el propio preámbulo constitucional se acabó proclamando la voluntad de "Proteger a todos los españoles y pueblos de España en el ejercicio de los derechos humanos, sus culturas y tradiciones, **lenguas** e instituciones". Esta declaración de intenciones dejaba meridianamente clara la relación existente entre el autogobierno autonómico y la protección de todas las lenguas españolas.

A lo largo de la Constitución se encuentran de manera salpicada varios preceptos relacionados con las lenguas: este es el

---

tenía encomendada la determinación del mapa territorial y el grado competencial de cada Comunidad. ROSALES FERNÁNDEZ, Á., *El derecho constitucional de acceso a la autonomía de las nacionalidades y regiones en la actualidad. Un aporte desde León,* Servicio de Publicaciones Universidad de León, León, 2024, pp. 36 y 39.

4 PONS PARERA, E., "Transición española y pluralismo lingüístico en España" en *Espaço Jurídico: Journal of Law,* Vol. 14, N.º 3, 2013, p. 95 destaca la influencia del precedente del art. 4 republicano como inspirador de la actual regulación constitucional: «El castellano es el idioma oficial de la República. Todo, español tiene obligación de saberlo y derecho de usarlo, sin perjuicio de los derechos que las leyes del Estado reconozcan a las lenguas de las provincias o regiones. Salvo lo que; se disponga en leyes, especiales, a nadie se le podrá exigir el conocimiento ni el uso de ninguna lengua regional. Mientras que el art. 50 establecía que: «Las regiones autónomas podrán organizar la enseñanza en sus lenguas respectivas, de acuerdo con las facultades que se concedan en sus Estatutos. Es obligatorio el estudio de la lengua castellana, y ésta se usará también como instrumento, de enseñanza en todos los Centros de instrucción primaria y secundaria de las regiones autónomas [...]».

caso del artículo 20.3 CE[5] al hablar del respeto de las lenguas en los medios de comunicación; del artículo 148.1.17ª[6] al determinar cómo competencia de las Comunidades Autónomas la enseñanza de sus lenguas propias; o de la disposición final, donde se obliga la publicación del texto constitucional en las demás lenguas de España. Sin embargo, el modelo lingüístico encuentra su concreción normativa en el artículo 3 CE, referido expresamente al marco lingüístico:

> "1. El castellano es la lengua española oficial del Estado. Todos los españoles tienen el deber de conocerla y el derecho a usarla.
>
> 2. Las demás lenguas españolas serán también oficiales en las respectivas Comunidades Autónomas de acuerdo con sus Estatutos.
>
> 3. La riqueza de las distintas modalidades lingüísticas de España es un patrimonio cultural que será objeto de especial respeto y protección".

Encontramos que tras declarar la oficialidad del castellano en el apartado 1º, se establece la cláusula del bilingüismo a través del mandato[7] de cooficialidad del resto de lenguas es-

---

5 "La ley regulará la organización y el control parlamentario de los medios de comunicación social dependientes del Estado o de cualquier ente público y garantizará el acceso a dichos medios de los grupos sociales y políticos significativos, respetando el pluralismo de la sociedad y de las diversas lenguas de España".

6 "El fomento de la cultura, de la investigación y, en su caso, de la enseñanza de la lengua de la Comunidad Autónoma".

7 Para GÁLVEZ SALVADOR, M. J., "Artículo 3" en PÉREZ TREMPS, P./SÁIZ ARANAIZ, A.(dirs.), *Comentario a la Constitución Española. 40 aniversario. Libro-homenaje a Luis López Guerra, Tomo I (Preámbulo a artículo 96),* Tirant lo Blanch, Valencia, 2018, p. 134 estamos ante un verdadero mandato, y no una mera posibilidad para el estatuyente. Refuerza esta idea, el hecho de que, durante el transcurso de los

pañolas[8] por parte de las Comunidades Autónomas[9] en sus respectivos territorios. Finalmente, el cierre del artículo en el apartado 3° mediante la fórmula del respeto entre todas las modalidades lingüísticas –es decir, entre todas las lenguas españolas, y a su vez, entre todas las variantes internas de cada una de ellas-, nos lleva a su valoración y vinculación con el patrimonio cultural.

Lo cierto es que de la anterior regulación se desprenden una serie de conceptos que determinan nuestro modelo. Así, existe una verdadera jerarquía entre castellano y resto de lenguas españolas, que ha venido condicionando los límites de la cooficialidad. En otro orden de cosas, existe una atribución competencial de la regulación lingüística a las CCAA, que ha venido generando en la práctica modelos singulares en cada Comunidad. Asimismo, la vinculación regulatoria limitada al territorio[10] de cada Autonomía, supone en la práctica alejar nuestro modelo de aquellos en donde se regula por dominio

debates constitucionales, se introdujeran dos enmiendas (n.° 235 y 736) que pretendían cambiar la palabra "serán", por "podrán ser". Siguiendo esta lógica, la no cooficialidad de varias lenguas españolas sería injustificable, situándolas ante una anomalía constitucional. Sobre el importante sector doctrinal que defendió el carácter imperativo cita PÉREZ FERNÁNDEZ, J. M., *El marcu llegal del asturianu. Víes pal reconocimiento efeutivu de los drechos llingüísticos,* Fundación Caveda y Nava, Uviéu. 2005, p. 32 entre otros autores a Tolivar Alas y a Millian Massana.

8 "La categoría jurídica de *lengua oficial* es la consecuencia natural y, si se quiere, la concreción lógica del reconocimiento del pluralismo lingüístico [...]". *Ibid,* pp. 163 y 165.

9 No se trataría de una competencia exclusiva, sino como una reserva que defina "la normación de los aspectos definitorios o constitutivos" que representa una garantía institucional, SOLOZÁBAL ECHEVARRÍA, J. J., *Op. cit.,* pp. 37 y 44.

10 La competencia lingüística autonómica es de base exclusivamente territorial. *Ibid,* p. 49.

lingüístico como en el caso suizo. Ahora bien, el apartado tercero, ha generado dudas de interpretación del conjunto del artículo; surgiendo así, numerosas posiciones doctrinales que se reparten desde valorar el modelo lingüístico como de triple jerarquía, hasta considerar que, solo debería de haber un nivel ideal de protección para las lenguas[11].

De este modelo lingüístico basado en la práctica en la jerarquía, surgen problemáticas concretas como la citada no oficialidad de varias lenguas españolas, entre las que se encuentran el diasistema asturleonés —asturiano, cántabro, leonés y extremeño— y el aragonés. De manera que algunas de las Comunidades en las que se hablan las anteriores lenguas, han valorado la cooficialidad como posibilidad y no como mandato, regulando sus lenguas a través de la institución del reconocimiento estatutario y la declaración de derechos lingüísticos por vía legal.

Lo cierto es que el Tribunal Constitucional ha realizado un control tácito de los Estatutos que han optado por esta solución, de manera que ha descartado valorar el posible carácter imperativo del art. 3.2 CE. Mientras, que, de otro modo, sí ha validado que puedan desarrollarse derechos lingüísticos a través de este mecanismo alternativo. Sin embargo, deben traerse a colación otros parámetros que permitan contribuir a la evolución de la jurisprudencia del Tribunal Constitucional, como ha venido ocurriendo en la interpretación de conceptos jurí-

11 Sin ser exhaustivos, encontramos posiciones como la de GÁLVEZ SALVADOR, M. J., *Op. Cit.*, p. 138, que, pese a entender que existe un mandato de cooficialidad, reconoce que existen CCAA que no han regulado la protección de sus lenguas mediante esta figura, teniendo en este apartado una posible habilitación constitucional que supla en la práctica. Por otro lado, TASA FUSTER, V., *Op. Cit.*, p. 75, insiste en alcanzar el máximo nivel de protección para todas las lenguas con la mayor de las igualdades posibles.

dicos tan esenciales en nuestro sistema constitucional como es la igualdad.

2.1. Regulación estatutaria comparada

La cooficialidad de la lengua propia puede interpretarse como una de las manifestaciones concretas de dicho principio dispositivo[12]. Es cierto, que la mera declaración de cooficialidad despliega unos efectos comunes a todas las lenguas[13], pero, a partir de ahí, cada Comunidad decidirá el alcance y los medios de su modelo de normalización. Así, el principio dispositivo vendrá a operar como un verdadero modulador del grado de cooficialidad[14] y dará sentido a la literalidad del art. 3.2 CE: "de acuerdo con sus estatutos".

Hasta el momento son seis las Comunidades que han declarado la cooficialidad de sus lenguas propias: Cataluña (art. 6 EAC, Ley 1/1998), Valencia (art. 6 EACV, Ley 4/1983) y Baleares (art. 4 EAIB, Ley 3/1986), declararon la cooficialidad del catalán/valenciano, Galicia (art. 5 EAG, Ley 3/1983) el gallego; Euskadi (art. 6 EAC, Ley 10/1982) y Navarra (art. 9 LO 13/1982, Ley 18/196) el euskera. De otro modo solamente existe un ejemplo de una lengua que en un primer momento

12 Aunque GÁLVEZ SALVADOR, M. J., *Op. Cit.*, p. 134 insiste en el carácter imperativo de dicha cláusula, lo que lo alejaría de la plena virtualidad del principio dispositivo o de voluntariedad.

13 Explica BARTOLOMÉ PÉREZ, N., *Derechu Llingüísticu del Principáu d'Asturies. Normativa y xurisprudencia,* Gobiernu del Principáu d'Asturies, Uviéu, 2022, p. 17, que la oficialidad exige la declaración estatutaria expresa, teniendo como consecuencia que la lengua oficial se encuentre allí en igualdad con el castellano.

14 Es ahí donde operará el principio dispositivo, permitiendo que cada Comunidad con lengua propia pueda definir tanto alcance como régimen de cooficialidad en su territorio. *Ibid. p.* 17.

no gozaba de dicha protección y que adquirió dicho estatus con posterioridad, el aranés[15] en Cataluña.

De las anteriores regulaciones estatutarias y legales surgen distintos marcos que moldeados por el principio dispositivo han permitido modular el alcance de la cooficialidad, la extensión territorial, el ámbito de aplicación o el ritmo de aprendizaje[16]; mientras que, a causa del principio de territorialidad dichos efectos solamente se despliegan dentro de cada Comunidad Autónoma.

Sin embargo, ha surgido una problemática derivada del principio de territorialidad; y es que, varias lenguas fuera de las fronteras donde son cooficiales, no gozan del máximo nivel de protección, encontrándose de facto, los hablantes de estas lenguas con menos derechos. Este es el caso del gallego en Asturias (Ley 1/1998), Castilla y León (art. 5.3 EACyL), y Extremadura (declaración como BIC de la Fala de Xálima), el catalán en Aragón (art. 7 EAAr, Ley 3/2013) y el valenciano en el Jarche de Murcia donde carece de protección estatutaria.

Esta cuestión, sumada a la cuestión de lenguas que no gozan del máximo nivel de tutela, ha sido resuelta por parte del estatuyente, al amparo del art. 3.3 CE, creando en la práctica un tercer nivel regulatorio, que despliega distintos efectos jurídicos que la cooficialidad. De este modo amparados en el principio dispositivo, las Comunidades de Asturias (art. 4 EAPA, ley 1/1981) y Castilla y León (art. 5.2 EAC) respecto del asturleonés; y Aragón (art. 7 EAAr, ley 3/2013) sobre la lengua aragonesa, han decidido optar por esta protección limitada, descartando la cooficialidad. Este denominado *tertium*

---

15 La nueva redacción del art. 6.5 EAC en 2006 elevó a cooficial al aranés (occitano) en el ámbito de la Val d'Arán, siendo la ley 35/2010, la encargada de desarrollar su cooficialidad.

16 PÉREZ FERNÁNDEZ, J. M., *Op. Cit.*, p. 32.

genus (Pérez Fernández, 2010) merece una especial atención por la posible existencia de una mutación constitucional dirigida desde los actores políticos que ha vedado la cooficialidad. Tratamiento, que si bien, permite desarrollar un régimen de derechos lingüísticos por vía legal, con diferencias a aquellos que se despliegan de manera automática tras la declaración de oficialidad expresa[17].

Es más, encontramos que, por debajo, Extremadura no protegió ni reconoció de manera explícita su diversidad lingüística -asturleonés de Extremadura o estremeñu, fala do Xálima o gallego de Extremadura, y portugués raiano- sino a través de meras referencias indirectas en los arts. 7.2 y 9.1.47° de su Estatuto al patrimonio lingüístico y cultural, y a través de declaraciones de las mismas como Bienes de Interés Cultural. Mientras que en Cantabria para la lengua cántabra -asturleonés de Cantabria- y en Murcia para el valenciano del Jarche ni siquiera existen preceptos en sus Estatutos que las protejan, aún de manera indirecta.

Por lo que vemos que no existe un mínimo estándar de protección similar para todas las lenguas de España[18]. Esta situación descrita como sistema de jerarquía puede conducir a situaciones de discriminación que contravengan las distintas manifestaciones del principio de igualdad. De modo, que reflexionar acerca de cuál debería de ser el grado de protección idóneo —cooficialidad— para las anteriores lenguas supone

---

17 BARTOLOMÉ PÉREZ, N., "Los rexímenes xurídico-lingüísticos del asturllionés: estudiu comparativu del tratamientu legal del mirandés, el llionés y l'asturianu" en *Añada: revista d'estudios llioneses,* N.° 2, xineiru-diciembre 2020, p. 98.

18 Para saber más sobre el complejo marco de jerarquía acudir a TASA FUSTER, V., *Op. Cit.*, pp. 73 a 75, donde se refiere a otras cuestiones como la situación de las modalidades lingüísticas de Andalucía, el tamazight, el caló y la haquetia.

un reto jurídico que implica superar la actual situación de mutación constitucional.

2.2. *Regulación lingüística internacional*

Ahora bien, el estudio del marco lingüístico requiere de un enfoque amplio, teniendo en cuenta la normativa internacional existente en la materia, y las circunstancias en las que se desenvuelve España. Todo ello, dada la asunción de distintos compromisos internacionales a través de lo dispuesto en los artículos 10.2 y 96 CE. Pues los tratados internacionales válidamente celebrados y ratificados no solo forman parte del ordenamiento interno (ex art. 96 CE), sino, que para el caso de fueran de naturaleza relativa a materias de derechos fundamentales, se les otorga tanto especial fuerza interpretativa, como eficacia directa (ex art. 10.2 CE)[19].

Las propias normas de cabecera en materia de derechos; esto es, la Declaración Universal de los Derechos Humanos y el Pacto Internacional de Derechos Civiles y Políticos contienen una serie de preceptos relacionados con el ámbito lingüístico —el art. 2 de la DUDH, y los art. 24, 26 y 27 del PIDCP— reservando un espacio a la política que los Estados firmantes han de seguir en relación con los derechos humanos. Si bien es cierto que no existe una Carta de Derechos Lingüísticos internacional que declare los derechos lingüísticos como derechos humanos[20], no se ha impedido cierta regulación. De este modo, encontramos distintas referencias lingüísticas en distintos tratados y en distintas materias: Convención sobre los Derechos

---

19 APARICIO PÉREZ, M. A., "Lengua y modelo de Estado" en *Revista de Derecho Político*, N.º 43, 1997, p. 45.

20 MAY, S., "Derechos lingüísticos como derechos humanos", en *Revista de Antropología Social*, N.º 19, 2010, *passim*, muestra la necesidad de que el marco internacional avance por esta línea.

del Niño (arts. 29 c. y 30), Convención sobre la lucha contra la discriminación en la esfera de la educación (Principio II, 1), Pacto Internacional de Derechos Económicos, Sociales y Culturales (art. 2), Convención para la Salvaguarda del Patrimonio Cultural Inmaterial (art. 2.2. a.), Convención sobre la protección y promoción de la diversidad de las expresiones culturales (art. 6), Convenio para la protección de los Derechos Humanos y de las libertades fundamentales (arts. 5, 6 14), además de en su Protocolo n.º 12 (art. 1), y, la Convención-marco para la protección de las Minorías Nacionales (arts. 5, 10, 11, 12, 13, 13 y 14)[21].

En otro orden de cosas, el Consejo de Europa elaboró la Carta Europea de Lenguas Minoritarias —CELM— en 1992, que establece una serie de medidas a cumplir en educación, administración o justicia; y que España firmó, y ratificó en el año 2001[22].

En relación con las medidas aplicables, es importante resaltar que España se comprometió de manera diferenciada respecto de las lenguas con estatus de cooficialidad con aquellas con mero reconocimiento estatutario limitado. Para el caso de las lenguas que no son cooficiales, como es el leonés en la Comunidad de Castilla y León, han sido numerosos los requerimientos del Consejo de Europa encaminados tanto a recabar información específica de su situación sociolingüística, como a instar a la administración autonómica de Castilla y León a permitir el acceso de la lengua leonesa al sistema educativo[23] y a cumplir el mandato estatutario.

---

21 APARICIO PÉREZ, M. A., *Op. Cit.*, pp. 44-77 y BARTOLOMÉ PÉREZ, N., *Derechu Llingüísticu... Op. Cit.*, pp. 78-82.

22 BARTOLOMÉ PÉREZ, N., "Los reximenes... *Op. Cit.*, p. 98.

23 Este procedimiento de seguimiento trianual, ha concluido con seis informes relativos a España (2005, 2008, 2012, 2016, 2019 y 2024), de los que, dentro del dominio lingüístico asturleonés, todos hacen

De otro modo, encontramos que también fue contundente la UNESCO, al incluir la lengua asturleonesa en el Atlas de las lenguas del mundo en peligro, como lengua en peligro de extinción.

Es importante tomar en consideración las implicaciones que pueden tener estos incumplimientos en relación con episodios de discriminación lingüística que se tratan de evitar en el continente europeo. Pues, no puede perderse de vista, que uno de los principios originarios de la Unión Europea es precisamente evitar los conflictos xenófobos entre los distintos pueblos europeos, sean o no del mismo Estado. Además, todo el marco anterior tiene que valorarse en relación con las manifestaciones concretas del principio de igualdad cuya vertiente contraria, la discriminación es motivo de mandato a las administraciones a remover cualquier causa (*ex* art. 9.2 CE).

III. EL ASTURLEONÉS EN CASTILLA Y LEÓN.

Realizando una aproximación acerca del asturleonés en clave lingüística, cabe definirlo como la lengua romance surgida a partir del latín vulgar en el espacio geográfico del solar ástur y consolidado en torno a las fronteras del Reino de León[24]. De lo cual surge el glotónimo académico asturleonés, así como el tradicional asturiano, además del leonés[25]. Sin embargo, el

referencia al asturiano, mientras que los cuatro últimos se refieren ya al leonés. *Ibid*, p. 100.

24 GARCÍA GIL, H., "La nuesa llingua nel restu del dominio ástur" en Informe sobre la llingua asturiana, Academia de la Llingua Asturiana, Oviedo, 2018, p. 183, la define como la *"llingua románica autóctona falada ente los dominios llingüísticos gallego-portugués y castellanu nel occidente de la península ibérica"*.

25 MENÉNDEZ PIDAL, R., *El dialecto leonés*, Diputación de León, León, 1990, p. 9, lo llamaba leonés, a causa del enclavamiento de la lengua

hecho de que esta lengua se sitúe entre el gallego-portugués y el castellano —por su prestigio—, así como pertenecer al mismo continuo dialectal ibérico que ellas —teniendo numerosas similitudes con ambas—, ha venido suponiendo para las distintas variedades y modalidades asturleonesas una verdadera traba para la identificación como una lengua autónoma de las vecinas.

Existen una serie de factores comunes a todo el dominio lingüístico como son la ruralización y la identificación de los hablantes de asturleonés con estratos sociales con bajo nivel educativo. Estos hechos han ido configurando progresivamente una serie de prejuicios colectivos con efectos devastadores, como es el hecho de que los propios hablantes carezcan de autoestima lingüística, y reserven su lengua para una cantidad escasa de usos —siempre relacionados con el ámbito familiar—, e incluso careciendo de la consciencia de estar hablando algo distinto a un "mal castellano"[26].

Derivado de ello, en situaciones lingüísticas públicas como en la escuela, en el médico, o en un juzgado, cambian su lengua y hablan castellano. Esta situación denominada diglosia, se

---

en el antiguo Reino de León de un conjunto de peculiaridades lingüísticas comunes. GARCÍA ARIAS, X. L. "La escritura medieval asturiana" en Informe sobre la llingua asturiana (3º ed.), Academia de la Llingua Asturiana, Uviéu, 2002, p. 59 rechaza este glotónimo prefiriendo el de "Lengua Asturiana", por la tradición moderna fijada en obtener un modelo de estándar.

26 CARMONA GARCÍA, I., "El estremeñu", en *Hápax*, n.º 4, 2011, p. 78, expresa vehementemente sobre la situación del estremeñu que "una mitología cancerígena ha devorado durante años el pensamiento de los extremeño hablantes creyendo que lo suyo era un mal castellano y que en su pueblo se habla incorrectamente y distinto del de al lado, llegando a la terrible conclusión de que llevan toda la vida expresándose sin saber decir las cosas". Este hecho se manifiesta en distintos grados en todo el dominio.

encuentra especialmente presente en el territorio asturleonés. Y es precisamente ello, lo que ha venido caracterizando a la mayor parte de sus hablantes desde hace muchos siglos[27].

La situación diglósica ha marcado el carácter de toda una sociedad a lo largo de siglos, configurando hoy día el reto de la supervivencia del idioma[28]. Como veremos, el incumplimiento generalizado por parte de las administraciones implicadas en su protección, supone una traba más para generar un cambio de paradigma. Sin embargo, y pese a la crítica situación de relevo generacional de hablantes patrimoniales, se está configurando un movimiento amplio de reivindicación lingüística, que, a través de numerosas asociaciones[29], están abriendo nuevos espacios para esta lengua minoritaria tanto en España como en Portugal.

3.1. Origen y evolución del dominio lingüístico

El origen es similar al del surgimiento del resto de lenguas romances. Como una evolución del particular latín vulgar hablado en cada rincón de la romania tras la rotura geográfica que supuso la caída del imperio romano. Y con las mismas notas características del resto de romances peninsulares, en un

---

27 FERNÁNDEZ CHAPMAN, C., "Estigma e ideología lingüística alrededor del leonés", en *Lletres Asturianes,* N.º 121, 2019, p. 141.

28 Hay que tener en cuenta los estudios sociolingüísticos que cita GARCÍA GIL, H., *Op. Cit.*, p. 186, donde, pese a existir un proceso de sustitución lingüística, coexisten actitudes positivas de los hablantes, las cuales, pueden servir como base sobre la que comenzar a actuar en la dignificación y promoción del asturleonés de acuerdo con la regulación legal y estatutaria en Castilla y León.

29 En este sentido se pueden citar entre otras, el trabajo realizado por: Iniciativa pol Asturianu, Xunta pola defensa del Asturianu, Alcuentru, Faceira, el Teixu, Furmientu, Associaçon de Lhengua i Cultura Mirandesa u OSCEC.

momento de división política entre los reinos cristianos y el Al-Ándalus; donde la fragmentación política y social favoreció el surgimiento de distintos dialectos latinos que fueron evolucionando paralelamente hasta la final consolidación del romance como medio escrito, sustituyendo al latín[30]. Igualmente, el proceso paulatino, hasta el siglo XIII, por el que fue sustituyéndose el latín como medio de escritura por las lenguas romances, fue similar en León o en Asturias que en el resto de Europa[31].

El Reino de León, como heredero del Asturorum Regnum (Reino de los Ástures) o Reino de Asturias, estuvo caracterizado por la existencia de varios romances (gallego, leonés y castellano), que pese a tener rasgos comunes, presentaban diferencias. Sin embargo, primeramente, la lengua de prestigio o lengua de corte era el asturleonés, por encontrarse desde el año 910 en la ciudad de León el epicentro del poder político del Reino. Menéndez Pidal[32] aprecia numerosos rasgos y hechos tanto lingüísticos como sociolingüísticos, al emular el hablar de la corte y del pueblo llano de León en el siglo XI, recogiendo un protocolo notarial donde se apresura a traducir el discurso de un siervo a su dueño: De este modo traduce literalmente del latín al romance leonés: "dueño, prendiéronme elos míos enemigos, ie metiéronme en fierros ie en cárcele, sen culpa". A lo cual, añadiría "así proseguiría expresándose en un lenguaje semejante al que hoy todavía se conserva en

---

30 Esta cristalización de las lenguas romances fue modelada a través de la nivelación, al punto de que, como expresa CARMONA GARCÍA, I., *Op. Cit.*, p. 77, "entre los hijos y nietos del latín, al ser una familia tan numerosa, hay veces en que algunos miembros no se conocen y pueden, por desgracia, que nunca lo lleguen a hacer, pues desaparecen antes de que se repare en ellos".

31 GARCÍA ARIAS, X. L. *Op. Cit.*, *passim.*

32 MENÉNDEZ PIDAL, R., "Sobre el habla de la época (pról.)" en SÁNCHEZ-ALBORNOZ, C., *Una ciudad de la España cristiana hace mil años*, RIALP, Madrid, 2014, pp. 4-13.

algunos rincones más occidentales de la provincia de León, hacia Ponferrada en los valles del río Sil", ciertamente describiendo el asturleonés occidental hablado actualmente. Sobre la situación de la corte, añade una previsible situación de conflicto lingüístico al contrastar los nobles de León su lengua con el habla castellana, la cual criticarían por su rudeza y vileza, al cambiar y retorcer las palabras.

El surgimiento del romance escrito en torno al siglo XIII se justificaba en la necesidad de ofertar una lengua cercana a un pueblo que demandaba conocer sus derechos. Por ello existen testimonios en asturleonés en textos oficiales, como fueros, cartas pueblas o protocolos notariales. Del mismo modo, pueden encontrarse ejemplares del código procesal vigente en León –fuero juzgo[33]- en romance desde el siglo XIII hasta incluso el siglo XV en tierras leonesas por encontrarse en la Catedral de León el *Locus Apelationis.* La existencia de dichos documentos atestiguan la importancia social y política que gozaba el leonés en aquel momento histórico[34].

---

33 Lo cierto es que hay más textos jurídicos conservados en asturleonés que literarios –los fueros llegaron hasta la zona hoy portuguesa de Riba-Coa., siendo desde el punto de vista lingüístico más interesante los protocolos notariales, GARCÍA ARIAS, X. L. *Op. Cit.*, p. 65. Además, MENÉNDEZ PIDAL, R., *El dialecto leonés... Op. Cit.*, p. 15, indica que "se comprende que todos los códices romanceados sean leoneses, porque era código que regía especialmente en León, más que en Castilla".

34 La vinculación del prestigio de la lengua al poder político es tal, que una vez perdida la condición de lengua cortesana, y establecida la hegemonía castellana la pérdida de espacios para el leonés es irreparable. De esta manera solamente sería reservada con el paso del tiempo para el jaronismo, en el teatro, paso previo para la desaparición de una lengua. FERNÁNDEZ CHAPMAN, C., "Estigma e ideología... *Op. Cit.*, p. 141.

Sin embargo, la incorporación de la Corona Leonesa a la Corona Castellana a partir del año 1230 supuso un punto de inflexión en relación al prestigio social del asturleonés. Se fueron abandonado progresivamente el uso de rasgos leoneses por ser percibidos como antiguos y pertenecientes a estratos sociales bajos. Esta situación se debía a que el centro de poder político se fue desplazando hacia el área de influjo castellana, y la nobleza leonesa, abandonó rápidamente el uso de la lengua propia para no verse perjudicados dentro de las dinámicas políticas del nuevo estado medieval. La pérdida paulatina de espacios y de influencia en favor de la lengua oficial supuso asimismo el retroceso geográfico del dominio lingüístico[35] por encontrarse en situación de contacto fronterizo[36]. Aunque, el surgimiento de géneros literarios como el Sayagués[37] en la edad moderna atestiguan el mantenimiento de la lengua en los sustratos sociales bajos y rurales en la sociedad zamorana y salmantina; la cual llegó a mantenerse hasta finales del siglo XIX y principios del XX[38] en la mayor parte de ambas provincias.

---

35 Detalla GARCÍA GIL, H., *Op. Cit.*, p. 184, que históricamente el dominio lingüístico tuvo mayor extensión, quedando atestiguado a través de la pervivencia de rasgos y elementos léxicos fuera del área de influencia actual.

36 Sobre las características del complejo proceso de sustitución lingüística –nombrado como castellanización-, acudir a GARCÍA ARIAS, X. L. *Op. Cit.*, pp. 65 y 66.

37 Éste género según FERNÁNDEZ CHAPMAN, C., "Estigma e ideología... *Op. Cit.*, pp. 137-138, buscaba la hilaridad del público, exageraba rasgos fonéticos del dialecto de los protagonistas de la obra; terminando así, por representar a las hablas meridionales (al sur del río Duero) del Reino de León.

38 LLORENTE MALDONADO DE GUEVARA, A., *Estudio sobre el habla de La Ribera (comarca salmantina ribereña del Duero)*, Ediciones Universidad de Salamanca, 1947, p. 30, expone que, pese al avance de la lengua oficial (el proceso de castellanización era claro), los dialectos leoneses

3.2. Protección jurídica comparada del asturleonés en la actualidad

La construcción de los Estados liberales a partir del siglo XIX supusieron la consolidación a través de una lengua común, arrinconando a las demás a la esfera no oficial[39]. Este proceso en el panorama español es denominado como castellanización, y pueden verse sus efectos hoy día en la desatención de la lengua asturleonesa en la mayor parte de su dominio lingüístico —lo cual obliga a analizar la realidad social de los hablantes— donde la principal problemática es de relevo generacional.

El uso histórico como lengua franca del castellano supuso también para el dominio asturleonés la pérdida de factores de nivelación lingüística interna, lo cual explica, que existan marcadas diferencias entre algunas de sus variedades internas[40]. Lo cual, ha venido favorecido por la rotura geográfica del domi-

---

de Salamanca aún se conservaban en "las generaciones rústicas y viejas". Es más, según su relato, puede considerarse la generación de los años 40, como la del comienzo de la sustitución lingüística en comarcas occidentales de la provincia de Salamanca (La Ribera), al considerar a los jóvenes instruidos como bilingües.

39 El debate alrededor del plurilingüismo, explica, las ambivalentes regulaciones y la no aceptación del marco lingüístico de nuestra constitución, ROSALES FERNÁNDEZ, A., *Op. cit.*, p. 231. PONS PARERA, E., *Op. cit.*, p. 95 por su parte, añade a ello la apertura del modelo constitucional.

40 Por ello, FERNÁNDEZ CHAPMAN, C., "A vueltas con la recuperación del leonés" en Añada: revista d'estudios llioneses, N.º 1, xineiru-diciembre 2019, p. 68, incide en que "debido al aislamiento entre los distintos dialectos leoneses, hablados en comarcas que distan decenas de kilómetros entre sí, con accidentes orográficos muy pronunciados que dificultan la comunicación entre los valles, la realidad lingüística leonesa parece indicar que un enfoque polinómico en las medidas de protección pueda ser factible y exitoso".

nio lingüístico, existiendo numerosas islas lingüísticas a demasiados kilómetros de distancia entre ellas.

Del mismo modo, todavía hoy día se continúa hablando en un vasto territorio bajo distintas denominaciones y variantes que alcanza a las Comunidades de Asturias, Cantabria, Castilla y León y Extremadura, además de Portugal en el Distrito de Bragança. Esta situación impide visibilizar el dominio lingüístico en su conjunto y proponer medidas eficaces coordinadas para su normalización y promoción que, en definitiva, permitan su supervivencia.

Como se puede prever, la situación normativa en cada territorio es diferente[41], lo que influye a que se haya establecido una gradación en su protección. Ahora bien, en ninguna de las anteriores comunidades la regulación lingüística se ha canalizado a través de la garantía de la cooficialidad establecida en el art. 3.2 CE.

Así, en Asturias el asturiano cuenta con protección estatutaria desde la primera redacción en 1981, siendo desarrollado legalmente en 1998. En Portugal, el mirandés es cooficial también desde ese último año, si bien dicha oficialidad no puede asimilarse a la de nuestro marco constitucional[42], mientras que, en Cantabria y en Extremadura no existen preceptos estatutarios expresos, reservándose las iniciativas a la esfera cultural.

---

41 Se refiere TASA FUSTER, V., *Op. Cit.*, p. 56 al asturleonés con las denominaciones asturianu, llionés, montañés (cántabru) y estremeñu; a las que se suma el mirandés en Portugal. Mientras que a nivel filológico se divide entre oriental, central y occidental, MERLÁN A., "El asturiano en el Principado de Asturias y en la Tierra de Miranda" en *La España multilingüe. Lenguas y políticas lingüísticas de España*, Praesens Verlag, Wien, 2008, p. 78.

42 Como relata con claridad BARTOLOMÉ PÉREZ, N., "Los reximenes... *Op. Cit.*, p. 98.

En los casos de Asturias y Miranda do Douro, existe cierto grado de escolarización, pero en el resto de los territorios, la lengua está arrinconada al aprendizaje voluntario gracias a la labor de muchas asociaciones, mientras la exclusión en el ámbito administrativo o al respecto de medidas normalizadoras es similar.

A su vez, el Principado de Asturias es el territorio donde se concentra el mayor número de hablantes patrimoniales de asturleonés[43], motivo por el cual, el glotónimo asturiano es el más conocido de todos los existentes para denominar a la lengua. También ha influido de manera notable el hecho de que el asturiano, en su variedad central, ha gozado de una tradición literaria importante en los últimos siglos[44], que ha contrastado con el uso tradicionalmente dado al resto de variantes del dominio lingüístico.

Estas circunstancias muestran un rasgo particular de la sociolingüística asturiana, que es de mayor normalización y prestigio social que en los demás territorios. Lo cual, ha influido notablemente a nivel político y social, siendo Asturias el paradigma de las reivindicaciones lingüísticas por la cooficialidad de su lengua propia. Sin embargo, el tratamiento ofrecido a nivel estatutario en el art. 4. desde la promulgación de su Estatuto de Autonomía ha sido el de protección y reconocimiento limitado sin declarar la cooficialidad. De manera que, si bien la

43 En torno a 350.000 personas hablan asturiano, mientras que el resto de hablantes de las distintas variantes alcanzan cifras muy inferiores (mirandés, 4.500; leonés entre 25.000 y 50.000). MERLÁN A., *Op. cit.*, pp. 78 y 79; y GARCÍA GIL, H., *Op. Cit.*, p.184.

44 *Ibid.*, p. 188, "nes tierres de Lleón y Miranda la producción lliteraria escrita va ser inexistente hasta feches cercanes, magar habría de xuru una lliteratura popular de tresmisión oral. De fechu onde la lliteratura popular será de tresmisión oral. Nun s'atopó daqué asemeyao a la que se producía n'Asturies dende metá del sieglu XVII con A. González Reguera y cola continuidá d'autores y obres".

citada Ley de Uso emula en algunos aspectos a las citadas leyes de normalización lingüística de las Comunidades con lenguas cooficiales, no puede producir los mismos efectos que estas. En los últimos años, las reivindicaciones acerca de la reforma estatutaria han tomado protagonismo, siendo la XI legislatura cuando más cerca se ha estado de producir el cambio. Aunque finalmente, una enconada negociación política entre los partidos favorables a la cooficialidad impidió alcanzar un consenso, y el debate ha quedado pospuesto tras los resultados electorales de mayo de 2023 que dieron paso a la XII legislatura.

3.3. Encaje jurídico de la regulación estatutaria del leonés en Castilla y León

Castilla y León, a diferencia de Asturias, no optó por mencionar su diversidad lingüística en la primera redacción del Estatuto en el año 1983. De este modo, se evitó no solo cumplir el mandato de cooficialidad del art. 3.2 CE, sino, que tampoco se vendrían a incorporar menciones de índole cultural al amparo del art. 3.3 CE.

En la segunda reforma estatutaria en el ámbito castellano y leonés, correspondiente al año 1999, existió un fuerte debate acerca del horizonte autonomista de la Comunidad que se tradujo en la paulatina asunción de competencias y en el desarrollo de instituciones propias. Dentro de este contexto fue introducido por primera vez un artículo con contenido lingüístico —art. 4 EACYL— especialmente celoso con el reconocimiento del castellano como parte del patrimonio cultural de la Comunidad, lo cual, si bien parece una declaración de doble oficialidad del castellano, de lo que realmente se trata es de reforzar el papel del castellano como lengua propia de la comunidad y como elemento de identidad. Es más, tendría consecuencias prácticas con la creación del Instituto Castellano y Leonés de la Lengua poco tiempo después.

De otro modo, en el apartado segundo se reconocía el pluralismo lingüístico del siguiente modo:

"2. Gozarán de respeto y protección la lengua gallega y **las modalidades lingüísticas** en los lugares en que habitualmente se utilicen".

Se reconocería, por tanto, por primera vez al gallego como lengua en la Comunidad; mientras que, del leonés, se tomaría una ambigüedad que en la práctica no tuvo ningún tipo de consecuencia. Del gallego en cambio, si se derivaron actuaciones al amparo del art.145.2 CE y del propio Estatuto, permitiendo desarrollar programas y acuerdos con la Xunta de Galicia que han permitido la escolarización del gallego en las comarcas del Bierzo —León— y Sanabria —Zamora— además de permitir la retransmisión de la Radio Televisión Gallega y ciertos planes de fomento de la lectura. De otro modo, incluso sin un paraguas estatutario, se llegaron a firmar acuerdos con el Gobierno Vasco para permitir la enseñanza extraescolar del euskera en Miranda de Ebro y Treviño.

Derivado de este marco, se referenció una única vez el patrimonio lingüístico en una norma legal. Así, la Ley de Patrimonio Cultural del año 2002 lo reconocía de manera genérica, aunque sin ningún tipo de trascendencia en la práctica. Es más, en la reciente reforma aprobada en las Cortes sobre la Ley de patrimonio cultural, se han eliminado las referencias expresas al patrimonio lingüístico en los artículos 64 y 65, dejándolas en un mero apéndice en el actual art. 22. 1ª como parte del patrimonio inmaterial, privándolas así de unas garantías particulares.

En la reforma del Estatuto del año 2007, se incorporó por primera vez una mención expresa del leonés, aunque sin nombrarlo como lengua en el art. 5.2 EACYL:

"2. El leonés será objeto de protección específica por parte de las instituciones por su valor dentro del patrimonio lingüístico de la Comunidad. Su protección, uso y promoción serán objeto de regulación".

Dicho marco no alcanzaría la declaración de cooficialidad, lo que llevó al partido político UPL a introducir una enmienda con dicha cuestión. Pero el consenso establecido por PP y PSOE pasaba por seguir el modelo asturiano a través de un reconocimiento estatutario y un desarrollo por vía de ley.

De nuevo, el celo con el castellano, llevó a introducir otro peculiar precepto relativo al fomento del correcto uso del castellano en los ámbitos educativo, administrativo y cultural. Teniendo en cuenta que el leonés históricamente ha sido negado como lengua, e incluso ha sido considerado un mal castellano, preocupa el efecto que podía haber buscado dicha precisión.

IV. LA POLÍTICA LINGÜÍSTICA DE CASTILLA Y LEÓN

Pese a que el Estatuto prescribe un mandato a regular por vía de ley el uso, la protección y la promoción del leonés no existe desde el año 2007 ningún tipo de desarrollo. Este desinterés de las instituciones autonómicas se suma al hecho de que no ha desarrollado en la práctica una política lingüística propia respecto del leonés; y la política seguida respecto del euskera y gallego puede calificarse de subcontratación.

Centrándonos en la problemática leonesa, lo cierto es que ha sido denunciado sistemáticamente desde dicha fecha. En este sentido, el Procurador del Común, solicitó en 2009 formalmente que se legislara para dar cumplimiento al Estatuto, Un año después, las Cortes de Castilla y León aprobaron en pleno por unanimidad una Proposición No de Ley tendente a impulsar el leonés dentro del patrimonio lingüístico con medidas encaminadas para su protección específica en coordinación con otras administraciones, además de cumplir con el mandato de regulación legal.

Desde entonces, dada la continua negativa a regularlo por ley, son numerosos los distintos actores sociales, políticos e institucionales, los que continúan denunciando la falta de desarrollo legal que regule el mandato de protección, uso y promoción.

Cabe decir, que en el resto de las comunidades donde hay desarrollo legal, bien regulando la cooficialidad, o bien, la protección estatutaria limitada, existe una política lingüística bajo la dirección de una consejería de gobierno. De contrario, en Castilla y León, pese a existir un precepto estatutario, en la práctica no se ha traducido en la asunción de una política pública lingüística. Esta cuestión tiene relevancia práctica, puesto que la existencia de una política lingüística permite identificar primero la concreta situación en la que se encuentran la lengua y sus hablantes; para seguidamente establecer unos recursos y medios que permitan alcanzar unos objetivos o metas. De contrario, la inexistencia de política lingüística permite mantener el actual rumbo que no es otro que el de la paulatina desaparición de la lengua a través de distintos procesos homogeneizadores sociales.

A ello se añade la ausencia absoluta de escolarización, la imposibilidad de cualquier uso pasivo o activo ante la administración o en las Cortes, la prohibición de adaptación de la toponimia local a cualquier otra lengua que no sea el castellano, la inexistencia de partidas presupuestarias estables para subvenciones a empresas que fomenten el uso, o premios literarios y culturales son ejemplo del trato dispensado por la administración autonómica al leonés. Que, salvo muy contadas excepciones, no ha hecho absolutamente nada positivo por ella. Todo ello, se encuentra relacionado con la situación sociolingüística del leonés que veremos a continuación.

Si bien, la ausencia de política lingüística autonómica no ha impedido que el trabajo realizado por asociaciones desde la transición[45] como facendera pola llengua, Faceira, Furmientu, club Xeitu, L'Alderique, El Teixu, entre otras, empiece a recogerse por la Administración Local y por la Universidad de León. Los cursos o charlas por el aumento de demanda social cuentan en numerosas ocasiones con el apoyo de los Ayuntamientos como el de Villablino, Astorga, León o Truchas. Fruto de dicha colaboración, los dos últimos, sumados al de Castrocalbón, han comenzado a rotural sus calles de manera bilingüe. De otro modo, el Instituto Leonés de Cultura dependiente de la Diputación de León ofrece documentación, apoya presentaciones de libros y concursos literarios, y, recientemente rotuló en leonés su sede y su museo etnográfico. En el ámbito universitario, desde el año 2017 existe la Cátedra de Estudios Leoneses, la cual colabora con el ILC o Faceira en la organización de congresos, cursos y, también en la elaboración de la revista Añada, escrita en leonés. Todo ello cumpliendo uno de los objetivos de la CELM: el de apoyo al uso de las lenguas minoritarias, y proveer de medios para el aprendizaje y la investigación en el ámbito universitario —art. 71.1.h—. Además, las citadas colaboraciones permiten el desarrollo de proyectos de recogida oral, creación de materiales didácticos y la promoción y transferencia de las investigaciones.

Finalmente, en la esfera privada, comienzan a desaparecer los prejuicios en las generaciones más jóvenes, las cuales demandan contenidos en lengua leonesa, experimentándose un crecimiento de la presencia de la misma en las RRSS. Es por ello que los medios de comunicación se fijan cada vez con mayor frecuencia sobre ella. De otro modo, es más habitual

---

45 Este moderno proceso de reivindicación lingüística recoge el trabajo realizado desde las reivindicaciones políticas de la transición. Pero no solo, pues, como detalla FERNÁNDEZ CHAPMAN, C., *A vueltas con*··· *Op. Cit.*, p. 60 hay que hacer "referencia a los autores de principios del siglo XX encargados de visibilizar la [...] que sirvió de cimentación para la valoración de una realidad lingüística diferenciada".

encontrar iniciativas privadas y negocios que rotulan u ofrecen productos en esta lengua minoritaria.

Aunque, todo lo anterior depende de manera radical del voluntarismo, del activismo, de la labor académica puntual, así como de excepcionales representantes políticos sensibilizados.

4.1. Sociolingüística del leonés

Para revertir esta compleja situación, debe realizarse un esfuerzo investigador multidisciplinar que profundice sobre la concreta situación que vive y ha vivido el asturleonés, o, mejor dicho, viven los hablantes de asturleonés en cada territorio. Puesto que la sociolingüística afecta a la normativa, y viceversa, ya que que la normativa es una manifestación sociolingüística.

A grandes rasgos, puede sostenerse que la situación sociolingüística del asturleonés hablado en las provincias de León, Zamora y Salamanca no es similar a la existente en la vecina Asturias, teniendo unas notas características propias más coincidentes con la situación de Extremadura, Cantabria o Miranda do Douro. El marcado periferismo, nos indica que viene siendo hablada lejos de los focos de poder económico o político. Tanto en el aspecto geográfico, como a nivel demográfico y de renta. De ello, derivan otras características, como la ruralidad, los estigmas, el envejecimiento, y los procesos migratorios que marcan la despoblación de este entorno.

De otro modo, el siempre decreciente número de hablantes es difícil de concretar sin la existencia de encuestas sistemáticas por parte de la administración autonómica. Sin embargo, gracias al labor de asociaciones, y de otras instituciones se ha logrado arrojar una imagen parcial de la situación.

En este sentido, encontramos que los estudios sociolingüísticos de la Academia de la Lengua Asturiana en los años 2006, 2008 y 2011 fijan un número de hablantes situado entre 20.000

y 50.000, además de describir sus conductas lingüísticas basadas en marcados usos diglósicos, falta de conciencia lingüística, e incluso sustitución lingüística o autoodio. Es decir, en el entorno de posibles discriminaciones por estar en el extremo opuesto de una situación de normalización o normalidad lingüística.

4.2. Hacia un modelo de recuperación lingüística

Pese a resultar paradigmática la situación del asturleonés para acercarnos a la situación en su conjunto de las lenguas españolas carentes de cooficialidad; lo cierto es que no es la única, y su recorrido podría estar ligado a la suerte de otras de ellas, como puede ser el caso del citado aragonés.

De esta manera, una reinterpretación del texto constitucional, o el avance de los derechos lingüísticos en el marco de la CELM, se antoja crucial para la supervivencia de las lenguas españolas más minoritarias. Pero no sólo para ellas, sino para dar cumplimiento al mandato del principio de igualdad, que actualmente se encuentra vulnerado por la existencia de episodios discriminatorios.

En este sentido, existen numerosas alternativas para avanzar en esta línea, como puede ser la revisión del instrumento de ratificación de la CELM, que generalice las medidas contempladas ahora solo para las lenguas cooficiales[46]; la elaboración de una ley de lenguas que permita ofrecer unas bases comunes a todas las CCAA con lenguas distintas del castellano; o incluso la apertura de una Convención Constitucional que comprome-

---

[46] Es precisamente la consideración del asentamiento de un mapa asimétrico de lenguas minoritarias lo que según RUIZ VIEYTEZ, E. J., "El futuro de las lenguas minoritarias europeas: un análisis normativo", en *Cuadernos Europeos de Deusto*, N.° Especial 4, julio 2022, p. 55, justificaría avanzar en la homogeneización.

ta a los distintos actores políticos a asumir la cooficialidad[47] de todas las lenguas distintas del castellano.

V. EL RETO DE LA DESPOBLACIÓN EN CASTILLA Y LEÓN

La inclusión del asturleonés en el Atlas de las lenguas del mundo en peligro de la UNESCO es un indicador más sobre la precaria situación en la que se encuentra. Pero también conecta dicha problemática con otros procesos complejos como la despoblación, lo que obliga a que la política lingüística sea conocedora de esta dramática realidad.

Pese a que el leonés se encuentra en retroceso desde el siglo XIV, no fue hasta el pasado siglo XX cuando se empezó a sufrir un deterioro acuciante. Uno de los procesos con los que coincide temporalmente es con el del fin del modo de vida tradicional en las comarcas donde el leonés es la lengua propia o tradicional. Esto es, las comarcas, en su mayoría occidentales, de León, Zamora y Salamanca[48], como: Laciana, Babia, Luna, Omaña, Argüellos, Sajambre, Alto Sil, Bierzo Alto, Cepeda, Ribera del Órbigo, Valdería, Cabrera, Sanabria, Carballeda, Aliste, Sayago, La Ribera o El Rebollar.

---

[47] El mayor obstáculo al que se enfrentan las lenguas minoritarias sería precisamente al de su condición definitoria como lengua no oficial del Estado. *Ibíd.*, p. 45.

[48] ZAMORANO CUESTA, A., *Entre la persistencia y el olvido: hacia una clasificación comarcal de la despoblación* [Trabajo de Fin de Grado, Universidad Carlos III de Madrid], pp. 33 a 36, presenta un estudio en profundidad acerca de varias de estas comarcas, duramente castigadas por la despoblación en lo que ha denominado como raya leonesa.

Tabla. 1. Elaboración propia.

PROVINCIA	1960	2024	DIFERENCIA
LEÓN	584.594	447.185	-137.409
ZAMORA	300.305	166.321	-133.984
SALAMANCA	406.537	327.105	-79.432
TOTAL	1.291.436	940.611	-350.825[49]

El cambio de paradigma socioeconómico vivido desde la posguerra se acentuó a partir de la segunda mitad del siglo XX, momento en el que el saldo demográfico de los territorios del antiguo Reino de León comenzó a caer en picado debido a los procesos migratorios masivos del éxodo rural[50], perdiendo más de 350.000 personas hasta el presente año. Que en algunos municipios represente pérdidas de más del 70%, representa el paradigma del fracaso de las políticas de la Comunidad contra la despoblación.

Conectándolo a la sociolingüística, resulta un gran desplazamiento humano del medio rural hablante de una lengua minoritaria, hacia territorios donde se habla bien la lengua oficial del Estado, o bien otras territoriales. Este escenario que se sigue dando, también ocurre en desplazamientos internos en las mismas provincias, puesto que sus capitales históricamente han sido vectores de homogeneización cultural y lingüístico.

La despoblación, no es solo abandonar un lugar de residencia, es decir, un proceso socioeconómico o demográfico, sino que es olvidar sentimentalmente el pasado, para buscar un futuro mejor. Esa idealización del futuro, puede hacer que se valore

---

[49] Datos INE.

[50] Acerca del éxodo rural y la evolución demográfica de la comunidad acudir a RAMOS ANTÓN, F. "Ordenación del territorio y otros retos pendientes en Castilla y León" en SÁNCHEZ DE VEGA, A. (coord.), Castilla y León 40 años de autonomía, Aranzadi, Pamplona, 2024, pp. 544-548.

negativamente todo lo que haga recordar su origen, incluida la cultura y la lengua. Por ello, no debe extrañar que haya emigrantes, por ejemplo, que cuestionen el intento de recuperación de la lengua tradicional, porque cuando se hablaba se pasaba necesidad. De contrario, lo que conecta positivamente al territorio es el arraigo. La cultura, las tradiciones, la lengua y sus gentes genuinas, son lo que mantienen en los emigrantes una conexión personal y social con su pasado. Ese sentimiento, canalizado desde el duelo migratorio, puede vertebrar ricas comunidades heterogéneas, permitiendo el influjo del territorio originario en el lugar de destino y fomentando el intercambio cultural. Asimismo, el mantenimiento de la cultura en las comunidades migrantes hace posible el deseo de retorno si se dan los condicionantes socioeconómicos adecuados.

Es imprescindible elaborar políticas públicas transversales, en tanto en cuando, se den en las problemáticas las mismas causas, y las soluciones puedan ser de común beneficio. Es evidente que el abandono de la cultura propia influye a la despoblación, y que si no para de marcharse la gente, no quedará ningún hablante de leonés. Por ejemplo, urge el desarrollo de la comarcalización de aquellos territorios que más sufren despoblación para dotar de más autogobierno a estas comarcas, así como a sus concejos donde los haya. Asimismo, donde se hablen otras lenguas distintas del castellano, se debe colaborar desde la administración local, con la administración autonómica a la hora de fijar una política lingüística, tanto en la labor de encuestación, como a través de la adaptación toponímica a la lengua tradicional.

Es evidente que hay que favorecer el retorno de las comunidades migrantes al origen, con medidas de índole económica como promoción de viviendas en el medio rural, asentamiento de empresas en dicho entorno, o mejorar la conectividad y los servicios. Pero no será posible un proceso de afianzamiento de dichas comarcas sino se revierten otras causas de emigración como la minorización cultural que se ha venido sufriendo. Por ello, es fundamental acercar el marco actual de protección lingüística hacia un bilingüismo, con un reconocimiento de cooficialidad limitado territorialmente, y desarrollar paulatinamente una política lingüística propia. Que hablar en su lengua propia sirva para cualquier ámbito del día a día.

VI. CONCLUSIONES

Se ha podido comprobar que, al desgranar procesos complejos como la despoblación, ello implica situarnos ante escenarios donde resulta imprescindible realizar políticas públicas transversales. No puede perderse de vista, que una de las mayores causas en el proceso de desaparición de la lengua leonesa es la falta de relevo generacional, acuciada especialmente por la despoblación.

Además, la falta de autoestima cultural de las comunidades migrantes ha tenido un impacto negativo a la hora de favorecer retornos. Asumir la diversidad lingüística implica comprender que la sustitución lingüística, los estigmas, autoodios y diglosia están acabando con señas de identidad muy importantes para gran parte de las comarcas de León, Zamora y Salamanca, y que ello contribuye, además, a que no se fije la población.

El complejo marco constitucional acerca del ámbito de los derechos lingüísticos ha permitido desarrollar un ecosistema favorable en numerosas Comunidades. Sin embargo, Castilla y León se ha situado en el escenario de la excepcionalidad, evitando regular por ley la protección de la lengua leonesa.

Es por ello que urge desarrollar la protección de la lengua leonesa en Castilla y León tomando en consideración una política lingüística propia que conozca el territorio, puesto que puede ser beneficioso para combatir la despoblación. Una política lingüística valiente, que impulse las necesarias reformas legales para garantizar derechos, y que permita devolver la cultura de las comarcas al lugar que se merece, mediante la escolarización del leonés, la recuperación de la toponimia tradicional, financiando proyectos sociales y empresariales y, por último y no menos importante dotando de espacios administrativos donde cada ciudadano pueda optar por usar su lengua propia.

Sin todo ello, no podrá haber futuro para la lengua leonesa, pero tampoco, para la cultura, el entorno socioeconómico ni las gentes de estas comarcas.

VII. BIBLIOGRAFÍA

APARICIO PÉREZ, M. A., "Lengua y modelo de Estado" en *Revista de Derecho Político,* N.° 43, 1997, pp. 29-48.

BARTOLOMÉ PÉREZ, N., "Los reximenes xurídico-lingüísticos del asturllionés: estudiu comparativu del tratamientu legal del mirandés, el llionés y l'asturianu" en *Añada: revista d'estudios llioneses,* N.° 2, xineiru-diciembre 2020, pp. 97-114.

BARTOLOMÉ PÉREZ, N., *Derechu Llingüísticu del Principáu d'Asturies. Normativa y xurisprudencia,* Gobiernu del Principáu d'Asturies, Uviéu, 2022.

CARMONA GARCÍA, I., El estremeñu, en Hápax, n. °4, 2011, pp. 77-102.

FERNÁNDEZ CHAPMAN, C., "A vueltas con la recuperación del leonés" en *Añada: revista d'estudios llioneses,* N.° 1, xineiru-diciembre 2019, pp. 59-70.

FERNÁNDEZ CHAPMAN, C., "Estigma e ideología lingüística alrededor del leonés", en *Lletres Asturianes,* N.° 121, 2019, pp. 135-150.

GÁLVEZ SALVADOR, M. J., "Artículo 3" en PÉREZ TREMPS, P./SÁIZ ARANAIZ, A. (dirs.) *Comentario a la Constitución Española. 40 aniversario. Libro-homenaje a Luis López Guerra, Tomo I (Preámbulo a artículo 96),* Tirant lo Blanch, Valencia, 2018, pp. 131-139.

GARCÍA ARIAS, X. L. "La escritura medieval asturiana" en *Informe sobre la llingua asturiana (3° ed.),* Academia de la Llingua Asturiana, Uviéu, 2002, pp. 59-68.

GARCÍA GIL, H., "La nuesa llingua nel restu del dominio ástur" en *Informe sobre la llingua asturiana,* Academia de la Llingua Asturiana, Oviedo, 2018, pp. 183-192.

LLORENTE MALDONADO DE GUEVARA, A., *Estudio sobre el habla de La Ribera (comarca salmantina ribereña del Duero).* Ediciones Universidad de Salamanca, 1947.

MAY, S., "Derechos lingüísticos como derechos humanos", en *Revista de Antropología Social,* N.° 19, 2010, pp. 131–159.

MENÉNDEZ PIDAL, R., *El dialecto leonés,* Diputación de León, León, 1990.

MENÉNDEZ PIDAL, R., "Sobre el habla de la época (pról.)" en SÁNCHEZ-ALBORNOZ, C., *Una ciudad de la España cristiana hace mil años,* RIALP, Madrid, 2014, pp. 4-13.

MERLÁN A., "El asturiano en el Principado de Asturias y en la Tierra de Miranda" en *La España multilingüe. Lenguas y políticas lingüísticas de España,* Praesens Verlag, Wien, 2008, pp. 77-107.

PÉREZ FERNÁNDEZ, J. M., *El marcu llegal del asturianu. Víes pal reconocimiento efeutivu de los drechos llingüísticos,* Fundación Caveda y Nava, Uviéu. 2005.

PÉREZ FERNÁNDEZ, J. M., "Potencial regulación del estatuto y usos de otras lenguas y modalidades lingüísticas" en España en *Lenguas y Constitución Española,* Tirant lo Blanch, Valencia, 2013, pp. 363-400.

PONS PARERA, E., "Transición española y pluralismo lingüístico en España" en *Espaço Jurídico: Journal of Law,* Vol. 14, N.° 3, 2013, pp. 93-112.

RAMOS ANTÓN, F. "Ordenación del territorio y otros retos pendientes en Castilla y León" en SÁNCHEZ DE VEGA, A. (coord.), *Castilla y León 40 años de autonomía,* Aranzadi, Pamplona, 2024, pp. 543-580.

ROSALES FERNÁNDEZ, Á., *El derecho constitucional de acceso a la autonomía de las nacionalidades y regiones en la actualidad. Un aporte desde León,* Servicio de Publicaciones Universidad de León, León, 2024.

RUIZ VIEYTEZ, E. J., "El futuro de las lenguas minoritarias europeas: un análisis normativo", en *Cuadernos Europeos de Deusto,* N.° Especial 4, julio 2022, pp. 37-67.

SOLOZÁBAL ECHEVARRIA, J.J., "El modelo lingüístico constitucional como conjunto categorial específico" en *Lenguas y Constitución Española,* Tirant lo Blanch, Valencia, 2013, pp. 35-50.

TASA FUSTER, V., "El sistema español de jerarquía lingüística. Desarrollo autonómico del artículo 3 de la Constitución: Lenguas cooficiales, otras lenguas españolas y modalidades lingüísticas. Teoría y praxis" en *Revista de Derecho Político,* N.° 100, septiembre-diciembre 2017, pp. 51-79.

ZAMORANO CUESTA, A., *Entre la persistencia y el olvido: hacia una clasificación comarcal de la despoblación* [Trabajo de Fin de Grado, Universidad Carlos III de Madrid].

CAPÍTULO III.
LA DESAPARICIÓN DE LA FIGURA DEL JUEZ DE PAZ

JUAN A. MURIEL DIÉGUEZ
Abogado y Doctorando en derecho
Universidad de Valladolid

RESUMEN: El objeto de este trabajo consiste en el estudio de una de las reformas aparejadas a la entrada en vigor de la Ley Orgánica de medidas en materia de eficiencia del Servicio Público de Justicia y, que conllevará la desaparición de los Juzgados de Paz y su sustitución por las Oficinas de Justicia en los Municipios. Este hecho y sus implicaciones en las zonas más despobladas del país en especial en nuestra Comunidad Autónoma son motivo de preocupación entre sus habitantes.

Palabras Clave: Juzgados de paz, oficina de justicia, evolución, supresión, municipio.

I. INTRODUCCIÓN

El Anteproyecto de Ley Orgánica de Eficiencia Organizativa del Servicio Público de Justicia, que se encuentra en sus últimas fases legislativas y próximo a aprobarse, prevé la desaparición de la conocida figura del Juez de Paz, órgano judicial unipersonal de gran importancia en el medio rural[1].

El propio Anteproyecto se cuida mucho de evitar la palabra desaparición, recalcando que estamos ante una «transformación» mediante la cual los Juzgados de Paz pasarán a convertirse en «Oficinas de Justicia», algo que según el legislador redundará en un mejor servicio al ciudadano y mayor eficiencia en la gestión de los recursos de la Administración de Justicia.

Esta explicación parece no convencer a casi nadie en el medio rural, donde los Juzgados de Paz son considerados un instrumento de gran importancia en las relaciones entre particulares y la Administración, además de servir para evitar que pequeñas disputas se conviertan en asuntos judiciales civiles o penales de mayor importancia, por su labor de mediación.

Asimismo, las opiniones generalizadas entre los habitantes de los municipios donde existen Juzgados de Paz, es que esta «transformación» es una muestra más del desinterés de las Administraciones por las zonas rurales, que incidirá en la despoblación de las zonas rurales por la falta de servicios, y que las «Oficinas de Justicia» serán de difícil implementación, teniendo en cuanta la población a la que se dirigen.

---

1 Este capítulo se presento en base al Anteproyecto de Ley de modificación de la Ley Orgánica 6/1985, que preveía la desaparición de la figura de los Jueces de Paz. Finalmente,con la entrada en vigor de la la Ley Orgánica 1/ 2025, de 2 de enero, de medidas en materia de eficiencia del Servicio Público de Justicia, desaparecen los Juzgados de Paz, convirtiéndose en la esperadas Oficinas de Justicia en los Municipios (OJM), pero no así la figura de los jueces y juezas de paz (art. 99 y ss).

II. EL JUEZ DE PAZ

2.1. Antecedentes históricos

Mediante Real Decreto de 22 de octubre de 1855 se crearon los Juzgados de Paz para que «En todos los pueblos de la Monarquía en que haya Ayuntamientos, habrá Juez de Paz, cuyas atribuciones serán las que se determinan en la ley de enjuiciamiento civil, publicada en esta misma fecha»[2].

La intención del legislador decimonónico era la de acercar la Administración de Justicia a los pueblos de la Corona, siendo su objetivo principal asumir competencias jurisdiccionales —propias del Antiguo Régimen— que hasta entonces desempeñaban los alcaldes de los municipios[3].

Es importante recordar que a mediados del siglo XIX la mayoría de la población del Reino se concentraba en el ámbito rural, pues estamos ante una sociedad eminentemente agrícola y ganadera. Por ello, la implantación de estos órganos judiciales tenía la importante misión de extender la Administración de Justicia por todo el Reino a la vez que se intentaba vertebrar un Estado verdaderamente unificado, con un único sistema judicial, propio del Estado Liberal. Para ello se establecieron Juzgados de Paz por todos los pueblos con Ayuntamiento, cu-

---

2 Artículo Primero Real Decreto de 22 de octubre de 1855.

3 LÓPEZ DEL MORAL, José Luis (Coord.) FERNÁNDEZ SIMÓN, Milagros y ALONSO IZQUIERDO, Carlos. MANUAL DE LOS JUZGADOS DE PAZ. 2008, Ed. LA LEY Wolters Kluwer España S.A. pág. 53: «Con anterioridad a esta fecha, el Reglamento Provisional para la Administración de Justicia aprobado por Real Decreto de 26 de septiembre de 1835, establece la presencia de Jueces de Paz en todos los Municipios, como Jueces conciliadores en primera instancia y dependientes de la Administración de Justicia, aunque manteniendo el cargo ligado a los alcaldes y tenientes de alcalde».

yos titulares debían cumplir una serie de requisitos muy laxos, como eran ser mayor de 25 años, saber leer y escribir. Aunque bien es cierto, que teniendo en cuenta el nivel de analfabetismo, sobre todo en zonas rurales, en la España decimonónica, estos requisitos reducían en mucho el número de candidatos[4].

Posteriormente, mediante la Ley Orgánica del Poder Judicial de 15 de septiembre de 1870, se suprimieron los Juzgados de Paz, para ser sustituidos por Juzgados municipales, en un intento de profesionalizar un servicio que parecía no dar el resultado esperado. No volvieron a establecerse hasta la Ley de Bases de Justicia Municipal, de 19 de julio de 1944, ahora bien «...solo en aquellos Municipios donde no existiesen Juzgados municipales, ni comarcales»[5].

La Ley de Bases de 28 de noviembre de 1974 unificó los Juzgados municipales con los comarcales, denominándolos Juzgados de Distrito y, reestableció los Juzgados de Paz en todos los municipios. Y mediante el Decreto de 29 de julio de 1977, se vuelve a dar marcha atrás, ordenando que los Juzgados de Paz se mantengan solo en aquellos municipios donde no hubieran Juzgados de distrito. Por fin y, mediante la Ley Orgánica 6/85 de Poder Judicial —todavía vigente— al suprimir los Juzgados de Distrito, sustituyéndolos por Juzgados de Primera Instancia e Instrucción mantiene los Juzgados de Paz en aquellos municipios donde no hubiese estos nuevos órganos judiciales.

---

4 En la España de 1850 se calcula una tasa de analfabetismo superior al 50% según datos de CIPOLLA, Carlo M. Educación y desarrollo en Occidente. Ariel, Barcelona, 2ª Edición.1983. Asimismo, OLORIZ, Federico, en El analfabetismo en España, "Boletín de la Institución Libre de Enseñanza" , Madrid , 1900, habla de tasas del 68 % en 1887.

5 LÓPEZ DEL MORAL, José Luis (Coord.) FERNÁNDEZ SIMÓN, Milagros y ALONSO IZQUIERDO, Carlos. Ob. cit, pág.54.

2.2. Competencia y atribuciones

Para conocer las atribuciones que la Ley concede a estos juzgados de Paz debemos referirnos a la Ley Orgánica del Poder Judicial donde se dedican cinco artículos —99/103— del capítulo VI a los Juzgados de Paz.

En estos artículos se establece como ya mencionamos su existencia donde no exista un Juzgado de Primera Instancia, sus competencias en el orden civil, así como en el orden penal —restringiéndolo al ámbito de las faltas— según determine la Ley. Así como el modo de nombramiento de sus titulares —donde se manifiesta la vinculación, que perdura, con la administración local— algo que ha sido objeto de críticas como veremos más adelante[6].

De manera más específica, el Consejo General del Poder Judicial elaboró el reglamento 3/1995 de 7 de junio, de los Jueces de Paz, donde se concretan muchos de los requisitos y atribuciones de esta figura[7].

---

6 BONET NAVARRO, J. (2014). Justicia de paz y alternativa: ed. Dykinson. https://elibro.net/es/lc/uva/titulos/57089 (Consultado 24 /04/2024), pág. 37: «Justicia de paz —o municipal— y administración local se hallan estrechamente relacionadas, habida cuenta el sistema de asignación de recursos materiales y personales en los mismos como también el de selección del Juez de paz, en el que las corporaciones locales ejercen tal poder e influencia que su voluntad resulta ser prácticamente incuestionable».

7 Art. 1 del Reglamento 3/95 de los Jueces de Paz «1. De conformidad con lo dispuesto en el artículo 298.2 de la Ley Orgánica del Poder Judicial, los Jueces de Paz ejercen funciones jurisdiccionales sin pertenecer a la Carrera Judicial, con sujeción al régimen establecido en dicha Ley, sin carácter de profesionalidad y con inamovilidad temporal, formando parte durante su mandato del Poder Judicial.
2. Para ser Juez de Paz se requiere ser español, mayor de edad y no estar incurso en ninguna de las causas de incapacidad que establece el artículo 303 de la Ley Orgánica del Poder Judicial».

De manera resumida, podemos afirmar que las competencias actuales de los Juzgados de Paz son, resolver asuntos de carácter menor, tanto civiles como penales[8] de cuantía no superior a 90 euros —los cuales son cada vez menores— , realizan funciones a modo de nexo de unión con la Administración de la Justicia y, por último el más importante de ellos, por ser más habitual y porque su realización les da notoriedad pública, es la de servir a modo de «oficina colaboradora del Registro Civil —oficiando matrimonios civiles, pero también expidiendo otros certificados de asientos registrales obrantes en los libros físicos del Registro Civil— un servicio muy apreciado por los habitantes de los municipios donde radican estos órganos judiciales[9].

Pero a estas áreas de actividad, habría que sumar una que sin estar específicamente regulada es de vital importancia en estos pequeños municipios. No referimos a la «función mediadora», por la cual los Jueces de Paz, normalmente vecinos de los municipios bien considerados y respetados por sus propios vecinos median en disputas que de lo contrario podrían enco-

---

8 GÓMEZ COLOMER, Juan Luis. En MONTERO AROCA, Juan (Dir), GÓMEZ COLOMER, Juan Luis, BARONA VILAR, Silvia, ESPARZA LEIBAR, Iñaki, ETXEBERRÏA GURIDI, José F. DERECHO JURISDICCIONAL III PROCESO PENAL, Ed. Tirant lo Blanch, Valencia, 2019. Pág. 58: «Al haber sido suprimidas las faltas por la LO 1/2015, de 30 de marzo, los JP, que eran competentes para conocer de casi todas ellas, no tienen ya ninguna competencia penal objetiva (a pesar del art. 100.2 LOPJ). Únicamente les resta conocer hoy sólo de los actos de conciliación en materia criminal (art. 278 LECRIM), una competencia irrelevante que justificaría por sí sola la desaparición de este órgano con competencias penales».

9 Estas funciones se encuentran reguladas en la Ley 20/2011, de 21 de julio, del Registro Civil (reformada por la Ley 6/2021, de 28 de abril) y adicionalmente en la antes citada Ley de Jurisdicción Voluntaria.

narse[10] y acabar derivando en conflictos judiciales tanto penales como civiles, de manera que ayudan considerablemente a descongestionar instancias judiciales superiores[11].

2.3. Críticas al modelo actual

Ahora bien, este modelo de Justicia de paz ha recibido críticas desde sus inicios. Las mismas han arreciado en los últimos años, de manera acorde a la evolución de la sociedad a la que sirve, con un mayor nivel cultural y socioeconómico[12].

---

10 https://www.heraldodiariodesoria.es/soria/230320/34976/jueces-paz-tramitaron-mas-2-500-asuntos-penales-civiles-soria.html: «Nunca ocurre nada, y cuando ocurre van directamente al juzgado», explica sobre la tarea de los jueces de paz, que pasa por actuar sobre todo como mediador y cuyo objetivo es evitar y juzgar aquellos comportamientos y actuaciones que alteren la paz en una localidad, de acuerdo con las competencias y procesos establecidos en la Ley, que cada vez los ha ido mermando más». (Consultado el 29 /04/24).

11 «Nosotros somos esa figura que conoce a todo el mundo en el pueblo y que, si surge un problema, voy a verlos a su casa o vamos al Juzgado de Paz y lo hablamos. Y si hace falta nos vamos a tomar un café y, normalmente, lo solucionamos. No siempre podemos, porque a veces no son tus competencias o tus conocimientos no llegan para solventarlo", precisa este juez de paz de Sóller». https://www.mallorcadiario.com/desaparicion-jueces-de-paz (Consultado el 24 /04/24). «La jueza de paz de Salt, en el Gironès, Francesca Terrón, coincide con su compañero y recalca que "se ahorran recursos judiciales" gracias a su trabajo. "Conseguimos que las partes en conflicto lleguen a un acuerdo en su municipio. Cómo que conocemos el territorio porque somos vecinos, podamos reconducir mejor los conflictos y empatizar con todas las partes", explica...».https://elmon.cat/es/politica-es/espana/juzgues-paz-desaparicio-ley-espanola-674608/(Consultado el 24/04/24).

12 ORDEÑANA GEZURAGA, I. "PROPUESTA DE FUTURO PARA LA JUSTICIA DE PAZ EN ESPAÑA". *Revista General de Derecho Procesal.* 44, 2018. Pág.2 «Es antiguo el debate sobre el futuro de la justicia de paz

Según los más críticos, si bien a mediados del S. XIX, podía aceptarse que este primer escalón de la Administración de Justicia se impartiese por legos en la materia, actualmente este hecho constituye uno de los principales objetos de censura. En la actualidad, los usuarios de estos órganos deberían ser atendidos por profesionales del derecho[13].

A este respecto resultan ilustrativas, las críticas vertidas desde el propio Consejo General del Poder Judicial, que ya en 1997, realizaba una muy dura mención a la que consideraba una sorprendente ausencia de conocimientos en materia jurídica para acceder al cargo del Juez de Paz: «...el carácter de licenciado en derecho será mérito preferente para ser nombrado juez de Paz. Es necesario establecer un nuevo Estatuto del Juez de Paz, en el que, en atención a las características profesionales y capacitación que se les exigen, se regule adecuadamente el procedimiento de su elección y nombramiento, retribuciones (las que habrán de adecuadas a las circunstancias y exigencias del cargo) dedicación y responsabilidades...»[14].

---

en nuestro ordenamiento jurídico. La doctrina lleva años discutiendo, no sólo sobre su aportación al sistema de justicia, en general, sino con mayor trascendente aún, sobre la necesidad de la existencia de la justicia lega de base municipal. La cuestión no es baladí: ¿Deben seguir existiendo los juzgados de paz? ...». [Disponible en: https://www.iustel.com//v2/revistas/detalle_revista.asp?id_noticia=419722]

13 https://www.eldiario.es/castilla-la-mancha/social/adios-jueces-paz-figura-legal-siglo-xix-usuarios-derecho-recibir-atencion-profesional_1_9727614.html: «...aunque desde la Secretaría de Estado de Justicia en una entrevista con elDiarioclm.es, su responsable, Antonio 'Tontxu' Rodríguez, prefiere no hablar de desaparición. "En realidad, no sustituyen a los juzgados de paz porque son una estructura organizativa diferente", asegura. Sostiene que "los juzgados de paz han sido muy útiles en el pasado, pero actualmente todo usuario y toda usuaria del servicio público de Justicia tiene derecho a que su caso sea atendido por un juez o una juez profesional" ...» (Consultado el 24/04/24).

14 CGPJ, Libro blanco de la Justicia, Madrid, 1997. Pág.304.

Otras de las deficiencias señaladas de manera reiterada con respecto de los Juzgados de Paz, era su cuestionable independencia de otros poderes —requisito inherente a un órgano representante de la Justicia— del Estado, en este caso de la Administración Local, por cuanto desde su creación como ya hemos señalado, está fuertemente condicionada por el gobierno del municipio en el que se radica. Basta recordar la propia Ley actual, en la cual se establece, que, aunque el nombramiento lo realiza el Tribunal Superior de Justicia de la Comunidad Autónoma, donde se encuentre el mismo, el candidato es elegido por el Ayuntamiento[15].

De esta manera parece obvio la influencia de las corporaciones locales en la figura del Juez de paz, pues como afirma el Prof. BONET, se utiliza «*...un sistema de acceso que, lejos de ser objetivo, solamente garantiza que el candidato a ser juez de paz posee la confianza del Pleno del Ayuntamiento sede correspondiente al Juzgado de Paz»*[16]. *De ahí, la desconfianza generalizada en la independencia de los titulares de esta institución, «...lo bien cierto, es que todas estas circunstancias objetivas han generado la idea en la conciencia colectiva sobre la dependencia del Juez de Paz el equipo del gobierno municipal, así como la falta de autoridad en el sentido romano del término — sin perjuicio de la eventual autoridad moral o social que pueda tener—*[17]. *Precisamente, esta forma de elección «... y de eventual elección, no evita en absoluto, sino que fomenta que pueda convertirse en*

15 Art. 4 del Reglamento 3/95 de 7 de junio de los Jueces de Paz. Boletín Oficial del Estado número 166, correspondiente al día 13 de Julio de 1995: «Los Jueces de Paz y sus sustitutos serán nombrados para un periodo de cuatro años por la Sala de Gobierno del Tribunal Superior de Justicia correspondiente. El nombramiento recaerá en las personas elegidas por el respectivo Ayuntamiento (artículo 101.1 de la Ley Orgánica del Poder Judicial).».

16 BONET NAVARRO, J. Op. cit, pág.24.

17 BONET NAVARRO, J. Op. cit, pág.24.

el premio a conseguir (la reelección del juez de paz) o el castigo a evitar (la no relección del candidato) ...»[18].

Para finalizar, siempre han sufrido una falta de medios materiales y humanos que ha dificultado la realización de sus labores, dejando en manos de los exiguos presupuestos locales su financiación[19]. Lo que a su vez volvía a poner en tela de juicio su independencia del poder local que tenía la capacidad de influir a través de dicho presupuesto.

Las retribuciones son tan exiguas que pueden suponer un problema añadido, por cuanto sería imposible aplicar un régimen de incompatibilidad a los titulares de los Juzgados de Paz, ya que estas —las retribuciones— son tan exiguas que no permiten el sustento de una persona, de manera que podría darse el caso de un conflicto de intereses entre la actividad judicial del titular del juzgado, con su actividad privada, comercial o mercantil que le garantiza el sustento[20].

---

18 Ibidem, pág. 78.

19 MADRID BOQUÍN, Christa. M. "La justicia de proximidad en el umbral del cambio: la disyuntiva entre los juzgados de paz y las oficinas de justicia en los municipios". *Revista General de Derecho Procesal*, 62, enero (2024), pág. 21: «Así, por ejemplo, los medios materiales que son proporcionados a los Juzgados por los Ayuntamientos son insuficientes, pero hay que tomar en cuenta que estos mismos Ayuntamientos tienen una limitación en cuanto a dichos medios. A esto se une la dificultad de gestionar los Juzgados de Paz en ciertas Comunidades Autónomas en las que el TSJ tiene que hacer el nombramiento de cientos de Jueces de Paz».

20 BONET NAVARRO, J. Ob. cit ,pág.34 y 35: «...la remuneración —al margen de cierto reconocimiento social— es escasa, incluso algunos, salvo la Agencia Tributaria, el Tribunal Supremo y algunos órganos jurisdiccionales, han considerado que más que retribución o salario, podría tratarse de una mera "compensación simbólica "con la naturaleza jurídica de una "indemnización por la prestación de un servicio", sin derecho a la Seguridad Social, y esta, además, es tan ínfima , que por no permitir el mínimo sustento, sería impensable que permitiera

III. LAS OFICINAS DE JUSTICIA (OJM)

En 1997, el Libro Blanco de la Justicia realizaba una serie de recomendaciones, en las cuales los Juzgados de paz no resultaban especialmente bien parados. Se señalaba la necesidad de «plantearse su posible supresión, por su escasa rentabilidad eficacia o el aumento de sus competencias»[21], así como incidía en las críticas a la organización y falta de requisitos para acceder al cargo actual del Juzgado de Paz con aseveraciones como «...con carácter general, destaca también la incidencia en el defectuoso funcionamiento de los Juzgados de paz, de la falta de preparación y formación de sus titulares»[22].

El actual gobierno está impulsado una renovación y modernización de la Administración de Justicia mediante el Plan Justicia 2030[23] (que en adelante llamaremos PJ 2030). El objetivo de este Plan es hacer más accesible y eficiente el Servicio Público de Justicia, aprovechando la transformación digital, para en palabras del legislador, adecuarse a los cambios en la sociedad actual. Dicho Plan de Justicia 2030 —sin ánimo de ser exhaustivos pues excedería el objeto de esta comunicación— se divide en objetivos, programas y proyectos[24].

---

la actividad jurisdiccional con [...] actividades profesionales...». https://www.mallorcadiario.com/desaparicion-jueces-de-paz: «... toda esa actividad la hace "por 270 euros brutos al mes, y eso que este es un pueblo grande , los hay que lo hacen por 50 euros almes"...». (Consultado 25/04/24).

21 CGPJ. Libro blanco de la Justicia. Op.cit, pág. 301.

22 CGPJ. Libro blanco de la Justicia. Op.cit, pág. 300.

23 https://www.justicia2030.es/eficiencia-del-servicio-p%C3%BAblico-de-justicia. (Consultado 25/04/24).

24 Para más información: ORDEÑANA GEZURAGA, Ixusko. La justicia de paz: ¿nuevos tiempos, nuevas (infra)estructuras?: Disquisiciones ante la creación de las Oficinas de Justicia en los municipios en lugar de los Juzgados de Paz. Barcelona: Bosch, 2023

Para ello, se señalan tres objetivos. El primero asegurar el acceso de la ciudadanía al servicio Público de Justicia, el segundo, sobre la Eficiencia del Servicio Público de Justicia y, por último, un tercer objetivo sería contribuir a la sostenibilidad y cohesión.

3.1 Programa de Eficiencia Organizativa

Dentro del segundo objetivo del PJ 2030 —denominado Programa de Eficiencia Organizativa del Servicio Público— se busca la correcta implantación de mejoras organizativas en los diversos procesos que afectan a la Administración de Justicia mediante la transformación digital[25].

Para ello, se desarrollaron tres programas de Eficiencia Organizativa que buscaban conseguir, mediante la eficiencia organizativa, procesal y digital[26].

A su vez este Programa de Eficiencia Organizativa está compuesto por tres proyectos, que son el Proyecto de ley de Eficiencia Organizativa del Servicio Público de Justicia, el Pro-

---

25 Op. Cit. Pág. 97

26 https://noticias.juridicas.com/actualidad/noticias/18889-el-gobierno-aprueba-el-anteproyecto-de-ley-organica-que-reorganiza-la-administracion-d%e2%80%a6/. (Consultado 25/04/24): «La futura Ley Orgánica de eficiencia organizativa del servicio público de Justicia constituye el tercer pilar de la transformación integral de la Administración de Justicia impulsada por el ministerio, y sigue la senda de las medidas de eficiencia digital y procesal de la Administración de Justicia incluidas en el RDL 5/2023 y el RDL 6/2023.
Esta norma aborda una reforma integral con la que, tal y como ha destacado el ministro, se resuelve el desajuste existente entre una estructura de la Justicia más propia del siglo XIX y las necesidades de la sociedad digital en la que vivimos hoy, "mucho más conectada, diversa, consciente de sus derechos y exigente respecto a los servicios que recibe de la Administración"».

yecto de creación de los Tribunales de Instancia y, por último, el Proyecto por el cual se crean las Oficinas de Justicia en los Municipios.

3.2. El Proyecto de Oficinas de Justicia en los municipios.

Entre los cambios principales que introduce la futura Ley Orgánica de Eficiencia Organizativa se encuentra la implantación de «Oficinas de Justicia en los Municipios» (OJM)[27] en los municipios que no cuenten con Tribunales de Instancia[28]. El legislador se cuida mucho de no hablar de supresión o desaparición de los Juzgados de paz, remarcando, que estamos ante una sustitución de los mismos por estas Oficinas de Justicia.

---

27 MADRID BOQUÍN, Christa. M. "La justicia de proximidad en el umbral del cambio: la disyuntiva entre los juzgados de paz y las oficinas de justicia en los municipios". Revista General de Derecho Procesal, 62, enero (2024). Pág. 26: «aquellas unidades que, sin estar integradas en la estructura de la Oficina Judicial, se constituyen en el ámbito de la organización de la Administración de Justicia para la prestación de servicios a la ciudadanía de los respectivos municipios».

28 CONGRESO DE LOS DIPUTADOS," Proyecto de Ley Orgánica de medidas en materia de eficiencia del Servicio Público de Justicia y de acciones colectivas para la protección y defensa de los derechos e intereses de los consumidores y usuarios. Op. cit., pág. 8: «El artículo 1 modifica la Ley Orgánica 6/1985, del Poder Judicial, en dos ámbitos fundamentales; por un lado, la creación de los Tribunales de Instancia y el Tribunal Central del Instancia; y, por otro, la creación y constitución de las Oficinas de Justicia en los municipios [...] El artículo 84 prevé la existencia de un Tribunal de Instancia en cada partido judicial y su estructura mínima. Así, estará integrado por una Sección Única, de Civil y de Instrucción, mientras que en los supuestos previstos en la Ley 38/1988, de 28 de diciembre, de Demarcación y de Planta Judicial, el Tribunal de Instancia se integrará por una Sección Civil y otra Sección de Instrucción».

Según el legislador, esta sustitución se debe a que «el modelo de juzgado unipersonal no responde a los actuales y complejos desafíos de la Administración de Justicia»[29]. Según el Proyecto de Ley, la creación de estos Tribunales de Instancia redundará en una mayor rapidez en la resolución de los casos que hayan de conocer, mayor especialización, evitando diferencia entre diferentes juzgados y «permitirán la unificación de criterios en la interpretación y aplicación del derecho. Esto, contribuirá igualmente a reactivar la economía dado que, la seguridad jurídica y la previsibilidad de la respuesta judicial en caso de conflicto, son pilares de la confianza necesaria en toda inversión productiva»[30].

Por ello, en la Exposición de Motivos del Proyecto de Ley Orgánica de medidas en materia de eficiencia del Servicio Público de Justicia y de acciones colectivas para la protección y defensa de los derechos e intereses de los consumidores y usuarios, publicado el pasado 22 de marzo se remarca que la función vertebradora de estos órganos en el ámbito rural sigue vigente y, que su sustitución por la Oficinas de Justica del Municipio solo busca mejorar la eficiencia del servicio prestado a los ciudadanos[31]. No obstante, el propio Proyecto de Ley, admite

---

29 https://www.justicia2030.es/eficiencia-organizativa.

30 https://www.justicia2030.es/-/11.-tribunales-de-instancia-y-oficina-judicial

31 CONGRESO DE LOS DIPUTADOS," Proyecto de Ley Orgánica de medidas en materia de eficiencia del Servicio Público de Justicia y de acciones colectivas para la protección y defensa de los derechos e intereses de los consumidores y usuarios". *Boletín Oficial de las Cortes Generales.* 22 de marzo de 2024, Serie A, Núm. 16-1. Pág. 7: «Si bien su función, tal y como se planteó en el siglo XIX, ha quedado muy reducida, la necesidad de mantener el acceso a la Administración de Justicia y de disponer de servicios en todo el territorio, sigue estando vigente, especialmente en un momento en que el riesgo de despoblación de algunas zonas rurales es elevado y se requiere

que las OJM sustituirán a los actuales Juzgados de Paz excepto en sus funciones jurisdiccionales, pasando a ser meras oficinas administrativas, de lo cual se deduce, que la «sustitución» es incompleta y podría asemejarse más a la tan negada supresión de los JP.

No deja de sorprendernos, que el Anteproyecto incida en la ineficacia de los actuales Juzgados de Paz, pues según el prelegislador , las competencias de los mismos se han visto reducidas por las nuevas competencias asumidas por el Registro Civil y la utilización cada vez más común de la gestión de tramites vía electrónica[32] y se argumente que la transformación en modernas Oficinas de Justicia servirá para paliar el problema de acceso a determinados servicios a las zonas más despobladas del país y al mismo tiempo se señale que los Juzgados de Paz han prestado y prestan un gran servicio a la ciudadanía en especial como vertebradoras del Estado y primer contacto entre vecinos y la Administración de Justicia[33].

---

aumentar los servicios de la Administración. Con esta ley se pretende dar respuesta a esta necesidad desde el contexto social actual evolucionando los instrumentos de la Administración de Justicia».

32 ORDEÑANA GEZURAGA, I. Ob. cita. Pág.408: «Destaca al tiempo que sus competencias se han visto reducidas al auxilio del Registro civil y la práctica de algunos actos de comunicación [...] a la vez que un importante número de ciudadanos (el 30, 45 % de la población española) tiene que desplazarse al municipio cabeza de partido judicial del que depende...».

33 MADRID BOQUIN, Op. cit Pág. 29: «...Asimismo, el prelegislador parece asumir que los Juzgados de Paz son ineficaces (contradictoriamente, al mismo tiempo que reconoce su valioso aporte como órganos de justicia de proximidad durante cerca de doscientos años), pero no ha recopilado ni expuesto datos específicos que le permitan llegar a concluir que es necesaria su reforma en el sentido planteado, es decir, eliminando la Justicia de Paz en su concepción jurisdiccional y sustituyéndola por las OJM, órganos administrativos».

3.3. Análisis de la Ordenación sistemática de las OJM

El Proyecto de Ley reserva el Capítulo IV del Título I del Libro V a las OJM bajo el epígrafe «De las oficinas de Justicia de los Municipios».

3.2.1. Ámbito de Actuación y dotación

En tres amplios artículos codifica las característica y funciones de este nuevo órgano que define de manera concreta —art. 439 *ter*— como «aquellas unidades que, sin estar integradas en la estructura de la Oficina Judicial, se constituyen en el ámbito de la organización de la Administración de Justicia para la prestación de servicios a la ciudadanía de los respectivos municipios». En el segundo de los apartados hace referencia a su ámbito territorial recordando que al igual que los actuales Juzgados de Paz se localizaran en municipios donde no se ubiquen Juzgados de primera instancia, que como ya hemos visto y mediante este mismo Proyecto de Ley pasan a denominarse Tribunal de Instancia. Para finalizar el primer artículo se menciona qué administración se deberá a hacer cargo de los medios e instalaciones de estas nuevas oficinas, manteniéndose esta obligación en las corporaciones locales, con la salvedad de municipios que por sus limitados recursos no pueden hacerse cargo en cuyo lugar su gestión pasará al Ministerio de justicia o la Comunidad Autónoma si tuviese las asumidas las competencias en materia de Justicia. Este hecho podría dar lugar a notables diferencias entre los medios de unas y otras OJM, más aún en nuestra Comunidad, por su extensión y el notable número de Juzgados de Paz que alberga[34]. Asimismo, los siste-

---

[34] Nuestra Comunidad Autónoma cuenta con un total de 2.207 Juzgados de Paz, en España suman la cifra de 7.700. CGPJ, *Estadísticas Juzgados de Paz Año 2022–Sección de Estadística Judicial,* [en línea], https://www.poderjudicial.es/cgpj/es/Temas/Estadistica-Judicial/Estadistica-

mas y equipos informáticos deberán ser proporcionados por el Ministerio o la Comunidad Autónoma si tuviere asumidas las competencias en la materia.

3.2.2. Servicios y prestaciones

El precepto 439 *quater* enumera los servicios que proporcionaran estas OJM. Es importante reseñar, que el prelegislador utiliza el término «servicios» en lugar de competencias, que sería en principio, lo lógico al referirse a un órgano de carácter judicial. Supones que se debe a una manera de recalcar que las OJM pierden su condición de órganos jurisdiccionales, pasando a ser consideradas meras unidades administrativas especializadas en la Administración de Justicia[35]

Empieza en su apartado a) con la prestación del servicio de comunicación procesal con los residentes en el municipio, siempre que no hay sido posible la comunicación por medios electrónicos. Esta actividad, que pudiera parecer menor a residual, en nuestra opinión resultará fundamental y habitual, habida cuenta que en los núcleos rurales donde se ubicaran las OJM la mayoría de los habitantes son persona de avanzada edad no habituadas al uso de sistemas tecnológicos, algo que se notará en nuestra comunidad autónoma especialmente, por unírsele la extensión de la misma y el aislamiento y lejanía de muchos de los municipios de las capitales de provincia.

---

por-temas/Actividad-de-los-organos-judiciales/Otros-organos-de-la-administracion-de-justicia/Juzgados-de-Paz/. En sentido similar, CGPJ, *La justicia dato a dato. Año 2021,* [en línea], https://www.poderjudicial.es/cgpj/es/Temas/Estadistica-Judicial/Estadistica-por-temas/Actividad-de-los-organos-judiciales/Juzgados-y-Tribunales/Justicia-Dato-a-Dato/. (Consultado el 1 /05/2024).

35 ORDEÑANA GEZURAGA, I. Op. cit. Pág. 419.

Continúa la letra b) con la ya existente actividad de oficina colaboradora del Registro Civil, según se establezca legalmente. En la letra c) se señala la de actuar de enlace con los Colegios de Abogados a la hora de recibir asistencia jurídica gratuita. En el apartado d) se menciona la posibilidad de servir de oficina para la elaboración de solicitudes y la gestión de peticiones dirigidas al Ministerio de Justicia o sus órganos equivalentes por parte de los vecinos. La letra e) regula de manera poco clara y ambigua —en nuestra opinión— la actividad de mediación para solucionar controversias con «las unidades de medios» en coordinación con la Administración competente[36]. Dentro del propio segundo objetivo de eficiencia del Servicio Público, en el segundo Programa —Programa de Eficiencia Procesal— se prevé el desarrollo de los Medios Adecuados de Solución de Controversias (MASC), los cuales habrán de aplicarse al inicio del procedimiento o durante el mismo, con el fin de agilizar los procesos judiciales. El apartado f) advierte de la prestación de un servicio de colaboración con los operadores jurídicos de la Administración de Justicia en sus labores cuando estos deban desplazarse a estas OJM para realizar sus servicios de manera oficial. Por último, la letra g) menciona a modo de cláusula de cierre la posibilidad de colaborar con otras Administraciones públicas en el marco de acuerdos de colaboración suscritos entre ambas. Esta mención tan amplia deja abierto el precepto de manera que puedan surgir grandes diferencias entre distintas OJM en rezón de los convenios suscritos con distintas administraciones, como pudiera se las CC. AA o la FEMP[37]

---

[36] Ibidem. Pág. 430-437.

[37] https://www.femp.es/comunicacion/noticias/la-transformacion-de-los-juzgados-de-paz-en-oficinas-de-justicia-una

3.2.3. Personal de las Oficinas

El tercer precepto reservado a regular las actividades de las Oficinas de Justica en los Municipios — 439 *quinquies*— contempla los requisitos y características del personal que deberá atender las citas OJM. En el primer apartado, se señala que el personal que ha de cubrir las plazas de estas OJM deberá pertenecer al «...personal de los Cuerpos de funcionarios al servicio de la Administración de Justicia», abriendo la posibilidad de acceso a personal de otras Administraciones, siempre que cumplan determinadas condiciones. En todo caso, reserva el puesto de Secretaría de las OJM a personal del «Cuerpo de Gestión Procesal y Administrativa». Este loable intento de profesionalizar las nuevas oficinas mediante la atribución de competencias en exclusiva a funcionarios conocedores de la materia a tratar puede chocar con la realidad que supone el gasto que supone y que parece no previsto, así como la posible renuencia de muchos funcionarios a trasladarse a municipios pequeños, aislados y despoblados, lo que seguramente provocará un gran número de plazas vacantes.

En el segundo apartado se menciona la compatibilidad que determinados puestos[38] que podrán ocupar los funcionarios de los Cuerpos al servicio de la Administración de Justicia.

---

38 Se refiere a los que se menciona en el Art.521.3 F) del propio ANTEPROYECTO: «...F) Compatibilización de puestos de trabajo. En las relaciones de puestos de trabajo de la Oficina judicial se identificarán aquellos cuya actividad sea compatible en distintas unidades de la misma. También se identificarán aquellos puestos cuya actividad sea compatible con la de las Oficinas del Registro Civil o las Oficinas de Justicia en los municipios, en cuyo caso, el funcionario o funcionaria ocupará, al mismo tiempo, puestos integrados en la relación de puestos de trabajo de aquélla y de alguna de éstas. El anuncio y la provisión de tales puestos serán simultáneos, sin que unos y otros puedan ofertarse o proveerse de manera independiente. En estos casos, el funcionario o funcionaria que compatibilice dos

Para finalizar en el apartado tercero, se codifica la posibilidad de integrar en una misma área al personal de «una misma relación de puestos de trabajo» realizar sus labores en varias OJM siempre que pertenezcan al mismo partido judicial. Esta posibilidad responde a situaciones relacionadas por la «población» de determinadas zonas. Nos atreveríamos a decir que más bien se refiere a la «despoblación» de terminadas áreas y que afectará seguramente, y mucho, a Castilla y León. En definitiva, se trata de ahorro de personal concentrando personal que seguramente atenderá por días varios de los actuales Juzgados de Paz, como por otra parte ya bien ocurriendo, lo cual nos lleva a cuestionarnos, dónde se encuentra la mejora de servicio tan mencionada en el Proyecto de Ley. En las últimas líneas del apartado se hace mención del personal que el Ayuntamiento de cada municipio podrá nombrar para auxiliar al personal funcionario de las OJM. De manera totalmente ambigua no se establece ningún requisito o característica concreta en este personal excepto su idoneidad, «...nombrará personal idóneo...»[39], cualidad que como sabemos es difícil de ponderar.

---

puestos percibirá únicamente las retribuciones correspondientes a aquel cuyas cuantías sean superiores».

39 MADRID BOQUÍN. C. Ob. cita. Pág. 32«Así, en un municipio pequeño, se cesará al Juez o Jueza de Paz y la OJM quedará a cargo del "secretario idóneo" que en su momento hubiera designado el Ayuntamiento, pudiendo tratarse de una persona que tenga o no formación jurídica. ¿Y el resto del personal de la OJM, será designado entre el mismo personal del Ayuntamiento, de manera que tendrá que cumplir simultáneamente con las funciones correspondientes al consistorio municipal y a la OJM? En cambio, en aquellos municipios que sean más grandes o en donde haya Agrupación de Secretarías, la OJM contará con más personal con formación jurídica y mejores medios materiales. No se puede pretender que, funcionando en condiciones tan dispares, todas las OJM brinden la misma calidad de servicios».

No debemos concluir con este análisis sistemático de la ordenación del articulado referente a las OJM sin mencionar las Disposiciones Transitorias quinta y sexta del Anteproyecto de las cuales se refieren a la fecha de implantación de la misma[40], absorbiendo la nueva entidad organizativa a todo el personal de los antiguos JP y regulando el cese inmediato de los titulares de los Juzgados al entra en vigor la Ley[41].

IV. CONCLUSIONES

En primer lugar, nos parece adecuado hacer un breve inciso aclaratorio en cuanto al motivo principal de la creación de las Oficinas de Justicia en los Municipios. Este órgano según el prelegislador y otros estamentos jurídicos vendría a «sustituir»

---

40 MISTERIO DE JUSTICIA "Anteproyecto de Ley Orgánica de Eficiencia Organizativa del Servicio Público de Justicia, por la que se modifica la Ley Orgánica 6/1985, de 1 de julio, del Poder Judicial, para la implantación de los Tribunales de Instancia y las Oficinas de Justicia en los municipios". DT 5ª «Todo el personal que se encuentre prestando sus servicios en aquellas, ya fuera como plantilla orgánica o incluidos en la correspondiente relación de puestos de trabajo de la Oficina judicial de apoyo directo a Juzgado de Paz, se integrarán en la relación de puestos de trabajo de la respectiva Oficina de Justicia en el municipio».

41 Ibidem. DT 6ª «En la misma fecha en que se constituya cada Oficina de Justicia en el municipio en los términos previstos en la disposición transitoria quinta de esta ley, se producirá el inmediato cese del Juez de Paz respectivo

a los actuales Juzgados de Paz, para corregir su supuesta ineficacia y, decimos supuesta, porque después de analizar en este trabajo el Proyecto de Ley Orgánica de Eficiencia Organizativa del Servicio Publico tenemos serias dudas de la realidad de esta aseveración.

Como señala la Prof. MADRID en la Exposición de motivos del Anteproyecto no se fundamenta correctamente la necesidad de eliminar los Juzgados de Paz y sustituirlos por las OJM[42]. Siendo los Juzgados de Paz el primer escalón de la Administración de Justicia no existe datos concretos que avalen su supuesta ineficacia, más bien lo contrario y, por otra parte, si lo que se quiere es una evolución de ellos, sería necesario un aumento en sus medios o estructura y se mantiene en su práctica totalidad. Con mismo personal, recursos y para más estupefacción eliminando la figura protagónica del titular del Juzgado. Además de esto, parece que no se tiene en cuenta el valioso aporte en cuanto a la paz social y pacífica convivencia que proporciona la existencia de un Juez de Paz[43] —figura que

42 MADRID BOQUÍN, C. Op. cit. Pág. 30: «la necesidad de eliminar los Juzgados de Paz para convertirlos en OJM con naturaleza administrativa no está bien fundamentada. Al leer cuidadosamente la exposición de motivos del Proyecto de Ley, los argumentos son ambiguos, a veces ambivalentes, y nada concluyentes. Por un lado, se reconoce la valiosa historia que tienen y el importante servicio que vienen prestando los Juzgados de Paz y, por otro lado, con argumentos genéricos se desacredita su función y se ensalza su "evolución" y conversión en OJM.

43 Como ya advertimos ut supra, en el texto normativo finalmente aprobado, el legislador ha sido sensible, seguramente por la presión de sus alcaldes, a las criticas vertidas y, ha mantenido la figura de los jueces y juezas de paz, aunque manteniéndolos dentro de es una nueva estructura , que es la OJM, dándose por tanto se ha buscado una especie de solución híbrida que nos tememos reste eficiencia a las labores que hasta la entrada en vigor de la LO 1/2025, se desarrollaban en los Juzgados de Paz. Por otra parte, y siguiendo con la idea que mencionamos de respuesta híbrida del legislador, la ley finalmente

desaparece irremediablemente— vecino de los habitantes a los que presta servicio y que cuenta con prestigio y su respeto y cuyo papel en este ámbito de mediación y conciliación difícilmente será asumible por parte de personal funcionario de la Administración de Justicia ajenos al municipio y desconocidos para los vecinos.

En resumen, que, sin un aumento notable de recursos, este supuesto cambio a mejor se quedará en un «brindis al Sol» o lavado de cara, pues como pasa actualmente con los Juzgados de Paz su eficacia dependerá del municipio en el que se halle, al ser más grande, tendrá más recurso, personal y medios. Por otra parte, se prevé un aumento de los servicios que habrán de dar las OJM a la ciudadanía — de carácter administrativo, pues se prescinde de sus competencias jurisdiccionales—, pero manteniendo la misma configuración lo cual nos resulta difícil de contemplar como factible. A esto se añade, la posibilidad de colaboración con otras administraciones mediante acuerdos, lo que redundará en una desigualdad real de servicios entre OJM.

Por otra parte, creemos muy mejorable la regulación concreta de las OJM, ya que puede generar confusión la ambigüedad del articulado. Que se intente codificar una «evolución» tan deseada por parte del legislador en tres artículos y dos disposiciones transitorias resulta llamativo por lo escueto del resultado. A modo de ejemplo, no se menciona la posibilidad de un futuro reglamento que desarrolle las OJM. No se desarrolla claramente el método de acceso del personal —omitiendo requisitos o características necesarias para ocupar el puesto—; ni se determina claramente como habrá de realizarse esa «colaboración» entre Administraciones, mediante convenios —quién y cómo se han de celebrar los mismos— así como responder a la duda de qué organismo realizará estos servicios en localida-

---

aprobada les devuelve competencias en materia penal y aumenta sus competencias civiles.

des donde halla Tribuales de Instancia, ya que le Anteproyecto prevé que en estos últimos no sea necesaria la existencia de una OJM.

Del mismo modo, la imprevisión a la hora de proporcionar un sustancial aumento de recursos perjudicará especialmente a regiones como la nuestra, que por su extensión, despoblación y avanzada edad media más necesita de órganos como los Juzgados de Paz. La tan buscada transformación digital— el excesivo protagonismo de la digitalización de la Administración juega en contra de las personas mayores que son los habitantes mayoritarios de estas zonas— de las futuras OJM será difícilmente aplicable en las zonas rurales, donde precisamente los vecinos cuentan con menor conocimientos del uso de medios digitales, con lo cual, los vecinos son solo no verán mejorar la atención que reciben, sino que aumentará su dependencia del personal que las Administraciones —locales normalmente— puedan poner a su disposición, y que está directamente relacionado con el tamaño de los Ayuntamiento. Por tanto, en la mayoría de los municipios, con limitados recurso, apenas habrá una sola persona que pueda atenderlos y seguramente en horario reducido.

Concluyendo, parece que una vez más el legislador desaprovecha la ocasión para realizar una modificación legal que sería muy útil, como es la de establecer diferencias entre Juzgados de Paz en relación con la población en la que preste servicios, pues es muy diferente la problemática a la que se enfrentan los Juzgados de Paz en pequeños municipios rurales y la de localidades de tamaño medio semiurbanas.

V. BIBLIOGRAFÍA

BONET NAVARRO, J. (2014). Justicia de paz y alternativa: ed. Dykinson. [Disponible en https://elibro.net/es/ereader/uva/57089?page=133]

CGPJ, *Estadísticas Juzgados de Paz Año 2022–Sección de Estadística Judicial,* [en línea], https://www.poderjudicial.es/cgpj/es/Temas/Estadistica-Judicial/Estadistica-por-temas/Actividad-de-los-organos-judiciales/Otros-organos-de-la-administracion-de-justicia/Juzgados-de-Paz/.

CGPJ, *La justicia dato a dato. Año 2021,* [en línea], https://www.poderjudicial.es/cgpj/es/Temas/Estadistica-Judicial/Estadistica-por-temas/Actividad-de-los-organos-judiciales/Juzgados-y-Tribunales/Justicia-Dato-a-Dato/.

CGPJ. Libro blanco de la Justicia, Madrid, 1997.

https://elibro.net/es/lc/uva/titulos/57089

https://elmon.cat/es/politica-es/espana/juzgues-paz-desaparicio-ley-espanola-674608/.

https://noticias.juridicas.com/actualidad/noticias/18889-el-gobierno-aprueba-el-anteproyecto-de-ley-organica-que-reorganiza-la-administracion-d%e2%80%a6/

https://www.eldiario.es/castilla-la-mancha/social/adios-jueces-paz-figura-legal-siglo-xix-usuarios-derecho-recibir-atencion-profesional_1_9727614.html

https://www.femp.es/comunicacion/noticias/la-transformacion-de-los-juzgados-de-paz-en-oficinas-de-justicia-una

https://www.heraldodiariodesoria.es/soria/230320/34976/jueces-paz-tramitaron-mas-2-500-asuntos-penales-civiles-soria.html

https://www.justicia2030.es/eficiencia-del-servicio-p%C3%BAblico-de-justicia.

https://www.justicia2030.es/eficiencia-del-servicio-p%C3%BAblico-de-justicia.

https://www.justicia2030.es/eficiencia-organizativa.

https://www.mallorcadiario.com/desaparicion-jueces-de-paz

CONGRESO DE LOS DIPUTADOS," Proyecto de Ley Orgánica de medidas en materia de eficiencia del Servicio Público de Justicia y de acciones colectivas para la protección y defensa de los derechos e intereses de los consumidores y usuarios". *Boletín Oficial de las Cortes Generales.* 22 de marzo de 2024, Serie A, Núm. 16-1

LÓPEZ DEL MORAL, José Luis (Coord.) FERNÁNDEZ SIMÓN, Milagros y ALONSO IZQUIERDO, Carlos. MANUAL DE LOS JUZGADOS DE PAZ. 2008, Ed. LA LEY Wolters Kluwer España S.A.

MADRID BOQUÍN, Christa. M. "La justicia de proximidad en el umbral del cambio: la disyuntiva entre los juzgados de paz y las oficinas de justicia en los municipios". *Revista General de Derecho Procesal*, 62, enero (2024).

MONTERO AROCA, Juan (Dir), GÓMEZ COLOMER, Juan Luis, BARONA VILAR, Silvia, ESPARZA LEIBAR, Iñaki, ETXEBERRÏA GURIDI, José F. DERECHO JURISDICCIONAL III PROCESO PENAL, Ed. Tirant lo Blanch, Valencia, 2019.

ORDEÑANA GEZURAGA, Ixusko. La justicia de paz: ¿nuevos tiempos, nuevas (infra)estructuras?: disquisiciones ante la creación de las Oficinas de Justicia en los municipios en lugar de los Juzgados de Paz. Barcelona: Bosch, 2023.

ORDEÑANA, I., "Propuestas de futuro para la justicia de paz en España", *Revista General de Derecho Procesal*, nº.44, 2018. [Disponible en: https://www.iustel.com//v2/revistas/detalle_revista.asp?id_noticia=419722].

Cipolla, C. M. & Abad, A. (1970) *Educación y desarrollo en Occidente*. Esplugues de Llobregat (Barcelona): Ariel. ———Anon (1877) *BOLETIN DE LA INSTITUCION LIBRE DE ENSEÑANZA*. Madrid: Institución Libre de Enseñanza.

CAPÍTULO IV.

MEDIDAS DE APOYO A LA POBLACIÓN ENVEJECIDA A LA LUZ DE LAS RECIENTES REFORMAS LEGISLATIVAS

MARÍA GONZÁLEZ-GARCÍA VIÑUELA

Universidad de Valladolid.

RESUMEN: El progresivo envejecimiento de la población en las áreas rurales hace que en estas zonas se localice un elevado porcentaje de las personas que padecen enfermedades que afectan en la toma de decisiones tales como el alzhéimer o las demencias.

La capacidad de obrar de estas personas ha sido profundamente modificada por la reforma introducida por la Ley 8/2021, que ha suprimido las tradicionales instituciones de sustitución de la voluntad, como la tutela, introduciendo un sistema de apoyos en diferentes grados, donde se prioriza la voluntad, preferencias y deseos de las personas con discapacidad. Con esta reforma, se ha dotado de mayor autonomía a las personas con discapacidad, favoreciendo su participación plena y efectiva en la toma de decisiones.

Palabras Clave Capacidad; autonomía; apoyos; voluntad, preferencias y deseos; asistencia sociosanitaria.

I. INTRODUCCIÓN

En España, desde hace décadas, nos enfrentamos al envejecimiento de la población, que especialmente se manifiesta en las áreas rurales. La esperanza de vida es mayor, pero el envejecimiento exige un nivel de cuidado más elevado. Determinadas enfermedades, en particular las mentales y degenerativas, afectan mayoritariamente a las personas de edad avanzada.

La situación de las personas con discapacidad intelectual, cognitiva o psicosocial ha sido tradicionalmente abordada desde el Derecho como un problema cuya solución radica en la declaración de su incapacidad y la sustitución por otras personas en la toma de sus decisiones[1]. Desde principios del siglo XXI esta perspectiva ha ido cambiando, ya que se eliminan las barreras puestas por el entorno social. Al mismo tiempo, se van introduciendo progresivamente medidas de apoyo y acompañamiento y eliminando, paulatinamente, la supresión absoluta de su capacidad. Este cambio ha sido propiciado fundamentalmente por la Convención de Nueva York de 2006, sobre derechos de las personas con discapacidad, cuyo precedente puede situarse en el *Informe Belmont* de 1979 y en la Teoría de la Escala Móvil de la Capacidad, formulada por DRANE en la década de 1980, de gran relevancia en la configuración del actual modelo de capacidad.

En el Derecho interno español es de gran relevancia en materia de capacidad la modificación introducida por la Ley 8/2021. En su Preámbulo se subraya que la nueva regulación considera la capacidad como algo inherente a la condición de persona.

---

1 SÁNCHEZ GONZÁLEZ, M., "El nuevo régimen jurídico de la guarda de hecho", en R. M. MORENO FLÓREZ (dir.), *Problemática jurídica de las personas con discapacidad intelectual*, Dykinson, Madrid, 2022, p. 153.

En las últimas décadas se viene observando una tendencia internacional a la eliminación del término «incapacidad legal». Ya no cabe hablar de personas declaradas incapaces, sino de incapacidades que pueden afectar a la toma de determinadas decisiones; sustituyendo las incapacidades por medidas de apoyo a las personas con discapacidad en la adopción y comprensión de las decisiones, reconociéndoles un mayor protagonismo en el ejercicio de su propia autonomía[2].

En este trabajo se pretende abordar la reforma introducida por la Ley 8/2021, analizando las diferentes medidas de apoyo previstas y su aplicación a la población de edad avanzada que vive en las áreas rurales.

II. LA AUTONOMÍA DE LAS PERSONAS CON DISCAPACIDAD

La autonomía de las personas con discapacidad se configura como el eje de la reforma operada en materia de capacidad por la Ley 8/2021. La autonomía se puede definir como la capacidad para adoptar una posición proactiva en los tratamientos sanitarios que desea recibir, de manera que pueda elegir libremente, tras ser informada de las ventajas e inconvenientes y de los eventuales riesgos, si quiere someterse a alguno de ellos y manifestar su consentimiento a las recomendaciones hechas por el facultativo con pleno conocimiento[3], o no someterse a ninguno. No es un mero derecho sino también un principio

---

[2] TARODO SORIA, S., "Patient autonomy in the context of digital medicine", *Bioethics,* Special issue: *Patient autonomy in the face of new technologies advances in Medicine,* Wiley, issue 5, vulume 39, 2025, p. 408.

[3] DÍAZ DEL PINO, D., "Ética de Spinoza: hacia una mayor autonomía del paciente", *Revista española de comunicación en salud,* núm. 1, vol. 12, 2021, p. 108.

que recorre de manera trasversal el ordenamiento jurídico en su conjunto[4].

Dentro del concepto de autonomía se pueden diferenciar tres dimensiones que deben ser entendidas como realidades interrelacionadas: a) la autonomía decisoria, que se refiere a la libertad de elección del paciente, es decir, su capacidad para deliberar y decidir; b) la autonomía informativa, que consiste en el poder que ostenta el paciente para disponer y controlar la información de carácter personal e íntimo, relativa a la propia salud; y, c) la autonomía funcional o ejecutiva, relativa a la libertad de acción y la capacidad para llevar a cabo las decisiones adoptadas[5].

Además, el ejercicio de la autonomía por parte de las personas con discapacidad exige la concurrencia de tres requisitos: a) actuar voluntariamente; b) tener información suficiente sobre la decisión que se vaya adoptar, de manera que la persona con discapacidad conozca los riesgos, beneficios y alternativas posibles; y, c) tener capacidad, es decir, gozar de las aptitudes psicológicas (cognitivas, afectivas y volitivas) que permitan conocer, valorar y gestionar adecuadamente la información, adoptar la decisión y exteriorizarla[6].

---

4 TARODO SORIA, S., "Conciencia y libertad. El derecho de libertad de conciencia como fundamento constitucional de los derechos a la información y a decidir sobre la propia salud", *La bioética y el arte de elegir, XI Congreso Nacional de Bioética, Asociación de Bioética Fundamental y Clínica,* 2ª ed., 2014, p. 66.

5 SEOANE RODRÍGUEZ, J. A., "La autonomía del paciente", *Dilemata,* núm. 3, 2010, pp. 63-64.

6 SIMÓN LORDA, P., "La capacidad de los pacientes para tomar decisiones: una tarea todavía pendiente", *Revista de la Asociación española de Neuropsiquiatría,* núm. 102, vol. 28, 2008, p. 325.

El consentimiento informado se considera una expresión de los principios de autonomía y dignidad[7] en el sentido de exigir el respeto a la capacidad de autodeterminación de la persona con discapacidad, que debe tener derecho a decidir por sí mismo la opción que se corresponde con su voluntad, preferencias y deseos después de haber sido suficiente y debidamente informado.

2.1. El cambio de paradigma en el modelo de capacidad

La entrada en vigor de la Ley 8/2021 ha supuesto la consolidación del cambio de paradigma iniciado con el Convenio de Oviedo de 1997 y, en mayor medida, con la Convención de Nueva York, de 13 de diciembre de 2006, ratificada por España el 23 de noviembre de 2007.

A nivel jurisprudencial, la Sentencia del Tribunal Supremo de 29 de abril de 2009[8] recoge el impacto de la Convención de Nueva York al afirmar que las personas con discapacidad son titulares de sus derechos fundamentales y la incapacitación total como forma de protección de las personas con discapacidad solo se puede adoptar cuando sea estrictamente necesaria y en casos excepcionales.

La línea jurisprudencial iniciada en 2009 por el Tribunal Supremo fue reiterada posteriormente en numerosas resoluciones, de manera que se comenzó a flexibilizar la tutela, optando por funciones de mera asistencia. Sin embargo, esto no supuso la no aplicación de la incapacitación plena por los Tribunales; se seguía declarando judicialmente la incapacitación de las personas con discapacidad, aunque esta institución fue-

---

7 CAPPITANI, R., "Consentimiento informado e investigación científica en el Derecho europeo", *Revista Argumentos,* núm. 1, 2015, p. 56.

8 STS 282/2009, de 29 de abril (ECLI:ES:TS:2009:2362).

ra incompatible con la aplicación de la Convención de Nueva York, ya en vigor para España.

2.1.1. La superación del modelo proteccionista

La Convención de Nueva York ha supuesto una nueva conceptualización de la capacidad jurídica en el Derecho español, adaptando las tradicionales instituciones dirigidas a la protección de las personas adultas que padecen algún tipo de discapacidad cognitiva, intelectual o psicosocial y rompiendo con la tradicional dicotomía capacidad jurídica – capacidad de obrar[9].

El art. 12 de la Convención de Nueva York proclama el derecho de las personas con discapacidad al pleno reconocimiento de su personalidad jurídica. Las personas que tengan modificada su capacidad deben contar con la asistencia y los apoyos que precisen para que puedan tomar las decisiones que sean conformes a sus propias preferencias[10]. El respeto a la autonomía individual, en la que se incluye la libertad en la toma de decisiones, en las esferas personal y patrimonial, se instituye como principio fundamental de la Convención[11].

En España, la primera norma civil que establece una medida respetuosa con la autonomía de las personas con discapacidad fue la Ley 25/2010, de 29 de julio, por la que se aprueba el Libro segundo del Código Civil de Cataluña, relativo a la persona y la familia, aplicable únicamente en este ámbito territorial. Supuso un avance de la regulación de la capacidad hacia el mo-

---

9 SÁNCHEZ GONZÁLEZ, M., *op. cit.*, p. 153.

10 DE ASÍS ROIG, R., *Sobre discapacidad y derechos,* Dykinson, Madrid, 2013, p. 16.

11 GUILARTE MARTÍN-CALERO, C., "Matrimonio y discapacidad", *Derecho Privado y Constitución,* núm. 32, 2018, p. 58.

delo previsto en la Convención de Nueva York. Sin suprimir los sistemas tradicionales de guarda de las personas con discapacidad, que son objeto de modificación, introdujo la asistencia como medida de protección de las personas con discapacidad[12], regulada actualmente en los arts. 226-1 a 226-8 CC catalán. La asistencia se concibe como instrumento de protección de las personas mayores de edad que padecen una disminución no incapacitante de sus facultades psíquicas[13]. Concibe la necesidad de protección de determinadas personas con independencia de la capacidad, incluyendo instrumentos que se basan en el libre desarrollo de la personalidad y que sirven para proteger a las personas en situaciones de vejez, enfermedad psíquica o discapacidad[14], para las que la incapacitación y la tutela eran consideradas excesivas y desaconsejables por no ser respetuosas con la capacidad natural de las personas.

La Ley 8/2021 ha derogado la institución de la tutela, sustituyéndola por la curatela y ha establecido la necesidad de adoptar las medidas de apoyo en la toma de decisiones. De esta manera, la regulación civil nacional reconoce una mayor autonomía a las personas con discapacidad y, por ende, a las personas de edad avanzada que padecen alguna enfermedad que les dificulta o limita la capacidad de comprender y de tomar una decisión de acuerdo con su voluntad, priorizando su participación en la toma de sus propias decisiones.

Este cambio de paradigma supone el paso de un sistema proteccionista en el que predomina la sustitución de la voluntad de las personas afectadas por una discapacidad, a un sistema de apoyos basado en la voluntad, preferencias y deseos de estas

---

12 VIVAS TESÓN, I., *Más allá de la capacidad de entender y querer... Un análisis de la figura italiana de la administración de apoyo y una propuesta de reforma del sistema tuitivo español*, Futuex, Badajoz, 2012, p. 50.

13 *Ibid*, pp. 50-51.

14 *Ibid*, p. 51.

personas. El propio Preámbulo de la Ley 8/2021 señala que la reforma no supone solo un cambio terminológico sustituyendo los tradicionales términos de «incapacidad» o «incapacitación» por otros más respetuosos, sino que se trata de un nuevo enfoque de acuerdo con el cual las personas con discapacidad son titulares del derecho a la toma de sus propias decisiones.

Por tanto, el bienestar de las personas con discapacidad no se puede determinar al margen de su autonomía. Su participación en la toma de las decisiones que afectan a su propia salud supone una manifestación de su libertad y un reconocimiento a su capacidad de autodeterminación[15].

La nueva regulación plasmada en el Código Civil se estructura sobre la base de tres elementos fundamentalmente: (1) el respeto a la voluntad, preferencias y deseos de las personas con discapacidad; (2) la previsión de apoyos para garantizar la participación de las personas con discapacidad, en condiciones de igualdad con las demás personas, en la toma de decisiones respecto a su propia salud; y, (3) la configuración de la tutela como principal medida judicial de apoyo, sin perjuicio de que, de forma excepcional, se puedan adoptar medidas de apoyo representativas[16].

2.1.2. El modelo social de la capacidad

El eje central del modelo de capacidad iniciado en la Convención de Nueva York, vigente para España desde su ratifica-

---

15 DRANE, J. F., "Competency to Give an Informed Consent. A Model for Making Clinical Assessments". *JAMA*, núm. 7, vol. 252, 1984, p. 925.

16 ARNAU MOYA, F., "Aspectos polémicos de la Ley 8/2021 de medidas de apoyo a las personas con discapacidad", *Revista Boliviana de Derecho*, núm. 33, 2022, p. 543.

ción en 2007, y plasmado en la regulación civil nacional con la Ley 8/2021, gira en torno al concepto de apoyos.

Sin embargo, la Ley 8/2021 no define los conceptos «discapacidad» ni «apoyo», ni establece expresamente cuando es necesaria la provisión de apoyos. El art. 77 de la Ley 8/2021, por el que se Modifica la Disposición Adicional Cuarta del CC, señala que «*salvo que otra cosa resulte de la dicción del artículo de que se trate, toda referencia a la discapacidad habrá de ser entendida a aquella que haga precisa la provisión de medidas de apoyo para el ejercicio de la capacidad jurídica*».

El Preámbulo de la Ley 8/2021 se remite a la Observación General del Comité de Expertos de las Naciones Unidas elaborada en 2014, para establecer lo que se entiende por apoyos. Se trata de un concepto amplio que engloba actuaciones diversas tales como el acompañamiento amistoso, la ayuda técnica en la comunicación de las declaraciones de voluntad, el consejo, la toma de decisiones delegadas por la persona con discapacidad; e incluso, en situaciones de imposibilidad en las que el apoyo no pueda prestarse de otra forma, la representación de la persona en la toma de decisiones.

Por tanto, el concepto de apoyo comprende los elementos de ayuda que garanticen que las personas con discapacidad puedan manifestar su voluntad y que las decisiones que tomen relativas a su propia salud tengan plenos efectos[17]. Los apoyos dejan de ejercitarse en interés de la persona con discapacidad para atender a su voluntad, preferencias y deseos[18].

---

17 SILLERO CROVETTO, B., "¿Incapacidad parcial tras la Convención de Nueva York? Posicionamiento jurisprudencia", en: M. C. CARCÍA GARNICA (dir.), *Nuevas perspectivas del tratamiento jurídico de la discapacidad y la dependencia*, Dykinson, Madrid, 2014, pp. 31-37.

18 PAU PADRÓN, A., "De la incapacitación al apoyo: el nuevo régimen de la discapacidad intelectual en el Código Civil", *Revista de Derecho* Civil, núm. 3, vol. V, 2018, p. 8.

Así, a la luz de la finalidad perseguida por la reforma introducida por la Ley 8/2021, se entiende por discapacidad aquella que afecta a la aptitud de entender y querer y que influye en la toma de decisiones y en el ejercicio de actos con eficacia jurídica; y por medidas de apoyo, a las que se proyectan a lo largo del proceso de toma de decisiones[19].

Las medidas de apoyo a la capacidad se prestan en atención a la voluntad, preferencias y deseos de las personas con discapacidad, tratando de garantizar que puedan llevar a cabo su propio proceso de toma de decisiones. Para ello, el segundo párrafo del art. 249 CC prevé que se facilite la información y se proporcione la ayuda que sea necesaria para comprender y razonar la decisión para que la persona con discapacidad pueda expresar sus preferencias con menos apoyos en el futuro (art. 249 segundo párrafo CC).

Así, solo en los casos excepcionales en los que no sea posible determinar la voluntad, deseos y preferencias de la persona con discapacidad, a pesar de haber realizado un «esfuerzo considerable», las medidas de apoyo pueden incluir funciones representativas. No obstante, aún en estos casos, se debe atender a la trayectoria vital de la persona con discapacidad, sus creencias y valores, para tratar de tomar la decisión que se considere que es la que habría adoptado la persona con discapacidad si hubiera podido decidir por sí misma, sin necesidad de la representación (art. 249 tercer párrafo CC).

---

19 DE SALAS MURILLO, S., "El nuevo sistema de apoyos para el ejercicio de la capacidad jurídica en la Ley española 8/2021, de 2 de junio: panorámica general, interrogantes y retos", *Actualidad Jurídica Iberoamericana*, núm. 17, 2022, p. 20.

2.2. La situación de las personas con discapacidad en las áreas rurales

El envejecimiento de la población viene con frecuencia acompañado de la aparición de enfermedades crónicas[20] y, en consecuencia, de la necesidad de proporcionar los cuidados y asistencia que se requieran en cada caso. Las enfermedades mentales, como el alzhéimer o las demencias, suelen aparecer, precisamente, a edades avanzadas, precisando quienes las padecen de medidas de apoyo para el ejercicio de la capacidad.

La asistencia sociosanitaria, entendida como aquella que comprende el conjunto de cuidados destinados a enfermos que, en atención a sus especiales características, se pueden beneficiar de la actuación conjunta y simultánea de los servicios sociales y sanitarios[21], persigue una mayor autonomía de estas personas.

Hasta la reforma introducida por la Ley 8/2021 las personas de edad avanzada que padecían algún tipo de enfermedad mental eran consideradas personas con discapacidad, procediendo a declarar judicialmente su incapacitación y a nombrarles un tutor para regir su persona o bienes, o ambos.

El legislador español, atendiendo a los principios y valores consagrados en la Convención de Nueva York ha abordado las problemáticas de la discapacidad intelectual de las personas mayores de edad, tanto desde el punto de vista patrimonial

---

20 GONZÁLEZ IGLESIAS, M.Á., "El régimen de los servicios sociales y sanitarios en el mundo rural en la Comunidad de Castilla y León: la apuesta por su coordinación. Mejoras a efectuar tras la pandemia", en: J.J. FERNÁNDEZ DOMÍNGUEZ (dir.), *La prestación de servicios socio-sanitarios en el ámbito rural de Castilla y León: apostando por un bienestar integral*, Colex, 2023, pp. 93-94.

21 *Ibid*, p. 95.

como personal, respetando la libertad y dignidad del ser humano en la toma de decisiones[22].

Una de las principales novedades recogidas en la Ley 8/2021 es la supresión de la tutela (que se prevé solo para menores de edad que no estén bajo la patria potestad), la patria potestad prorrogada o rehabilitada y la prodigalidad. El objetivo es proteger los intereses de las personas con discapacidad, promoviendo y garantizando la mayor autonomía posible.

La incapacitación se sustituye por un sistema de apoyos en diferentes grados a las personas con discapacidad que permita fijar las necesidades de cada persona en un momento determinado, con un control periódico de las mismas.

La realidad sociodemográfica de las áreas rurales, excesivamente envejecidas, exige un mayor esfuerzo en aras a la coordinación sociosanitaria que garantice la continuidad asistencial[23], necesaria para implementar estas medidas de apoyo.

III. PRINCIPALES MEDIDAS DE APOYO A LA CAPACIDAD

La Ley 8/2021 ha modificado el Título IX del Libro I CC, que lleva como rúbrica «de las medidas de apoyo a las personas con discapacidad para el ejercicio de su capacidad jurídica».

---

22 LÓPEZ SAN LUIS, R., "Guarda de hecho vs guarda de derecho tras la Ley 8/2021, de 2 de junio, por la que se reforma la legislación civil y procesal para el apoyo a las personas con discapacidad en el ejercicio de su capacidad jurídica", en: R. M. MORENO FLÓREZ (dir.), *Problemática jurídica de las personas con discapacidad intelectual*, Dykinson, Madrid, 2022, p. 137.

23 GONZÁLEZ IGLESIAS, M.Á., *op. cit.*, p. 97.

El Código Civil establece un orden de prelación de las medidas de apoyo a las personas con discapacidad conforme al cual se deben aplicar, en primer lugar, las de carácter voluntario, en defecto o por insuficiencia de estas, se puede recurrir a las medidas de carácter judicial o legal y, solo por defecto o insuficiencia de las anteriores, y con carácter excepcional, se admite la representación en la toma de decisiones de la persona con discapacidad.

Todas las instituciones de apoyo reguladas en el Título XI del Libro I CC (arts. 249 a 299 bis CC) tienen como finalidad el libre desarrollo de las personas con discapacidad y favorecer su desenvolvimiento jurídico en condiciones de igualdad; y, las medidas de apoyo se deben inspirar en el respeto a la dignidad de la persona y la tutela de sus derechos fundamentales y ajustarse a los principios de necesidad y proporcionalidad (art. 249 CC).

Las personas de edad avanzada que padezcan algún tipo de discapacidad y que habitan en las áreas rurales tienen acceso a las medidas de apoyo a la capacidad en condiciones de igualdad respecto a personas que se encuentren en la misma situación de incapacidad que residan en zonas urbanas.

3.1. Medidas de naturaleza voluntaria

Una manifestación del respeto a la dignidad y autonomía de la voluntad de las personas con discapacidad es la consagración de la preferencia por las medidas de apoyo de naturaleza voluntaria. Estas medidas no son solo las que la persona establezca para el caso de que pueda concurrir en ella en el futuro cualquier causa de discapacidad intelectual, sino también aquellas que establezca cualquier persona, aunque ya concurra la discapacidad[24].

Las medidas de apoyo de naturaleza voluntaria son un mandato por el que una persona, en previsión de los apoyos que pueda precisar en el futuro, designa a una o varias personas para ejercerlos[25]. Si la persona designada acepta el mandato, debe proporcionar los apoyos en las condiciones y con el alcance que se hubiera establecido.

Las medidas de apoyo de naturaleza voluntaria se establecen *ex ante* por la propia persona con discapacidad para designar a quien le debe prestar el apoyo, así como el alcance de éste. Se basan en su voluntad y pueden ir acompañadas de las salvaguardas necesarias para garantizar el respeto a su voluntad, deseos y preferencias (art. 250 párrafo 3° CC). Las personas que prevean que en el futuro puedan concurrir circunstancias que les dificulten el ejercicio de su capacidad jurídica pueden establecer o acordar en escritura pública las medidas de apoyo que deseen respecto de su persona o bienes para el caso de que en el futuro concurra esa situación de discapacidad (art. 255 párrafo 1° CC). Los arts. 256 a 262 CC regulan como medidas de apoyo voluntarias los poderes y mandatos preventivos.

Los poderes y mandatos preventivos se conciben como una declaración de voluntad unilateral, recepticia y personalísima,

---

24 CASTRO-GIRONA MARTÍNEZ, A. y CABELLO DE ALBA JURADO, F., "Los apoyos voluntarios en el ejercicio de la capacidad jurídica", en: J. M. FERNÁNDEZ MARTÍNEZ y N. DÍAZ ABAD (dirs.), *Estudio del conjunto normativo afectado por la reforma de la legislación civil y procesal civil operada por la Ley 8/2021*, Consejo General del Poder Judicial, Madrid, 2023, p. 8.

25 RIBOT IGUALADA, J., "Comentarios a los artículos 256 y 257 del Código Civil", en: C. GUILARTE MARTÍN-CALERO, *Comentarios a la Ley 8/2021, por la que se reforma la legislación civil y procesal en materia de discapacidad*, Aranzadi-Thomson Reuters, Navarra, 2021, p. 578.

emitida por la persona que encarga la gestión de sus intereses personales o patrimoniales o ambos a otra persona, para el caso de que en el futuro padezca algún tipo de discapacidad que le impida gestionarlos por sí misma[26]. Estos apoyos pueden ser: (1) apoyos puntuales, cuando la persona con discapacidad los necesite para determinados actos o negocios jurídicos concretos, sin que precise un apoyo permanente; o (2) planes de apoyo voluntarios, diseñados en función de las necesidades del caso concreto, cuando la persona con discapacidad precise un apoyo permanente[27].

Con todo ello surge el debate acerca de si este sistema supone la desprotección de la persona con discapacidad una vez que se ha configurado el poder preventivo, o continúan existiendo garantías que protegen su dignidad como expresión de su autonomía de la voluntad. Para conciliar la autonomía de la voluntad como manifestación de la dignidad y la libertad de las personas con discapacidad, con la seguridad jurídica preventiva como eje del sistema de derecho, hay que controlar que las actuaciones de las personas con discapacidad son conformes a la ley a través de la valoración del discernimiento de la persona con discapacidad y el control de la detección de posibles conflictos de interés o influencias indebidas entre la persona con discapacidad y quien presta los apoyos, que lleva a cabo el notario[28].

---

[26] MARTÍNEZ CALVO, J., "Los poderes y mandatos preventivos en la Ley 8/2021", en: R. M. MORENO FLÓREZ (dir.), *Problemática jurídica de las personas con discapacidad intelectual*, Dykinson, Madrid, 2022, p. 180.

[27] PAÑOS PÉREZ, A., *Nuevo paradigma en el ejercicio de la capacidad jurídica: apoyos voluntarios a las personas con discapacidad,* Dykinson, Madrid, 2022, p. 122.

[28] *Ibid,* p. 152.

El ejercicio de las medidas preventivas tiene límites en garantía de la autonomía de las personas con discapacidad[29]. El límite más evidente en el ejercicio de las medidas de apoyo preventivas es el que impone el art. 249 CC cuando dispone que hay que tomar en consideración la trayectoria vital de la persona con discapacidad, sus creencias y valores, así como, los factores que la propia persona con discapacidad habría tenido consideración para tomar la decisión en caso de no que no hubiera precisado representación. Es decir, la persona que tenga encomendado el ejercicio de la medida de apoyo, aunque tenga asignadas funciones de representación, debe intentar conocer la voluntad y deseos de la persona a la presta el apoyo. Así, en palabras de Guilarte Martín-Calero, el representante debe "involucrar, en la medida de lo posible, a la persona protegida en la toma de decisiones de que se trate", abandonando la idea de la sustitución en sentido estricto[30].

3.2. Guarda de hecho

Junto a la posibilidad de medidas voluntarias, que se conciben como prioritarias, la Ley concede especial protagonismo a la guarda de hecho[31]. Deja de concebirse como una situación provisional[32] y se convierte en una institución jurídica de apoyo, suficiente y adecuada, para la salvaguarda de los derechos de las personas con discapacidad. La persona con discapacidad

---

29 *Ibid,* p. 149.

30 GUILARTE MARTÍN-CALERO, C., "Algunas consideraciones sobre el consentimiento de las personas con discapacidad mental e intelectual", *Revista Doctrinal Aranzadi Civil-Mercantil,* núm. 11, 2018, p. 148.

31 DE SALAS MURILLO, S., *op. cit.*, p. 22.

32 ROCA GUILLAMÓN, J., "La guarda de hecho", en: R. M. MORENO FLÓREZ (dir.), *Problemática jurídica de las personas con discapacidad intelectual,* Dykinson, Madrid, 2022, p. 128.

está asistida de manera adecuada en la toma de decisiones y el ejercicio de su capacidad por quien actúa como guardador de hecho, generalmente un familiar, no siendo precisa la intervención judicial para esta labor de asistencia, que, además, no suele ser deseada por la propia persona con discapacidad[33]. La familia es el grupo básico de apoyo en nuestra sociedad, especialmente en lo que afecta a los miembros más vulnerables de la misma[34].

La guarda de hecho se concibe como una medida informal de apoyo que se puede acordar cuando no existan medidas voluntarias o judiciales que se estén aplicando de forma eficaz (art. 250 CC). Por tanto, si la guarda de hecho supone un apoyo suficiente, la autoridad judicial no debe acordar otra medida[35]. Sin embargo, si se ejercitase de manera no eficaz, se continuará en su ejercicio por la persona que se viniera encargando de ella, pero sin perjuicio de la adopción de otras medidas voluntarias o legales (art. 263 CC). Algunos autores consideran que, a diferencia de la regulación anterior, que contemplaba la guarda de hecho como una medida judicial, la regulación vigente la contempla como un remedio al deficiente funcionamiento de las restantes instituciones de apoyo a las personas con discapacidad[36]. Cabe, por tanto, que la guarda de hecho comprenda funciones de representación, en cuyo caso, el guardador precisa de autorización *ad hoc* a través del correspondiente expediente de jurisdicción voluntaria en el que será oída en todo caso la persona con discapacidad (art. 264 párrafo 1° CC).

---

33 SERRANO FERNÁNDEZ, M., "La guarda de hecho como de apoyo a las personas con discapacidad", en: R. LÓPEZ SAN LUIS, *Revista de estudios jurídicos y criminológicos (Aranzadi),* núm. 6, 2022, p. 318.

34 *Ibid.*

35 DE SALAS MURILLO, S., *op. cit.*, p. 22.

36 *Ibid,* p. 23.

En virtud de lo expuesto, la guarda de hecho se configura como una medida informal de apoyo, prioritaria a las medidas judiciales y subsidiaria a las medidas de apoyo voluntarias[37]. El objeto principal de la reforma de la capacidad en la Ley 8/2021 es respetar al máximo la autonomía de las personas con discapacidad, de manera que solo cabe la representación sustituyendo su propia voluntad en los casos en los que razonablemente no exista tal voluntad o esté tan desvirtuada que resulte extremadamente difícil verificarla[38]. Por tanto, lo común será prestar apoyo a la persona con discapacidad en la toma de decisiones priorizando su propia voluntad y lo excepcional, sustituir la falta de voluntad de la persona con discapacidad cuando sea necesario prestar consentimiento[39]. Este consentimiento se puede prestar mediante: (1) la curatela, que tiene un carácter continuado, (2) el defensor judicial, de carácter esporádico pero cuya actuación puede ser recurrente, o, (3) excepcionalmente, la propia guarda de hecho de carácter representativo[40].

Finalmente, cabe destacar que la regulación jurídica de la guarda de hecho y, por tanto, la forma en que se presta el apoyo puede variar en función de la aplicación de alguno de los ordenamientos de Derecho Civil foral, en concreto el catalán y el aragonés, que reconocen la guarda de hecho con una perspectiva más amplia que la recogida en el Derecho Civil común; y en menor medida, los ordenamientos navarro y gallego[41].

Así, la Ley 25/2010, de modificación del Libro II del Código Civil de Cataluña dota a la guarda de hecho de un carácter institucional similar al de la curatela y define con mayor preci-

---

37 SERRANO FERNÁNDEZ, M., *op. cit.*, p. 318.

38 ROCA GUILLAMÓN, J., *op. cit.*, p. 130.

39 *Ibid.*

40 *Ibid.*

41 *Ibid*, pp. 134-135.

sión a los sujetos; mientras el Real Decreto legislativo 1/2011, por el que se aprueba el Código de Derecho Foral de Aragón, concibe la guarda de hecho como una medida de apoyo a las personas con discapacidad en el ejercicio de su capacidad jurídica con vocación de permanencia y establece las funciones del guardador que, en sentido amplio, se pueden calificar como funciones tutelares[42].

3.3. Medidas de naturaleza judicial

Las medidas de naturaleza judicial o legal, que solo serán de aplicación en defecto de la voluntad de la persona con discapacidad (art. 255 CC), vienen constituidas por la curatela y el defensor judicial, una vez eliminadas la tutela, la patria potestad prorrogada y la patria potestad rehabilitada, ya que no encajan en el sistema de promoción de la autonomía de las personas con discapacidad mayores de edad previsto en la Ley 8/2021[43].

El procedimiento judicial de provisión de apoyos conduce a la resolución judicial por la que se individualizan los actos para los que la persona con discapacidad precisa el apoyo, sin que pueda suponer, en ningún caso, la declaración de incapacitación ni la privación de derechos, ya sean personales, patrimoniales o políticos, de la persona con discapacidad[44].

3.3.1. Curatela

La curatela es una institución flexible de asistencia y supervisión de la persona, el patrimonio o ambos y proporcionada

---

42 *Ibid*, p. 135.

43 DE SALAS MURILLO, S., *op. cit.*, p. 23.

44 *Ibid*, p. 24.

a las necesidades de la persona con discapacidad.[45] El carácter asistencial de la curatela es más próximo al modelo social de discapacidad que el carácter representativo de la tutela[46]. Con la reforma ha pasado a ser la principal medida de apoyo de carácter judicial; si bien, con carácter general, se aplican las medidas voluntarias y es la persona con discapacidad quien adopta sus propias decisiones.

La curatela no se contempla, con carácter general como complemento de la capacidad, sino como una medida de apoyo a cada acto jurídico concreto[47], es decir, como un respaldo a su actuación; con la salvedad de que en los casos en que no sea posible determinar la voluntad, preferencias y deseos del paciente con discapacidad tras haber realizado un esfuerzo considerable al efecto, la curatela podrá comprender funciones representativas, teniendo siempre en cuenta la trayectoria vital, creencias y valores que la persona con discapacidad habría considerado para adoptar la decisión en caso de no precisar el apoyo (arts. 249 y 269 CC).

La curatela será de aplicación a quienes, de manera continuada, precisen de apoyos para el ejercicio de su capacidad. Su extensión se determina en la resolución judicial que la acuerde en consideración a la situación y circunstancias de la persona con discapacidad y en proporción a la necesidad del apoyo[48].

Tiene como finalidad principal ayudar a que la persona con discapacidad pueda desarrollar su propio proceso de toma de decisiones, proporcionándole información, ayudándole en su

---

45 BERROCAL LANZAROL, A. I., "El régimen jurídico de la curatela como institución judicial de apoyo", en: C. LASARTE ÁLVAREZ, (dir.), *La reforma en favor de las personas con discapacidad*, Dykinson, Madrid, 2023, p. 246.

46 ARNAU MOYA, F., *op. cit.*, pp. 546-547.

47 DE SALAS MURILLO, S., *op. cit.*, p. 24.

48 *Ibid*, p. 23.

comprensión y razonamiento y facilitando que pueda expresar sus preferencias; así como, fomentando que en el futuro pueda ejercer su capacidad jurídica con menos apoyos (art. 249, párrafo 2º CC)

3.3.2. Defensor judicial

El nombramiento de defensor judicial a la persona con discapacidad solo procede cuando concurra alguna de las circunstancias previstas en el art. 295 CC, es decir, (1) cuando quien deba prestar el apoyo no pueda hacerlo, hasta que cese la imposibilidad o se designe a otra persona; (2) cuando concurra conflicto de intereses entre la persona con discapacidad y quien deba prestar el apoyo; (3) durante la tramitación de la excusa alegada por el curador, siempre que la autoridad judicial lo considere necesario; (4) en los casos en los que se hubiera promovido la provisión de medidas de apoyo judiciales a la persona con discapacidad y la autoridad judicial estime necesario proveer también a la administración de los bienes, en tanto recaiga resolución judicial; y, (5) cuando la persona con discapacidad requiera el establecimiento de medidas de apoyo de manera ocasional aunque sea recurrente.

Es decir, se prevé el nombramiento de un defensor judicial en los supuestos en los que se precise de un apoyo ocasional, aunque sea recurrente (art. 250 párrafo 6º CC), aplicable sobre todos a las situaciones en las que exista conflicto de intereses entre las medidas de apoyo previstas y la persona con discapacidad, o cuando exista imposibilidad para el ejercicio de la capacidad por parte del paciente con discapacidad[49].

---

[49] NORIEGA RODRÍGUEZ, L., "Comentario a las modificaciones de las figuras de apoyo introducidas por la Ley 8/2021, de 2 de junio, por la que se reforma la legislación civil y procesal para el apoyo a las personas con discapacidad en el ejercicio de su capacidad jurídica",

La figura del defensor judicial en la nueva regulación se caracteriza por tener un carácter subsidiario y provisional. Es subsidiaria ya que solo se recurre a ella cuando no existan medidas de apoyo de naturaleza voluntaria o, en ausencia de estas, cuando tampoco concurra la guarda de hecho o la curatela. La provisionalidad de esta medida se desprende de lo previsto en el art 250 CC, según el cual, solo procede su nombramiento cuando la necesidad del apoyo sea ocasional, aunque pueda ser recurrente[50].

IV. CONCLUSIONES

Uno de los retos a los que se enfrenta la sociedad en las zonas rurales es la atención y cuidado de la población, cada vez más envejecida, que habita en ellas. Como consecuencia de ese envejecimiento, en estas áreas se localiza un amplio porcentaje de personas que padece algún tipo de enfermedad mental o degenerativa, que les dificultan la exteriorización de su voluntad para el ejercicio de su capacidad, tanto en lo que respecta a su persona como a sus bienes.

La regulación de la capacidad ha experimentado una profunda reforma. El cambio de paradigma tiene su origen en la Convención de Nueva York de 2006, donde se pasa de un sistema proteccionista a un sistema basado en los apoyos. Esto supone el reconocimiento de una mayor autonomía a las personas con discapacidad. Además, en las últimas décadas se observa una tendencia internacional a la eliminación de la incapaci-

---

en: C. LASARTE ÁLVAREZ (dir.), *La reforma en favor de las personas con discapacidad*, Dykinson, Madrid, 2023, pp. 122-123.

50 POLONIO DE DIOS, G., "Recorrido jurídico sobre las medidas de apoyo a las personas con discapacidad", *Revista Boliviana de Derecho*, núm. 35, 2023, p. 620.

dad legal. La incapacidad ya no se ve como una cualidad de la persona sino como una situación que concurre en ella y que le puede afectar en la toma de sus decisiones. Se sustituye así la declaración de incapacitación por la adopción de medidas de apoyo que ayuden a las personas con discapacidad a la toma y compresión de sus decisiones. Este «nuevo» modelo prioriza la participación de las personas con discapacidad en el proceso de toma de decisiones.

Aunque España ratificó la Convención de Nueva York en 2007 y, por tanto, desde entonces le son de aplicación los principios consagrados en ella, no es hasta 2021 que se incorpora el modelo de capacidad contemplado en la Convención a la legislación española. No obstante, la jurisprudencia del Tribunal Supremo, desde 2009, recoge el impacto de la Convención flexibilizando la institución de la tutela y optando por la aplicación de medidas de asistencia; aunque los Tribunales continuaron declarando judicialmente la incapacitación de estas personas.

El modelo de capacidad introducido por la Ley 8/2021 gira en torno al concepto de apoyos entendidos como la ayuda que precisa la persona con discapacidad para el ejercicio de su capacidad. Ya no se atiende al interés superior de la persona con discapacidad, sino que se prioriza su voluntad, preferencias y deseos. Estos apoyos se clasifican en diferentes niveles y se fija un orden de prelación. Se aplican, en primer lugar, las medidas de apoyo de carácter voluntario, establecidas por la propia persona en previsión a que en el futuro pueda encontrarse en una situación de incapacidad o, incluso, cuando ya se encuentre en dicha situación; en segundo lugar, cuando no existan medidas voluntarias o estas se consideren insuficientes se pueden acordar medidas de carácter judicial o legal; y, por último, en defecto o por insuficiencia de las anterior y con carácter excepcional, se admite la representación en la toma de decisiones.

Estas medidas persiguen el libre desarrollo de las personas con discapacidad y favorecer su desenvolvimiento jurídico en condiciones de igualdad con independencia de la accesibilidad y recursos de que se disponga en el lugar en el que residan. De manera que, las personas de edad avanzada de las áreas rurales que sufran cualquier tipo de discapacidad intelectual tienen acceso a las medidas de apoyo a la capacidad en condiciones de igualdad con las demás personas que se encuentren en la misma situación.

V. BIBLIOGRAFÍA

ARNAU MOYA, Federico, "Aspectos polémicos de la Ley 8/2021 de medidas de apoyo a las personas con discapacidad", *Revista Boliviana de Derecho,* núm. 33, 2022, pp. 534-573. https://dialnet.unirioja.es/servlet/articulo?codigo=8319465

BERROCAL LANZAROL, Ana Isabel, "El régimen jurídico de la curatela como institución judicial de apoyo", en: Carlos LASARTE ÁLVAREZ, (dir.), *La reforma en favor de las personas con discapacidad,* Dykinson, Madrid, 2023, pp. 243-269.

CAPPITANI, Roberto, "Consentimiento informado e investigación científica en el Derecho europeo", *Revista Argumentos,* núm. 1, 2015, pp. 49-70. revistaargumentos.justiciacordoba.gob.ar

CASTRO-GIRONA MARTÍNEZ, Almudena y CABELLO DE ALBA JURADO, Federico, "Los apoyos voluntarios en el ejercicio de la capacidad jurídica", en: Juan Manuel FERNÁNDEZ MARTÍNEZ y Nuria DÍAZ ABAD (dirs.), *Estudio del conjunto normativo afectado por la reforma de la legislación civil y procesal civil operada por la Ley 8/2021,* Consejo General del Poder Judicial, Madrid, 2023, pp. 7-28.

DE ASÍS ROIG, Rafael, *Sobre discapacidad y derechos,* Dykinson, Madrid, 2013.

DE SALAS MURILLO, Sofía, "El nuevo sistema de apoyos para el ejercicio de la capacidad jurídica en la ley española 8/2021, de 2 de junio: panorámica general, interrogantes y retos", *Actualidad Jurídica Iberoamericana,* núm. 17, 2022, ISSN: 2386-4567, pp. 16-47.

DÍAZ DEL PINO, David, "Ética de Spinoza: hacia una mayor autonomía del paciente", *Revista española de comunicación en salud,* núm. 1, vol. 12, 2021, pp. 106-110, https://doi.org/10.20318/recs.2021.5738

DRANE, James Francis, "Competency to Give an Informed Consent. A Model for Making Clinical Assessments", *JAMA*, núm. 7, vol. 252, 1984, p. 925-927.

GONZÁLEZ IGLESIAS, Miguel Ángel, "El régimen de los servicios sociales y sanitarios en el mundo rural en la Comunidad de Castilla y León: la apuesta por su coordinación. Mejoras a efectuar tras la pandemia", en: Juan José FERNÁNDEZ DOMÍNGUEZ (dir.), *La prestación de servicios socio-sanitarios en el ámbito rural de Castilla y León: apostando por un bienestar integral*, Colex, 2023, pp. 93-126.

GUILARTE MARTÍN-CALERO, Cristina, "Matrimonio y discapacidad", *Derecho Privado y Constitución*, núm. 32, 2018, pp. 55-94. https://dialnet.unirioja.es/servlet/articulo?codigo=6681124

— "Algunas consideraciones sobre el consentimiento de las personas con discapacidad mental e intelectual", *Revista Doctrinal Aranzadi Civil-Mercantil*, núm. 11, 2018, ISSN 2174-1840, pp. 141-166.

LÓPEZ SAN LUIS, Rocío, "Guarda de hecho vs guarda de derecho tras la Ley 8/2021, de 2 de junio, por la que se reforma la legislación civil y procesal para el apoyo a las personas con discapacidad en el ejercicio de su capacidad jurídica", en: Rosa María MORENO FLÓREZ (dir.), *Problemática jurídica de las personas con discapacidad intelectual*, Dykinson, Madrid, 2022, pp. 137-143.

MARTÍNEZ CALVO, Javier, "Los poderes y mandatos preventivos en la Ley 8/2021", en: Rosa María MORENO FLÓREZ (dir.), *Problemática jurídica de las personas con discapacidad intelectual*, Dykinson, Madrid, 2022, pp. 179-185.

NORIEGA RODRÍGUEZ, Lydia, "Comentario a las modificaciones de las figuras de apoyo introducidas por la Ley 8/2021, de 2 de junio, por la que se reforma la legislación civil y procesal para el apoyo a las personas con discapacidad en el ejercicio de su capacidad jurídica", en: Carlos LASARTE ÁLVAREZ (dir.), *La reforma en favor de las personas con discapacidad*, Dykinson, Madrid, 2023, pp. 119-146.

PAÑOS PÉREZ, Alba, *Nuevo paradigma en el ejercicio de la capacidad jurídica: apoyos voluntarios a las personas con discapacidad*, Dykinson, Madrid, 2022.

POLONIO DE DIOS, Gema, "Recorrido jurídico sobre las medidas de apoyo a las personas con discapacidad", *Revista Boliviana de Derecho*, núm. 35, 2023, ISSN: 2070-8157, pp. 588-625.

PAU PADRÓN, Antonio, "De la incapacitación al apoyo: el nuevo régimen de la discapacidad intelectual en el Código Civil", *Revista de Derecho Civil*, núm. 3, vol. V, 2018, pp. 5-28. http://nreg.es/ojs/index.php/RDC

RIBOT IGUALADA, Jordi, "Comentarios a los artículos 256 y 257 del Código Civil", en: Cristina GUILARTE MARTÍN-CALERO, *Comentarios a la Ley 8/2021, por la que se reforma la legislación civil y procesal en materia de discapacidad*, Aranzadi-Thomson Reuters, Navarra, 2021, pp. 578-603.

ROCA GUILLAMÓN, Juan, "La guarda de hecho", en: Rosa María MORENO FLÓREZ (dir.), *Problemática jurídica de las personas con discapacidad intelectual*, Dykinson, Madrid, 2022, pp. 127-160.

SÁNCHEZ GONZÁLEZ, Margarita, "El nuevo régimen jurídico de la guarda de hecho", en Rosa María MORENO FLÓREZ (dir.), *Problemática jurídica de las personas con discapacidad intelectual*, Dykinson, Madrid, 2022, p. 153-160.

SEOANE RODRÍGUEZ, José Antonio, "La autonomía del paciente", *Dilemata*, núm. 3, 2010, pp. 61-75.

SERRANO FERNÁNDEZ, María, "La guarda de hecho como de apoyo a las personas con discapacidad", en: Rocío LÓPEZ SAN LUIS, *Revista de estudios jurídicos y criminológicos (Aranzadi)*, núm. 6, 2022, pp. 317-320. https://doi.org/10.25267/REJUCRIM.2022.i6.12

SILLERO CROVETTO, Blanca, "¿Incapacidad parcial tras la Convención de Nueva York? Posicionamiento jurisprudencia", en María del Carmen: CARCÍA GARNICA (dir.), *Nuevas perspectivas del tratamiento jurídico de la discapacidad y la dependencia*, Dykinson, Madrid, 2014, pp. 31-61.

SIMÓN LORDA, Pablo, "La capacidad de los pacientes para tomar decisiones: una tarea todavía pendiente", *Revista de la Asociación española de Neuropsiquiatría*, núm. 102, vol. 28, 2008, pp. 325-348.

TARODO SORIA, Salvador, "Patient autonomy in the context of digital medicine", *Bioethics, Special issue: Patient autonomy in the face of new technologies advances in Medicine*, Wiley, issue 5, volume 39, 2025, pp. 404-413. https://doi.org/10.1111/bioe.13410.

— "Conciencia y libertad. El derecho de libertad de conciencia como fundamento constitucional de los derechos a la información y a decidir sobre la propia salud", *La bioética y el arte de elegir, XI Congreso Nacional de Bioética, Asociación de Bioética Fundamental y Clínica*, 2ª ed., 2014, pp. 60-99.

VIVAS TESÓN, Inmaculada, *Más allá de la capacidad de entender y querer… Un análisis de la figura italiana de la administración de apoyo y una propuesta de reforma del sistema tuitivo español*, Futuex, Badajoz, 2012.

CAPÍTULO V.

IMPACTO DEL MARCO LEGAL EN LA SOSTENIBILIDAD DEMOGRÁFICA Y EL SISTEMA DE SALUD EN ZONAS RURALES

MAJEDEH BOZORGI

RESUMEN: Este artículo analiza cómo las normativas jurídicas influyen en la estabilidad demográfica y el acceso a servicios de salud en áreas rurales. Se identifican desafíos como la despoblación y la falta de infraestructura sanitaria adecuada. Se proponen soluciones como reformas legales e inversión en infraestructura sanitaria. La participación comunitaria y la colaboración intersectorial son esenciales para el desarrollo rural sostenible y la mejora de la calidad de vida en estas zonas. Se subraya la importancia de un marco legal adaptativo que aborde las necesidades específicas de las comunidades rurales.

Palabras Clave: sostenibilidad demográfica, sistema de salud rural, infraestructura sanitaria, participación comunitaria, políticas públicas

I. INTRODUCCIÓN

La salud se define como un estado de completo bienestar físico, mental y social, que incluye la ausencia de enfermedades y el beneficio del más alto nivel de salud accesible, sin discriminación cultural, política, económica y social.

El presente estudio, titulado "Impacto del Marco Legal en la Sostenibilidad Demográfica y el Sistema de Salud en Zonas Rurales", ofrece un análisis exhaustivo de la influencia de las normativas jurídicas en la estabilidad poblacional y el acceso a servicios de salud en áreas rurales. A través de una metodología interdisciplinaria que integra el derecho, la demografía y la salud pública, se exploran las implicaciones de diversas leyes y políticas en la migración rural-urbana, la accesibilidad a recursos esenciales y la prestación de servicios sanitarios.

El análisis revela que las zonas rurales enfrentan una serie de desafíos significativos, incluyendo la despoblación acelerada, la insuficiencia de infraestructura sanitaria y las barreras para la implementación efectiva de políticas públicas. Estas dificultades son exacerbadas por un marco legal que a menudo no se adapta a las particularidades de estas regiones.

No obstante, el estudio también identifica oportunidades para mejorar la sostenibilidad demográfica y la calidad del sistema de salud rural. Entre las recomendaciones destacan la necesidad de reformas legales que promuevan incentivos para la retención de población, el desarrollo de infraestructuras sanitarias adecuadas y la implementación de programas de desarrollo comunitario específicos.

En conclusión, este trabajo subraya la importancia de un marco legal dinámico y adaptativo que considere las necesidades únicas de las zonas rurales, fomentando un desarrollo equilibrado y sostenible que garantice el bienestar de sus habitantes.

El desarrollo de la salud es una cuestión fundamental para el desarrollo económico y social de un país, y todo país necesita recursos humanos eficientes y saludables para lograr el desarrollo sostenible. A nivel mundial, la pobreza sigue teniendo un rostro rural. Alrededor de 1.400 millones de personas en todo el mundo viven en la pobreza extrema, y más del 70% de ellas viven en zonas rurales de países en desarrollo[1]. El reciente ritmo de urbanización y las actuales previsiones de crecimiento de la población urbana implican que la mayoría de los pobres del mundo seguirán viviendo en zonas rurales durante muchas décadas[2].

El crecimiento demográfico, la seguridad sanitaria y los problemas medioambientales son preocupaciones crecientes en las zonas rurales. Los habitantes de estas áreas buscan una vida adecuada, saludable, con una calidad sanitaria y ambiental aceptable y libre de enfermedades y discapacidades. La realización de este objetivo a menudo depende de programas gubernamentales apropiados, los cuales son requisitos básicos para la sostenibilidad. Este estudio tiene como objetivo explorar las dimensiones de la salud y los factores que la afectan en el contexto de aldeas saludables.

Además, los residentes de las regiones sanitarias rurales no sólo tienen una esperanza de vida más baja que el promedio nacional, sino que experimentan tasas de discapacidad, violencia, accidentes y envenenamientos más altas que sus homólogos urbanos[3].

El desarrollo rural como proceso de cambios sociales, económicos y culturales en el entorno rural, incluye mejorar la productividad, aumentar el empleo y los ingresos de los habi-

---

1 FIDA (2010). Rural poverty report.2011.

2 Ravallion M, Chen S, Sangraula P (2007).

3 Estadísticas de Canadá. Indicadores de salud 2001(3), 2001

tantes rurales, garantizar un nivel mínimo aceptable de nutrición, vivienda, educación y salud.

El sistema de gestión del desarrollo rural abarca leyes, regulaciones, políticas y proyectos económicos, sociales y físicos que, de acuerdo con las necesidades de la vida rural, buscan organizar y desarrollar de manera sostenible las áreas rurales. En este contexto, prestar atención a la salud ambiental en la planificación del desarrollo rural es crucial para la gestión rural integral y sostenible. Mejorar la calidad ambiental en las áreas rurales puede ser un resultado de los programas de desarrollo. La forma en que se organiza el entorno natural y humano refleja el proceso de desarrollo nacional en cada región. Por lo tanto, para evaluar el nivel de desarrollo de una región, no es necesario recurrir necesariamente a los programas y objetivos de desarrollo nacionales. Observar y analizar la situación de la salud ambiental de la tierra (examinando algunas ciudades y pueblos como ejemplo) en sí misma indica el estado de desarrollo o subdesarrollo de esa tierra.

II. CONCEPTO DE ALDEA SALUDABLE

El desafío de mejorar el nivel de salud rural se considera un gran obstáculo para el desarrollo sostenible de las áreas mencionadas. Comprender la naturaleza y las dimensiones de la salud y los factores que la afectan es muy necesario e importante para planificar la mejora del nivel de salud de las zonas rurales y puede desempeñar un papel importante en el desarrollo sostenible de estas zonas.

Una aldea saludable es aquella cuyo entorno físico y social es sano y limpio, garantizando la salud de sus residentes. La salud en zonas rurales depende de un entorno saludable y plataformas sociales, sanitarias, culturales, económicas, ambientales, educativas, psicológicas y deportivas adecuadas. Una aldea saludable debe tener un entorno físico limpio y seguro, un ecosistema rural estable y una sociedad cohesionada con apoyo mutuo entre los habitantes y el gobierno. La participación pública en decisiones relacionadas con la vida, la salud y el bienestar es esencial, así como el acceso a una economía dinámica y diversa.

2.1. Dimensiones de la Salud Rural

Aumentan el crecimiento demográfico, la seguridad sanitaria y los problemas medioambientales en las aldeas. Considerando la naturaleza de los asentamientos rurales y los peligros e incidentes que amenazan a los pobladores.

La gente de la sociedad busca una vida adecuada, saludable, con una calidad sanitaria y ambiental aceptable y libre de enfermedades y discapacidades. La realización de esto a menudo está relacionada con los programas apropiados de los departamentos gubernamentales y es un requisito previo básico para la sostenibilidad. El propósito de este estudio es conocer las dimensiones de la categoría salud y los factores que la afectan a partir del enfoque de aldea saludable.

Una aldea saludable es una aldea cuyo entorno físico y social es sano y limpio para garantizar la salud de sus residentes. La existencia de salud en las zonas rurales depende de contar con un entorno saludable y plataformas sociales, sanitarias, culturales, económicas, ambientales, educativas, psicológicas, deportivas y otras plataformas adecuadas para la salud de los habitantes de las aldeas. pueblo saludable tiene un entorno físico limpio, seguro y de alta calidad, tiene un ecosistema rural estable, tiene una sociedad cohesionada y fuerte con apoyo mutuo del pueblo y el gobierno, creando participación pública en las decisiones relacionadas con la vida, la salud y el bienestar. , cubrir las necesidades básicas, tener una economía viva, innovadora, dinámica y diversa con acceso a experiencias y recursos a gran escala para todos; Incentivar a la sociedad a comunicar con el patrimonio cultural, la existencia de un nivel mínimo de salud pública, la comprensión de la salud local e indígena entre los pueblos; identificar soluciones locales y nativas para resolver problemas por parte de la propia gente; Es necesario y necesario mejorar el nivel cultural y la conciencia de la población rural y conseguir su participación para garantizar la salud de la comunidad rural.

En el pasado, el concepto biomédico de salud se ha interpretado como no estar enfermo, y este concepto se basa en la teoría microbiana de las enfermedades, y en esta teoría, el cuerpo humano es considerado como una máquina, y una de las tareas de la medicina. La ciencia es reparar y restaurar esta máquina. Pero en el concepto combinado de salud, se debe prestar plena atención a todos los factores y efectos, incluidos los factores sociales, económicos y ambientales que afectan la salud. La salud es signo de un pensamiento sano y excelente en un cuerpo sano, en una familia sana y en un ambiente sano, lo que significa que la salud del individuo está relacionada con la salud de la sociedad y la salud de la sociedad está relacionada con la salud del individuo. De hecho, el núcleo principal de una sociedad sana es la salud de las personas de esa sociedad, que también se mide por factores sociales, económicos y ambientales y por los servicios de salud.

La Organización Mundial de la Salud considera que el 53% de las muertes en el mundo son causadas por estilos de vida inadecuados y el 20% son causadas por entornos de vida humanos inadecuados, que en conjunto representan más del 70% de las causas de muertes humanas en el mundo.

2.2. Factores que Afectan la Salud en Zonas Rurales

en examinar los factores que afectan la salud, podemos enseñarla y enfatizar dos categorías de factores: 1- Factores espaciales, es decir, factores de distancia y tiempo 2- Factores no espaciales, es decir, características individuales (edad y raza), sociales clase y Económico en la sociedad.

En los últimos años, el sistema de gestión de salud, seguridad y medio ambiente forma parte del sistema de gestión de una organización, que garantiza el confort de la mano de obra, la protección de las personas contra riesgos y un ambiente saludable en el ambiente de trabajo mediante la observación del programa de seguridad, salud y medio ambiente en la organización, es decir, reduce los riesgos existentes[4]. El sistema integrado de gestión de salud, seguridad y medio ambiente fue desarrollado en 1997 para prevenir y reducir daños y perjuicios a los trabajadores, empleadores y el medio ambiente [5], por lo tanto, el sistema de gestión de salud, seguridad y medio ambiente es aplicable y capaz en cualquier organización de cualquier tamaño está activo[6].

Por otro lado, con el crecimiento de la población en las aldeas, aumentan los problemas de salud, seguridad y medio ambiente en las aldeas. De hecho, uno de los problemas actuales es prestar atención a las cuestiones de seguridad y salud de la sociedad[7].

III. SISTEMA DE GESTIÓN DE SALUD, SEGURIDAD Y MEDIO AMBIENTE

El sistema de gestión de salud, seguridad y medio ambiente es crucial para garantizar un ambiente de trabajo saludable y seguro. Este sistema, implementado desde 1997, busca prevenir daños a trabajadores y al medio ambiente, y es aplicable a

4 Pain, S. W. (2010).

5 H Hudson, P. (2007: 697-722):45 (6).

6 Speegle, M. (2012).

7 Cooper M.D.(2000: 111-36).

cualquier organización. Los elementos clave del sistema incluyen liderazgo y compromiso, políticas y objetivos estratégicos, evaluación de riesgos y gestión, planificación, implementación y seguimiento, y auditoría y revisión. el efecto de establecer un sistema de gestión de salud, seguridad y medio ambiente en la mejora de los indicadores de desempeño de seguridad y demostraron que el establecimiento de este sistema tiene una relación significativa con las variables de gravedad y recurrencia de accidentes, gravedad de accidentes, días perdidos, accidentes menores y generales y los valores de estas variables han disminuido después del establecimiento del sistema[8].

Hoy en día, los peligros ambientales causados por la mala gestión de los residuos se consideran uno de los problemas básicos de los países en las zonas urbanas y rurales. Por lo tanto, para proporcionar medios de vida y necesidades en las zonas rurales, éstas dependen en gran medida de los recursos naturales[9].

Considerando la importancia de este tema, es necesario que la gestión rural tome las medidas necesarias para mantener y mejorar la seguridad y salud del medio ambiente en los pueblos.

La implementación efectiva de un sistema de gestión de salud, seguridad y medio ambiente en zonas rurales puede ofrecer numerosos beneficios. Entre estos se incluyen la reducción de accidentes laborales, la mejora de la calidad de vida de los trabajadores y sus familias, y la protección del medio ambiente local. Además, un enfoque integral en la gestión de salud y seguridad puede fomentar una cultura de prevención y cuidado entre los residentes rurales, lo que a largo plazo puede traducirse en una población más saludable y resiliente. cuestiones de salud, seguridad y medio ambiente rural en forma

---

8 Porseliman S, Kazemi Moghadam V, Derakhshan Jazri M(2014: 75-85).

9 Masika R, Joekes s. (1997:16-52).

de sistema de gestión de salud, seguridad y medio ambiente[10]. La gestión de salud, seguridad y medio ambiente tiene siete elementos clave, que son: 1- liderazgo y compromiso, es decir, la confianza de los recursos humanos en los diferentes niveles organizacionales, 2- políticas y objetivos estratégicos, 3- organización y documentación de recursos, 4- evaluación de riesgos y gestión, 5- planificación, 6- implementación y seguimiento, desarrollo de procedimientos para supervisar el desempeño y 7- auditoría y revisión[11].

El objetivo de la gestión rural es lograr el desarrollo, que es siempre la preocupación de los pensadores y de la política de desarrollo, seguido del desarrollo rural sostenible[12].

IV. MARCO LEGAL EN ESPAÑA

El marco legal en España incluye varias leyes y normativas que afectan la sostenibilidad demográfica y el sistema de salud en zonas rurales. Estas leyes abordan desde la cohesión y calidad del sistema sanitario hasta la modernización de las explotaciones agrarias y la promoción de la autonomía personal. A continuación, se detallan algunas de las leyes más relevantes:

4.1. Leyes y Normativas Relevantes

Ley 45/2007, de 13 de diciembre, para el desarrollo sostenible del medio rural

---

[10] Adal J. (2004)

[11] Jozi A, Padash A(2007)

[12] Firouznia K, Rukn al-Din Eftekhari Abdurza(2003).

Establece medidas para fomentar el desarrollo sostenible en áreas rurales, mejorando la infraestructura y los servicios básicos.

Ley 16/2003, de 28 de mayo, de cohesión y calidad del Sistema Nacional de Salud

Regula el acceso equitativo a los servicios sanitarios en todo el territorio español, incluyendo zonas rurales.

Ley 33/2011, de 4 de octubre, General de Salud Pública

Enfocada en la promoción de la salud y la prevención de enfermedades, garantizando la salud pública en zonas rurales.

Real Decreto 1088/1989, de 8 de septiembre

Regula el procedimiento de declaración de zonas rurales de difícil cobertura sanitaria, facilitando medidas específicas para mejorar el acceso a la salud.

Ley 19/1995, de 4 de julio, de Modernización de las Explotaciones Agrarias

Busca mejorar las condiciones de vida y trabajo en el medio rural, incentivando la permanencia de la población.

V. ESTRATEGIA NACIONAL Y DESAFÍO DEMOGRÁFICO

Dentro del conjunto de acciones llevadas a cabo para abordar la disminución demográfica y la estabilidad poblacional en las zonas rurales, se puede hacer referencia al Programa de Acción para la Agenda 2030. Esto incluye medidas para garantizar la estabilidad poblacional y mejorar la calidad de vida en las zonas rurales, asegurando un acceso equitativo a servicios básicos como la salud.

El siguiente paso son las consideraciones regionales, dado que cada comunidad autónoma en España tiene competencias en materia de salud y desarrollo rural. Por lo tanto, existen leyes y regulaciones regionales específicas que afectan a las zonas rurales. Por ejemplo, la Ley de Salud de Andalucía y la Ley de Salud de Castilla y León incluyen disposiciones para la atención sanitaria en las zonas rurales.

También se pueden mencionar los programas y estrategias adicionales que, además de las leyes mencionadas, existen a nivel nacional y regional, que complementan el marco legal y abordan la estabilidad poblacional y el sistema de salud en las zonas rurales. Algunos de estos programas incluyen:

Programa de Desarrollo Rural (PDR): Este programa, parte de cuyo presupuesto es proporcionado por la Unión Europea, incluye medidas para el desarrollo económico y social de las zonas rurales, así como la mejora de servicios básicos como la salud.

Estrategia Nacional de Salud 2013-2020: Aunque ya ha dado resultados, esta estrategia establece directrices importantes para mejorar el sistema de salud en general, con un enfoque especial en la equidad y el acceso, aspectos clave para las zonas rurales.

Plan de Infraestructuras de Atención Primaria: El objetivo de este plan es mejorar y renovar las infraestructuras sanitarias en todo el territorio de España, con un enfoque especial en las zonas rurales para garantizar un acceso equitativo a servicios de salud de calidad.

Programa de Acción para la Población Rural 2021-2024: Este programa, promovido por el Ministerio de Transición Ecológica y Reto Demográfico, incluye medidas específicas para revitalizar las zonas rurales, mejorar la calidad de vida y el acceso a servicios esenciales como la salud.

Programa de Acción para el Medio Ambiente Rural 2021-2024: De acuerdo con los objetivos del Programa de Acción 2030, este plan incluye medidas específicas para mejorar los servicios de salud en las zonas rurales, prestando atención tanto a las infraestructuras como al personal sanitario.

Proyectos y programas especiales: Además de las leyes y programas generales, existen proyectos y programas especiales que buscan mejorar la atención sanitaria y la calidad de vida en las zonas rurales. Algunos ejemplos incluyen:

Proyecto "Salud en el Mundo Rural": Este proyecto promueve la telemedicina y otros servicios innovadores para superar las barreras geográficas y mejorar el acceso a la atención sanitaria en las zonas rurales.

Programas de incentivos para profesionales de la salud en zonas rurales: Estos programas ofrecen incentivos para reclutar y retener profesionales de la salud en las zonas rurales, garantizando una cobertura sanitaria adecuada y continua.

VI. CONCLUSIÓN

La combinación de leyes, estrategias y programas específicos demuestra un compromiso integral para abordar los desafíos de sostenibilidad demográfica y mejorar el sistema de salud en zonas rurales de España. La colaboración entre distintos niveles de gobierno y la implementación efectiva de estas medidas son cruciales para lograr un desarrollo rural sostenible y garantizar el bienestar de sus habitantes. Es esencial un marco legal dinámico y adaptativo que considere las necesidades únicas de las zonas rurales, fomentando un desarrollo equilibrado y sostenible. La inversión en infraestructura sanitaria, los programas de incentivos para profesionales de la salud, la participación comunitaria y la colaboración intersectorial son elementos clave para alcanzar estos objetivos. A medida que España avanza hacia el futuro, es vital que se continúe trabajando en mejorar y adaptar el marco legal y las políticas públicas para asegurar que las zonas rurales no solo sobrevivan, sino que prosperen. La sostenibilidad demográfica y la calidad del sistema de salud son pilares fundamentales para el desarrollo rural y el bienestar de sus comunidades.

VII. BIBLIOGRAFÍA:

ADAL J. (2004): Position and role of safety manager in the management of parks. Actas del segundo seminario sobre seguridad en los jardines, Departamento de Espacios Verdes, Distrito 5 de Teherán. [persa]

COOPER M.D. (2000): Towards a Model of Safety Culture. Safety Sciences . pp.111-36.

Estadísticas de Canadá. Indicadores de salud 2001 (3). Ottawa: Estadísticas de Canadá, 2001

FIDA (2010). Rural poverty report2011: new realities, new challenges: new opportunities for tomorrow's generation [sitio web]. Roma, Fondo Internacional de Desarrollo Agrícola (http://www.ifad.org/rpr2011/index.htm, consultado el 15 de septiembre de 2010).

FIROUZNIA K, RUKN AL-DIN EFTEKHARI ABDURZA (2003): The status of villages in the process of national development from the perspective of scholars. Editores de Rural Development [persa].

HUDSON, P. (2007): Implementing a safety culture in a major multinational. Safety science , 45 (6),pp. 697-722.

JOZI A, PADASH A (2007): Health, safety and environment management system (HSE-MS). 1ª Ed. Teherán: Kavosh Qalam [persa].

MASIKA R, JOEKES S. Pobreza y desarrollo ambientalmente sostenible. (1997): Un análisis de género. PUENTE (desarrollo-género). Instituto de Estudios del Desarrollo. La Unidad de Igualdad de Género, The Gender Equality Unit, Swedish International Development Cooperation Agency (Sida); Informe 52: 1-16.

PAIN, S. W. (2010): Safety, health, and environmental auditing: a practical guide . Prensa CRc.

PORSELIMAN S, KAZEMI MOGHADAM V, DERAKHSHAN JAZRI M (2014): The Effect of Establishment of Health Safety and Environment Management System (HSE-MS) on Improvement of Safety Performance Indicators in the Urea and Ammonia Petrochemical Company of Kermanshah. Revista Health and Safety Work , pp. 85-75. [Persa]

RAVALLION M, CHEN S, SANGRAULA P (2007). New evidence on the urbanization of global poverty. Documento de antecedentes preparado para el Informe sobre el desarrollo mundial 2008. Washington, DC, World Bank, (http://siteresources.worldbank.org/INTWDR2008/ Resources/2795087 1191427986785/RavallionMEtAl_UrbanizationOfGlobalPoverty.pdf, accessed 15 August 2010).

SPEEGLE, M. (2012). Safety, health, and environmental concepts for the process industry . Cengage Learning.

CAPÍTULO VI.

POLÍTICAS PÚBLICAS, PLANIFICACIÓN ESTRATÉGICA Y RETO DEMOGRÁFICO: LA IMPORTANCIA DE INSTITUCIONALIZAR LA EVALUACIÓN

DRA. MARTA MÉNDEZ JUEZ
Profesora Permanente Laboral
Área de Ciencia Política y de la Administración
Facultad de Derecho–Universidad de Burgos

RESUMEN: Uno de los retos principales a los que debe hacer frente las sociedades actuales es el reto demográfico. La *Ley 27/2022, de 20 de diciembre, de institucionalización de la evaluación de políticas públicas en la Administración General del Estado* supuso todo un cambio en la cultura política del país, ya que obliga a que la evaluación del impacto demográfico se incorpore, como componente básico, en el diseño del conjunto de las políticas públicas, en todos los niveles de gobierno. Los planes estratégicos que están siendo elaborados por las comunidades autónomas se convierten en un mecanismo indispensable para su funcionamiento diario. El objetivo principal de esta investigación es comprobar el grado de aplicabilidad que tienen estos instrumentos de actuación estratégica a nivel autonómico en España para hacer frente al reto demográfico, a partir de la institucionalización de los diseños de evaluación que recogen estas medidas.

Palabras Clave: política pública; plan; estrategia; despoblación; evaluación.

SUMARIO I. INTRODUCCIÓN; II. OBJETIVO, HIPÓTESIS Y METODOLOGÍA DE INVESTIGACIÓN; III. MARCO TEÓRICO; 3.1. La evaluación de una política pública; 3.2. La planificación estratégica como punto de partida; 3.3. Reto demográfico, evaluación y planificación; IV. ANÁLISIS DE CASOS; 4.1. Propósito general de la medida; 4.2. Objetivos generales; 4.3. Diseño de evaluación; 4.4. Recapitulación; V. CONCLUSIONES; VI. REFERENCIAS BIBLIOGRÁFICAS.

I.- INTRODUCCIÓN

Uno de los retos principales a los que debe hacer frente las sociedades actuales es el reto demográfico. El progresivo envejecimiento de la población, el aumento de la esperanza de vida, el descenso de la tasa de natalidad y la gestión de los movimientos migratorios tienen un efecto muy destacado sobre la composición y estructura de la población. Además, este hecho tiene una incidencia destacada en el modelo de organización territorial del país, ya que agudiza los contrastes en el eje rural-urbano con la concentración de población, servicios públicos, inversión y empleo en las grandes áreas urbanas y su pérdida en las zonas rurales.

En España, casi nueve de cada diez municipios de menos de mil habitantes están perdiendo población desde 2011, aproximadamente el 80% de los municipios de menos de cinco mil habitantes pierden población cada año, el 70% de las cabeceras principales de los municipios y el 63% de las ciudades que tienen entre veinte mil y cincuenta mil habitantes. A su vez, casi la mitad del territorio nacional tiene una densidad inferior a los 12,5 habitantes por kilómetro cuadrado y una proporción mayoritaria de estos municipios registra un crecimiento vegetativo negativo[1].

---

1 Datos extraídos de las conclusiones al *Diagnóstico Estrategia Nacional frente al Reto Demográfico* elaborado por el Ministerio de Política

A su vez, según datos extraídos del Centro de Investigaciones Sociológicas[2], el 90% de la opinión pública española que ha sido encuestada, considera que la despoblación es un problema muy grave o bastante grave en nuestro país y el mismo porcentaje cree que se trata de un problema que puede solucionarse mejorando la calidad en la prestación de servicios en los municipios despoblados o promoviendo ayudas a la actividad económica y a la generación de empleo.

De entre todos ello, el principal desafío consiste en garantizar unos servicios públicos de calidad, así como unas inversiones en infraestructuras que permitan la conectividad entre diferentes zonas, a la demanda de la población asentada en territorios despoblados (Comisión Europea, 2020 y Bello Paredes, 2023:144). Para ello, las instituciones político-administrativas deben elaborar instrumentos estratégicos que proporcionen las bases de actuación frente al reto demográfico.

La *Ley 27/2022, de 20 de diciembre, de institucionalización de la evaluación de políticas públicas en la Administración General del Estado* (en adelante, LIEP), supuso todo un cambio en la cultura política del país, ya que introdujo una práctica obligatoria ante tamaño desafío: que la evaluación del impacto demográfico se incorpore, como componente básico, en la aprobación de las normas, las leyes y en el diseño del conjunto de las políticas públicas, en todos los niveles de gobierno. Así, la evaluación de las políticas públicas supone una herramienta imprescindible para la mejora de la acción pública, la toma de decisiones informada y la rendición de cuentas.

En los últimos años, las instituciones públicas están inmersas en procesos de transformación, motivados por la limitación

---

Territorial y Función Pública del Gobierno de España del año 2023, en el eje sobre despoblación.

2 Preguntas 23 a 27 del *Barómetro nº 3240* del Centro de Investigaciones Sociológicas (febrero de 2019).

de recursos y la dependencia financiera, o por la necesidad de mejora en la prestación del servicio público. Para cumplir con esta finalidad, los planes estratégicos que están siendo elaborados por las comunidades autónomas se convierten en un mecanismo indispensable para su funcionamiento diario. El trabajo sistemático, estructurado y lógico de las planificaciones estratégicas de las políticas públicas permiten la evaluación y, por tanto, la rendición de cuentas en las actuaciones que se generen en favor de la dinamización demográfica en España.

Estos instrumentos estratégicos realizados de manera participativa, basados en un diagnóstico preciso de las necesidades de la ciudadanía organizadas coherentemente y una visión de los desafíos a abordar, la acción pública puede tener más garantías para conseguir estos objetivos y mejorar la prestación de los servicios públicos en las zonas más deprimidas de las regiones del estado. A la vez, esta práctica permite institucionalizar un sistema de evaluación para poder aprender de las prácticas que otras regiones implementan y explicar a la ciudadanía los resultados de la acción pública.

El objetivo principal de esta investigación es comprobar el grado de aplicabilidad que tienen los instrumentos de actuación estratégica que se han ido aprobando a nivel autonómico en España para hacer frente al reto demográfico. El estudio se divide en cinco partes. En la primera, se realiza una breve introducción a la investigación. En la segunda, se configura el marco teórico, se describen los conceptos elementales del problema a abordar, así como el contexto de actuación pública. En la tercera parte, se diseña el objetivo y la metodología de investigación, centrada en los aspectos que son necesarios tener en cuenta en la fase de evaluación del ciclo de análisis de las políticas públicas, para que los planes estratégicos operen como parte sustancial del proceso de decisión pública. En la cuarta parte, se analizan los casos, es decir, las estrategias autonómicas que inciden en el diseño de evaluación de las políticas públicas ante el reto demográfico. En la quinta y última parte, aparecen reflejadas las conclusiones más destacadas del estudio y las líneas de mejora que incorpora la investigación.

II.- OBJETIVO, HIPÓTESIS Y METODOLOGÍA DE INVESTIGACIÓN

El propósito principal de esta investigación es comprobar el grado de aplicabilidad que tienen los instrumentos de actuación estratégica que se han ido aprobando a nivel autonómico en España para hacer frente al reto demográfico. En concreto, en el estudio se analizan tres parámetros específicos que incluyen estos documentos, ya que constituyen componentes esenciales del diseño de evaluación de estas medidas y, a su vez, inciden en el éxito de las políticas públicas sobre despoblación.

En esta investigación científica, de carácter descriptiva, se desarrolla un estudio exploratorio en el ámbito politológico, para detectar algunas inconsistencias que pueden tener estos instrumentos autonómicos. En estos últimos años, las comunidades autónomas han elaborado planes para paliar el fenómeno de la despoblación e incentivar la dinamización demográfica y territorial en zonas deprimidas del territorio nacional. El foco de atención reside en comprobar qué aspectos son necesarios tener en cuenta en el ciclo de análisis de las políticas públicas -especialmente, en la fase de evaluación-, para que el reto demográfico sea un problema político abarcable, operacionalizando aquellos índices que muestren resultados robustos en este proceso. Pero, ¿es posible evaluar el resultado de aplicación de estas medidas autonómicas? ¿De qué modo?

Como respuesta tentativa al problema, e hipótesis de investigación, se percibe inicialmente que un mayor nivel de desarrollo del diseño de evaluación del instrumento de actuación para hacer frente al reto demográfico, mayor posibilidad de éxito tendrá la intervención pública sobre esta materia. Es decir, cuanto mejor definidos y construidos estén los indicadores que midan el grado de cumplimiento de los objetivos que plantea este instrumento de actuación, mayor éxito de implementación tendrá la política pública a la que alude. En este caso, la implementación de la política pública de reto demográfico dependerá del nivel de desarrollo del diseño de evaluación, a través de los indicadores.

A tal fin, se analizan los instrumentos de actuación autonómicos[3] actualmente en vigor[4] frente al reto demográfico -muchos de ellos, toman forma de estrategias-, para comprobar cómo funcionan tres parámetros básicos de medición: a) el propósito general de la medida, que responde a la pregunta de para qué se aplica el plan; b) sus objetivos generales, que responde a la pregunta de qué se pretende conseguir con el plan; y c) el diseño de evaluación, que responde a la pregunta de cómo se va a desarrollar.

Esta comparativa autonómica se postula como un procedimiento válido para utilizar en el análisis empírico de situaciones en las que el número de casos bajo estudio es tan pequeño que impide la utilización de otro tipo de análisis como pudiera ser el estadístico (Lijphart, 1971). La comparación se presenta aquí como una estrategia analítica con fines no solamente descriptivos, sino también explicativos, como un procedimiento orientado, fundamentalmente, a poner la hipótesis planteada a prueba.

---

3 Se tienen en cuenta las diecisiete comunidades autónomas y las ciudades autónomas de Ceuta y Melilla.

4 El instrumento de actuación más actual es del año 2024 (Castilla y León), y el que lleva más tiempo funcionando es del año 2010 (Cataluña).

En cuanto a la técnica aplicada en la investigación, esto es, el procedimiento e instrumento que se utiliza para acceder al conocimiento del objeto de estudio, es mixta, tanto cuantitativa como cualitativa; cuantitativa porque permite examinar los datos de manera científica numérica, generalmente con herramientas estadísticas; y cualitativa porque permite conocer la realidad de las cosas desde las razones que condujeron a adoptarlas.

En este sentido, se procede a la revisión de doctrina consolidada, fuentes secundarias de datos, informes oficiales y normativa que permitan avanzar sobre un aspecto de extraordinaria importancia para las instituciones político-administrativas, cual es la institucionalización de la evaluación de las políticas públicas, construyendo indicadores que permitan conocer los resultados fiables de las actuaciones sobre reto demográfico en las comunidades autónomas. Para conocer el grado de concreción de los indicadores, se utilizan técnicas cualitativas y se revisan los documentos estratégicos que se han ido aprobando hasta el momento y que aluden a esta realidad.

Así, las inconsistencias a las que se llegue desde este estudio, pueden constituir un buen punto de partida para mejorar el diseño de los nuevos instrumentos legales y de planificación que queden por formular e implementar, o redefinir aquellos que ya existen, y que las experiencias de éxito de algunas comunidades autónomas sirvan de referencia para otras en el objetivo compartido de institucionalizar y garantizar la excelencia en la evaluación de las políticas públicas frente al reto demográfico.

Los instrumentos de actuación autonómicos de planificación estratégica son el modo en que se organizan las medidas, acciones y recursos al servicio de la mejor gestión del reto demográfico, no siendo un fin sí mismos, sino una herramienta a aplicar para este propósito.

III.- MARCO TEÓRICO

Una vez definida la hipótesis de investigación, en este punto se analizan las principales teorías y postulados que nutren el estudio y que ayudan a concretar el análisis de casos, así con los conceptos fundamentales que se tienen en cuenta en el análisis comparativo posterior.

3.1.- La evaluación de una política pública

Tal y como define GARDE ROCA, J. M. (2004:13), la evaluación es "*el proceso sistemático de recolección y análisis de la información, destinado a describir la realidad y emitir juicios de valor sobre su adecuación a un patrón o criterio de referencia establecido como base para la toma de decisiones. Supone participar en la construcción de un tipo de conocimiento axiológico, interpretando la información obtenida, estableciendo visiones no simplificadas de la realidad y suministrando resultados basados en «evidencias que sean creíbles, fiables y útiles, facilitando la incorporación oportuna de los hallazgos, recomendaciones y lecciones en los procesos de toma de decisiones», lo cual ayudará a generar una mayor cultura evaluativa*".

Hoy en día, la evaluación ocupa un lugar estratégico en la esfera de lo público, pues resulta de especial trascendencia e interés medir el rendimiento de las instituciones para legitimar, de origen y de ejercicio, su propia existencia. El proceso evaluador está estrechamente unido a la calidad democrática, por cuanto nos interesa conocer los resultados que han generado la aplicación de determinado programa o la prestación de determinado servicio público en la realidad social.

Así, conviene distinguir lo que supone evaluar servicios de lo que supone evaluar políticas y programas públicos. La evaluación de la calidad de los servicios es especialmente útil para medir los resultados, de la vertiente organizativa, en la implementación de los mismos, así como recopilar datos acerca de la percepción de los usuarios de dichos servicios y conocer con ello su índice de impacto. Por su parte, la evaluación de las políticas y programas públicos aporta una dimensión superior en la organización, relacionada con la toma de decisiones estratégicas, la legitimación social de la acción pública y la gobernanza[5].

La evaluación -tanto de servicios como de políticas públicas-, debe ser un proceso continuo, una actividad más y complementaria del resto de funciones de la entidad, planificada, donde intervengan todas las partes de la organización, que ofrezca resultados fiables sobre los cuales definir las líneas estratégicas de mejora y realizado permanentemente por profesionales expertos. Sin evaluación no hay posibilidad de cambio y su institucionalización supone todo un proceso de renovación que requiere voluntad política, dirección participativa y cultura organizacional[6].

Mientras que los programas y las políticas públicas responden a grandes líneas de acción que persiguen alcanzar con éxito las prioridades gubernamentales concentrado para ello

---

[5] En este sentido, la creación de la Agencia Estatal de Evaluación de las Políticas Públicas y la Calidad de los Servicios (en adelante, AEVAL) ya ofreció una idea de la necesidad de matizar en esta cuestión. Así queda reflejado en el artículo 1.2 del *Real Decreto 1418/2006, de 1 de diciembre*, por el que se aprueba el Estatuto de la misma, que obliga a la AEVAL a la "*promoción y realización de evaluaciones de las políticas y programas públicos (…) y el impulso de la gestión de la calidad de los servicios*".

[6] Al respecto, Bueno Suárez y Osuna LLaneza (2012:203) afirman que "l*a evaluación ha de ser holística, integral y plural, superando concepciones que la restringe a una fase ex post centrada en políticas ejecutadas. La evaluación no puede obviar que aspectos como el propio diseño y la gestión de las intervenciones deben ser objeto de análisis en tanto que también inciden en los resultados de las intervenciones, pasados, presentes y también futuros. Y esto puede y debe ser considerado de forma ex ante, en tanto que las consecuencias económicas y sociales sobre la ciudadanía pueden ser trascendentes*".

decisiones sobre recursos y procesos, los servicios públicos son solo una pieza más en su entramado. Los servicios constituyen los procesos de gestión más básicos y se caracterizan por su finalidad prestacional. Responden a procesos estructurados y con un fuerte componente de formalización administrativa, donde sus notas características son autodefinición, identificabilidad, abarcabilidad y facilidad de modelización[7].

Hay que tener en cuenta, en este mismo sentido, que los servicios públicos poseen una serie de características propias que complejizan su evaluación, entre las que se encuentran: la intengibilidad, pues no pueden ser vistos, ni probados, ni sentidos, ni escuchados, ni gustado antes de ser prestados; la complejidad, pues existen diversos factores que inciden en la calidad de los mismos; simultaneidad, en cuenta a su producción y a su consumo; o heterogeneidad, pues el Sector Público presta diferentes bienes como la educación, la sanidad, el transporte, etc.

Superada la visión del ciudadano como mero administrado, las Administraciones Públicas son conscientes de que el ciudadano hoy está más informado y es más crítico respecto de los servicios públicos que se le ofrecen por lo que se mide, con mayor rigor y profundidad, la óptima prestación de los mismos. No se busca solo la calidad sino la excelencia de servicio y ésta tiene que ver con la percepción del usuario, asociando la prestación a factores tales como la eficacia, la sostenibilidad, la responsabilidad social o la ética.

Para ello, debe tenerse en cuenta todos los atributos que conforman el servicio público: los elementos tangibles, referidos, por ejemplo, a la profesionalidad de los empleados públicos que le prestan; la fiabilidad, analizando la capacidad de

---

7 Tal y como se extrae de la Guía para la Evaluación de la Calidad de los Servicios Públicas, publicada por la AEVAL en 2009.

la organización para cumplir con lo prometido y hacerlo sin errores; la capacidad de respuesta a los usuarios de los servicios; la seguridad, entendida ésta como el conocimiento y cualificación del capital humano público, la gestión y el control o la confianza en las instituciones; o la empatía, referida a la atención esmerada, la facilidad de acceso a la información, la utilización de un lenguaje comprensivo, la capacidad de escucha, etc. Otras de los atributos que configuran un servicio público excelente son, por ejemplo, la puntualidad a la hora de prestarlo, el conocimiento y la competencia, la amabilidad o la obtención de los resultados esperados[8].

Cuando se habla de evaluación[9] de los servicios públicos, se alude a tres niveles distintos de calidad en la gestión pública. El primer nivel –*nivel macro*-, abarca el ámbito de las relaciones entre estado y sociedad civil, en concreto, el servicio público prestado al ciudadano. La evaluación tiene, en este nivel, la finalidad de garantizar la calidad de la democracia, entendida como la eficacia y legitimación social de la acción pública. Este terreno es objeto de la evaluación de políticas y programas públicos.

El segundo nivel –*nivel meso*-, hace referencia a las relaciones entre quienes producen y gestionan los servicios y quienes los reciben y utilizan. La evaluación aquí indaga sobre el grado de satisfacción de la ciudadanía con el fin último de contri-

---

8 Cobra especial relevancia el cumplimiento del Código de Conducta de los Empleados Públicos que viene recogido en los artículos 52, 53 y 54 de la *Ley 7/2007, de 12 de abril, por la que se aprueba el Estatuto Básico del Empleado Público* (EBEP).

9 Garde Roca (2004:16), define la evaluación -relacionándola con este punto-, como el "*conjunto de prácticas que implican la recopilación y el tratamiento de la información relevante sobre la acción pública (¿qué ha pasado?), el despliegue de juicios normativos sobre lo acaecido (¿está bien hecho?) y las preocupaciones instrumentales para su efectiva mejora (¿cómo hacerlo mejor?)*".

buir a la mejora de los servicios públicos. El contexto de dicha evaluación viene marcado por las organizaciones públicas y su relación con los usuarios de dichos servicios. Este terreno es propio de la evaluación de la percepción de las prestaciones.

El tercer nivel –*nivel micro*-, hace referencia a las relaciones internas de la organización. En este punto, la evaluación constituye un diagnóstico de la gestión –estructuras, procesos, personas-, con la finalidad de mejorar la prestación del servicio. Este terreno es propio de la evaluación de la gestión de las prestaciones.

Por tanto, la calidad y la excelencia son objetivos para el estándar de rendimiento de las Administraciones Públicas, pues contribuyen al logro de los objetivos estratégicos de las organizaciones públicas y a modernizarlas e innovarlas crear valor y respondiendo mejor a las necesidades de los ciudadanos. La excelencia, un paso más avanzado de la calidad, inspira la prestación de los servicios públicos en la orientación al ciudadano, en la orientación a resultados, en el liderazgo y la coherencia, en la gestión por procesos y hechos, en el desarrollo en implicación de las personas, en los procesos continuos de aprendizaje y mejora, en el desarrollo de alianzas y en la responsabilidad social.

Centrando la atención en los dos niveles que afectan directamente a la calidad del servicio público -niveles meso y micro-, se puede decir que hay dos evaluaciones distintas: la evaluación de la percepción y la evaluación de la gestión. En cuanto al análisis de la primera de ellas, la de percepción, asume que la evaluación positiva de un servicio como apreciación ciudadana del mismo, le conduce a su satisfacción. Y, en este sentido, podemos hablar de tres tipos de percepciones de satisfacción del ciudadano: la programada, la que la organización prestadora del servicio ha pensado proporcionar; la esperada, la que el ciudadano esperaba; y la percibida, la que el ciudadano percibió una vez que se prestó y comparó lo recibido con lo que esperaba recibir. Evaluar la calidad de la percepción supone, pues, tener en cuenta las tres e intentar aproximarse al punto de encuentro de todas ellas.

Son muchas las herramientas que pueden utilizarse para medir la percepción de los usuarios de los servicios prestados, como los grupos de dedicación, las entrevistas o la observación directa, pero, sin lugar a dudas, la que cobra mayor significación es la encuesta de satisfacción[10].

La evaluación de políticas públicas se concibe como un proceso institucional, que es conveniente adoptar en todas las fases del ciclo de intervención pública, aplicando métodos sistemáticos y rigurosos de recogida y análisis de información, con el énfasis puesto en la comprensión integral de los impactos, resultados, procesos y teorías de las intervenciones públicas, en relación con los objetivos trazados a fin de servir, tanto al aprendizaje y a la mejora gerencial de los servicios públicos, como a la estrategia sobre decisiones futuras, fundamentándose este proceso sobre el juicio de valor de la acción pública evaluada y basándose en criterios establecidos por los principales actores implicados, con la finalidad última de servir a la ciudadanía[11].

En este punto, conviene hacer algunas precisiones. Conviene tener en cuenta que no es lo mismo hablar de política

---

10 A título de ejemplo, la AEVAL viene desarrollando esta herramienta con periodicidad anual, llevando a cabo estudios de percepción ciudadana sobre la importancia de los servicios públicos en el bienestar ciudadano, el juicio ciudadano de las Administraciones Públicas, la satisfacción ciudadana con los servicios prestados en el Estado Autonómico o la percepción social general de los servicios. Del mismo modo, la AEVAL realiza informes sobre la calidad de los servicios integrados, sobre la actividad de los Ministerios españoles, sobre la actividad desplegada por las Agencias Estatales y el cumplimiento de sus compromisos de calidad, etc.

11 Según se extrae del documento elaborado por la AEVAL sobre La Función Evaluadora. Principios orientadores y directrices de actuación en la evaluación de políticas y programas.

que de programa, plan o proyecto público. La política es una concatenación de actividades, decisiones y medidas coherentes tomadas por los actores del sistema de un país con la finalidad de resolver un problema colectivo. Los planes son elementos instrumentales estratégicos que articulan un conjunto de acciones, programas, proyectos y servicios que se consideran prioritarios para alcanzar los objetivos de una política. Los programas son elementos instrumentales y operativos en los que se despliegan los planes. Y los proyectos son el nivel más concreto de las políticas públicas, como operación no divisible y delimitada en cuanto al tiempo y al presupuesto.

Por eso, cuando se alude a la evaluación de las políticas pública, tenemos que tener en cuenta que incluyen programas y que abarcan dos dimensiones fundamentales: el propio proceso de la política, el cual nos informa de lo que sucede en la toma de decisiones –cómo se diseña, por qué, quiénes intervienen, etc.-, y las necesidades de inteligencia del proceso, es decir, toda la información técnica que se recaba, analiza y sistematiza para tomar una decisión. Así, la evaluación de las políticas se entiende desde un proceso integral de observación, medida, análisis e interpretación y sus dos componentes principales van a ser su contribución a la comprensión de la acción pública y su rol para el impulso de una democracia más participativa.

Planificar la evaluación es la fase de mayor relevancia pues supone, sobre todo, tener en cuenta aspectos tales como: el impulso la participación de los interesados en dichas políticas y programas (Howgood y Gunn, 1988), de aquellos que tienen un interés legítimo en la política o en el programa, tales como los usuarios a los que van dirigidos, los empleados que trabajan en ellos, los responsables de su implantación, etc., pues identificándolos, éstos pueden ser los que ayuden a establecer las prioridades evaluativas, la elaboración de un modelo lógico evaluador, la selección de los métodos que se utilizarán en el proceso y la información que se requiere recabar; describir el programa, determinando los elementos fundamentales del mismo y las actividades de evaluativas básicas[12]; la reunión datos fiables, incluyendo qué datos se reunirán en la evaluación de la política o del programa, quiénes los suministrarán, cuándo se realizarán las actividades de evaluación, dónde se recopilarán los datos y qué métodos de recopilación de datos se utilizarán; el análisis de los resultados, determinando con antelación de qué modo se analizarán; o la garantía del uso y compartición de la experiencia adquirida, definiendo los destinatarios de la información a que se llegue con la evaluación, cómo se informarán los resultados y qué formatos de presentación de informes serán los más apropiados[13].

La importancia de la evaluación de las políticas públicas estriba en su estrecha relación con la calidad democrática de un país, haciendo honor a la siguiente afirmación: "*lo que no se pue-*

---

12 Una buena planificación debe ser capaz de responder a interrogantes tales como: ¿Para qué se realiza esta evaluación? ¿A quién está dirigida o a quién beneficiará la evaluación? ¿Cómo se utilizarán los resultados de la evaluación? ¿Cuáles son las preguntas más importantes que debe responder la evaluación? ¿Cuáles son los métodos para proporcionar información a fin de responder a las preguntas en el proceso evaluador? ¿Cómo se ejecutará el plan de evaluación con los recursos disponibles? ¿Qué medidas de protección existen para que se cumplan todas las normas éticas sin perder el rigor técnico?

13 En definitiva, tal y como podemos extraer de la Guía sobre los Fundamentos de Evaluación de Políticas Públicas, elaborada en 2010 por la AEVAL, planificar la evaluación no es más que "*diseñar con el mayor detalle posible las distintas tareas que deben llevarse a cabo en el análisis y valoración final que supone toda evaluación, formulando claramente los objetivos que se pretenden lograr, conteniendo información precisa sobre lo insumos que van a ser utilizados, las actividades a realizar y los resultados que se prevén para la consecución de las finalidades de la organización (...) teniendo presente el ciclo de vida de las intervenciones, las necesidades operativas y estratégicas de la toma de decisiones, la oportunidad temporal de las evaluaciones y la transversalidad (sectorial, territorial y de gestión) de sus objetivos*".

de medir no se puede evaluar y lo que no se puede evaluar no se puede mejorar". La calidad democrática supone realizar un escrutinio empírico de la acción de gobierno de un país y eso se consigue institucionalizando la evaluación como práctica habitual para conocer los resultados de las políticas y programas públicos.

Morlino (2020), introdujo un modelo de análisis de la calidad democrática que puede ayudarnos a profundizar en la citada relación. Para el autor, existen tres dimensiones básicas que definen el espacio que ocupa la calidad democrática: 1) la dimensión de *procedimientos*, referido al cumplimiento de los procedimientos previstos tanto es el Ordenamiento Jurídico como en el resto de acuerdos que puedan suscitarse, por informales que resultan ser sus compromisos y representa el grado de respecto a las reglas, al juego limpio. A esta dimensión se asocian los principios de legalidad y responsabilidad; 2) la dimensión de *contenidos*, referido al respecto efectivo de los derechos ciudadanos, cuyo reconocimiento y protección se han ido ampliando poco a poco con el Estado del Bienestar. A esta dimensión se asocian los principios de igualdad y libertad; y 3) la dimensión de *resultados*, referido a la satisfacción de las necesidades ciudadanas tal como son percibidas por éstos. A esta dimensión si asocian los principios de responsividad y legitimidad.

De las tres dimensiones de la calidad democrática es precisamente la última de ellas –la dimensión de *resultados*-, la que enlaza directamente con la necesidad de la práctica evaluadora, pues la calidad debe evaluarse atendiendo a la respuesta que obtienen las demandas sociales –la responsividad-, o atendiendo a la percepción ciudadana de confianza y satisfacción con la democracia –la legitimidad-. De ahí la necesidad de evaluación permanente de los resultados de gestión, que además se lleve a cabo por autoridades profesionales, dotadas de autonomía, independencia e imparcialidad.

El limitado desarrollo de procesos evaluadores en España puede explicarse desde la propia definición de evaluación que aporta Garde Roca (2004): "*es el proceso sistemático de recolección y análisis de la información, destinado a describir la realidad y emitir juicios de valor sobre su adecuación a un patrón o criterio de referencia establecido como base para la toma de decisiones*". Sin sistemas de información potentes, sin ciudadanos que se interesen en la labor pública y sean capaces de emitir opiniones formadas sobre la actuación gubernamental, sin voluntad política para ejercer evaluaciones periódicas, sin personal especializado en desarrollar las mismas, sin independencia de los órganos evaluadores, sin inversión pública ni financiación, es difícil institucionalizar el proceso evaluador de los servicios y de las políticas y programas públicos.

El problema, pues, es la falta de desarrollo de la cultura evaluativa, lo cual dificulta su institucionalización. Y además podemos observar cómo se producen fallos en las tres dimensiones de la calidad democrática. La solución solo puede producirse entendiendo el lugar predominante que ocupa el ciudadano en todo el proceso. Y la solución puede venir del propio desarrollo de la gobernanza y de los principios que la sustentan: apertura, participación, responsabilidad, eficacia y legitimidad[14].

- *Apertura:* las instituciones europeas deben otorgar más importancia a la transparencia y a la comunicación de sus decisiones.
- *Participación:* conviene implicar de forma más sistemática a los ciudadanos en la elaboración y aplicación de las políticas.

---

14 Tal y como se establece en *Comunicación COM (2001) 428 final, de la Comisión, de 25 de Julio de 2001, sobre La Gobernanza Europea: Un Libro Blanco.*

- *Responsabilidad:* es necesario clarificar el papel de cada uno en el proceso de toma de decisiones para que cada agente concernido asuma la responsabilidad del papel atribuido.
- *Eficacia:* deben tomarse las decisiones a la escala y en el momento apropiado, y éstas deben producir los resultados buscados.
- *Coherencia:* las políticas que la Unión Europea lleva a cabo son extremadamente diversas, por lo que necesitan un esfuerzo continuo de homogeneización.

3.2.- La planificación estratégica como punto de partida

Cualquier institución pública debe funcionar con estrategia. Arranz Bueso (2013) afirma que la estrategia trae consigo la definición de orientaciones generales para la acción de las organizaciones ante hechos nuevos, buscando valores diferentes de los que pueden generar en simples procesos incrementales de adaptación y mejora. En este sentido, la planificación estratégica puede suponer un auténtico y profundo cambio en todas y cada una de las unidades que conforman una entidad pública para, de esta manera, acercarse más a su entorno, reconducir su futuro, implicar a todos sus empleados y a toda la sociedad en dicho cambio a través del consenso, generando así un camino conjunto hacia el aprendizaje organizativo acumulativo.

Cuando Moore (1998:115), habla de triángulo estratégico en la planificación pública se refiere con ello a que la estrategia organizativa de cualquier institución es un concepto que, simultáneamente: a) declara la misión o propósito general de la organización para con su entorno[15], construido éste en torno a valores públicos tan importantes como el servicio público, la colaboración, la cooperación, la solidaridad o la eficacia; b) Explica las fuentes de apoyo y legitimidad[16] que se utilizan para satisfacer el compromiso de la sociedad en dicha tarea. La estrategia debe ser políticamente sostenible, es decir, debe ser capaz de atraer a todos los agentes implicados bajo una dirección participativa; y c) explica cómo la tarea se organiza y gestiona para conseguir los objetivos, es decir, debe ser operativa y administrativamente viable, haciendo que las actividades autorizadas pueden realizarse a través de la organización existente con la ayuda de otras que pueden ser inducidas a contribuir al objetivo organizativo.

La planificación estratégica, en palabras de Laufer y Burlaud (1989:477), debe desarrollarse con el compromiso y la responsabilidad de la dirección de la organización, ya que sin esta premisa resultaría complicado que se cumplieran los objetivos fijados de antemano y que el proceso se legitimara. De ahí que cualquier política o cambio que quiera instaurarse en las organizaciones deba definirse desde la colectividad, involucrando a todos los miembros de la entidad para que participen en el proceso. En palabras de García-Calabrés Cobo (2006:42), es fundamental la participación ciudadana en la vida social y política, pues de la misma resulta el termómetro de la vitalidad de la democracia. Pero ello supone un esfuerzo de generosidad, y una visión amplia de los poderes, "pues han de dejar es-

---

15 En este sentido, Liddell Hart (1960:317) sostiene que "*la capacidad de adaptación es la ley que gobierna la supervivencia, ya que ésta no es más que una forma concentrada de la lucha del hombre contra el medio*".

16 Decbecq (1984:128), señala de la necesidad de legitimar las acciones que emprenden los encargados de tomar decisiones y, en este mismo sentido, Guillén Zanón (1990:59) señala la obligación de dotar de cierta legitimación moral a las decisiones organizacionales.

pacio a esa participación real, y han de transformar su gestión y gobierno en co-gobierno con los ciudadanos".

Por tanto, la planificación estratégica en el ámbito público es una herramienta para el establecimiento de prioridades, objetivos y estrategias que definan los medios que son necesarios, atendiendo a los recursos disponibles, para lograr los resultados esperados. Por lo tanto, debe ser un procedimiento sencillo e incorporado a la gestión administrativa cotidiana de la toma de decisiones[17]. Entre sus ventajas, se pueden señalar las siguientes: orienta los esfuerzos hacia lo prioritario, de acuerdo con el propósito general de la institución, mejora y facilita la toma de decisiones, establece metas y objetivos bien definidos, reduce la incertidumbre y la inseguridad y evalúa el compromiso político.

Así, las comunidades autónomas en España han emprendido esta vía para articular planes que les permitan hacer frente al reto demográfico en su respectivo ámbito de actuación. Como se verá más adelante, todas ellas están implementando alguna medida, aunque no en todas ellas el instrumento se denomine del mismo modo. Pero en todos estos modos de catalogar las actuaciones, confluyen los siguientes conceptos[18]:

- Estrategia: proceso regulable, conjunto de las reglas que buscan una decisión óptima en cada momento.
- Plan: modelo sistemático de una actuación pública, que se elabora anticipadamente para dirigirla y encauzarla.
- Directriz: instrucción o norma que ha de seguirse en la ejecución de algo

---

[17] Así se refleja en *el Manual de elaboración de planes estratégicos de las políticas públicas en la Junta de Andalucía,* publicado por el Instituto Andaluz de Administración Públicas (2017).

[18] Definiciones extraídas de la 13ª edición del diccionario de la Real Academia de la Lengua Española.

- Agenda: relación ordenada de asuntos, compromisos o quehaceres de una organización en un período.

Todas las definiciones descritas aluden a una misma realidad: una relación secuenciada, lógica y coherente de decisiones que se han de tomar para alcanzar el fin que se persigue, recogiendo: a) las metas y fines perseguidos, lo que da respuesta a la cuestión ¿dónde se quiere llegar?; b) el análisis de los problemas y oportunidades de la situación de partida, respondiendo a la pregunta ¿de dónde se parte?; y c) la descripción de las estrategias que van a ponerse en marcha (recursos, herramientas, acciones, etc.), bajo la pregunta ¿qué hay que hacer para conseguir el propósito planteado?

Como se analizará posteriormente, los instrumentos de actuación autonómicos para afrontar el reto demográfico recogen estos aspectos, que sirven para analizar su grado de aplicabilidad. La planificación estratégica es el más estandarizo en la mayoría de los casos analizados. En dichos instrumentos, el diseño de evaluación es una parte esencial de su contenido, que fundamenta su utilidad y uso para los que van a recibir sus resultados, el tiempo de aplicación previsto, los recursos existentes y los indicadores de medición. Estos indicadores constituyen la expresión de los resultados y traducen los objetivos y las líneas estratégicas del plan a términos medibles (Shapiro, 2004; Abramovich, 2006), donde se exprese el nivel de logro esperado, comparando los resultados reales con los previstos, lo cual proporciona la base de partida para la toma de decisiones en forma de políticas públicas.

Como expresan Schiavo-Campo yTommasi (1999), el criterio CREMA para calificar los indicadores, aclara que cada uno de ellos debe ser: a) Claro: preciso e inequívoco; b) Relevante: apropiado para medir aspectos importantes relacionados con el objetivo de la medida a adoptar; c) Económico: capaz de emplear el método más práctico y austero posible; y d) Medible: abierto a una evaluación independiente. Y ello ayuda a entender la clasificación de indicadores que puede recoger un plan estratégico y son del tipo siguiente[19]:

- Indicadores de contexto (vinculados a los objetivos estratégicos): proporcionan información sobre elementos socioeconómicos u otros aspectos relevantes de la situación de partida del plan. Si se realiza evaluación de impacto, supondría valorar en qué medida el plan es el responsable de los resultados logrados (nivel de alcance de los objetivos estratégicos).
- Indicadores de resultado: se establecen para medir si se han conseguido los objetivos generales y específicos determinados en cada una de las líneas estratégicas y programas. Sirven para medir los efectos directos e inmediatos producidos por la implantación del plan o programa.
- Indicadores de realización: no miden la consecución de un objetivo, sino que miden el progreso en la ejecución de las medidas y actuaciones previstas en el plan o programa. Su valor inicial es cero y va incrementándose con el desarrollo de las actuaciones.

En el análisis de casos posterior, se comprobará cómo se construyen estos indicadores y cómo se clasifican en los instrumentos de actuación autonómicos.

3.3.- Reto demográfico, evaluación y planificación.

Como se ha indicado con anterioridad, los instrumentos de actuación estratégica que se han ido aprobando a nivel autonómico en España para hacer frente al reto demográfico, consti-

---

19 Información extraída del *Manual de elaboración de planes estratégicos de las políticas públicas en la Junta de Andalucía*, publicado por el Instituto Andaluz de Administración Públicas (2017).

tuyen el punto de partida para institucionalizar la evaluación en las políticas públicas sobre esta materia. Sin la definición de indicadores CREMA, robustos, coherentes y significativos en las etapas iniciales de elaboración de estos planes, es más complejo que se llegue a resultados que comprueben la aplicabilidad de las medidas adoptadas. Es decir, sólo es posible institucionalizar el proceso de evaluación de esta política si se generan instrumentos de planificación previos que ayuden en tal sentido.

La evaluación no es un fin en sí misma sino solo un medio que debe ser utilizado para medir, comprobar, verificar, valorar[20] diagnosticar, sugerir y proponer mejoras en la prestación de los servicios y en las políticas y los programas públicos. Evaluar implica analizar con exhaustividad, no solo el cumplimiento de los objetivos de una organización sino la forma en que éstos se han llevado a cabo, es decir, "*el debate de hoy sobre el papel y los resultados de la acción pública ya no solo se sitúa en el cómo hacer las cosas, sino que exige contar con instrumentos que permitan responder a preguntas tales como: de qué deben ocuparse los poderes públicos y quién es el más indicado para ofrecer resultados eficaces y eficientes a esas demandas sociales canalizadas por dichos poderes representativos*" (Subirats Humet, 2005:28).

Evaluar supone también dar un mayor protagonismo a los ciudadanos, pues su percepción sobre el funcionamiento de los servicios públicos es un importante factor de análisis que

---

20 Al respecto, Dahler-Larsen (2007:103) afirma que "*existen los efectos constitutivos de los criterios de evaluación. Son complejos, relacionales y contextuales. Emergen mediante definiciones, distinciones y mediciones que mejoran algunas construcciones sociales de la realidad. Los indicadores no solamente comunican sobre una actividad, sino que metacomunican sobre las identidades y roles de los seres humanos y sus relaciones. Los criterios de evaluación producen etiquetas socialmente relevantes que se «adhieren» a prácticas y personas, y que colaboran en la organización de las interacciones sociales de una determinada manera. La evaluación «hace sociedad»*"

permite mejorar su prestación en lo que se ha venido a denominar gobernanza multinivel. Esta evaluación tiene un componente eminentemente práctico, por cuanto ayuda a decidir a los responsables públicos, a emprender acciones.

Así, la evaluación de políticas públicas debe ser un proceso continuo, una actividad más y complementaria del resto de funciones de la entidad, planificada, donde intervengan todas las partes de la organización, que ofrezca resultados fiables sobre los cuales definir las líneas estratégicas de mejora y realizado permanentemente por profesionales expertos. Aunque toda evaluación comporta un juicio de valor, *"inseparables del quehacer científico, pues aun cuando se admitiera la pureza neutral de un planteamiento epistemológico, siempre resultaría imposible desalojarlos de los niveles psicológicos y sociológicos"* (Nieto García, 2002:18). Sin evaluación no hay posibilidad de cambio y su institucionalización supone todo un proceso de renovación que requiere voluntad política, dirección participativa y cultura organizacional. En este sentido, los instrumentos de actuación autonómicos cumplen con el propósito.

IV.- ANÁLISIS DE CASOS

Una de A fin de conocer el grado de aplicabilidad que tienen los instrumentos de actuación estratégica que se han ido aprobando a nivel autonómico en España para hacer frente al reto demográfico, la Tabla 2 que se muestra a continuación incluye los planes en vigor de cada autonomía en España. De su contenido, se analizan tres parámetros básicos de medición en la Tabla 1: a) el propósito general de la medida, que responde a la pregunta de para qué se aplica el plan; b) sus objetivos generales, que responde a la pregunta de qué se pretende conseguir con el plan; y c) el diseño de evaluación, que responde a la pregunta de cómo se va a desarrollar.

Tabla 1.- Parámetros de medición.

Parámetro utilizado	**Propósito general**	**Objetivos generales**	**Diseño de evaluación**
Respuesta que ofrece	¿Para qué?	¿Qué?	¿Cómo?

Fuente: *elaboración propia.*

El propósito del análisis de casos es comprobar su nivel de desarrollo del diseño de evaluación de estos instrumentos es decisivo a la hora de implementar la política pública de reto demográfico. Ello servirá para corroborar o refutar la hipótesis planteada al inicio: a mayor nivel de desarrollo del diseño de evaluación del instrumento de actuación para hacer frente al reto demográfico, mayor posibilidad de éxito tendrá la intervención pública sobre esta materia.

Tabla 1.- Instrumento de actuación autonómica ante el reto demográfico en la actualidad.

Comunidad Autónoma	**Instrumento de actuación**
Andalucía	Proyecto de Estrategia frente al desafío demográfico en Andalucía 2025-2030.
Aragón	Decreto 165/2017, de 31 de octubre, memoria, estrategias, indicadores y evaluación ambiental, relativos a la Directriz Especial de Política Demográfica y contra la Despoblación del Gobierno de Aragón.
Principado de Asturias	Plan Demográfico del Principado de Asturias (2017-2027).
Illes Balears	Informe demográfico de 2021.
Canarias	51 Medidas para afrontar el reto demográfico y el desarrollo sostenible (2024).
Cantabria	Estrategia frente al Reto Demográfico de Cantabria (2021).
Castilla y León	Estrategia de sostenibilidad demográfica y territorial de Castilla y León (2024).
Castilla-La Mancha	Estrategia para el desarrollo de zonas con despoblamiento y declive socioeconómico de Castilla la Mancha (2013). Estrategia Agenda 2030 de Castilla-La Mancha (2021).
Cataluña	Estrategia para el Desarrollo Sostenible (2010-2026)
Comunitat Valenciana	Estrategia AVANT 20-30. Plan Estratégico Valenciano Antidespoblamiento (2021).

Comunidad Autónoma	Instrumento de actuación
Extremadura	Estrategia ante el Reto Demográfico y Territorial de Extremadura (2022).
Galicia	Plan para la dinamización demográfica de Galicia (2013).
Comunidad de Madrid	Estrategia para Revitalizar los Municipios Rurales (2018).
Región de Murcia	Plan Estratégico de la Región de Murcia (2022-2027).
Comunidad Foral de Navarra	Estrategia de lucha contra la despoblación de Navarra (2021).
País Vasco	Estrategia Vasca 2030 para el Reto Demográfico (2022).
La Rioja	Agenda para la Población de La Rioja 2030 (2018).
Ciudad Autónoma de Melilla	Plan Integral de Desarrollo Socioeconómico de la Ciudad de Melilla (2022).
Ciudad Autónoma de Ceuta	Plan Integral de Desarrollo Socioeconómico de la Ciudad de Ceuta (2022).
ESTADO	Plan de Recuperación: 130 medidas ante el Reto Demográfico (2021).

Fuente: *elaboración propia.*

En primer término, conviene destacar que todas las comunidades autónomas -incluidas las ciudades autónomas de Ceuta y Melilla-, han aprobado algún tipo de medida ante el reto demográfico en su ámbito de actuación. De ellas, la más reciente es Castilla y León y la que lleva mayor tiempo implantándose en la de Cataluña. Y, pese a que todas ellas aluden a una misma realidad, cada autonomía ha nombrado de modo diferente la actuación. Así, nueve de ellas incorporan el término de estrategia a la medida[21], cinco de ellas utilizan el plan[22] y el resto incluye otros conceptos diferentes[23].

---

21 Andalucía, Cantabria, Castilla y León, Castilla-La Mancha, Comunitat Valenciana, Extremadura, Madrid, Comunidad Foral de Navarra y País Vasco.

22 Asturias, Galicia, Región de Murcia y ciudades autónomas de Melilla y Ceuta.

23 Directriz en Aragón; Informe en las Islas Baleares; Medidas en Canarias; Estrategia de desarrollo sostenible en Cataluña; y Agenda en La Rioja.

Otro aspecto a destacar es que los últimos instrumentos que se están aprobando tomar forma de estrategia e incluyen, junto a la dinamización demográfica, lo relativo a la dinamización territorial -como ocurre con Castilla y León o Extremadura-. Casi todos los planes se centran en el diagnóstico de partida de cada autonomía, pero, en su mayoría, inciden escasamente en los indicadores de medición a pesar de que todo incluyen actuaciones concretas a desarrollar.

De igual modo, en muchos instrumentos de actuación se incluye un apartado relativo a los ejes de actuación, las líneas de acción propuestas para alcanzar los objetivos de la política pública. En cuanto a su articulación, incluyen aspectos relaciones con el envejecimiento, la natalidad, la salud y la dependencia, la migración, la conciliación, el equilibrio territorial, la dinamización económica y tecnológica, las infraestructuras, la fiscalidad o la prestación de servicios públicos. El plan de la Comunitat Valenciana es uno de los que proporciona una información más estructurada, dividiendo en cinco las principales líneas de actuación contra la despoblación -económica, medioambiental, social, cultural y de gobernanza política-. Cada una de ellas, engloba otras áreas concretas de trabajo.

4.1. Propósito general de la medida

Responde a la pregunta de para qué se aplica el plan. En todas las medidas se incide, especialmente, en la despoblación como finalidad prioritaria pero también se alude a otros elementos que conectar con ésta.

Sirva como ejemplo el objetivo general de la estrategia de Extremadura, que define con claridad el para qué de la medida: "garantizar la igualdad de oportunidades favoreciendo iniciativas que contribuyan a mitigar y revertir, en lo posible, los efectos negativos del cambio demográfico y consolidar un sistema territorial cohesionado y funcional, sin discriminación entre zonas rurales y urbanas respecto a las oportunidades que ofrecen y el acceso a los servicios que prestan".

Otras comunidades como Castilla y León, hacen referencia a la necesidad de construir una política innovadora de gobernanza multinivel, basada en la cooperación de las instituciones, la coordinación de las actuaciones y la participación, articulada sobre tres ejes: calidad de vida para crecer, competitividad económica para modernizar y la creación de vínculos recíprocos y complementarios entre las áreas rurales y urbanas para evitar los efectos negativos de la despoblación en el medio rural.

Por su parte, la estrategia valenciana se centra sólo en el aspecto demográfico, siendo su propósito frenar y revertir la despoblación que padece una parte del territorio, para conseguir su cohesión, equilibrio y desarrollo. Así, el proyecto de estrategia andaluza sostiene que esta actuación debe impulsar, de forma innovadora y con carácter experimental, nichos de actividad en territorios que afronten el reto demográfico. Otras, como la navarra, fijan su atención en la planificación transversal, entendiendo que en ella están conectadas todas las competencias e implicadas todas las instituciones.

En este punto, si se analiza este parámetro de medición, se observa cómo el propósito de los instrumentos de actuación autonómicos de reto demográfico es excesivamente amplio y abarcan realidades conectadas, pero demasiado dispares, lo cual dificulta el nivel de aplicabilidad de las medidas. Sería conveniente concretar más la finalidad de las actuaciones para que su implementación mejore esta política pública.

4.2. Objetivos generales

Responde a la pregunta de qué se pretende conseguir con el plan. Si para el parámetro de medición anterior la conclusión fundamental ha sido la dificultad que entrañan estos instrumentos en su aplicabilidad, ya que la finalidad es difusa, algo similar ocurre para los objetivos. La redacción de los objetivos estratégicos es un momento clave en la toma de decisiones ya que hay que seleccionar, entre todos los posible, aquellos que se van a desarrollar. que se esperan alcanzar con la implantación de la política pública. De cada objetivo se derivan un conjunto de propuestas estratégicas que serán la base de los programas y medidas que se desarrollarán en el marco del plan estratégico. Por tanto, su falta de concreción dificulta su posterior operacionalización y evaluación resultados.

Algunos planes estratégicos autonómicos son más difusos a la hora de delimitar estos objetivos, si bien existen otros en los que se reflejan con claridad estas prioridades de actuación. Por ejemplo, en el plan extremeño, los objetivos son: equilibrar las prioridades de intervención social y poner en valor el capital humano del medio rural; propiciar el envejecimiento activo y saludable, la conciliación familiar, la convivencia intergeneracional y promover el acceso de las mujeres del ámbito rural a la participación comunitaria; establecer las condiciones adecuadas que favorezcan la atracción de población, el retorno y reforzar el talento; facilitar el acceso a las infraestructuras y a los servicios públicos en el territorio para combatir desequilibrios y condicionantes; garantizar una conectividad digital adecuada en todo el territorio y el acceso a los servicios digitales; favorecer una economía inclusiva, sostenible social y ambiental; diversificar económicamente el mundo rural; invertir en el patrimonio cultural; e impulsar la cooperación entre los territorios a distintas escalas,

Otro ejemplo lo constituye en caso valenciano, ya que estos objetivos están delimitados dentro de áreas singulares de actividad: Área Económica y Política Fiscal; Área Económico-social y Empresarial; Área Económica: sectores tradicionales; Área de Conectividad Territorial; Área Legislativa y Territorial; Área Medio Ambiental; Área Social y de Comunicación y Accesibilidad; Área de Innovación e Inteligencia Artificial; Área de Colectivos Sociales; Área de Recuperación Demográfica; Área de Cultura Territorial y Territorialidad; Área de Coordinación Política; Área de Liderazgo Local y Gobernanza; Área de dimensión territorial de la gestión; y Área de Evaluación de Acciones Públicas.

4.3. Diseño de evaluación

Responde a la pregunta de cómo se va a desarrollar el plan, conforme a los indicadores fijados. Todos los planes autonómicos incluyen ejes de actuación con líneas de actuación concretas, pero ninguno de ellos establece un claro diseño de evaluación en el que se fije cuáles son los indicadores de medición para los objetivos planteados. Es decir, los planes son buenos predictores de la situación actual de las comunidades autónomas, pero poco propositivos a la hora de promover índices que midan con exactitud el éxito de las políticas implementadas.

4.4. Recapitulación

La planificación estratégica llevada a cabo por las comunidades autónomas en España supone un hecho trascendental en el camino hacia la institucionalización de la evaluación de las políticas públicas ante el reto demográfico. Sin embargo, de los parámetros analizados, se observa cómo es preciso profundizar en el nivel de desarrollo del diseño de evaluación del instrumento de actuación para hacer frente a esta problemática, a fin de asegurar el éxito de la intervención pública sobre esta materia.

Como se describió en el marco teórico de partida, la medición de impacto se determina con el diseño de indicadores, de resultados, de efectos y de impacto. Sin embargo, el diseño y selección de los indicadores es una de las tareas más difíciles en todo el proceso de planificación estratégica, pues en el diseño de indicadores se construyen las mediciones de impacto posibles y factibles.

La evaluación de las políticas pública abarca dos dimensiones fundamentales: el propio proceso de la política, el cual nos informa de lo que sucede en la toma de decisiones –cómo se diseña, por qué, quiénes intervienen, etc.-, y las necesidades de inteligencia del proceso, es decir, toda la información técnica que se recaba, analiza y sistematiza para tomar una decisión. Así, la evaluación de las políticas se tiene que entender desde un proceso integral de observación, medida, análisis e interpretación y sus dos componentes principales van a ser su contribución a la comprensión de la acción pública y su rol para el impulso de una democracia más participativa.

Los indicadores de un modelo de intervención son los instrumentos con los cuales es posible rastrear, evaluar y corregir los objetivos de partida y las líneas de intervención establecidas, con indicadores de impacto, de gestión, de riesgo, de desempeño y resultados. Sin operacionalizar los objetivos a través de los indicadores que miden las variables, no es posible evaluar los efectos que producen las medidas sobre componente demográfico de las políticas públicas, en general, y del reto demográfico, en particular. En definitiva, *lo que no se mide no existe, y por tanto no se puede mejorar* (Drucker, 2000).

V.- CONCLUSIONES

Primera.- Las sociedades actuales deben abordar un desafío, de gran envergadura, que va a condicionar el futuro a todos los niveles, poniendo en riesgo el modelo de bienestar, la cohesión social y la vertebración territorial del Estado: la reducción a yermo o desierto de lo que antes estaba habitado. Afrontar el reto demográfico en España implica aplicar el componente democrático en todas las políticas públicas que se desarrollen, de manera transversal, pues todas las materias de intervención pública conectan con el fenómeno de la despoblación en el país. Esto conlleva una oportunidad para institucionalizar la práctica evaluadora en las instituciones públicas, pesa a las dificultades que existen para cumplir con un objetivo tan maximalista y que implica a tantos actores y medios. La *Ley 27/2022, de 20 de diciembre, de institucionalización de la evaluación de políticas públicas en la Administración General del Estado* ha abierto una ventana de oportunidad que deben aprovechar las comunidades autónomas en la definición y ejecución de sus instrumentos de actuación en materia de reto demográfico.

Segunda.- No pueden tratarse, con carácter global, todos los problemas a las que se enfrenta una institución político-administrativa porque los recursos con los que cuenta son limitados. La propia elección de aquéllos sobre los que se definen las estrategias y las mejoras ya supone una auténtica decisión de valor para una institución. Priorizarlos, cuantificarlos, ordenarlos cronológicamente, operacionalizarlos, presupuestarlos y evaluarlos resulta de vital trascendencia e importancia para una organización y auguran el posible éxito de la implantación de mejoras. Por eso, la planificación estratégica es básica a la hora de afrontar cualquier problema, porque del diagnóstico inicial de las debilidades de una institución y la toma en consideración de los recursos que posee, resultan las oportunidades de futuro en materia de reto demográfico. Las actuaciones autonómicas dan cuenta de esta debilidad, pero se proyectan como el paso indispensable para generar ese cambio que conduzca a la institucionalización de la práctica evaluadora.

Tercera.- Sin evaluación de las políticas públicas, sin un verdadero diseño evaluador en las estrategias, no hay posibilidad de mejora para una institución en el ámbito de la despoblación. Es prioritario establecer procesos sistémicos de observación, medida, análisis e interpretación de resultados encaminados al conocimiento de una acción, para alcanzar una compresión integral de los impactos basado en evidencias. Al fin y al cabo, de ello depende la excelencia en la prestación del servicio público.

VI.- REFERENCIAS BIBLIOGRÁFICAS

ABRAMOVICH, V., "Una aproximación al enfoque de derechos en las estrategias y políticas de desarrollo", *Revista de la CEPAL*, 88, 2006, 35-50.

AEVAL, *Guía para la evaluación de la Calidad de los Servicios Públicas,* Agencia Estatal de Evaluación de las Políticas Públicas y la Calidad de los Servicios del Ministerio de la Presidencia, Madrid, 2009.

AEVAL, *La Función Evaluadora. Principios orientadores y directrices de actuación en la evaluación de políticas y programas,* Agencia Estatal de Evaluación de las Políticas Públicas y la Calidad de los Servicios del Ministerio de la Presidencia, Madrid, 2009.

AEVAL, *Fundamentos de Evaluación de Políticas Públicas,* Agencia Estatal de Evaluación de las Políticas Públicas y la Calidad de los Servicios del Ministerio de Política Territorial y Administración Pública. Madrid, 2010.

ARRANZ BUESO, E, *Hacia la definición de las estrategias en el ámbito público,* 2013.

BELLO PAREDES, S.A., "La despoblación en España: Balance de las políticas públicas implantadas y propuestas de futuro", *Revista de Estudios de la Administración Local y Autonómica,* 19, 2023, 125–147.

BUENO SUÁREZ, C., OSUNA LLANEZA, J. L., "La evaluación de políticas públicas en las Ciencias Sociales: entre el ser y el deber ser", *Prisma Social,* 9, 2012, 176-208.

CENTRO DE INVESTIGACIONES SOCIOLÓGICAS, *Barómetro nº 3240,* CIS, febrero de 2019.

COMISIÓN EUROPEA, *La Gobernanza Europea: Un Libro Blanco,* 2001.

COMISIÓN EUROPEA, "Informe de la Comisión al Parlamento Europeo, al Consejo, al Comité Económico y Social Europeo y al Comité de las Regiones sobre los efectos del cambio demográfico, COM (2020) 241 final, de 17 de junio.

GARCÍA-CALABRÉS COBO, F., "Participación: un derecho con garantías", en *Participación y democracia*: libro homenaje a D. Antonio Rodero Franganillo, Universidad de Córdoba, Servicio de Publicaciones y Diputación de Córdoba, 2006, 41-46.

DAHLER-LARSEN, P., ¿Debemos evaluarlo todo? O de la estimación de la evaluabilidad a la cultura de la evaluación, *Información Comercial Española,* 836, 2007, 93-104.

DECBECQ, A., *Técnicas grupales para la planeación,* Trillas, México, 1984.

DRUCKER P.F., "The change leader", *National Productivity Review,* 19(2), 2000, 13-20.

GARDE ROCA, J. M., "La evaluación de políticas y su institucionalización en España", *Gestión y Análisis de Políticas Públicas,* 30-31, 2004, 11-28.

GARDE ROCA, J. M., "La institucionalización de la evaluación de las políticas públicas en España", *Auditoría Pública,* 39, 2006, 17-26.

GUILLÉN ZANÓN, A., "La Técnica del Grupo Nominal" *Documentación Administrativa,* 223, 1990, 52-98.

HOWGOOD, W. y GUNN, L.A., *Policy Analisys for the Real World,* Clarendon, 1988.

JUNTA DE ANDALUCÍA, *Manual de elaboración de planes estratégicos de políticas públicas en la Junta de Andalucía,* Instituto Andaluz de Administración Pública, 2017.

LAUFER, R. y BURLAUD, A., *Dirección pública: gestión y legitimidad,* Instituto Nacional de Administración Pública, Madrid, 1989.

LIJPHART, A., "Comparative Politics and the Comparative Method", *The American Political Science Review,* Vol. 65, No. 3, Sep., 1971, 682-693.

LIDDELL HART, B. H., *Estrategia: La aproximación indirecta,* Ministerio de Defensa. Madrid, 1960.

MINISTERIO DE POLÍTICA TERRITORIAL Y FUNCIÓN PÚBLICA, *Diagnóstico Estrategia Nacional frente al Reto Demográfico,* Ministerio de Política Territorial y Función Pública del Gobierno de España, 2023.

MINISTERIO PARA LA TRANSICIÓN ECOLÓGICA Y EL RETO DEMOGRÁFICO, *Plan de Recuperación. 130 Medidas ante el Reto Demográfico,* 2021.

MOORE, M.H., *Gestión estratégica y creación de valor en el Sector Público,* Paidós. Barcelona, 1998.

MORLINO, L., *Calidad democrática entre líderes y partidos,* Instituto Nacional Electoral, México: 2020

NIETO GARCÍA, A., *El Pensamiento Burocrático,* Granada, Comares, 2002.

SCHIAVO-CAMPO, S. and TOMMASI, D., *Managing Government Expenditure.* Asian Development Bank, 1999.

SHAPIRO, J., *Herramientas de Planificación Estratégica.* Documentos, 2004.

SUBIRATS HUMET, J., "Catorce puntos esenciales sobre evaluación de políticas públicas con especial referencia al caso de las políticas sociales", *Ekonomiaz,* 60, 2005, 18-37.

CAPÍTULO VII.

EL OLVIDO DE LA ESPECIAL IDIOSINCRASIA DE LAS PEQUEÑAS ENTIDADES LOCALES EN LA IMPLEMENTACIÓN REAL Y EFECTIVA DE LOS PLANES DE MEDIDAS ANTIFRAUDE

ALICIA RODRÍGUEZ SÁNCHEZ
Doctora por la Universidad de Salamanca

RESUMEN: El cumulo de acontecimientos corruptos y de fraude y la potenciación de medidas preventivas ha llevado a la Unión Europea a obligar a las entidades que reciban fondos del paquete Next Generation, ha contar con un mecanismo preventivo concreto, los Planes de Medidas Antifraude. En este maravilloso imaginario han surgido multitud de problemas cuando se da traslado de la normativa a la realidad. Al aterrizar en suelo práctico, la creación, aprobación y cumplimiento de los requisitos obligatorios y recomendados, las pequeñas Entidades Locales, se ven abocadas a no poder cumplirlos precisando de adaptaciones.

Palabras Clave: Planes de medidas antifraude; corrupción; prevención, Entes Locales.

GENERALIDAD DE LOS PLANES DE MEDIDAS ANTIFRAUDE; 3.1. Contenido del Plan de Medidas Antifraude; 3.2. La Puesta en Marcha del Plan de Medidas Antifraude; IV. LOS REQUISITOS QUE COMPLEJIZAN EL CUMPLIMIENTO EN LAS ENTIDADES LOCALES; V. REFLEXIONES Y PROPUESTAS DE ACTUACIÓN; VI. BIBLIOGRAFÍA.

"El mundo no es un ángulo recto"

- Zaha Hadid

I. APROXIMACIONES GENERALES

El grave problema del fraude y de la corrupción, que parece inherente a las sociedades, es una de las preocupaciones de la Unión Europea, en cumplimiento con el principio de protección de los intereses financieros de Europa. La corrupción, el fraude, los conflictos de intereses, así como la doble financiación son cuestiones inminentemente relacionadas con el dinero, las influencias y los tratos de favor, cuestiones reconocidas en las normativas penales como delitos por atentar contra bienes jurídicos no solo individuales, sino también colectivos. Además, estos bienes jurídicos, pueden ser dañados por funcionario público, cargándose de un mayor desvalor que merece ser reprimido y retribuido. Este problema endémico intenta ser paliado por los Estados, por la propia Unión Europea, por Organismos internacionales, etcétera, no obstante, los resultados no siempre son los esperados. En el cumulo de acontecimientos corruptos y de fraude, la potenciación de medidas preventivas y no retributivas por su falta de eficacia ha llevado a la Unión a obligar a las entidades que reciban fondos de la Unión Europea, en concreto del paquete Next Generation, ha contar con un mecanismo preventivo concretos, para lo que España ha generados a través de una Orden en 2021, los Planes de Medidas Antifraude. Empero en este maravilloso imaginario han surgido multitud de problemas cuando se traslada la normativa a la realidad. Al aterrizar en suelo práctico, la creación, aprobación y cumplimiento de los requisitos obligatorios y recomendados, las pequeñas Entidades Locales, se tienen que enfrentar a una serie de desafíos y retos muy complejos de sortear que en ocasiones les obligan a renunciar a la percepción de fondos o a invertir partidas presupuestarias para externalizar el cumplimiento normativa en este sentido.

II. PAUTAS Y OBLIGACIONES DESDE EUROPA PARA EL ECONÓMICO

Para paliar las secuelas económicas y sociales que se derivaron de la crisis sanitaria de la Covid-19, el Consejo Europeo aprobó un Instrumento propio, los conocidos Fondos Next Generation con una gran dotación económica[1]. Para el disfrute de estos fondos, la Unión Europea hace alusión a la necesidad de la lucha contra el fraude, la corrupción, los conflictos de intereses y la doble financiación en atención a los intereses

1 *Cfr.* CAMPOS ACUÑA, M. C., "Las oportunidades de los fondos europeos Next Generation con los ODS y la integridad pública: planes antifraude en el plan de recuperación, transformación y resiliencia", en S. REGOVILAR, *Auditoría y control de la respuesta al Covid-19 y de la implementación de la iniciativa Next Generation UE: XIV Encuentros Técnicos de los OCEX de Santiago de Compostela,* Thomson Reuters-Aranzadi, 2022, pp. 129-144.

financieros de la Unión Europea[2] como consecuencia de la gran partida económica destinada al efecto[3].

El eje central está constituido por el Mecanismo de Recuperación y Resiliencia de la Unión Europea (MRR)[4] que a través de préstamos y subvenciones a los Estados miembro busca mitigar el imparto de la pandemia. En la regulación aprobada[5] al efecto, en el artículo 22, se indica que "los Estados miembros, en su condición de beneficiarios [...] adoptarán medidas adecuadas para proteger los intereses financieros de la Unión [...] los Estados miembros establecerán un sistema de control interno eficaz y eficiente y recuperan los importes abonados o

---

2 Todos los ingresos, gastos y activos cubiertos por, adquiridos a través de, o adeudados a el presupuesto de la Unión Europea o los de las instituciones, órganos y organismos de la Unión. Directiva UE 2017/1371 del Parlamento Europeo y del Consejo de 5 de julio de 2017 sobre la lucha contra el fraude que afecta a los intereses financieros de la Unión a través del Derecho penal. hace referencia a la Hacienda Pública de la Unión Europea, es decir, su presupuesto de gastos y de ingresos.

3 *Vid.* JIMÉNEZ ASENSIO, R., "Integridad pública y prevención. A propósito del diseño y aplicación de las medidas de prevención en los planes antifraude en la gestión de fondos europeos", en REGO VILAR, S., *Auditoría y control de la respuesta al Covid-19 y de la implementación de la iniciativa Next Generation UE: XIV Encuentros Técnicos de los OCEX de Santiago de Compostela,* Thomson Reuters-Aranzadi, 2022, pp. 91-127.

4 El Mecanismo entró en vigor el 19 de febrero de 2021 para financiar reformas e inversiones en los estados miembro de la Unión Europea que se hayan efectuado desde el inicio de la pandemia hasta el 31 de diciembre de 2026. Es justo para recibir y beneficiarse de la ayuda que los gobiernos de la UE están obligados a presentar planes nacionales de recuperación y resiliencia. El Mecanismo únicamente se basa en el rendimiento de manera que la comisión solo pagará cuando se alcancen los objetivos acordados.

5 Reglamento UE 2021/241 del Parlamento Europeo y del Consejo de 12 de febrero de 2021, por el que se establece el Mecanismo de Recuperación y Resiliencia.

utilizados de manera incorrecta". Este artículo a su vez identifica principalmente como riesgos el fraude, la corrupción y, la doble financiación[6] y el conflicto de intereses[7] debiendo prevenirlos, identificarlos y corregirlos. De esta exigencia nace la aprobación en España del Plan de Recuperación, Transformación y Resiliencia, así como la materialización de los Planes de Medidas Antifraude en toda entidad que participe con fondos provenientes de la Unión Europea, principal generador de la problemática para los entes locales. En España, se asignó cerca del 35% del paquete económico del país a los Entes Locales durante el año 2022 estando obligados a cumplir con los requisitos y obligaciones que exigen los planes[8] a pesar de

---

6 Cuando las reformas y proyectos de inversión estén financiados por el Mecanismo y simultáneamente por otro instrumento de la Unión, comprendiendo todos los programas ya sean de gestión compartida o directa, siempre que cubran el mismo gasto o coste.
A este respecto, el Reglamento Financiero establece expresamente en su artículo 188 la prohibición de la doble financiación como principio general aplicable a las subvenciones, desarrollado en el artículo 191.3 que indica que "*en ningún caso podrán ser financiados dos veces por el presupuesto los mismos gastos*".

7 Existe conflicto de intereses cuando el ejercicio imparcial y objetivo de las funciones por parte de las autoridades nacionales se vea comprometido por razones familiares, afectivas, de afinidad política o nacional, de interés económico o por cualquier otro motivo directo o indirecto de interés personal (artículo 61.3 del Reglamento Financiero). En este mismo sentido, la organización de cooperación y el desarrollo económico: Un conflicto de interés puede definirse como un conflicto entre el deber público y los intereses privados de un servidor público, en el que el servidor público tiene intereses personales que pueden influir de manera indebida en el desempeño de sus deberes y responsabilidades oficiales.

8 Estos datos han sido publicados por la Federación Española de Municipios y Provincias (FEMP) el 15 de diciembre de 2022, mostrando una clara mejoría en el porcentaje destinado que supera incluso las primeras previsiones de asignación presupuestaría a los Entes Locales.

que estas partidas no se vinculas de manera escrupulosa con el impacto del PRTR[9].

2.1. Aproximación teórica a los conceptos de fraude, conflicto de intereses y corrupción

Ambos conceptos se enmarcan en un paradigma del ámbito penal. Pese a esta última realidad, ambos conceptos están completamente inmersos en la terminología común de la sociedad española, motivo por el cuál es necesario unos breves apuntes que acerquen al lector a la verdadera problemática legal que acompaña dos de las principales conductas prohibidas y merecedoras de control a las que se refieren los Planes de Medidas Antifraude.

Sin pretender caer es explicaciones complejas, las diferencias más palpables entre ambas es que, mientras el fraude se refiere a las apropiaciones indebidas de activos, la corrupción está relacionada con el mal uso sus derechos que se le confieren por su posición de autoridad para obtener beneficios contrarios a la ley y a los principios morales. Mientras que los presupuestos legales buscan su erradicación y su castigo, a continuación se plantean mecanismos mucho óptimos que se encargan de frenar si quiera su comisión reduciendo las consecuencias a mínimos.

La Comisión Europea, y concretamente la Oficina Europea de Lucha contra el Fraude (OLAF), publicitó una Guía práctica bajo la experiencia y práctica en los Estados miembros que llevaba por título "El papel de los auditores de los Estados miembros en la prevención y detección del fraude en

---

9 *Vid.* GALÁN GALÁN, A., "Los gobiernos locales ante el reto de los Fondos europeos de recuperación", *Revista Catalana de Dret Públic*, núm. 63, 2021, p. 109.

el caso de los Fondos Estructurales y de Inversión de la UE" y fue elaborada por un grupo de trabajo de expertos de los Estados miembros, dirigido y coordinado por la Unidad de Lucha contra el Fraude, Presentación de Informes y Análisis de la Oficina Europea de Lucha contra el Fraude (OLAF) en la que ya se recogían los conceptos de conflicto de intereses, fraude y corrupción.

2.1.1. La corrupción pública y privada

La corrupción es una manera genérica de referirnos a técnicas para lograr objetivos, para los cuales, normalmente los medios y el resultado no son lícitos[10]. No obstante, la corrupción es un concepto general que asume multitud de conductas y actos que constituyen delito[11]. La corrupción no es más un

---

10 Si trasladamos estas complejidades a los ordenamientos jurídicos, encontramos que cada país lo ha ido adaptando de maneras diferentes, pero sirvan como ejemplos, el tráfico de influencias, el abuso de información, la malversación, el lavado de dinero o de activos (que proviene así mismo de actividades ilícitas), fraudes, entre otros muchos.

11 El punto en común es la falta de honestidad personal que deriva en la infracción de una norma legal y de una moral. La confianza depositada por una empresa, el estado, una corporación, etc., es vulnerada por un sujeto debido a su posición de autoridad y las oportunidades que le ofrece dicha situación de lo que nace un beneficio personal o ajeno y que es contrario a la ley. La posibilidad de comportamientos corruptos no se circunscribe a un ámbito. La posibilidad pública (funcionarios de la administración, jueces, políticos, etc.) y privada (empresarios) es una realidad extendida, no circunscribiéndose a ningún ámbito. Entiéndase la corrupción activa como la acción de toda persona que prometa ofrezca o conceda, directamente o a través de un intermediario, una ventaja de cualquier tipo a un funcionario, para él o para un tercero, a fin de que actúe, o se abstenga de actuar, de acuerdo con su deber o en el ejercicio de sus funciones, de modo que perjudique o pueda perjudicar los intereses financieros de la Unión y como corrupción pasiva, la acción de un funcionario que,

abuso de poder[12]. A pesar de que este aspecto puede caer en significancias banales por sus consecuencias en esferas de poder, la relevancia es mayúscula. Es significativo que los comportamientos delictivos más repetidos mundialmente se amparen en dichas técnicas que, además, pueden surgir vinculaciones de otras modalidades criminológicas como el crimen organizado y la delincuencia trasnacional.

De manera muy general, se ha vinculado la corrupción con situaciones de atraso económico o desorden institucional, no obstante, esto es erróneo pues, las circunstancias corruptas se extienden en el panorama mundial, aunque presentando las consecuencias que se derivan de forma desigual. Aun dependiendo de la gravedad, los países más desarrollados estarán menos afectados por las consecuencias que, aquellos en vías de desarrollo[13]. La corrupción, ya como un problema endé-

---

directamente o a través de un intermediario, pida o reciba ventajas de cualquier tipo, para él o para terceros, o acepte la promesa de una ventaja, a fin de que actúe, o se abstenga de actuar, de acuerdo con su deber o en el ejercicio de sus funciones, de modo que perjudique o pueda perjudicar los intereses financieros de la Unión.

12 Según Transparencia Internacional ya que así lo recoge en el Glosario TI sobre transparencia y corrupción y en la Guía de lenguaje claro sobre la lucha contra la corrupción de 2009. Esto puede significar no solamente beneficios financieros sino también otro tipo de ventajas. Además, esta definición se aplica tanto al sector público como al privado. Naciones Unidas ha definido corrupción como el abuso de poder para obtener ganancias privadas (Pacto mundial de las Naciones Unidas–España), Convención de la ONU contra la Corrupción (UNCAC) 2005. Directamente, el abuso de poder público (o privado) para obtener un beneficio particular.

13 No hay tampoco pruebas que los países más desarrollados presenten cifras inferiores de corrupción. En este sentido, *cfr. RUGGIERO, V., Delitos de los débiles y de los poderosos, ejercicios de anti-criminología, Buenos Aires: Ad-Hoc, 2005*, pp. 131 y ss.; argumenta como en Italia en un constante crecimiento económico por su actividad, lejos de disolver

mico, lejos de solucionarse de manera sencilla y con una cuantificación latamente compleja, tiende a extenderse a todos los rincones posibles. Las dificultades que presenta en términos de cuantificación, la multitud de posibles condutas ilícitas, la víctima invisible o desconocida[14] y la opacidad, son elementos coincidentes con las formas puras. No podemos negar que, la amplitud de la autoría es significativamente amplia y no queda restringida a unas cualidades concretas del autor del delito, sino que se trata de unos comportamientos que caen en delitos especiales en las normativas penales ya que, no pueden ser realizados por todos, sino solo por unas personas en particular[15]. Las posiciones estratégicas de poder amplían las facilidades comisivas de unos comportamientos corruptos que, a pesar de estar al alcance de muchos, solo unos pocos tienen la ventaja de, además, encontrarse con la protección de la norma por las esferas de poder en las que se encuentran[16]. Los individuos

---

o disminuir la incidencia de la corrupción, ha mantenido una cultura corrupta en todos los contextos.

14 Sobre las características y particularidades de las víctimas, *cfr.* PLANCHADELL GALLARDO, A., "Las víctimas en los delitos de corrupción (panorama desde las perspectivas alemana y española)", *Estudios Penales y Criminológicos, vol. XXXVI, 2016,* pp. 1-77.

15 En los delitos especiales para que una persona pueda ser considerada autor, el tipo penal exige del sujeto agente unas condiciones personales naturales o jurídicas (sujeto cualificado). Cfr. MARQUEZ CARDENAS, A. y GONZALEZ, O., La coautoría: los delitos comunes y especiales, Revista dialogo de saberes, Informes de investigación. Grupo: derecho penal, 2008, pp. 29-50.

16 *Cfr.*. VIRGOLINI, J., *Crímenes excelentes. Delitos de cuello blanco, crimen organizado y corrupción,* Argentina: Olejnik, *2021,* pp. 201-202; quien asegura que se produce un empleo desigual de la ley. Existe un empelo privado de la ley que es doblemente excluyente: excluye a los ciudadanos comunes de las ventajas (y les priva de la disponibilidad de la ley. *Cfr.* NIETO MARTÍN, A., "De la ética pública al Public Compliance: sobre la prevención de la corrupción en las administraciones públicas", en NIETO MARTÍN, A. y MAROTO CALATAYUD, M. (Dirs.), *Public*

con mayores posiciones sociales tienen accesos diferentes que los estamentos sociales más bajos. Es este camino diferencial el que establece relaciones privilegiadas que facilitan prácticas corruptas y una dificultad de descubrimiento, que se ve potenciada, por el modelo capitalista.

La corrupción se traduce genéricamente en, aquellas conductas que, realizadas por un sujeto de posición autoridad, en el seno de su relación o seudo-relación laboral (de naturalidad pública o privada) y abusando de esta autoridad o posición, se desvían del deber para lograr una ganancia económica o de estatus (para sí o una persona con vínculos cercanos como un amigo o un familiar) en perjuicio de la colectividad[17]. La criminalidad de la empresa puede ser otra modalidad criminal en la que sustentar los vicios de los comportamientos corruptos No obstante, como consecuencia del fin perseguido en la investigación, no se tratará en este punto, aunque la criminalidad corporativa es una pantalla que oculta otros comportamientos igualmente perjudiciales[18].

Compliance. Prevención de la corrupción en administraciones públicas y partidos políticos, Ediciones de la Universidad de Castilla-La Mancha, Cuenca, 2014, pp. 17-43.

17 *Cfr.* MARANHAO COSTA, A., MARAL MACHADO, B. y ZACKSESKI, C. (Coords.), *A investigação e a persecução penal da corrupçao e dos delitos económicos. Uma pesquisa empírica no sistema de justiça federal,* Brasília DF: Dados Internacionais de Catalogação na Publicação, 2016, pp. 48 y ss.

18 La individualización de comportamientos puede llevar a la impunidad de responsabilidades de las grandes corporaciones o incluso a impunidades de los propios sujetos al no poder probar la realización del acto. *Vid.* ZÚÑIGA RODRÍGUEZ, L., "La responsabilidad de las personas jurídicas como piedra de toque en la criminalidad organizada", en HURTADO POZO, J. (Dir.), *Problemas actuales de Política Criminal-Anuario de Derecho Penal 2015- 2016,* Lima: Pontificia Universidad Católica del Perú, 2018, pp. 186-188. De lo que se trata es de ser conscientes, que complejos igualmente, la culpabilidad no siempre

Valga señalar que los comportamientos corruptos no caen bajo tal nomenclatura en el Código Penal, sino que es necesario reconocer comportamientos concretos como lo son la extorsión económica, el abuso de poder, los conflictos de intereses, el soborno, la malversación[19], el tráfico de influencias, etcétera. No obstante, los artículos del 419 al 427 bis, que recogen el cohecho se asemeja a lo que la Directiva PIF marca como corrupción[20].

---

va a derivar en personas jurídicas y que en ambas circunstancias la correlación con el crimen organizado es una absoluta realidad.

19 El Código Penal español lo recoge en los artículos del 432 al 435 del CP. Con especial relevancia las dos modalidades siguientes: 1. Administración desleal: cuando una autoridad o funcionario público que, teniendo facultades para administrar patrimonio público, se exceda en el ejercicio de las mismas causando un perjuicio a ese patrimonio. 2. Apropiación indebida sobre patrimonio público: cuando una autoridad o funcionario público, se apropien para sí o para un tercero, de dinero, efectos, valores o cualquier otra cosa mueble que hubieran recibido en depósito, comisión o custodia, o que les hubieran sido confiados en virtud de cualquier otro título que produzca la obligación de entregarlos o devolverlos.

20 El cohecho pasivo por el que se sanciona a la autoridad o funcionario público que, en provecho propio o de tercero, solicita o recibe, por sí o por persona interpuesta, dádiva, favor o retribución de cualquier clase, o aceptare ofrecimiento o promesa para a) realizar en el ejercicio de su cargo un acto contrario a los deberes inherentes al mismo, b) no realizar o retrasar injustificadamente el que debiera practicar, o c) realizar un acto propio de su cargo, o bien simplemente en consideración a su cargo o función. El cohecho activo por el que se sanciona a los particulares que ofrezcan o entreguen dádivas a los funcionarios públicos para realizar alguno de los hechos que se han descrito en el apartado 1, o bien atiendan la solicitud de dádiva del funcionario.

2.1.2. El fraude y el "ciclo antifraude"

Por su parte el fraude se define como aquellas acciones dolosas, intencionadamente de engaño destinadas a proporcionar al autor un beneficio ilícito. El fraude tiene versiones muy diferentes como el fraude fiscal, el fraude electrónico, el fraude de valores…El fraude, a pesar de disponer de modalidades genéricas, también se presenta como un delito especial, como por ejemplo, a través del fraude de funcionario público, en un proceso de contratación pública con intención de obtener una ganancia personal[21].

En esta línea, muchos autores han trabajado el denominado ciclo del fraude, dividido en cuatro etapas y que se enmarca en el combate eficaz del mismo. Este ciclo se presenta también forma parte de los requerimientos del plan antifraude que se desgrana en los epígrafes siguientes. El fraude es por tanto un concepto general que de aplicación en la temática se traduce como aquellas conductas dolosas que tienen cabida en bajo los requisitos del artículo 308 del Código Penal[22].

---

21 *Vid.* PARRA, J., "Ingeniería de procesos para enfrentar la corrupción y el fraude", *Revista de Estudios de Políticas Públicas,* vol. 5, núm.1, diciembre 2018–junio 2019, pp.7-24.

22 Dicta el artículo lo siguiente: que por importe superior a 10.000 euros, consistentes en las siguientes conductas dolosas: 1. La obtención fraudulenta de subvenciones falseando las condiciones requeridas para su concesión u ocultando las circunstancias que hubiesen impedido la concesión (el uso o la presentación de declaraciones o documentos falsos, inexactos o incompletos, o el incumplimiento de una obligación expresa de comunicar una información, que tengan por efecto la malversación o la retención infundada de fondos del presupuesto de la Unión o de presupuestos administrados por la Unión, o en su nombre). 2. La desviación de los fondos recibidos aplicándolos a fines distintos de aquéllos para los que la subvención o ayuda fue concedida (el uso indebido de esos fondos para fines distintos de los que motivaron su concesión inicial).

Las etapas del ciclo son cuatro, la prevención, la detección, la corrección y la persecución.

La prevención es la mejor de las posibles defensas ante fraude – también ante la corrupción, los abusos de poder...- ya que es el mecanismo por antonomasia para reducir las actividades ilícitas. El establecimiento de políticas públicas y de procedimientos claros, la promoción y el impulso de la cultura de la ética y la implementación de mecanismos, así como de procedimientos internos diseñados de manera concreta para evitar el fraude es la opción óptima para evitar que el ciclo antifraude se desarrolle en su totalidad. La aprobación de código éticos de conductas y fomentar los valores de honradez y rendición de cuentas son complemento perfecto a las acciones formativas y de concienciación. No obstante a lo anteriores, un modelo preventivo a la altura tiene que implicarse igualmente en mecanismo adecuados de la evolución del riesgo, identificación de los factores y de los conflictos y debe tener en cuenta los resultados de los trabajos y de los informes de auditorías.

La detección es la primera etapa tras un fallo preventivo. Solo en aquellos casos es los que las actividades fraudulentas logren hacerse realidad necesitaremos de la utilización de sistemas de alerta para identificar de la mejor forma posible el fraude. Para ello es óptimo contar con identificadores como pueden ser las denuncias o el análisis de datos no solo con fines identificativos al conocer un hecho, sino de manera continuada para establecer patrones o incoherencias. En dicho estadio del fraude, los indicadores del fraude (banderas rojas) y la comunicación de estos al personal son elementos esenciales.

La corrección, que consiste en que una vez que se ha detectado una actividad que es fraudulenta o que pudiera serlo se deben de seguir acciones para corregir la situación, en este sentido hay que realizar una investigación profunda, hay que evaluar el alcance los daños e intentar minimizarlos e identificar las debilidades en los controles que han permitido el desencadenamiento de los comportamientos fraudulentos[23].

La persecución es la última de las posibles etapas y se adentra en la más grave de las consecuencias, la acción de legal que suele tener que derivarse al ámbito penal. Esta etapa hace alusión a las denuncias ante las autoridades competentes y toma de acciones legales para el enjuiciamiento y la recuperación de la situación legal previa al fraude.

2.1.3. El conflicto de intereses

Los conflictos de intereses fluctúan entre comportamientos corruptos y de fraude, se trata de una colisión entre los deberes públicos y los intereses privados del personal al servicio

---

[23] El artículo 6.6 de la Orden: En el supuesto de que se detecte un posible fraude, o su sospecha fundada, la entidad correspondiente deberá: a) Suspender inmediatamente el procedimiento, notificar tal circunstancia en el más breve plazo posible a las autoridades interesadas y a los organismos implicados en la realización de las actuaciones y revisar todos aquellos proyectos, subproyectos o líneas de acción que hayan podido estar expuestos al mismo; b) Comunicar los hechos producidos y las medidas adoptadas a la entidad decisora, o a la entidad ejecutora que le haya encomendado la ejecución de las actuaciones, en cuyo caso será ésta la que se los comunicará a la entidad decisora, quien comunicará el asunto a la Autoridad Responsable, la cual podrá solicitar la información adicional que considere oportuna de cara a su seguimiento y comunicación a la Autoridad de Control; c) Denunciar, si fuese el caso, los hechos a las Autoridades Públicas competentes, al Servicio Nacional de Coordinación Antifraude —SNCA—, para su valoración y eventual comunicación a la Oficina Europea de Lucha contra el Fraude; d) Iniciar una información reservada para depurar responsabilidades o incoar un expediente disciplinario; e) Denunciar los hechos, en su caso, ante el Ministerio Fiscal, cuando fuera procedente».

público[24]. No obstante, la normativa hace una triple distinción entre conflicto de intereses aparente, potencial y real que merece ser tenida en cuenta a efectos de dictar las diferentes medidas preventivas[25]. Los posibles actores se diferencian en focos, por un lado aquellos beneficiarios privados, socios, contratistas que se financian con fondos y que actúan en favor de sus intereses. Por otro lado, los empleados encargados de las tareas de gestión, control, pago, etcétera. Estas conductas que pueden subsumirse con habitualidad en comportamientos corruptos se intentan prevenir con actuaciones generales de control como las declaraciones de ausencia de conflictos de intereses que deben constar en todos los casos de las personas que

---

24 Colisión entre las competencias decisorias que tiene el titular de un órgano administrativo y sus intereses privados, familiares o de otro orden, que pueden afectar a la objetividad de las decisiones que adoptan. El conflicto de intereses determina ordinariamente el deber de abstención en la toma de decisiones, o incluso la incompatibilidad para mantener la titularidad de un determinado cargo.

25 Distíngase de la siguiente manera; conflicto de intereses aparente es aquel que se produce cuando los intereses privados de un empleado público o beneficiario son susceptibles de comprometer el ejercicio objetivo de sus funciones u obligaciones, pero finalmente no se encuentra un vínculo identificable e individual con aspectos concretos de la conducta, el comportamiento o las relaciones de la persona (o una repercusión en dichos aspectos).

El Conflicto de intereses potencial, surge cuando un empleado público o beneficiario tiene intereses privados de tal naturaleza, que podrían ser susceptibles de ocasionar un conflicto de intereses en el caso de que tuvieran que asumir en un futuro determinadas responsabilidades oficiales. Por último, el conflicto de intereses real implica un conflicto entre el deber público y los intereses privados de un empleado público o en el que el empleado público tiene intereses personales que pueden influir de manera indebida en el desempeño de sus deberes y responsabilidades oficiales. En el caso de un beneficiario implicaría un conflicto entre las obligaciones contraídas al solicitar la ayuda de los fondos y sus intereses privados que pueden influir de manera indebida en el desempeño de las citadas obligaciones.

intervengan como pueden ser responsables de contratación, el personal redactor de las bases, licitaciones, convocatorias, los evaluadores de las solicitudes…igualmente cuando se trate de órganos colegiados. Así mismo, a pesar de aquellos mecanismos preventivos como los propios planes y la obligación de documentos DACI, la formación de personal es básica y necesaria, sirva también recordar las causas de abstención y recusación contempladas en la normativa. La problemática surgida de los conflictos de intereses es una de las grandes dificultades que tiene la aplicación de los planes de medidas antifraude en los pequeños entes locales.

Bajo este paraguas de conductas contrarias a las normas no solo nacionales sino también internacionales y en un escenario muy concreto, se configurar los mecanismos de control que buscan prevenir estos comportamientos criminosos que desencadenan las conductas corruptas, de fraude, de abuso de poder, etcétera en el Reino de España por imperativo europeo bajo unas pautas muy concretas y que se presentan en igualdad pese a las diferencias abismales de los ámbitos de aplicación.

2.2. El plan RTR y la orden HFP/1030/2021

España, por imperativo de la Unión Europea para poder hacer uso de la financiación, aprueba el Plan de Recuperación, Transformación y Resiliencia nacional (Plan de RTR)[26] en el

---

[26] El Gobierno de España cuenta con una página web en la que se contiene toda la información sobre el Plan Nacional de Recuperación, Transformación y Resiliencia y como se opera bajo la estrategia española para canalizar los fondos destinados por Europa a reparar los daños provocados por la crisis del COVID-19 y, a través de reformas e inversiones, construir un futuro más sostenible. Consultar en: https://planderecuperacion.gob.es. El presente Plan de Recuperación, Transformación y Resiliencia, como instrumento fundamental para el desarrollo de los fondos europeos de recuperación *Next Generation EU*,

que incluye los sistemas y medidas concretas para prevenir, detectar y corregir los conflictos de intereses, la corrupción y el fraude, así como evitar la doble financiación con procedencia del Mecanismo aprobado por la Unión, en julio de 2021[27]. De las exigencias del Plan de RTR nacen obligaciones de sistemas de control y a través de la Orden HFP/1030/2021 de 29 de septiembre, se configura el sistema de gestión, cursando obligaciones para todas las entidades en el artículo 6, que en su apartado primero genera la obligación de los Planes de Medidas antifraude que nos llevan estas líneas.

El referido plan español detalla una agenda de inversiones y de reformas específicas con metas, objetivos, indicadores, seguimiento y control. A través de la página web creada al efecto se pueden consultar la progresión de inversiones, las convo-

---

supone el impulso más importante de la reciente historia económica de España; se centra en la primera fase de ejecución y detalla las inversiones y reformas en el período 2021-2023, movilizando casi 70.000 millones de euros de transferencias del Mecanismo de Recuperación y Resiliencia con el fin de impulsar la recuperación y lograr el máximo impacto contra-cíclico. A partir de 2022 se irán movilizando los créditos asignados a España para financiar, en particular, inversiones y reformas de magnitud variable, así como para completar el conjunto de programas de inversión más allá de 2023. El Plan de Recuperación, Transformación y Resiliencia se concibe como un proyecto de país que traza la hoja de ruta para la modernización de la economía española, la recuperación del crecimiento económico y la creación de empleo, tras la crisis del COVID-19, así como para preparar al país para afrontar los retos del futuro. Las medidas que recoge el Plan cumplen con los seis pilares establecidos por el Reglamento del Mecanismo de Recuperación y Resiliencia, y se articulan alrededor de cuatro ejes principales: la transición ecológica, la transformación digital, la cohesión social y territorial y la igualdad de género.

27 Resolución de 29 de abril de 2021, de la Subsecretaría, por la que se publica el Acuerdo del Consejo de ministros de 27 de abril de 2021, por el que aprueba el Plan de Recuperación, Transformación y Resiliencia. BOE» núm. 103, de 30 de abril de 2021.

catorias solicitadas, resueltas y otorgadas, así como el crédito presupuestario asignado. El plan estructurado en cuatro ejes trasversales busca incidir en los sectores productivos con mayor capacidad de trasformación. Todos los proyectos se llevan a cabo bajo la publicidad legalmente convenida a través de convenios, licitaciones y convocatorias. Tengo en cuenta el lector que el Plan abarca muchas circunstancias que van allá de la mera prevención, detección o corrección del fraude, sino que su complejidad es mucho mayor pues sus fines son más complejos entrelazándose con la Agenda 2030, los Objetivos de Desarrollo Sostenible y la Agenda del Cambios a través de unos objetivos convenientemente pactado y aprobados.

La gestión de los fondos Next Generation obliga a las unidades ejecutoras a garantizar los principios de integridad pública, en el caso de España, a través de la Orden HPF/1031/2021 en la que se establece la obligación de disponer del citado Plan de Medidas Antifraude en el plazo inferior a noventa días desde la entrada en vigor o desde que se tenga conocimiento de la participación en la ejecución del Plan de Recuperación, Transformación y Resiliencia.

III. LA GENERALIDAD DE LOS PLANES DE MEDIDAS ANTIFRAUDE

Los Planes Antifraude tienen como objetivo establecer los principios y las normas que serán de aplicación y observancia en materia antifraude, anticorrupción y a fin de evitar los conflictos de intereses en relación con los fondos provenientes del MRR. Para ello, se promoverá una cultura que ejerza un efecto disuasorio para cualquier tipo de actividad fraudulenta, haciendo posible, no solo su prevención y detección, sino también desarrollando unos procedimientos que faciliten la investigación del fraude y de aquellos delitos que se puedan derivar y que estén relacionados con el mismo, que permitan garantizar que tales casos se abordan de forma adecuada y en el momento preciso. Por todo ello, los Planes de Medidas Antifraude se configuran bajo la enunciación de las medias que permitan garantizar la utilización correcta y acorde a las normas de los fondos del Plan Nacional de Recuperación, Trasformación y Resiliencia, en cumplimiento de las obligaciones que se derivan el artículo 22 del Reglamento del MRR. De la aprobación de los Planes de Medias Antifraude se debe encargar el órgano o autoridad decisoria o ejecutora que, la Orden, sin identificar a las mismas, recomienda[28]. Estos planes se formulan bajo la premisa de preparar a las Administraciones que reciban Fondos del Plan, obligando al cumplimiento de los intereses financieros de la Unión.

La finalidad de estos planes no es otra que preparar a las Administraciones para la implementación de mecanismos internos de control. Algo similar a los conocidos *compliance* en las empresas privadas[29] que se centran en garantizar el cumpli-

---

28 En el caso de la Administración Local que sean los máximos órganos o autoridades de gobierno de la respectiva Entidad Local, respetando a las unidades y órganos administrativos con relación a competencias en materia de organización de las diferentes unidades. Artículo 4.1.a) Ley 7/1985, de 2 de abril, Reguladora de las Bases del Régimen Local.

29 El término proviene del mundo jurídico anglosajón y se desarrolló en el marco de la autorregulación de las corporaciones privadas. Tras los escándalos políticos y financieros de los años 80' y 90', que dieron lugar a leyes que exigen a las empresas una mayor transparencia y rendición de cuentas, se consolida como herramienta de prevención de sobornos a funcionarios y políticos. En la actualidad, sin embargo, ha adquirido una dimensión mayor destinada no solo a la prevención de sobornos, sino a la prevención de los riesgos de la actividad empresarial y delitos que puedan ser cometidos en el marco de la actividad empresarial. Desde una perspectiva integral los programas de compliance son expresión de la cultura empresarial y de una cultura de la legalidad. Tras analizar los distintos aspectos jurídicos inherentes al compliance, se concluye que la cultura empresarial no

miento normativo. Con ellos se garantiza la protección de los intereses de la Unión y la no exoneración de la responsabilidad en la gestión de fondos económicos públicos.

3.1 Contenido del plan de medidas antifraude

Los contenidos de los Planes de Medidas Antifraude se establecen en la Orden HFP/1030/2021 y son, la evaluación del riesgo del fraude, la cumplimentación de la Declaración de Ausencia de Conflictos de Intereses, y un procedimiento para abordar los conflictos de intereses sin señalar medidas concretas de prevención, ni de detección, aunque siempre garantizando los intereses de la Unión[30]. No obstante, de conformidad con el artículo 6.5 de la Orden precedente, el «Plan de medidas antifraude» deberá cumplir los siguientes requerimientos mínimos:

a) "Aprobación por la entidad decisora o ejecutora, en un plazo inferior a 90 días desde la entrada en vigor de la Orden HFP/1030/2021 o, en su caso, desde que se tenga conocimiento de la participación en la ejecución del PRTR".

b) "Estructurar las medidas antifraude de manera proporcionada y en torno a los cuatro elementos clave del de-

---

puede existir sin tener como punto de partida el cumplimiento del Derecho. Vid. BACIGALUPO SAGGESE, S., "Compliance, Eunomia", Revista *Cultura de la Legalidad*, nº21, 2021, pp-260-276.

30 Vid. SILVA SÁNCHEZ, J. (Dir.): *Criminalidad de empresa y compliance. Prevención y reacciones corporativas,* Atelier, Barcelona, 2014. En este mismo sentido, Cfr. MORENO GARCÍA, P., "Obligaciones y retos en la creación de planes antifraude en las entidades locales: repercusiones de la Orden HFP/1030/2021, de 29 de septiembre", *Consultor de los Ayuntamientos y de los Juzgados: Revista Técnica Especializada en Administración Local y Justicia Municipal,* núm. 12, 2021.

nominado «ciclo antifraude»: prevención, detección, corrección y persecución".

c) "Prever la realización, por la entidad de que se trate, de una evaluación del riesgo, impacto y probabilidad de riesgo de fraude en los procesos clave de la ejecución del PRTR y su revisión periódica, bienal o anual según el riesgo de fraude y, en todo caso, cuando se haya detectado algún caso de fraude o haya cambios significativos en los procedimientos o en el personal".

d) "Definir medidas preventivas adecuadas y proporcionadas, ajustadas a las situaciones concretas, para reducir el riesgo residual de fraude a un nivel aceptable".

e) "Prever la existencia de medidas de detección ajustadas a las señales de alerta y definir el procedimiento para su aplicación efectiva".

f) "Definir las medidas correctivas pertinentes cuando se detecta un caso sospechoso de fraude, con mecanismos claros de comunicación de las sospechas de fraude".

g) "Establecer procesos adecuados para el seguimiento de los casos sospechosos de fraude y la correspondiente recuperación de los Fondos de la UE gastados fraudulentamente".

h) "Definir procedimientos de seguimiento para revisar los procesos, procedimientos y controles relacionados con el fraude efectivo o potencial, que se transmiten a la correspondiente revisión de la evaluación del riesgo de fraude".

i) "Específicamente, definir procedimientos relativos a la prevención y corrección de situaciones de conflictos de interés conforme a lo establecido en los apartados 1 y 2 del artículo 61 del Reglamento Financiero de la Unión Europea. En particular, deberá establecerse como obligatoria la suscripción de una DACI por quienes participen en los procedimientos de ejecución del PRTR, la comunicación al superior jerárquico de la existencia de cualquier potencial conflicto de intereses y la adopción por este de la decisión que, en cada caso, corresponda".

El documento de la Declaración de Ausencia de Conflicto de Intereses (DACI) es de obligado cumplimiento para los órganos gestores y evaluar con ello el riesgo del fraude. No obstante, la elección de las medidas de prevención y de detección quedan a juicio de la entidad atendiendo a las especiales características de cada una de ellas y poniendo en valor los intereses de la Unión. Además de ese contenido obligatorio, con el fin de que existe un modelo homogenizado y armónico y pese a que se puede establecer medidas adicionales en atención a las características concretas de la entidad, en el Anexo III.C. se referencian posibles medidas de prevención, detección y corrección del fraude, corrupción y conflicto de intereses como modelo de muestra y orientación y en el Anexo II.B.5. los estándares mínimos de los cuestionarios de autoevaluación, dejando libertad en la ampliación. Los resultados de estos serán de necesidad para la evaluación en sucesivas circunstancias ya que los planes deben ser actualizados de manera periódica[31].

Cada uno de los planes de medidas antifraude se circunscribe a un ámbito de aplicación, es decir, cada plan es válido solamente para el ente u organismo que lo aprueba. Aunque los requisitos básicos serán iguales, las medidas concretas tendrán que adecuarse a la idiosincrasia de cada uno. Sin embargo, y poniendo de ejemplo un pequeño municipio, estos se aplicarán a los actores del ámbito municipal o que tengan relación con la gestión, ejecución o destino de los fondos europeos, esto son, los responsables públicos municipales, ya sean

31 Artículo 6.5.c) de la Orden HFP/1030/2021.

representantes políticos o cargos ejecutivos, así como, en su caso, personal eventual. Los empleados públicos municipales que realizan tareas de gestión, control y pago, así como cualquier otro agente en el que hayan delegado o encomendado, así como externalizado, alguna o algunas de esas tareas. Los asesores externos, profesionales o miembros de comisiones o grupos de trabajo que participen en la preparación o trabajos preliminares de procesos de contratación pública o de subvenciones o ayudas, así como en la elaboración de estudios o dictámenes, que puedan incurrir en conflicto de intereses y los beneficiarios privados, socios, contratistas y subcontratistas, cuyas actuaciones sean financiadas con fondos, que puedan actuar a favor de sus propios intereses, pero en contra de los intereses financieros de la Unión, en el marco de un conflicto de intereses.

3.2. La puesta en marcha del plan de medidas antifraude

Con base a todo lo anteriormente expuesto y analizada la normativa de aplicación, principalmente la Orden HFP/1030/2021, así como otros documentos sin carácter normativo pero con un gran valor aclaratorio, podemos esgrimir que para aprobar un plan, se deben seguir las siguientes pautas. En primer lugar, se deberá designar una Comisión Antifraude, que será la responsable del diseño de la estrategia de lucha contra el fraude sobre la que se elaborará el «Plan de medidas antifraude» del Ayuntamiento, de la elaboración del mismo, su seguimiento, actualización y evaluación de su resultado. En segundo lugar, una vez conformada la Comisión Antifraude, ésta deberá realizar el cuestionario de autoevaluación del riesgo de fraude que se recoge en el Anexo II.B.5 de la Orden 1030/2021. A la vista de los resultados de la autoevaluación del riesgo de fraude realizada por la Comisión, ésta diseñará las medidas necesarias que permitan prevenir, detectar, corregir y perseguir los intentos de fraude en base pudiendo tomar como ayuda y ejemplo lo contenido en la Orden. Una vez que la Comisión Antifraude esté conforme con el borrador del «Plan de medidas antifraude» se procederá a su aprobación por el alcalde o en mejor caso, a elevarlo al Pleno de la Corporación para su aprobación en ejercicio de las competencias reconocidas en la ley y atendiendo a la recomendación incluida en la Guía para la aplicación de medidas antifraude en la ejecución del PRTR publicada por el Servicio Nacional de Coordinación Antifraude. Dicho Plan aprobado por el Pleno del Ayuntamiento será remitido al Servicio Nacional de Coordinación Antifraude dependiente de la Intervención General de la Administración de Estado, aunque esto solo se trata de una recomendación del Servicio Nacional de Coordinación Antifraude, que ha establecido una dirección de correo electrónico para su realización y su objetivo es la elaboración de la Estrategia Nacional Antifraude en el ámbito de la protección de los intereses financieros de la Unión Europea frente al fraude, la corrupción y otras actividades ilegales. Además la Guía para la aplicación de medidas antifraude en la ejecución del PRTR publicada por el Servicio Nacional de Coordinación Antifraude establece que el contenido «Plan de medidas antifraude» deberá estar a disposición de la ciudadanía en la página web del ente y organismo que lo aprueba. Además, en función de la población, se crea la obligación de habilitar un canal de denuncias al trasponer en 2021 la directiva sobre *whistleblowers*[32] que debe estar alojado así mismo en la web para el acceso de la ciudadanía. Así mismo, tanto la Orden HFP/1030/2021 como la Guía para la aplicación de

---

32 Directiva (UE) 2019/1937 del Parlamento Europeo y del Consejo de 23 de octubre de 2019 relativa a la protección de las personas que informen sobre infracciones del Derecho de la Unión. *Cfr.* APARISI APARISI, M.C., "Y llegaron los planes antifraude, las entidades locales en el foco de atención", *El Consultor de los Ayuntamientos, LA LEY,* núm. 4, Sección Presupuestos, contabilidad y control interno, abril 2022, pág. 39.

medidas antifraude en la ejecución del PRTR publicada por el Servicio Nacional de Coordinación Antifraude, exigen la publicación en las webs institucionales los anexos al Plan que son; los resultados del cuestionario de autoevaluación del riesgo de fraude que se recoge en el Anexo II.B.5 realizado por la Comisión Antifraude. El modelo oficial de Declaración de Ausencia de Conflicto de Intereses (DACI) aprobado por el Pleno. El Listado de Banderas Rojas detectadas y a evitar por el normal desarrollo institucional. El Código de Conducta y Ética de los representantes políticos, funcionarios y empleados públicos. La Declaración político-institucional de compromiso por el refuerzo de los mecanismos de integridad en la prevención y lucha contra las irregularidades administrativas, el fraude, la corrupción y los conflictos de intereses en la gestión, ejecución o destino de Fondos Europeos, que deberá ser aprobada.

IV. LOS REQUISITOS QUE COMPLEJIZAN EL CUMPLIMIENTO EN LAS ENTIDADES LOCALES

Los Entes Locales de zonas escasamente pobladas, que además representan un porcentaje significativamente elevado de la totalidad de los municipios, son precisamente los que más dificultades van a tener para poder beneficiarse de estos fondos. Lo anterior como consecuencia de que las unidades ejecutoras están obligadas a garantizar la integridad pública a través de la aprobación y aplicación de los Planes de Medidas Antifraude. Olvidando las generalidades y centrándonos en Ayuntamientos de municipios con escasa población, se conoce y se sabe que no cuentan con las infraestructuras no solo para realizar los planes, sino para quiera para poder solicitar y beneficiarse de los fondos, empero les exigimos lo mismo[33]. La propia creación del plan ya es un requisito mayúsculo para los Entes Locales en los que las composiciones de los Ayuntamientos constan de una secretario-interventor funcionario (que no siempre y muchas veces compartido con otros tantos municipios) y una pequeña corporación municipal de entre tres y siete miembros.

La primera de las dificultades se despliega en la creación del propio plan, pues la competencia parece derivarse al alcalde o al titular de la dirección financiera en trasposición de la correspondencia del Nivel 1 (órganos gestores en la Administración General del Estado). Además, el alcalde es el componente para su aprobación en atención al artículo 21.1.s) de la LBRL puesto que no existe ninguna atribución expresa a otro responsable. Imagine el lector un alcalde de un pequeño municipio que no dispone de estudios y que tiene una edad avanzada y tiene no solo que generar el Plan, sino que además tiene que leer y comprender normativa jurídica europea y española, así como completar anexos y establecer medidas preventivas y de control[34]. Si bien, la Guía para la aplicación de medidas antifraude en la ejecución del PRTR publicada por el Servicio Nacional de Coordinación Antifraude no tiene valor normativo y no hay norma que establezca la competencia

---

33 *Vid.* JIMÉNEZ ASENSIO, R., "Integridad pública y prevención. A propósito del diseño y aplicación de las medidas de prevención en los planes antifraude en la gestión de fondos europeos", en REGO VILAR, S., *Auditoría y control de la respuesta al Covid-19 y de la implementación de la iniciativa Next Generation UE: XIV Encuentros Técnicos de los OCEX de Santiago de Compostela,* Thomson Reuters-Aranzadi, 2022, pp. 91-127.

34 Sirvan como ejemplos alcaldes como José Antonio Torres, alcalde Chercos (Almería) de 302 habitantes y que tiene 98 años, Sesén Pousa, alcalde en Beade (Orense) con 404 habitante y que tiene 83 años o Arturo Calvo de Villaseco de los Reyes (Salamanca) de 324 habitantes y que tiene 90 años.

para la aprobación del «Plan de medidas antifraude», siguiendo dicha Guía todos los Entes Locales ejecutores del PRTR han considerado conveniente su aprobación por el Pleno del Ayuntamiento como máximo órgano de gobierno de la Entidad Local, empero, respecto a su aprobación o de creación, el panorama valorativo no cambia demasiado.

La siguiente dificultad, bien merece primero una aclaración. El cumplimiento de la normativa y de los modelos preventivos de la corrupción, el fraude, los conflictos de intereses, así como cualquier otro comportamiento al margen de la ley tienen, como obligación, que ser eliminados, no obstante, las exigencias en un pequeño municipio no pueden ser igual en una gran urbe, en cuestiones de conflictos de intereses, que una aplicación restrictiva de las conceptualizaciones y las interpretaciones de los marcos jurídicos parecen llevar a contrataciones fuera de dichos municipios[35]. Recuerde, en los pueblos pequeños donde las relaciones personales son más intensas y es posible que se pueda dar más de un conflicto aparente y /o un conflicto potencial, pensemos que los Alcaldes y los concejales suelen tener relaciones familiares con contratistas del municipio, pues existen pocos habitantes y las relaciones suelen ser más estrechas y sin la pretensión de vaciar el significado de ambos preceptos cuanto menos induce a pensar que muchos contratos que se puedan celebrar en las pequeñas poblaciones podrían ser causa de un conflicto aparente y/ o potencial. Por ejemplo el suministro de la ferretería única en el pueblo o la compra de periódico en el kiosco pueden ser familiares de

---

35 GARCÍA HERNANDEZ, J., "Habemus plan antiraude en las entidades locales", *Lefebre, el Derecho.com*, 2021. Disponible para su consulta en: https://elderecho.com/habemus-plan-antifraude-en-las-entidades-locales#671a7640249b5

algún edil incluso del alcalde[36]. Por lo tanto estos conceptos son idóneos para las grandes poblaciones y ciudades donde se concentra la mayor parte de los fondos Next Generation[37].

El tercero de los grandes inconvenientes es la creación de los propios Comités Antifraude. Es cierto que la creación del mismo no es una cuestión obligatoria pero si es recomendable y además es una práctica completamente extendida. No obstante, de su no creación de derivaría la necesidad de nombrar a alguien para realizar el seguimiento del Plan y de las medidas, así como para darle cumplimiento, empero esta recomendación de conforma bajo el paraguas de un órgano colegiado, lo que nos lleva de nuevo a la necesidad del propio Comité Antifraude. Volvamos a los ejemplos del primer caso en el que la población de las corporaciones municipales es envejecida y sin conocimiento normativos. Hay que ser conscientes de que además en la mayoría de los municipios el personal cualificado contratado suele tratarse de una o a lo sumo dos personas. En una estructura de Ayuntamiento pequeña para que no tenga sentido la creación del comité podrían tratarse otras alternati-

---

36 Consultada el artículo 71.1.g de la Ley 9/2017, de 8 de noviembre, de Contratos del Sector Público -LCSP 2017, relativo a las prohibiciones de contratar, expresamente dispone que la prohibición se extiende igualmente, en ambos casos, a los cónyuges, personas vinculadas con análoga relación de convivencia afectiva, ascendientes y descendientes, así como a parientes en segundo grado por consanguineidad o afinidad de las personas a que se refieren los párrafos anteriores, cuando se produzca conflicto de intereses con el titular del órgano de contratación o los titulares de los órganos en que se hubiere delegado la facultad para contratar o los que ejerzan la sustitución del primero.

37 APARISI APARISI, M.C., "Y llegaron los planes antifraude, las entidades locales en el foco de atención", *El Consultor de los Ayuntamientos, LA LEY*, núm. 4, Sección Presupuestos, contabilidad y control interno, abril 2022, pág. 39. Además, en la guía práctica de declaración de conflicto de intereses elaborada por la OLAF, oficina europea de lucha contra el fraude, encontramos un ejemplo de conflicto de intereses.

vas para velar por el cumplimiento del Plan. Sin embargo es altamente complejo armonizar posibles soluciones a un requerimiento que es más costumbre que legal y para el que tampoco existe una composición clara, sino simples recomendaciones y seguimiento de decisiones tomadas por otros entes[38]. Al final

---

38 La Orden HFP 1030/2021 establece como funciones orientativas del Comité antifraude, que no obligatorias: 1. Realizar o, en su caso, supervisar y aprobar la evaluación de riesgo. 2. Participar en la identificación de los indicadores de riesgo realizando una labor técnica, al objeto de concretar la planificación de controles a realizar en el ejercicio del control de gestión, primando los ámbitos en los que se observe un mayor riesgo. 3. Proponer al órgano competente la aprobación del Plan de medidas antifraude y su actualización periódica, proponiendo los indicadores de riesgo aplicables. 4. Velar por la comunicación al personal de la organización de la aprobación y actualización del propio Plan de medidas antifraude y del resto de comunicaciones que en relación con él y sus medidas deban realizarse. 5. Analizar los asuntos que reciba que pudieran ser constitutivos de fraude o corrupción y, en su caso, propuesta de elevación a órgano competente para su remisión a la institución que proceda de acuerdo con la tipología y alcance del presunto fraude o corrupción. 6. Validar los modelos de documentos necesarios para la prevención, detección, corrección y persecución del conflicto de intereses, el fraude y la corrupción y la documentación de las actuaciones relacionadas. 7. Proponer medidas correctoras y de mejora de los procedimientos relativos a la prevención, detección, corrección y persecución del conflicto de intereses, el fraude y la corrupción. 8. Evaluar la oportunidad de incorporar esta materia a través de cursos específicos en el Plan de Formación de la organización. 9. Abrir un expediente informativo ante cualquier sospecha de fraude, solicitando cuanta información se entienda pertinente a las unidades involucradas en la misma, para su oportuno análisis. 10. Resolver los expedientes informativos incoados, ordenando su posible archivo, en el caso de que las sospechas resulten infundadas, o la adopción de medidas correctoras oportunas si llegase a la conclusión de que el fraude realmente se ha producido. 11. Estudiar y dar respuesta a las denuncias recibidas que expongan conductas susceptibles de ser encuadradas en cualquiera de los supuestos de fraude o similares

queda al arbitrio de cada corporación o en quien deleguen la decisión de crear el comité o no y cuál es su composición. En la mayoría de los casos los comités están compuestos por personal en representación de la intervención municipal, de la contratación, de la gestión de fondos y de la asesoría jurídica, de todo punto utópico en el caso de los pequeños municipios que acaban necesitando contar con los representantes políticos a pesar de que el carácter del comité es técnico porque no se cuenta con más personal. Un ejemplo pueden ser los comités conformados por el secretario-interventor municipal, el alcalde y el teniente de alcalde o el concejal encargado de las materias propias. Quedo probado que es altamente complejo desarrollar las funciones del Comité antifraude por personal no formado o especializado en asuntos tan serios y complejos como la evaluación del riesgo, la detección de indicadores, el cumplimiento efectivo de la normativa, la resolución de expedientes, etcétera.

Si bien es cierto que las entidades locales no tienen más remedio que intentar adaptarse a las nuevas exigencias, cumpliendo con la obligación de aprobar los correspondientes planes antifraude, como efectivamente están haciendo, deben sobre todo asegurarse, en aplicación de los planes o simplemente en aplica-

---

recogidos en este Plan (Canal/Buzón de Denuncias). 12. Suministrar la información necesaria a las entidades u organismos encargados de velar por la recuperación de los importes indebidamente recibidos por parte de los beneficiarios, o proponer la incoación de las consiguientes sanciones en materia administrativa y/o penal. 13. Evaluar y revisar los procedimientos de detección y corrección diseñados en este Plan de medidas antifraude. 14. En relación con los ámbitos de gestión con elevada carga de trabajo por razón del número de expedientes o características de los procedimientos, definir un sistema de muestreo suficiente, priorizando los riesgos asociados a sus actuaciones, proyectos y/o subproyectos, estableciendo criterios de muestreo; y en caso de detección de debilidades modificar los citados criterios, ampliando, en su caso, las muestras.

ción de sus estándares habituales de cumplimiento, de gestionar adecuadamente los fondos europeos recibidos. La extensión de los planes de medidas antifraude —o de los correspondientes planes de integridad o cumplimiento— más allá de los límites temporales de la gestión de los fondos del PRTR debería valorarse en función de la eficacia que puedan demostrar y no en función de una sustitución irreflexiva de la cultura de la legalidad por la nueva cultura del cumplimiento[39].

V. REFLEXIONES Y PROPUESTAS DE ACTUACIÓN

Las medidas preventivas y su potenciación desde la Unión Europea alejando las represivas y de persecución del primer foco es un avance que no es sencillo encontrar en el panorama normativo. Los fondos Next Generation, su desarrollo nacional normativo y a través del Plan Nacional de Recuperación, Trasformación y Resiliencia así como la obligatoriedad de aprobación de los Planes de Medidas Antifraude causan un claro avance en la lucha de las conductas de corrupción, fraude y conflictos de interés que pueden ser comportamientos ilícitos muy graves y que se resuelven a través de la intervención penal. No obstante, y a pesar de los avances y mejoras, estos Planes de Medidas Antifraude suponen un reto, a veces imposibles, para los pequeños Entes Locales como lo son los municipios de menos de cien o de quinientos habitantes, como ejemplo. La necesidad de participar en los fondos económicos provenientes de Europa obliga a la aprobación de unas medidas que dificulta el normal desarrollo de los ayuntamientos, cargando en última instancia a alcaldes y concejales de cuestiones alejadas de su comprensión. Las medidas contenidas en la Orden HFP

---

39 *Cfr.* DARNACULLETA GARDELLA, M.M., "Planes antifraude, integridad y compliance de las entidades locales", *Anuario de Derecho Municipale*, núm. 16, 2022, Sección Estudios, pp.47-76.

1030/2021 lejos de facilitar el desarrollo municipal y la mejora de la calidad de vida de los vecinos, obliga a las corporaciones municipales a un estrangulamiento difícil de salvar que lo es incluso para los expertos dada la complejidad normativa de la que se deriva y de las diferentes exigencias que nacen.

Es claro que la toma de decisiones, medidas, contratos, licitaciones y un largo etcétera acorde a la ley, no puede suponer una obligación insalvable para algunos entes. Si la práctica habitual de los Planes Antifraude y las comisiones *ha venido para quedarse* se necesita de un desarrollo normativo más extenso, en particular el caso español, que contemple la idiosincrasia especial del territorio y las diferentes formas de gobierno así como las limitaciones a las que están sometidos, favoreciendo la obtención de fondos públicos sin incurrir en prácticas ilegales. Esto puede reducirse creando planes de medidas desde organismos públicos o instituciones que respondan a las especiales necesidades, conformando Comités Antifraude generales por zonas o formando al personal al servicio pues el acceso debe ser igualitario.

VI. BIBLIOGRAFÍA

NORMATIVA

Directiva (UE) 2017/1371, del Parlamento Europeo y del Consejo, de 5 de julio de 2017, sobre lucha contra el fraude que afecta a los intereses financieros de la Unión a través del derecho penal.

Directiva (UE) 2019/1937 del Parlamento Europeo y del Consejo, de 23 de octubre de 2019 relativa a la protección de las personas que informen sobre infracciones del Derecho de la Unión.

Reglamento (UE, Euratom) 2018/1046, del Parlamento Europeo y del Consejo, de 18 de julio de 2018, sobre normas financieras aplicables al presupuesto general de la Unión.

Reglamento 2021/241, del Parlamento Europeo y del Consejo, de 12 de febrero, por el que se establece el Mecanismo de Recuperación y Resiliencia.

Ley Orgánica 10/1995, de 23 de noviembre, del Código Penal.

Ley 53/1984, de 26 de diciembre, de Incompatibilidades del Personal al Servicio de las Administraciones Públicas.

Ley 7/1985, de 2 de abril, reguladora de las Bases del Régimen Local.

Ley 38/2003, de 17 de noviembre, general de subvenciones.

Ley 19/2013, de 9 de diciembre, de transparencia, derecho de acceso a la información pública y buen gobierno.

Ley 3/2015, de 30 de marzo, reguladora del ejercicio del alto cargo de la Administración General del Estado.

Real Decreto 424/2017, de 28 de abril, por el que se regula el régimen jurídico del control interno en las entidades del Sector Público Local.

Ley 9/2017, de 8 de noviembre, de contratos del sector público.

Real Decreto 128/2018, de 16 de marzo, por el que se regula el régimen jurídico de los funcionarios de Administración Local con habilitación de carácter nacional.

Real Decreto-ley 36/2020, de 30 de diciembre, por el que se aprueban medidas urgentes para la modernización de la Administración Pública y para la ejecución del Plan de Recuperación, Transformación y Resiliencia.

Orden HFP 1030/2021, de 29 de septiembre, por la que se configura el sistema de gestión del Plan de Recuperación, Transformación y Resiliencia.

Resolución de 29 de abril de 2021, de la Subsecretaría, por la que se publica el Acuerdo del Consejo de ministros de 27 de abril de 2021, por el que aprueba el Plan de Recuperación, Transformación y Resiliencia.

DOCTRINA

APARISI APARISI, M.C., "Y llegaron los planes antifraude, las entidades locales en el foco de atención", El Consultor de los Ayuntamientos, LA LEY, núm. 4, Sección Presupuestos, contabilidad y control interno, abril 2022.

BACIGALUPO SAGGESE, S., "Compliance, Eunomia", Revista en Cultura de la Legalidad, n°21, 2021.

CAMPOS ACUÑA, M. C., "Las oportunidades de los fondos europeos Next Generation con los ODS y la integridad pública: planes antifraude en el plan de recuperación, transformación y resiliencia", en S. REGOVILAR, Auditoría y control de la respuesta al Covid-19 y de la implementación de la iniciativa Next Generation UE: XIV Encuentros Técnicos de los OCEX de Santiago de Compostela, Thomson Reuters-Aranzadi, 2022.

DARNACULLETA GARDELLA, M.M., “Planes antifraude, integridad y compliance de las entidades locales”, Anuario de Derecho Municipale, núm. 16, 2022, Sección Estudios.

GALÁN GALÁN, A., “Los gobiernos locales ante el reto de los Fondos europeos de recuperación”, Revista Catalana de Dret Públic, núm. 63, 2021.

GARCÍA HERNANDEZ, J., “Habemus plan antiraude en las entidades locales”, Lefebre, el Derecho.com, 2021.

IGLESIAS REY, P., La gestión de riesgos en la contratación pública de una entidad local. Los planes de medidas antifraude en los Fondos Next Generation EU, Consultor de los ayuntamientos y de los juzgados: Revista técnica especializada en administración local y justicia municipal, núm. Extra 4, 2023.

JIMÉNEZ ASENSIO, R., “Integridad pública y prevención. A propósito del diseño y aplicación de las medidas de prevención en los planes antifraude en la gestión de fondos europeos”, en REGO VILAR, S., Auditoría y control de la respuesta al Covid-19 y de la implementación de la ini-ciativa Next Generation UE: XIV Encuentros Técnicos de los OCEX de Santiago de Compostela, Thomson Reuters-Aranzadi, 2022.

MARANHAO COSTA, A., MARAL MACHADO, B. y ZACKSESKI, C. (Coords.), A investigação e a persecução penal da corrupçao e dos delitos económicos. Uma pesquisa empírica no sistema de justiça federal, Brasília- DF: Dados Internacionais de Catalogação na Publicação, 2016.

MARQUEZ CARDENAS, A. y GONZALEZ, O., La coautoría: los delitos comunes y especiales, Revista dialogo de saberes, Informes de investigación. Grupo: derecho penal, 2008.

MORENO GARCÍA, P., “Obligaciones y retos en la creación de planes antifraude en las entidades locales: repercusiones de la Orden HFP/1030/2021, de 29 de septiembre”, Consultor de los Ayuntamientos y de los Juzgados: Revista Técnica Especializada en Administración Local y Justicia Municipal, núm. 12, 2021.

NIETO MARTÍN, A., “De la ética pública al Public Compliance: sobre la prevención de la corrupción en las administraciones públicas”, en NIETO MARTÍN, A. y MAROTO CALATAYUD, M. (Dirs.), Public Compliance. Prevención de la corrupción en administraciones públicas y partidos políticos, Ediciones de la Universidad de Castilla-La Mancha, Cuenca, 2014.

NACIONES UNIDAS, Convención de la Organización de las Naciones Unidas contra la Corrupción (UNCAC) 2005.

PARRA, J., "Ingeniería de procesos para enfrentar la corrupción y el fraude", Revista de Estudios de Políticas Públicas, vol. 5, núm.1, diciembre 2018–junio 2019.

PLANCHADELL GALLARDO, A., "Las víctimas en los delitos de corrupción (panorama desde las perspectivas alemana y española)", Estudios Penales y Criminológicos, vol. XXXVI, 2016.

RUGGIERO, V., Delitos de los débiles y de los poderosos, ejercicios de anti-criminología, Buenos Aires: Ad-Hoc, 2005.

SILVA SÁNCHEZ, J. (Dir.): Criminalidad de empresa y compliance. Prevención y reacciones corporativas, Atelier, Barcelona, 2014.

VIRGOLINI, J., Crímenes excelentes. Delitos de cuello blanco, crimen organizado y corrupción, Argentina: Olejnik, 2021.

ZÚÑIGA RODRÍGUEZ, L., "La responsabilidad de las personas jurídicas como piedra de toque en la criminalidad organizada", en HURTADO POZO, J. (Dir.), Problemas actuales de Política Criminal-Anuario de Derecho Penal 2015- 2016, Lima: Pontificia Universidad Católica del Perú, 2018.

CAPÍTULO VIII.

LA RURALIDAD Y LOS PROCESOS DE RESOCIALIZACIÓN CÓMO FINALIDAD DE LA PENA

CINDY VANESSA MENA DÍAZ[1]

RESUMEN: Los sistemas penitenciario y carcelario enfrentan obstáculos tales como la deficiente infraestructura, la sobrepoblación que da cómo consecuencia el hacinamiento, la escasez de alimentos, entre otras; dificultades que afectan la capacidad de los países con modelos de estado diferenciados, para asumir y proporcionar recursos a las personas privadas de libertad, ya que limitan los medios o escenarios para aplicar por ejemplo actividades de estudio y trabajo.

La resocialización forma parte de las finalidades de la pena, sin embargo: ¿Cuál es el alcance real de la reinserción social durante el cumplimiento de la pena en prisión?

A pesar de estas limitaciones, se ha identificado un potencial considerable para atender diferentes problemáticas, abordado por la academia y poco explorado en la práctica, donde cómo posible opción radica en la implementación de iniciativas agrícolas, algunas con facilidad por su reubicación en áreas rurales, donde tendrían acceso a entornos propicios para desarrollar proyectos agrarios.

Esta medida alineada con los procesos de resocialización, proporcionaría oportunidades para capacitación en labores agrícolas o industriales, teniendo en cuenta la viabilidad y pertinencia de la estrategia en cada caso específico

---

1 Abogada, especialista en Derecho penal y criminología, Magíster en Derechos Humanos, Doctoranda en Derecho en Universidad de Salamanca, ORCID: https://orcid.org/0000-0002-2295-2163

y poder gestionar con mayor oportunidad la resocialización, y mediar problemáticas como la escasez de alimentos, además de promover en buena medida la reinserción social.

Se tomarán de referente asuntos en Colombia y España sobre modelos que pueden integrar y aportar en la construcción de estas iniciativas agrícolas en las prisiones. Como objetivo busca explorar la viabilidad y el impacto potencial de las iniciativas agrícolas en prisiones ubicadas en zonas rurales, identificando las experiencias positivas y lecciones que pueden aportar, de este modo, se pretende analizar desde la reflexión, cómo estas iniciativas pueden contribuir al proceso de resocialización de las personas privadas de la libertad.

Palabras clave: Resocialización, Ruralidad, Reinserción social, Iniciativas agrícolas.

I. INTRODUCCIÓN

La resocialización se reconoce como una de las finalidades fundamentales de la pena, especialmente en el contexto de los sistemas penitenciarios modernos, según el principio de resocialización, las personas privadas de la libertad deben recibir oportunidades para su reintegración a la sociedad mediante programas de rehabilitación y capacitación laboral, con el fin de reducir la reincidencia y promover su desarrollo personal

(García, 2021). Sin embargo, la realidad en los países, revela que la implementación de estos programas enfrenta múltiples desafíos estructurales y logísticos, como el hacinamiento, la falta de infraestructura adecuada y los limitados recursos destinados a actividades de resocialización (Martínez y López, 2020).

Las prisiones enfrentan problemáticas comunes que dificultan la realización de programas de resocialización efectivos, países como Colombia, el sistema penitenciario tiene una tasa de ocupación de más del 120%, lo que limita gravemente el acceso a oportunidades de rehabilitación y fomenta condiciones que pueden contravenir los derechos humanos de las personas reclusas. (Pardo, 2019). En España, aunque las condiciones de hacinamiento son menos severas, la falta de financiamiento y recursos especializados también representa un obstáculo significativo para la resocialización (Rodríguez, 2020). Ante esta situación, se ha propuesto que la reubicación de centros penitenciarios en áreas rurales, junto con la implementación de actividades agrícolas, podría ofrecer una solución innovadora y sostenible para promover la reintegración social de las personas recluidas. (Pérez y Díaz, 2022).

La agricultura en contextos penitenciarios ha mostrado potencialidad en otros países, donde se han implementado programas agrícolas para reducir el estrés de las personas reclusas, mejorar su bienestar físico y psicológico, y proporcionar habilidades laborales que faciliten su reintegración social al finalizar su pena (Ruiz et al., 2019). En este sentido, el trabajo en zonas rurales podría representar una estrategia prometedora para abordar no solo la necesidad de rehabilitación, sino también la autosuficiencia alimentaria y la capacitación en habilidades productivas.

II. CONTEXTO GENERAL SOBRE LA RESOCIALIZACIÓN COMO FINALIDAD DE LA PENA

La naturaleza para entender y comprender el derecho penal, aparece la moral y la ética como instrumentos de control social en su especialidad que claramente no es la jurídica, pues el derecho penal se separa de la salvación de almas para proteger derechos jurídicos del ser humano.

La regulación que emana de este derecho se reduce al comportamiento externo de la persona, que cuando realiza una acción se introduce en la esfera de los derechos de otra persona, por lo tanto, va a funcionar como control social para preservar la paz y la convivencia que la sociedad necesita para desarrollarse.

Su perfil de ultima ratio y mínima intervención, afirma Beccaria (s.f.) para que las personas puedan vivir en sociedad, se cede limitadamente su libertad al fondo público quien es el responsable de castigar; al estar limitado, el derecho penal es mínimo. Además introdujo otro aspecto que limita el derecho penal de naturaleza cuantitativa.

En la sociología si bien se permite analizar el estudio del control social y partiendo que a la población recluida solo se les priva de su libertad, se concibe que mas allá, sus derechos fundamentales a la vida, la salud mental y física, al trabajo, entre otras, se ven comprometidos por esa restricción a la libertad, derechos que fueron adquiridos antes de la imposición de la medida que restringe su libertad; entendiendo esta estructura y reconocimiento de derechos podemos llegar al ejercicio de comprensión que se pretende obtener.

El derecho penal siendo parte de un sistema de control social para la protección de ciertos intereses de la sociedad y del Estado, la pena privativa de la libertad aparece como pena ordinaria, catalogando para si unas sanciones aplicables para determinado delito; ciertas sanciones y las manifestaciones sociales de la época, centran la visión en un derecho penal con ideas humanistas, configurándolo cómo instrumento al servicio de la resocialización.

Esta evolución ha traído sistemas sutiles, que parten de tener en cuenta elementos relevantes del derecho penitenciario, el tratamiento y la reinserción del individuo.

Muñoz Conde (2004) analiza el problema de la prisión en términos de resocialización frente a desocialización, señalando que el discurso que se ha traído por mucho tiempo siempre ha girado como escenario principal a las penas y medidas que privan a las personas de su libertad, ya que desterrando las sanciones de penas corporales y la pena de muerte, son aquellas que mayor tienen incidencia en algunos bienes jurídicos de la persona cómo es la libertad, y es el enfoque de importancia cualitativa que se le da, como instrumento eficaz de prevención general.

2.1.- Algunas problemáticas de la resocialización (Referente Colombia y España)

La situación actual a nivel mundial de las prisiones coincide con problemáticas en donde existe aumento de población carcelaria, lo que conlleva a hacinamiento operando por encima de su capacidad, a raíz de esto se genera condiciones precarias de higiene, salud y alimentación, además de violencia, hay escasez de servicio básicos cómo agua y atención médica.

Sin embargo debo hacer algunas apreciaciones; En el caso de países como España, a nivel general se exterioriza un aumento de población cada año, por ejemplo en comparación con otros países de Europa, España es uno de los países que siempre refleja en los primeros puestos por este aumento a pesar de reflejar bajas tasas de criminalidad, y no sólo entran muchas personas en las prisiones españolas, sino que cuando ingresan permanecen más tiempo que en el resto de países del entorno, esto también refleja las modificaciones e integraciones al código penal en términos de normatividad, el aumento de penas, la vinculación de población extranjera, la impunidad en ocasiones, agotando todas las pretensiones del momento.

En España se ostenta mucho el derecho penal simbólico, sin embargo, si miramos un país como Colombia, donde las implicaciones al sistema se abordan desde el populismo punitivo, las tasas de criminalidad son altas y hay hacinamiento de población de más a veces del 10 o 20% (según cifras del Instituto Nacional Penitenciario y Carcelario – INPEC), y también se busca la promulgación de normas que aseveren las penas, que permitan durar más tiempo en prisión, sin ningún tipo de beneficio.

En Colombia quien responde de la ejecución de la pena y las medidas de seguridad es el instituto nacional penitenciario y carcelario INPEC, es un organismo público, adscrito al ministerio de justicia, está subdividido en 6 regionales, teniendo en cuenta los 28 departamentos del país con 125 establecimientos.

La resocialización y la reinserción social son conceptos en el ámbito penal, que aunque se refieren a procesos diferentes, la resocialización se enfoca en la transformación de las conductas delictivas del individuo, buscando su adaptación a las normas sociales a través de programas educativos, terapias y el desarrollo de habilidades durante su tiempo en prisión, este proceso integral incluye el aprendizaje de valores y actitudes que fomenten la convivencia dentro de la sociedad (Sanhueza, 2015; Mapelli, García-Pablos y Álvarez García, 2015)

Por su parte, la reinserción social se centra en el retorno del individuo a la sociedad una vez cumplida la pena, garantizando que pueda reintegrarse sin reincidir en delitos, este proceso es la culminación de la resocialización, donde el individuo debe adaptarse a los aspectos sociales, laborales y familiares de su entorno (Ortiz Velasco, 2023)

Ambos conceptos son complementarios y necesarios para el cumplimiento de los objetivos de la pena, ya que mientras la resocialización se realiza en prisión, la reinserción es el proceso de reintegración una vez liberado.

La reintegración a la sociedad de las personas privadas de su libertad particularmente en Colombia, se tiene como objetivo principal y respaldo, por la legislación y los organismos defensores de los derechos humanos, además la Corte Constitucional como máxima autoridad, que contempla la resocialización y la reintegración a la sociedad de quienes están privadas de la libertad en los centros penitenciarios. La reinserción de la presencia de infractores en Colombia, está intrínsecamente ligada al modelo de Estado Social de Derecho, establecido por la Asamblea Constituyente de 1991.

La resocialización en el sistema penitenciario español, con un enfoque reconoce que la pena de prisión no solo debe tener un carácter punitivo, sino también rehabilitador, con el objetivo de preparar a las personas para una vida en sociedad una vez que cumplan su condena.

En España, la Ley Orgánica General Penitenciaria establece los principios rectores del sistema penitenciario, entre los cuales se incluye la reeducación y reinserción social de las personas internas, para lograr estos objetivos, se llevan a cabo diversas acciones y programas dentro de las instituciones penitenciarias.

En temas de reinserción social en España, dentro de los métodos existen varios programas de tratamiento de acuerdo a la evolución de la persona recluida donde va a estar sujeta a condiciones especiales. Para así existen rutas conforme a la manifestación del delito y capacidad del programa, y es un aspecto muy positivo, porque con el paso del tiempo, en los centros penitenciarios, los medios destinados a la resocialización han ido evolucionando y mejorando, no sólo se habla de los programas destinados a la corrección de ciertas conductas que están relacionadas con el delito cometido, sino que también se les proporciona los medios necesarios para que estas personas puedan, entre otras cosas, reintegrarse en el mundo laboral al salir de prisión, lo que contribuye en gran medida a la preparación para la vida en libertad (ONU, 1965; Ministerio del Interior. Instituciones Penitenciarias, 2015; García y Lorente, 2016).

Lo que busca la resocialización, es que forma parte de esos fines de la pena, sin embargo, hasta donde podemos llegar a esa reinserción social al momento de ejecutarse la pena en prisión; existen diferentes problemáticas que en el caso de Colombia por ejemplo, ha llevado a declarar un estado de cosas inconstitucionales como por ejemplo la sentencia 153 del 1998 emitida por la Corte Constitucional, entre otras, que está reconocida en su artículo 4 del código penal colombiano, pero que impide brindarles a las personas reclusas medios, proyectos de resocialización donde solo se aplican los comunes de estudio y trabajo.

Sin embargo, actualmente una de la crisis por la que padece el sistema penitenciario y carcelario también es por desabastecimiento, y el más relevante son los alimentos, en estudios se ha podido comprender que la reincidencia se refleja ante la falta de herramientas y oportunidades para que una persona pueda reintegrarse a la sociedad, limitantes como el empleo, y en aumento limitante hacia el sector público.

III.- SOBRE EL DISEÑO NORMATIVO PARA LA REINSERCIÓN Y RESOCIALIZACIÓN EN ZONAS RURALES

En un estudio con población carcelaria de una ciudad intermedia en Colombia, arrojó que la facilidad para conseguir empleo era la oferta hacia las labores agrícola, y si miramos la infraestructura generalizada de las cárceles colombianas, la misma ha tenido procesos de reubicación; porque los centros de reclusión en su gran mayoría han sido trasladados fuera de las ciudades, esa decisión les ha permitido estar en escenarios hacia los sectores rurales.

Poder gestionar una de las mínimas condiciones para llevar una vida digna en prisión, teniendo en cuenta (lo dispuesto en la normatividad el Artículo 86 de la Ley 65 de 1993 (código penitenciario y carcelario colombiano)), donde las personas detenidas únicamente podrán trabajar en labores públicas, agrícolas o industriales, en iguales condiciones que las personas condenadas, siempre y cuando el director del establecimiento lo juzgue procedente en cada caso particular, considerando la conducta, la calificación del delito y su seguridad.

Explorando un poco la legislación colombiana, en su artículo 20, del Código Penitenciario y Carcelario, normatividad con qué se rige la (ley 65 de 1993), establece cuáles son los tipos de establecimientos de reclusión que podrá haber en el país.

Dentro de ese listado se encuentran, junto a otras alternativas como cárceles y penitenciarias, las "colonias", más adelante, en el artículo 28 de esta norma, se les menciona con su denominación más ajustada y completa, "colonias agrícolas", y se definen sus características particulares, señalándo que: "Son establecimientos para purgar la pena, preferencialmente para condenados, de extracción campesina o para propiciar la enseñanza agropecuaria, siempre y cuando la extensión de las tierras lo permitan, podrán crearse en ellas constelaciones agrícolas, conformadas por varias unidades o campamentos, con organización especial".

Posteriormente, buscando un mejor desarrollo y aprovechamiento del potencial agrícola de este tipo de establecimientos, el artículo 20 de la ley 1709 de 2014 que modifica algunos estándares de la política criminal del Estado Colombiano, a través de la flexibilización de algunos puntos en materia penal, añadió un parágrafo a esta normativa para precisar que: "La producción de estas colonias servirá de fuente de abastecimiento, en los casos en los que existan excedentes de producción, estos podrán ser comercializados, lo anterior sin perjuicio del cumplimiento de las obligaciones que correspondan al Instituto Nacional Penitenciario y Carcelario (Inpec) y la Unidad Administrativo de Servicios Penitenciarios y Carcelarios".

Para desentrañar el papel que el legislador ha reservado para las colonias agrícolas, dentro de ese diverso abanico de alternativas de establecimientos de reclusión que ha dejado abierto, debe considerarse una más amplia interpretación sistemática y teleológica de la normativa citada, de suerte que la misma pueda observarse a la luz de la finalidad que persigue el tratamiento penitenciario en su conjunto.

A ese efecto, cabe recordar entonces que el artículo 10 del Código Penitenciario y Carcelario colombiano señala que "El tratamiento penitenciario tiene la finalidad de alcanzar la resocialización del infractor de la ley penal, mediante el examen de su personalidad y a través de la disciplina, el trabajo, el estudio, la formación espiritual, la cultura, el deporte y la recreación, bajo un espíritu humano y solidario" Asimismo, resultará pertinente considerar que este tratamiento deberá ser diferenciado, tal y como lo reconoce el artículo 3A de este mismo Código, que determina que: "Hay poblaciones con características particulares en razón de su edad, género, religión, identidad de género, orientación sexual, raza, etnia, situación de discapacidad y cualquiera otra. Por tal razón, las medidas penitenciarias contenidas en la presente ley, contarán con dicho enfoque".

3.1- Las Colonias Agrícolas

En medio del contexto se aborda poco sobre las llamadas "Colonias", algunos casos se llamaban colonias penales o colonias penitenciarias, y son establecimientos penitenciarios ubicados en lugares remotos o aislados, donde las personas recluidas cumplen sus condenas realizando trabajos, generalmente en actividades agrícolas o de infraestructura.

La connotación de las colonias a nivel histórico no es la más positiva, las colonias se utilizaban como forma de castigo y exilio, además de sus difíciles condiciones y de alta mortalidad, sin embargo persisten, son menos comunes, pero permanecen en algunos países, sus críticas van hacia las condiciones inhumanas, el trabajo forzado, y violación a derechos humanos.

Las mal llamadas colonias en algunos aspectos se han reorientado a que se consideren de manera efectiva, que permitan ser parte de aquellos programas de rehabilitación como una forma productiva de reintegrase a la sociedad, que puede ser beneficioso como herramienta y apoyo, de igual manera para las medidas de encarcelamiento, como la multa, libertad condicional, delitos menores entre otras, además de los tiempos de crisis que padecen los sistemas actuales en, escasez de alimentos y hacinamiento.

3.1.1.- Colonia Agrícola de Acacias Meta

Existe un centro de reclusión, ante lo descrito en anteriores líneas y que impacta positivamente a un sistema de cárceles en crisis, es una colonia en Colombia, exclusivamente para hombres, para penas estimada no tan alta, quienes están en su proceso de resocialización, de acuerdo a su fase, buscan trabajar en diferentes proyectos agrícolas y pecuarios.

Esta cárcel ubicada en la ruralidad, con 4.627 hectáreas, divido en 6 campamentos, y 13 proyectos productivos, previamente pasan por unas fases para poder más adelante atender una productividad, aprenden temas relacionados al manejo de la ganadería, porcicultura, piscicultura, avicultura, en agropecuario, en siembra de plátano, cacao, caña de azúcar, cítricos, que se da con el escenario del territorio, y para la reducción de la pena; los productos se comercializan a nivel regional, realizan prácticas culturales como la recolección y postcosecha.

3.2.- Reflexiones sobre la Multifuncionalidad de los Territorios Rurales como Estrategia de Resocialización.

Bajo los enfoques normativos, se estudian los nuevos procesos rurales no solo en cuanto a su génesis y características, sino también proponiendo programas y formas alternativas de intervención, en este contexto, una forma de comprender los cambios en las formas rurales de producción y las relaciones entre campo y ciudad es a partir de la teoría de los ciclos económicos de Schumpeter (1982), que explica cómo las innovaciones tecnológicas pueden generar grandes cambios en la producción y tener una profunda influencia en la estructura social al crear sistemas que sostienen la nueva organización del trabajo (Ruiz Rivera & Delgado Campos, 2008, p. 80).

Desde esta perspectiva, no se aborda de manera explícita el papel de las mediaciones sociales y políticas que facilitan o dificultan dichos cambios, sin embargo, resulta más sencillo comprender estos procesos al analizar cómo el territorio influye en la innovación.

Según Ruiz Rivera y Delgado Campos (2008), en el contexto de áreas rurales existe una multifuncionalidad de los territorios, donde pueden coexistir diversas actividades productivas, incluyendo la producción agrícola y no agrícola, así como la provisión de servicios ambientales, adaptado a los contextos penitenciarios en zonas rurales, este enfoque requeriría una institucionalidad reformada, apoyada en marcos regulatorios sólidos, y el fortalecimiento del capital social, de la mano con las personas privadas de la libertad, promoviendo su integración y desarrollo en el entorno rural.

La reinserción social es un proceso que ante su complejidad requiere un enfoque integral y multidisciplinario, sin embargo, al aprender de la experiencia, en programas que ha tenido en cuenta España, Uno de los ejemplos más destacados es el programa "Huertos Penitenciarios", que fomenta actividades agrícolas en centros penitenciarios situados en áreas rurales, programas que se centra en la capacitación laboral de los internos en prácticas de cultivo y manejo agrícola, lo cual les brinda herramientas para integrarse en el mercado laboral tras su liberación (Sánchez et al., 2021). Además, permite a las personas internas desarrollar competencias en responsabilidad y trabajo en equipo, habilidades esenciales para una reinserción efectiva, de igual manera existen los huertos verticales sin disponer de una infraestructura amplia, para poder generar actividades de manera integral, se podrían fortalecer iniciativas de resocialización y contribuir a la reducción de la reincidencia criminal, construyendo sociedades en equidad.

Sin embargo, al revisar la construcción de la normatividad en el caso de Colombia, y la operatividad de la colonia agrícola, indica que existe un punto que permite su aporte en épocas de desabastecimiento, sin embargo, los centros de reclusión permitirán en su momento de emergencia abastecer los establecimientos cercanos, pero no los que de manera lejana se ubican en el territorio nacional, esta situación podría emplearse, si existieran más colonias agrícolas, y no la única y exclusiva que existe en el país.

Lo rural permite pensarse estrategias de innovación que promueva la sustentabilidad de sistemas carcelarios que a través del tiempo han generado vulneración a derecho fundamentales y de derecho humanos, si bien es cierto que se requiere un cambio estructural a un sistema con un diseño muy antiguo, es aquel punto de partir hacia un nuevo diseño y función de establecimientos carcelarios y penitenciarios.

La implementación de actividades agrícolas en prisiones rurales puede ofrecer múltiples beneficios que contribuyen tanto a la mejora de las condiciones de vida de las personas privadas de la libertad como a su proceso de resocialización, uno de los principales beneficios radica en la capacitación laboral, ya que los internos pueden adquirir habilidades agrícolas y productivas que aumentan sus posibilidades de reintegración exitosa en la sociedad (García & López, 2021). Estos programas de capacitación en el entorno carcelario "no solo preparan a los reclusos para el mercado laboral, sino que también desarrollan competencias de autogestión y responsabilidad" (Martínez, 2020, p. 102).

Además, las actividades agrícolas pueden mejorar las condiciones alimentarias dentro de los centros penitenciarios y carcelarios, ya que los productos cultivados pueden ser utilizados para complementar la alimentación de la población recluida, reduciendo la dependencia de los recursos externos y potenciando una alimentación saludable (Pérez, 2019). Este tipo de programas "representan una alternativa viable para hacer frente a la escasez de alimentos y a las limitaciones presupuestarias en las prisiones" (Ruiz & Torres, 2020, p. 78).

Las iniciativas agrícolas pueden contribuir a la reducción del hacinamiento en los centros urbanos, al trasladar parte de la población carcelaria a instalaciones en áreas rurales, donde el espacio es más amplio y propicio para actividades productivas, es posible aliviar la presión sobre las prisiones urbanas, disminuyendo así los índices de hacinamiento (Delgado, 2022). En efecto, Delgado (2022) señala que "la reubicación de internos en entornos rurales con programas laborales activos puede disminuir el hacinamiento y mejorar la gestión penitenciaria" (p. 95).

IV.- CONCLUSIONES

Comprender la magnitud de graves violaciones a derecho humanos y fundamentales que se dimensionan en las cárceles a nivel general, correspondiente a las diferentes problemáticas que aqueja ante la administración y el sostenimiento de un sistema por intermedio de un Estado, con procesos que fracasan en la función resocializadora de las personas privadas de la libertad.

Si bien es cierto que Colombia y España son países con características, tipos de poblaciones, problemáticas muy diferentes, se puede identificar un punto importante entre ambos y que es álgido, como son los procesos de reinserción y resocialización de la pena, en el sistema penitenciario.

De España podemos reconocer el trabajo que ha llevado de aproximarse en tener programas destinados de manera integral para su población recluida, que busca identificar la manifestación del delito, tiene un tiempo determinado, y busca reducir cifras de reincidencia, por ejemplo, algunos son por violencia de género, delitos sexuales, para población extranjera, con discapacidad, de conductas violentas, entre otras que dan un alcance significativo a los procesos,

Y, por último, de Colombia podemos recalcar el avance en el diseño de la colonia agrícola como mecanismos de resocialización de la pena, sin embargo, no se dimensiona para la cobertura total de la población recluida en el país, por tanto, su alcance es muy limitado, para dar un impacto real que trascienda en los procesos de resocialización.

V.- REFERENCIAS BIBLIOGRÁFICAS

AMORES VELASCO, D. (2017). El sentido actual de la resocialización y su incidencia en la práctica legislativa y jurisprudencial https://gredos.

usal.es/bitstream/handle/10366/135687/TG_AMORESVELASCOD_resocializaci%C3%B3n.pdf

BECCARIA, C. (s.f.). De los delitos y de las penas (Comentarios de F. M. Voltaire). Ediciones Esquilo.

CHAPAVAL, A. (2020). La resocialización como fin primordial de la pena: componentes para programas de resocialización efectivos. Recuperado de: http://hdl.handle.net/10554/50698

Código penitenciario colombiano. ley 65 de 1993, mod. ley 1709 de 2014.

Código penal colombiano. ley 599 de 2000. resolución 7302 de 2005.

Corte Constitucional Colombia. sentencia T-388 de 2013: M. P. María Victoria Calle.

Corte Constitucional. Sentencia T-762 de 2015: M. P. Gloria Stella Ortiz.

De la Cruz Roja, C. I. (2018, 21 marzo). Cárceles en Colombia: una situación insostenible. Comité Internacional de la Cruz Roja. https://www.icrc.org/es/document/carceles-en-colombia-una-situacion-insostenible

GARCÍA, L. (2021). La resocialización como objetivo de las penas privativas de libertad. Editorial Jurídica Nacional.

MAPELLI, C., GARCÍA-PABLOS, A., & ÁLVAREZ GARCÍA, P. (2015). Resocialización y Reinserción Social en el Sistema Penal. En este estudio se explora cómo los programas de resocialización en prisión buscan modificar los comportamientos de los internos para su posterior reintegración en la sociedad.

MARTÍNEZ MUNUERA, S. (2019). Reinserción social en España: métodos utilizados en la actualidad y sus efectos sobre la reincidencia (Trabajo de fin de grado, Facultad de Ciencias Humanas y Sociales, Universidad). Directora: T. García Sedano. Madrid https://repositorio.comillas.edu/xmlui/handle/11531/30876

MARTÍNEZ, P., & LÓPEZ, A. (2020). Desafíos en el sistema penitenciario en América Latina: Hacia un modelo de rehabilitación integral. Universidad de los Andes.

MERCADO, L. (2018, 21 enero). Colonia Agrícola de Acacías, una cárcel bajo la luz del sol. El Tiempo. https://www.eltiempo.com/colombia/otras-ciudades/colonia-agricola-de-acacias-la-mejor-carcel-de-colombia-67144

MUÑOZ CONDE, F. (2004). La prisión como problema: resocialización versus desocialización. En Derecho penal y control social (2.ª ed., pp. [pág. 83- 118]). Editorial Temis.

ORTIZ VELASCO, C. (2023). Reedificación y reinserción social: un análisis jurídico y práctico. Trabajo de investigación que profundiza en los procesos de reintegración social tras el cumplimiento de la pena, y la aplicación de programas de resocialización en las instituciones penitenciarias.

PARDO, J. (2019). "Hacinamiento y derechos humanos en el sistema penitenciario colombiano". Revista de Criminología y Derechos Humanos, 15(2), 78-91.

PARDO LÓPEZ, A. (2016). Aproximación a la cárcel agrícola de Kassavetia. Bogotá : Universidad Externado de Colombia, 2016.

PÉREZ, C., & DÍAZ, F. (2022). "Agricultura y resocialización: un enfoque rural para el sistema penitenciario". Revista Internacional de Derecho Penal, 28(3), 134-150.

RODRÍGUEZ, M. (2020). Eficiencia y límites en el sistema penitenciario español. Editorial Derecho Contemporáneo.

RUIZ, A. M. (2019). Reintegración y resocialización en Colombia. Vulnerabilidad y prevención del delito. Recuperado de: http://hdl.handle.net/20.500.11912/4676

RUIZ, S., GÓMEZ, R., & TORRES, V. (2019). "Agricultura y salud mental en prisiones: una revisión de programas internacionales". Anales de Psicología Penitenciaria, 21(1), 45-62.

RUIZ RIVERA, NAXHELLI, & DELGADO CAMPOS, JAVIER. (2008). Territorio y nuevas ruralidades: un recorrido teórico sobre las transformaciones de la relación campo-ciudad. EURE (Santiago), 34(102), 77-95. https://dx.doi.org/10.4067/S0250-71612008000200005

SANHUEZA, J. (2015). Teorías sobre la finalidad de la pena. En su trabajo se abordan las diferentes teorías relativas a la pena, y la distinción entre prevención general y especial, y su relación con la resocialización del delincuente.

CAPÍTULO IX.

LA EXCEPCIÓN AGRARIA AL DERECHO DE LA COMPETENCIA A TRAVÉS DE LAS ORGANIZACIONES DE PRODUCTORES Y LA JURISPRUDENCIA RECIENTE DEL TJUE

PILAR TALAVERA CORDERO[1]

Personal Investigador en Formación (FPU)

Área de Derecho Administrativo de la Universidad de Salamanca

RESUMEN: En la Unión Europea, desde sus orígenes, se ha mantenido una pugna constante entre las normas de competencia, cuya finalidad es garantizar la libertad de mercado, y la intervención pública en la agricultura a través de la política agrícola común (en adelante, PAC). La jurisprudencia reciente y el permanente estado de crisis del sector agrario han modulado, en el sector agrario, la aplicación férrea del derecho de la competencia en aras de alcanzar los objetivos de la PAC (art. 39 TFUE). La doctrina ha calificado de diversas formas este fenómeno excepción, derogación, matización... E, incluso, hay voces que niegan la existencia de tal preferencia.

1 Esta investigación forma parte de los resultados del Proyecto de Investigación "Agricultura climática: marco regulatorio para la transición" (TED2021-129553B-I00), del cual es investigador principal el Prof. D. Marcos M. Fernando Pablo.

En esta contribución se abordará la excepción desde el derecho vigente en los tratados constitutivos, fundamentalmente (arts. 39 a 43 del TFUE), y su plasmación en el Reglamento 1308/2013[2]. Así como la interpretación que ha hecho la jurisprudencia reciente de tales disposiciones. En ellas, el derecho europeo habilita una serie de facultades a las organizaciones de productores, que de ser ejecutadas por otros operadores económicos conculcarían el derecho de la competencia, entre las cuales se mencionarán: la negociación colectiva de condiciones contractuales, el mecanismo de extensión de normas o normas imperativas que quebrantan el principio general de libertad contractual entre las partes.

Palabras clave: OCM, cadena alimentaria, PAC.

I. INTRODUCCIÓN

La regulación del derecho agrario en el seno de las instituciones europeas ha virado, desde sus orígenes, entre una

---

[2] Reglamento (UE) nº. 1308/2013 DEL PARLAMENTO EUROPEO Y DEL CONSEJO de 17 de diciembre de 2013 por el que se crea la organización común de mercados de los productos agrarios y por el que se derogan los Reglamentos (CEE) no 922/72, (CEE) no 234/79, (CE) no 1037/2001 y (CE) no 1234/2007 (en adelante, ROCM).

fuerza liberal, de confianza en el mercado y de importancia a la libre competencia y una intervencionista. Una prueba de ello es la configuración del Tratado de Roma, que siendo esencialmente de corte liberal y asentado en el principio de libre competencia, sin embargo, establecía un régimen particular para el sector agrícola[3] que se mantiene hasta nuestros días. Incluso, se llegó a poner sobre la mesa la exclusión del sector agrícola del Tratado y por tanto, del mercado común[4].

Actualmente, el Tratado de Funcionamiento de la Unión Europea (TFUE) dedica los artículos 38 a 43 a configurar el sector agrícola, de una forma muy peculiar. Al sector se le asignan una serie de objetivos que deben cumplirse a través de la política agraria común (art. 39 TFUE), para cuya consecución se despliegan diferentes herramientas: ayudas públicas o subvenciones, la creación de una organización común de los mercados agrícolas (art. 40 TFUE) y una peculiar excepción en la aplicación de determinadas normas sobre la competencia (art. 42 TFUE).

En este capítulo, abordaremos la excepción agraria al derecho de la competencia a través de las facultades otorgadas a las organizaciones de productores e interprofesionales (incluidas en el ROCM[5]) y cómo éstas han sido interpretadas por la jurisprudencia. Estas particularidades se caracterizan por dos

---

3 BLUMANN, C., "Las organizaciones de productores y la política agrícola de la CEE", *Revista de Estudios Agrosociales*, núm. 133, 1985, p. 7.

4 IZQUIERDO CARRASCO, M., "La regulación de los mercados. En particular, las normas de comercialización de los productos. La cadena de valor", en ESCUDERO GALLEGO, R. y MARTÍNEZ GARRIDO, S. (Dirs.), *Cuadernos de derecho para ingenieros. Política Agraria Común*, Wolters Kluwer, Madrid, 2019, p. 47.

5 Reglamento (UE) nº. 1308/2013 del Parlamento Europeo y del Consejo de 17 de diciembre de 2013 por el que se crea la organización común de mercados de los productos agrarios y por el que se derogan los

motivos esencialmente: la consecución de los fines asignados y las características del sector (asimetría informativa, atomización, estacionalidad…).

II. LA EXCEPCIÓN AGRARIA: EL ASUNTO *ENDIVIAS*

Las políticas y normas de la competencia son una pieza fundamental para el buen funcionamiento del mercado único europeo. Sin embargo, las condiciones socioeconómicas de ciertos sectores pueden aconsejar una aplicación distinta del derecho de la competencia. Así sucede con el sector agrario[6]. Esta excepción está motivada por un lado, por el cumplimiento preferente de los objetivos de la PAC (art. 39 TFUE[7]) y por otro, porque, como indica el Prof. CARBAJO CASCÓN "la aplicación lineal del derecho de la competencia al sector agrario no ha servido para resolver los problemas surgidos en

---

Reglamentos (CEE) no 922/72, (CEE) no 234/79, (CE) no 1037/2001 y (CE) no 1234/2007.

6 Estamos ante un sector afectado por un alto nivel de atomización, en el que mayoritariamente se integran empresas de pequeña dimensión de los productores, frente a la alta concentración de la industria de distribución-transformación, en la que las tres primeras empresas concentran más del 45% de las ventas, vid. TRIGUERO CANO, A., "La industria agroalimentaria: la apuesta por la calidad, la innovación y la sostenibilidad", *Economistas*, núm. 181, 2023, pp. 226 y 227.

7 En concreto: a) incrementar la productividad agrícola, fomentando el progreso técnico, asegurando el desarrollo racional de la producción agrícola, así como el empleo óptimo de los factores de producción, en particular, de la mano de obra; b) garantizar así un nivel de vida equitativo a la población agrícola, en especial, mediante el aumento de la renta individual de los que trabajan en la agricultura; c) estabilizar los mercados; d) garantizar la seguridad de los abastecimientos; e) asegurar al consumidor suministros a precios razonables.

torno a la cadena alimentaria"[8]. Además, en este sector se dan dos factores que impiden la competencia efectiva: la asimetría informativa y el desigual poder de negociación[9].

El abuso de estas variables, que otorgan una posición privilegiada respecto a los productores, no puede enjuiciarse a través del derecho general de la competencia. Esto es así, porque solo existe una prohibición del abuso de la posición de dominio (art. 102 TFUE o art. 2 LDC), y no una del abuso de poder de negociación superior. Estos operadores no suelen tener una posición de dominio en el mercado relevante, pero sí tienen una capacidad negociadora que les permite imponer a sus vendedores unas condiciones contractuales, que en una situación con mayor competencia, no aceptarían[10].

Con excepción agraria nombramos a la peculiar aplicación del derecho de la competencia en el sector agrícola. En virtud de la cual, existen comportamientos permitidos a sujetos privados en el seno del sector agrícola que de hacerse en otro

---

8 CARBAJO CASCÓN, F., "Conductas colusorias y exenciones agrícolas", en CARBAJO CASCÓN, F. (Dir.), *Competencia, propiedad intelectual y tutela de consumidores en el sector agroalimentario,* Tirant lo Blanch, Valencia, 2022, pp. 929-930.

9 De forma contraria, organismos como la CNMC defienden los efectos económicos positivos que trae aparejada la aplicación del derecho de la competencia al sector agrario, tanto para productores como para consumidores. Vid. COMISIÓN NACIONAL DE LOS MERCADOS Y LA COMPETENCIA, *IPN/CNMC/016/19 proyecto de real decreto por el que se regula el reconocimiento de las organizaciones de productores y sus asociaciones en determinados sectores agrarios,* 2019. Sin embargo, los fallos de mercado estructurales derivados de la atomización del sector productor y la creciente concentración de la oferta están provocando un descenso en el precio recibido por los productores a la par que crecen los costes de producción que deben asumir.

10 AUTORITAT CATALANA DE LA COMPÈTENCIA, *Reflexiones sobre competencia en la cadena alimentaria,* 2018, p. 6.

sector, conculcarían el derecho de la competencia. Esta excepción no es inamovible, ni absoluta. Decimos que no es inamovible porque dependiendo del momento histórico y las necesidades del sector será más o menos aperturista o permisiva. Tampoco es absoluta porque está sujeta a unos determinados requisitos y condiciones, que estarán reflejados en el ROCM y la jurisprudencia.

Hay autores que afirman que no existe tal excepción[11]. La propia CNC (actual CNMC) consideraba que el derecho de la competencia es íntegramente aplicable al sector primario y que, además, es deseable que lo sea. Su fundamento está en que la intervención pública en una actividad económica solo está justificada en caso de que exista un fallo de mercado inherente al funcionamiento del sector[12]. Sin embargo, el sector agrario está caracterizado por una asimetría en la información de los actores y en el poder de negociación estructural, en tanto en cuanto el tamaño del eslabón de la distribución-transformación crece exponencialmente, mientras que el sector primario tiene una elevada atomización. Esta posición ha sido matizada recientemente a propósito del Informe sobre el proyecto de real decreto por el que se regula el reconocimiento de las organizaciones de productores y sus asociaciones en determinados sectores agrario. En él, afirma que el TFUE modula la aplicación del derecho de la competencia en determinados

---

11 NAVARRO FERNÁNDEZ, J. A., "Competencia y contractualización en la cadena agroalimentaria. Particular referencia al sector lácteo", *Revista de Derecho Agrario y Alimentaria*, núm. 63, 2014, pp. 141-176.

12 COMISIÓN NACIONAL DE LA COMPETENCIA, *Informe sobre competencia y sector agroalimentario*, 2008, p. 6.

supuestos en el sector agrario y su fortalecimiento tras la reforma de 2017[13][14].

Lo cierto es que bien con este nombre[15] o con otros similares (matizaciones[16], derogaciones, exenciones[17]...), tanto las recientes modificaciones legales, como los pronunciamientos jurisprudenciales surgidos de ellas, indican una tendencia aperturista a la aplicación de esta excepción.

Muchos autores[18] marcan el inicio de esta corriente aperturista en el pronunciamiento del TJUE a raíz del "Asunto Endivias"[19]. En ella se establece que quedan fuera del ámbito de aplicación de los artículos 101 y 102 del TFUE las prácticas

---

13 Reglamento (UE) 2017/2393 de 13 de diciembre de 2017, conocido como Reglamento Ómnibus

14 COMISIÓN NACIONAL DE LOS MERCADOS Y LA COMPETENCIA, *IPN/CNMC/016/19 proyecto de real decreto por el que se regula el reconocimiento de las organizaciones de productores y sus asociaciones en determinados sectores agrarios,* 2019.

15 Uno de los autores que sigue esta nomenclatura es el Prof. García Azcárate, vid. "Cadena alimentaria y derecho de la competencia", *Distribución y consumo,* núm. 31, núm. 165, 2021, pp. 34-41.

16 Vid. op. cit. IZQUIERDO CARRASCO, M., "La regulación de...", p. 58.

17 GUILLEM CARRAU, J., "Las derogaciones a la normativa del Derecho de la Competencia y las Organizaciones de Productores", *Revista Española de Estudios Agrosociales y Pesqueros,* núm. 248, 2017, pp. 91-135.

18 Entre otros: CARBAJO CASCÓN, F., "Conductas colusorias y exenciones agrícolas", en CARBAJO CASCÓN, F. (Dir.), *Competencia, propiedad intelectual y tutela de consumidores en el sector agroalimentario,* Tirant lo Blanch, Valencia, 2022, pp. 927-961; GUILLEM CARRAU, J., "La derogación funcional del derecho de la competencia: el intercambio de información, la fijación de precios y de cantidades a la luz del asunto endivias", *Competencia, propiedad intelectual y tutela de consumidores en el sector agroalimentario,* Tirant lo Blanch, Valencia, 2022, pp. 963-982.

19 Sentencia del Tribunal de Justicia (Gran Sala) de 14 de noviembre de 2017 (Asunto C-671/15).

adoptadas en el contexto de la PAC[20]. En concreto, admite que las organizaciones de productores (OP) y las asociaciones de organizaciones de productores (AOP) recurran a medios diferentes de los que rigen el funcionamiento normal del mercado y, en particular, a determinadas formas de coordinación y concertación entre productores agrarios[21].

En aras de que sean estas organizaciones las que consigan los fines previstos para la mejora del funcionamiento del sector agrícola. Concretamente indica: "las prácticas que tengan por objeto una concertación relativa a los precios o a las cantidades comercializadas o el intercambio de información estratégica, como las controvertidas en el litigio principal, sí *pueden* sustraerse a la prohibición de las prácticas colusorias establecida en el artículo 101 TFUE, apartado 1, cuando se convengan entre miembros de una *misma* OP o de una misma AOP que haya sido *reconocida* por un Estado miembro y sean estrictamente necesarias para la consecución del objetivo u objetivos asignados a la OP o la AOP de que se trate con arreglo a la normativa de la Unión[22/23].

Se señala la palabra "pueden", porque esta inaplicación no es absoluta, sino que se justificará y enjuiciará según el caso concreto, siguiendo lo que se denomina "test de proporcionalidad". Éste implica que la práctica concreta deberá ser necesaria y proporcional para la consecución de los objetivos propuestos[24].

---

20 Cfr. apartado 38.

21 Cfr. apartado 43.

22 Cursivas incluidas por la autora.

23 Cfr. Apartado 67.

24 Cfr. apartado 55.

La conducta habrá de realizarse dentro de una misma OP o AOP[25] y no entre diferentes organizaciones, puesto que de ser así no podría excluirse la aplicación del artículo 101 del TFUE[26]. Asimismo, esta OP o AOP deberá estar reconocida válidamente por alguno de los Estados miembros.

III. LAS ORGANIZACIONES DE PRODUCTORES E INTERPROFESIONALES EN EL REGLAMENTO DE LA ORGANIZACIÓN COMÚN DE LOS MERCADOS AGRÍCOLAS[27].

Actualmente, la excepción se instrumentaliza a través de las OP y las OI, que son fórmulas de concertación entre actores de la cadena alimentaria que pueden tener un objeto o efecto anticompetitivo y que sin embargo, están permitidas.

Según PALMA FERNÁNDEZ estas fórmulas de colaboración desempeñan un valioso papel como entidades colaboradoras de las Administraciones Públicas, dotadas de amplias funciones en un entorno caracterizado por la progresiva implantación de mecanismos de colaboración público-privada en aras de la consecución de intereses públicos[28]. En concreto, respec-

---

25 Cfr. apartado 56.

26 Cfr. apartado 54 y 58.

27 Reglamento (UE) No 1308/2013 del Parlamento Europeo y del Consejo de 17 de diciembre de 2013 por el que se crea la organización común de mercados de los productos agrarios y por el que se derogan los Reglamentos (CEE) no 922/72, (CEE) no 234/79, (CE) no 1037/2001 y (CE) no 1234/2007.

28 PALMA FERNÁNDEZ, J. L., *Las organizaciones interprofesionales agroalimentarias: regulación jurídica*, Editorial Reus, Madrid, 2023, p. 71.

to a los objetivos del sector agrario europeo materializados en el artículo 39 del TFUE. Estas entidades pueden contribuir a paliar diversas problemáticas del sector agrario, ya que facilitan la concentración de la oferta, la optimización de los costes de producción, la planificación de la producción y la estabilización de los precios[29]. En un contexto caracterizado por el desequilibrio entre los distintos actores de la cadena alimentaria por la desigual concentración de unos y otros.

3.1. Definición y reconocimiento

El ROCM regula hasta tres formas de coordinación entre operadores de la cadena alimentaria, desde el prisma horizontal se incluyen las OP y las AOP. Ambas son dotadas de las mismas herramientas, sin distinción entre una u otra. En los tiempos recientes se apuesta por las segundas puesto que uno de los objetivos prioritarios para maximizar la eficacia de estas organizaciones es incrementar el tamaño desde el lado de la producción, teniendo en cuenta el crecimiento exponencial del eslabón de la distribución.

Desde la concentración vertical se configuran las OI, que por su propia razón de ser, está dotada de objetivos diferenciados, sin embargo, las herramientas son similares.

29 ARPIO SÁNCHEZ, J., «La aplicabilidad de las disposiciones de defensa de la competencia en el sector agroalimentario», en BENEYTO, J. M. y MAILLO, J., *Tratado de derecho de la competencia,* 2ª edición, Tomo II, 2017, p. 769.

3.1.1. Organizaciones y asociaciones de organizaciones de productores

Las OP se crean por iniciativa de los propios productores, deben cumplir los requisitos establecidos en los artículos 152 a 154 del ROCM y solicitar su reconocimiento al Estado al que pertenezcan. El cumplimiento de este procedimiento es de vital importancia, por cuanto solo en caso de que la organización esté reconocida válidamente por la autoridad competente se podrá excluir el cumplimiento del derecho de la competencia[30].

En cuanto a los requisitos podemos clasificarlos en subjetivos, objetivos y procedimentales. Los subjetivos están relacionados con los miembros de las OP. Las OP deben estar constituidas a iniciativa de los productores, que deberán pertenecer a un sector incluido en el ámbito de aplicación del ROCM[31]. Asimismo, debe acreditarse que los miembros de la OP son independientes y tienen el control efectivo de la organización, esto incluye las actividades realizadas y los objetivos perseguidos. No es necesario que estén constituidas de forma exclusiva por productores, sin embargo, el control democrático y las

30 Para ello tendrá que examinar: los actos que regulan el funcionamiento de la OP, sus estatutos o su reglamento interno y las circunstancias de hecho y de derecho que concurran en la solicitud de reconocimiento.

31 Deben ser productores de uno de los siguientes sectores: cereales, arroz, azúcar, forrajes desecados, semillas, lúpulo, aceite de oliva y aceitunas de mesa, lino y cáñamo, frutas y hortalizas, productos transformados a base de frutas y hortalizas, plátanos, vino, árboles y otras plantas vivas, bulbos, raíces y similares, flores cortadas y follaje ornamental, tabaco, carne de vacuno, leche y productos lácteos, carne de porcino, carne de ovino y caprino, huevos, carne de aves de corral, alcohol etílico de origen agrícola, productos apícolas, gusanos de seda y otros productos.

decisiones de la organización deben ser llevados a cabo por éstos[32].

En cuanto a los objetivos, las OP deben perseguir una finalidad específica, que podrá consistir en uno o más de los objetivos establecidos en el artículo 152.1 del ROCM[33] y aprobar unos estatutos de conformidad con lo dispuesto en el artículo 153 del ROCM. Los productores solo podrán pertenecer a una OP, salvo en el caso de que se posea más de una unidad de producción y estén situadas en zonas geográficas diferentes, teniendo que estar debidamente justificado[34].

Respecto al procedimiento el artículo 154 establece que para su reconocimiento los Estados miembros tendrán que comprobar el cumplimiento de: requisitos cuantitativos de número de miembros o de volumen o valor comercializable mínimo (establecido por él mismo); la garantía suficiente de que la organización cumpla con sus actividades, tanto en lo relativo a la duración como a la eficacia y prestación de asistencia humana, material y técnica a sus asociados, y en caso pertinente, a la concentración de la oferta y la posesión de estatutos que acrediten lo anterior.

---

32 Para constatar esto, los productores deben disponer con la mayoría de los derechos de voto en los órganos de la OP y que los miembros no productores no dispongan de otras posibilidades de control de las decisiones. *Vid.* Sentencia del Tribunal de Justicia de 15 de junio de 2023 (Asunto C-183/22).

33 En este artículo se establece entre los objetivos: la planificación de la producción conforme a la demanda, la concentración de la oferta, la optimización de los costes de producción y los beneficios de las inversiones, la realización de estudios, la promoción de la asistencia técnica, la gestión de residuos conjuntos, el desarrollo de iniciativas de promoción y gestión conjuntos.

34 *Vid.* Sentencia del Tribunal de Justicia de 15 de junio de 2023 (Asunto C-183/22).

Se admite la posibilidad de que las organizaciones de productores reconocidas puedan conformar una AOP, si así lo solicitan y son admitidas por la autoridad competente en el Estado miembro -artículo 156 ROCM-, pudiendo asumir las mismas funciones que una OP.

3.1.2. Organizaciones interprofesionales

Si las OP eran una suerte de agrupación horizontal, las OI están en el plano vertical, pues tal como establece el art. 157 del ROCM se conformarán por representantes de actividades económicas vinculadas a la producción, y al menos a alguna de resto de las fases de la cadena alimentaria (transformación, comercialización o distribución) de uno o más sectores.

Como es evidente, por su distinta naturaleza, los objetivos perseguidos son distintos: mejorar el conocimiento de la producción, registrar los precios públicos del mercado, contribuir a una mejor coordinación de los productos que salen al mercado, explorar mercados de exportación, elaboración de contratos tipo, suministro de información, buscar métodos para reducir el uso de fitosanitarios, promover la agricultura ecológica, promoción de productos y consumos sostenibles o reducir los residuos. Cabe destacar, además, que estos fines se han ampliado considerablemente respecto a aquellos que se establecían en el reglamento anterior con un denominador común en sus fines: la mejora del funcionamiento de la cadena alimentaria[35]. Los objetivos de la OI, por su propia configuración, buscan la mejora de la cadena alimentaria en su conjunto. Mientras que las OP inciden en los problemas del eslabón de la producción, procurando reforzar la posición de los productores frente al resto de sectores de la cadena de suministro.

---

[35] *Vid.* op. cit. PALMA FERNÁNDEZ, J. L., *Las organizaciones interprofesionales* ..., p. 45.

3.2. Los acuerdos de extensión de normas: el asunto *Interfel*

Uno de los mecanismos con mayor potencial transformador es el acuerdo de extensión de normas regulado en el artículo 164 del ROCM. En virtud de esta herramienta, un acuerdo adoptado en el seno de una AOP, OP u OI reconocida puede extenderse a todos los productores de una circunscripción económica de un Estado miembro, sin necesidad de que estos pertenezcan a la organización.

Para ello, la organización debe ser considerada representativa de la producción, el comercio o la transformación de un producto concreto. Esta extensión no es indefinida, por lo que se aprobará por un tiempo determinado y deberá versar sobre alguna de las materias establecidas en el apartado 4 del art. 164[36].

En caso de ser aprobada, podrá incluir obligaciones a los operadores privados más estrictas que las que deberían cum-

36 a) notificación de la producción y del mercado; b) normas de producción más estrictas que las disposiciones establecidas por las normativas de la Unión o nacionales; c) elaboración de contratos tipo compatibles con la normativa de la Unión; d) comercialización; e) protección del medio ambiente; f) medidas de promoción y potenciación de la producción; g) medidas de protección de la agricultura ecológica y las denominaciones de origen, sellos de calidad e indicaciones geográficas; h) investigación destinada a la valorización de los productos, especialmente mediante nuevas utilizaciones que no pongan en peligro la salud pública; i) estudios para mejorar la calidad de los productos; j) investigación, particularmente sobre métodos de cultivo o cría que permitan restringir el uso de productos fitosanitarios o veterinarios y garanticen la protección del suelo y la conservación o mejora del medio ambiente; k) definición de calidades mínimas y de normas mínimas de envasado y presentación; l) utilización de semillas certificadas y control de la calidad del producto; m) sanidad animal, fitosanitarias o de seguridad alimentaria; n) gestión de los subproductos.

plir legalmente. Es decir, si el acuerdo impone normas de comercialización, como por ejemplo de calibre o envasado, más estrictas que las impuestas en normas nacionales o de la Unión será perfectamente válido. Esto pese a que solo para el caso de las normas de producción el artículo incluye explícitamente "normas más estrictas que las disposiciones establecidas por las normativas de la Unión o nacionales"[37].

Anteriormente, esta herramienta solo estaba permitida en la OCM del tabaco a través de OI. Sin embargo, con la regulación actual se permite en todos los productos agrícolas incluidos en el ámbito de aplicación del ROCM y tanto para OI, como para OP y AOP, que podrán hacer obligatorios acuerdos en su circunscripción económica durante un periodo temporal (cuyo periodo máximo será determinado por cada Estado miembro). Es decir, estas organizaciones privadas crearán obligaciones no solo para los miembros que voluntariamente están adscritos a esta organización, sino también para aquellos sujetos que operen en la zona en la que se solicita la extensión. Eso sí, para que esto sea eficaz, deberá contar con la debida autorización administrativa.

El propio reglamento ha reconocido la eficacia de este mecanismo y por tanto, la necesidad de potenciar su efecto. Así lo establece el considerando 134 que establece que: "*algunas disposiciones vigentes en varios sectores que potencian el efecto de las organizaciones de productores, sus asociaciones y las organizaciones interprofesionales permitiendo a los Estados miembros, en determinadas condiciones, hac6er extensivas determinadas normas de esas organizaciones a los operadores no afiliados han demostrado su eficacia, por lo que conviene armonizarlas, racionalizarlas y ampliarlas a todos los sectores*".

---

37 Así ha sido interpretado por el TJUE en la Sentencia "Interfel" (Sentencia del Tribunal de Justicia de 29 de junio de 2023, C-501/22 a C-504/ 22).

3.3. Las negociaciones colectivas en determinados sectores: aceite de oliva, carne de vacuno y cultivos arables (artículos 169 a 171 ROCM)

Otro mecanismo otorgado a las OP es la facultad de negociar colectivamente contratos en nombre del agricultor o ganadero respecto de una parte o de toda la producción. Esta facultad se otorgó por primera vez para las organizaciones del sector lácteo, tras las recomendaciones del Grupo de Alto Nivel de la Leche. Esta medida, que se planteó inicialmente de forma provisional, ha demostrado ser muy efectiva para paliar los desequilibrios de la cadena alimentaria, por lo que pronto se extendió a otros sectores[38]. En concreto, en la actualidad, la negociación colectiva se permite para el sector lácteo (art. 149 ROCM), el sector del aceite de oliva (art. 169 ROCM), el sector de la carne de vacuno (art. 170 ROCM) y respecto de determinados cultivos herbáceos (art. 171 ROCM). Como sucedía con el resto de las disposiciones, el reglamento establece una serie de requisitos y límites a estas negociaciones colectivas.

En el sector lácteo los límites pueden clasificarse en: cuantitativos, subjetivos y formales. En cuanto a los límites cuantitativos, el volumen de leche no puede superar el 3,5% de la producción total de la Unión, ni el 33% del total entregado y producido del Estado miembro (cifra que podrá elevarse al 45% en caso de que la producción sea inferior a 500 000 toneladas). No obstante, pese a cumplir estos requisitos, la autoridad nacional de competencia (si abarca a más de un Estado miembro será la Comisión) podrá decidir, en cada caso concreto, que una negociación particular por parte de la organiza-

---

[38] ARPIO SÁNCHEZ, J. L., "La aplicabilidad de las disposiciones de defensa de la competencia en el sector agroalimentario", en BENEYTO PÉREZ, J. y MAILLO GONZÁLEZ-ORÚS, J., *Tratado de derecho de la competencia,* 2ª edición, Tomo II, Wolters Kluwer, Madrid, p. 773.

ción de productores deba reabrirse o que no deba realizarse en absoluto si lo considera necesario para evitar la exclusión de la competencia o para evitar perjudicar gravemente a las PYME[39] dedicadas a la transformación de leche cruda en su territorio.

En cuanto a los límites subjetivos, los ganaderos no pueden ser miembros de otras organizaciones de productores si éstas negocian contratos en su nombre (aunque caben excepciones razonadas por los Estados miembros), ni estén sujetos a otras obligaciones de entrega a otra cooperativa. Finalmente, respecto a los límites formales, la OP tiene que notificar a las autoridades competentes del Estado miembro o Estados miembros del volumen de leche objeto de la negociación. Estas negociaciones podrán tener lugar haya o no transferencia de la propiedad de la leche de los ganaderos a la OP e incluso cabe la posibilidad de que el precio no sea el mismo para toda la producción[40].

Asimismo, para que se admita esta posibilidad de negociación colectiva las organizaciones de productores tienen que estar reconocidas válidamente por los Estados miembros, siguiendo las normas anteriormente analizadas. De lo contrario, estas medidas no estarían legitimadas, como ha señalado ju-

---

39 Se entenderá por esta una microempresa o una pequeña o mediana empresa en el sentido de la Recomendación 2003/361/CE.

40 Esta posibilidad de negociación contractual colectiva se ha hecho extensiva, tras la aprobación del ROCM, a los acuerdos de comercialización en los sectores del aceite de oliva (artículo 169), de la carne de vacuno (artículo 170) y de los cultivos herbáceos (artículo 171). Esta aprobación recibió la crítica de buena parte de las Autoridades de competencia nacionales por lo que la Comisión Europea decidió publicar unas Directrices de Aplicación de los artículos 169, 170 y 171 del ROCM vid. CARBAJO CASCÓN, F., "Conductas colusorias y exenciones agrícolas", en CARBAJO CASCÓN, F. (Dir.), *Competencia, propiedad intelectual y tutela de consumidores en el sector agroalimentario*, Tirant lo Blanch, Valencia, 2022, p. 942.

risprudencia reciente[41]. Esta medida resulta muy beneficiosa, por cuanto fortalece la posición negociadora del eslabón de la producción.

En el resto de los sectores (aceite de oliva, carne de vacuno y cultivos herbáceos) también se permiten estas negociaciones colectivas sujetas igualmente a limitaciones cuantitativas. Sin embargo, mientras que en el caso del sector lácteo, en 2016, nueve estados miembros notificaron entregas de leche cruda, que supusieron 22,8 millones de toneladas de leche (un 15% del total)[42]. En el resto de los sectores la Comisión no ha recibido ninguna notificación formal de uso de esta facultad de negociación colectiva[43].

IV. ¿SE USAN ESTAS HERRAMIENTAS EN ESPAÑA?

En esta contribución se han analizado diversos manifestaciones de la excepción agraria al derecho de la competencia, en concreto: el acuerdo de extensión de normas y la negociación colectiva contractual, las cuales se materializan a través de las OP, AOP u OI. Es conveniente, en este punto, llevar a la realidad española estas disposiciones de derecho europeo.

En 2019 había en nuestro país 588 organizaciones de productores reconocidas, pese a que pueda parecer un dato positivo, ya que somos el cuarto país europeo en número de OP (solo por detrás de Alemania, Francia y República Checa), esto

---

41 Por ejemplo, la Sentencia del Tribunal de Justicia (Sala Quinta) de 29 de junio de 2023. (Asuntos acumulados C-501/22 a C-504/22).

42 COMISIÓN EUROPEA, *Informe de la Comisión al Parlamento Europeo y al Consejo: aplicación de las normas de competencia de la Unión al sector agrario*, 2018, p. 7. (COM (2018) 706 final).

43 Ibidem, p. 8.

no implica un mayor poder del eslabón de producción[44]. La efectividad de estas organizaciones se mide en la capacidad y poder que tengan, lo que dependerá directamente de su tamaño. El tamaño medio de las organizaciones de productores en España es de 11 millones de euros, mientras que en otros Estados como Países Bajos rondan los 131 millones de euros[45]. La propia COMISIÓN EUROPEA ha indicado que sería conveniente fijar un tamaño mínimo de estas organizaciones para que tengan un verdadero poder de negociación, pues de otra forma corren el riesgo de ser ineficientes[46].

4.1. El acuerdo de extensión de normas

En nuestro ordenamiento jurídico esta facultad solo se reconoce respecto a las OI y se regula en la Ley 38/1994, de 30 de diciembre, reguladora de las organizaciones interprofesionales. El art. 8 indica que una a OI puede solicitar autorización al Ministerio de Agricultura para extender todas o algunas de las normas de un acuerdo al conjunto total de productores y operadores del sector o producto, la aprobación se hará a través de una Orden ministerial.

---

44 EUROPEAN COMMISSION, "Producer organisations. Key facts and findings", *DG Agricultural*, Brussels, 2019.

45 COLOM GORGUES, A., FLORENSA GUIU, R. M., PLANA FARRAN, M. y SMAOUI, Y., "Las cooperativas, las organizaciones de productores de frutas y los programas operativos. Normativa y modelo europeo para mejorar sus resultados y eficiencia", *Revista jurídica de los derechos sociales*, vol. 7, núm. 2, 2017, p. 218.

46 COMISIÓN EUROPEA, *Informe de la Comisión al Parlamento europeo y al Consejo: evolución de la situación del mercado en el sector de la leche y de los productos lácteos y del funcionamiento de las disposiciones del "paquete lácteo"*, 2016, p. 12. (COM (2016) 724 final)

Actualmente hay en vigor doce extensiones de norma de muy diversos sectores[47]: cunícola, cárnico de ovino y caprino, lácteo, de huevos y derivados, de limón y pomelo, cárnico de vacuno, de cerdo ibérico, de aceituna de mesa, de aceite de orujo de oliva, de porcino de capa blanca, de aceite de oliva español y de vino de España. Sin embargo, la obligación que establecen es la misma para todos pues consiste en establecer una aportación económica obligatoria tanto para miembros asociados como no miembros para la realización de diversas actividades beneficiosas para el sector tales como: promoción e información del sector y sus productos, inteligencia económica, vertebración sectorial, investigación, desarrollo, innovación tecnológica, estudios, mejorar la internacionalización del sector… En cuanto a la duración todos son de cinco años o campañas, excepto el último que tiene una duración de tres años.

4.2. Negociación colectiva

Como dijimos, la negociación colectiva solo se ha usado por parte del sector lácteo. Si nos trasladamos a España, en 2022 cuatro organizaciones situadas cada una en una CCAA negociaron colectivamente 1,22 millones de toneladas de leche. Este volumen fue negociado para 2.865 socios y representó el 53% del volumen comercializable de dichas organizaciones[48].

---

[47] Disponibles en: https://acortar.link/HC4uVZ

[48] MINISTERIO DE AGRICULTURA, PESCA Y ALIMENTACIÓN, *Organizaciones de productores del sector lácteo,* Centro de publicaciones del Ministerio de Agricultura, Pesca y Alimentación, Madrid, 2023, p. 16.

V. CONCLUSIONES

La excepción agraria al derecho de la competencia está plenamente vigente en nuestros días y de hecho, la modificaciones legislativas y la jurisprudencia reciente se muestra más aperturista respecto a ésta. El hito jurisprudencial más significativo en este sentido es la sentencia dictada en virtud del Asunto Endivias. En ella, se fijaba la primacía de los objetivos de la PAC sobre el derecho de la competencia respecto de las practicas llevadas a cabo en el seno de una misma AOP u OP válidamente reconocida. Esta excepción no es absoluta, ni inamovible, puesto que la conducta deberá ser necesaria y proporcional para la consecución de los objetivos de la PAC.

Las OP, AOP y OI se han erigido como la herramienta fundamental para paliar los desequilibrios de la cadena alimentaria. Así, el ROCM permite esta organizaciones de productores, que estarían prohibidos en caso de realizarse en otros sectores. No solo esto, puesto que además, se les dota de facultades para realizar sus objetivos. En este capítulo hacíamos referencia a dos de ellos: el acuerdo de extensión de normas y las negociaciones contractuales colectivas.

El acuerdo de extensión de normas permitía extender un acuerdo adoptado en el seno de una AOP, OP u OI a otros productores no pertenecientes a esta organización de la misma circunscripción económica, incluso si es más exigente que la legislación vigente. Sin embargo, en nuestro país se había reducido su utilización a extender aportaciones económicas en el seno de una OI.

Las negociaciones contractuales colectivas facultaban a la organización a negociar en nombre de sus miembros respecto de toda o de parte de la producción, esto permitía fortalecer el poder de negociación de éstos. Esta medida solo está autorizada para el sector lácteo, el del aceite de oliva, el de carne de vacuno y el de cultivos herbáceos. Sin embargo, solo el lácteo ha hecho uso de éste, mostrando su eficacia y necesidad de extensión a otros sectores.

Estas fórmulas de colaboración colectiva de los sujetos privados pueden desempeñar un papel relevante en la mejora del funcionamiento de la cadena alimentaria. El derecho europeo y la jurisprudencia ha abierto la puerta al aprovechamiento de estas excepciones al derecho de la competencia. No obstante, se necesita un esfuerzo por parte de los Estados miembros en la concienciación sobre las bondades del asociacionismo, ya que como vimos pese a que existe un gran número de OP en España, éstas son de muy pequeño tamaño.

VI. BIBLIOGRAFÍA

ARPIO SÁNCHEZ, J. L., "La aplicabilidad de las disposiciones de defensa de la competencia en el sector agroalimentario", en BENEYTO PÉREZ, J. y MAILLO GONZÁLEZ-ORÚS, J., *Tratado de derecho de la competencia*, 2ª edición, Tomo II, Wolters Kluwer, Madrid, pp. 753-800.

AUTORITAT CATALANA DE LA COMPÈTENCIA, *Reflexiones sobre competencia en la cadena alimentaria*, 2018.

BLUMANN, C., "Las organizaciones de productores y la política agrícola de la CEE", *Revista de Estudios Agrosociales*, núm. 133, 1985, pp. 7-42.

COLOM GORGUES, A., FLORENSA GUIU, R. M., PLANA FARRAN, M. y SMAOUI, Y., "Las cooperativas, las organizaciones de productores de frutas y los programas operativos. Normativa y modelo europeo para mejorar sus resultados y eficiencia", *Revista jurídica de los derechos sociales*, vol. 7, núm. 2, 2017, pp. 205-228.

COMISIÓN EUROPEA, *Informe de la Comisión al Parlamento europeo y al Consejo: evolución de la situación del mercado en el sector de la leche y de los productos lácteos y del funcionamiento de las disposiciones del "paquete lácteo"*, 2016. (COM (2016) 724 final)

- *Informe de la Comisión al Parlamento Europeo y al Consejo: aplicación de las normas de competencia de la Unión al sector agrario*, 2018. (COM (2018) 706 final).

COMISIÓN NACIONAL DE LA COMPETENCIA, *Informe sobre competencia y sector agroalimentario*, 2008.

COMISIÓN NACIONAL DE LOS MERCADOS Y LA COMPETENCIA, *IPN/CNMC/016/19 proyecto de real decreto por el que se regula el reconocimiento de las organizaciones de productores y sus asociaciones en determinados sectores agrarios*, 2019.

CARBAJO CASCÓN, F., "Conductas colusorias y exenciones agrícolas", en CARBAJO CASCÓN, F. (Dir.), *Competencia, propiedad intelectual y tutela de consumidores en el sector agroalimentario*, Tirant lo Blanch, Valencia, 2022, pp. 927-961.

GARCÍA AZCÁRATE, T., "Cadena alimentaria y derecho de la competencia", *Distribución y consumo*, núm. 31, núm. 165, 2021, pp. 34-41.

GUILLEM CARRAU, J., "Las derogaciones a la normativa del Derecho de la Competencia y las Organizaciones de Productores", *Revista Española de Estudios Agrosociales y Pesqueros*, núm. 248, 2017, pp. 91-135.

- "La derogación funcional del derecho de la competencia: el intercambio de información, la fijación de precios y de cantidades a la luz del asunto endivias", Competencia, propiedad intelectual y tutela de consumidores en el sector agroalimentario, Tirant lo Blanch, Valencia, 2022, pp. 963-982.

IZQUIERDO CARRASCO, M., "La regulación de los mercados. En particular, las normas de comercialización de los productos. La cadena de valor", en ESCUDERO GALLEGO, R. y MARTÍNEZ GARRIDO, S. (Dirs.), *Cuadernos de derecho para ingenieros. Política Agraria Común*, Wolters Kluwer, Madrid, 2019, pp. 43-65.

MINISTERIO DE AGRICULTURA, PESCA Y ALIMENTACIÓN, *Organizaciones de productores del sector lácteo*, Centro de publicaciones del Ministerio de Agricultura, Pesca y Alimentación, Madrid, 2023.

NAVARRO FERNÁNDEZ, J. A., "Competencia y contractualización en la cadena agroalimentaria. Particular referencia al sector lácteo", *Revista de Derecho Agrario y Alimentaria*, núm. 63, 2014, pp. 141-176.

PALMA FERNÁNDEZ, J. L., *Las organizaciones interprofesionales agroalimentarias: regulación jurídica*, Editorial Reus, Madrid, 2023.

TRIGUERO CANO, A. «La industria agroalimentaria: la apuesta por la calidad, la innovación y la sostenibilidad», *Economistas*, núm. 181, 2023, pp. 220-233.

CAPÍTULO X.

MUNDO RURAL, SEGURIDAD ALIMENTARIA Y DERECHO PENAL

ANA ISABEL GARCÍA ALFARAZ[1]

RESUMEN: Factores como la globalización, los avances tecnológicos, la digitalización, el cambio climático o la despoblación del mundo rural tienen su reflejo en la seguridad alimentaria y en el propio desarrollo rural. El Derecho penal, como medio de control social, debe ofrecer una respuesta a estos desafíos y a la fenomenología delictiva derivada, prestando especial atención en estas páginas a los delitos de fraude alimentario nocivo.

Palabras clave: delitos de fraude alimentario nocivo, Derecho penal, discriminación, mundo rural, seguridad alimentaria.

I. INTRODUCCIÓN

Castilla y León es una región conocida por su tradición agrícola y ganadera, como se ha plasmado ampliamente en obras

1 aigalfaraz@usal.es, Universidad de Salamanca, https://orcid.org/0000-0003-1779-7047.

literarias o pictóricas. Esta tradición justificaría la presencia de una fuerte industria alimentaria en Castilla y León. No hay que olvidar que nuestra Comunidad ocupa la tercera posición a nivel nacional de cifra de negocios con 12.305 millones de euros, por detrás de Cataluña y Andalucía[2]. El sector alimentario, por ende, es uno de los pilares de nuestra economía y sociedad, condicionando en último término, el desarrollo rural y el mundo rural en Castilla y León. En este sentido, es fácilmente advertible esta vinculación en los siguientes aspectos.

Primero, un sector alimentario fuerte y sostenible condiciona un buen desarrollo rural: generando empleo, tanto directo (derivado de las actividades agrícolas, ganaderas y agroindustriales) como indirecto (piénsese en servicios como transporte, comercio, mantenimiento de maquinaria o la venta de insumos agrícolas), fijando población y, por ende, ayudando a reducir el grave problema de la despoblación en el medio rural.

Segundo, el crecimiento del sector alimentario puede incidir también en el desarrollo de infraestructuras y servicios básicos en las áreas rurales que benefician a toda la comunidad. En este sentido, piénsese, por ejemplo, en las importantes carencias que padecen nuestros pueblos, que en los últimos años han asistido a una merma o pérdida de centros sanitarios y educativos, así como de las oficinas bancarias.

Tercero, la apuesta por la transformación de los productos agrícolas y ganaderos en las propias zonas rurales, tales como conservas, miel, quesos o embutidos posibilita añadir valor al producto local, generando ingresos adicionales o valor econó-

---

2 MINISTERIO DE AGRICULTURA, PESCA Y ALIMENTACIÓN, *Informe Anual de la industria alimentaria española, periodo 2022-2023*, [en línea] (2024) <https://www.mapa.gob.es/en/alimentacion/temas/industria-agroalimentaria/20240126informeanualindustria2022-20234t23ok_tcm38-659567.pdf> [Consulta: 26/11/2024].

mico en la propia comunidad rural sin tener que desplazarse o derivarse a las áreas urbanas.

Cuarto, la existencia de un sector alimentario potente y diversificado puede contribuir a aumentar la seguridad alimentaria y la soberanía alimentaria en las áreas rurales, en cuanto que la producción local de alimentos básicos, frutas, hortalizas o productos animales reduce la vulnerabilidad de las zonas rurales frente a posibles crisis alimentarias, permite depender menos de las importaciones o incluso tener un mayor control sobre su propia alimentación y nutrición.

Y, por último, preserva la cultura y apoya la sostenibilidad ambiental en áreas rurales. La sostenibilidad, entendida como el desarrollo que satisface las necesidades del presente sin comprometer la capacidad de las generaciones, se ha convertido en un aspecto clave, máxime desde la adopción de la Agenda 2030, exigiéndose un abordaje integral a la hora de afrontar los retos de la seguridad alimentaria y el desarrollo rural. En este sentido, son varios los ODS relacionados con esta temática.

En primer lugar, y de manera muy evidente aparece el ODS 2 relativo a *«Poner fin al hambre, lograr la seguridad alimentaria y la mejora de la nutrición y promover la agricultura sostenible»*. Así, se pueden llevar a cabo diferentes acciones que incidan en la reducción del desperdicio de alimentos, promover técnicas agrícolas resilientes al cambio climático para mejorar la productividad, apoyando a los pequeños agricultores, especialmente a las mujeres y comunidades desfavorecidas.

En segundo lugar, el ODS 3 promueve una nutrición adecuada en comunidades rurales y urbanas, combatiendo problemas de inseguridad alimentaria tales como la desnutrición, la obesidad o el sobrepeso.

En tercer lugar, e íntimamente relacionado con la agricultura sostenible, se encuentran los ODS 12 y 13. El ODS 12 se dirige a la producción y consumo responsables, incidiendo, por ejemplo, en la reducción del uso de recursos como el agua, los fertilizantes, etc. El ODS 13, relativo a la acción por el clima, se centra en la necesidad de adoptar prácticas agrícolas acordes al fenómeno del cambio climático.

En cuarto lugar, merece ser destacada la reducción de la desigualdad rural vinculada a los ODS 1, 8 y 10. Lógicamente, el fomento del desarrollo rural contribuye a mejorar el acceso a infraestructuras y servicios básicos como salud, educación y tecnologías de producción dirigidas a erradicar la pobreza (ODS 1); a promover la creación de empleos en el sector agroalimentario en condiciones laborales dignas y justas (ODS 8) o a dar prioridad a las comunidades rurales para éstas que participen en los beneficios económicos y sociales del desarrollo agrícola (ODS 10).

En quinto lugar, la consecución de ciudades y comunidades sostenibles (ODS 11) exige igualmente el desarrollo sostenible de las zonas rurales. Se trata de un aspecto clave para conseguir un equilibrio territorial, y que, sin duda, requiere invertir en infraestructuras, conexión digital, industrialización o diversificación económica.

En sexto y último lugar, el medio rural, así como la agricultura sostenible contribuyen decisivamente en la consecución de los ODS 14 y 15, relativos a la conservación de ecosistemas marinos y terrestres respectivamente.

En resumen, el sector alimentario y el desarrollo rural no sólo están interconectados, sino que su crecimiento mutuo puede contribuir decisivamente a la creación de pueblos, comunidades rurales más resilientes, autosuficientes y con un mayor grado de bienestar para sus habitantes. La Agenda 2030 reivindica la necesidad de cambiar de perspectiva. Las actuaciones y decisiones no pueden guiarse exclusivamente por criterios económicos. Se debe priorizar el bienestar de las generaciones presentes y futuras y no condicionar a la regla de la rentabilidad la prestación de servicios públicos, como, por ejemplo, la sanidad, el transporte, los comedores de personas mayores, etc. Lo importante no necesariamente implica que sea rentable económicamente y en ocasiones puede ser difícilmente valorable o incluso requiere evaluar otros aspectos claves como la sostenibilidad. Así, la exigencia de rentabilidad de los intermediarios y la imposición de precios a agricultores y ganaderos está terminando con explotaciones agrícolas y ganaderas. Un ejemplo paradigmático lo encontramos en la producción láctea. En España no es rentable, la subida de los costes de producción ha obligado a los ganaderos a sacrificar sus vacas para salvar la viabilidad de sus explotaciones, pero, en cambio, sí es rentable traerla de otros países de la UE, a pesar de los costes económicos del transporte y medioambientales. Quizás sería conveniente que entraran en juego otros factores en la toma de decisiones, por ejemplo, si realmente interesa que se pierdan explotaciones agrícolas y ganaderas, puestos de trabajo, población rural, depender de las importaciones en el ámbito alimentario, aumentar el calentamiento global o la contaminación.

II. LA SEGURIDAD ALIMENTARIA

La seguridad alimentaria se presenta como un instrumento político-estratégico de lucha contra las dificultades alimentarias del ser humano. Evidentemente, el significado y alcance de la seguridad alimentaria ha ido evolucionando, reflejando así los cambios producidos.

El origen de la seguridad alimentaria se sitúa al amparo de la Cumbre Mundial sobre la Alimentación de 1974, en la que simplemente se identificaba con el suministro de alimentos. Esto es, la acepción de seguridad alimentaria se limitaba a garantizar la disponibilidad y la estabilidad nacional e internacional de los precios de los alimentos básicos[3]. Más tarde, en 1983, la FAO se concentró en la accesibilidad de los alimentos, estableciendo como principal objetivo para conseguir la seguridad alimentaria el *«asegurar que todas las personas tengan en todo momento acceso físico y económico a los alimentos básicos que necesitan»*[4]. La seguridad alimentaria, por tanto, consiste en el acceso de todas las personas, en todo tiempo, a cantidades de alimentos suficientes para una vida activa y saludable. Este extremo exige la presencia de dos dimensiones: la accesibilidad física y la accesibilidad económica. Aspecto éste sobre el que también incide el Banco Mundial en 1986 al hacer referencia a la dinámica temporal de la inseguridad alimentaria. Así, se identifican dos tipos de inseguridad alimentaria: la crónica y la transitoria[5]. La primera de ellas, la inseguridad alimentaria crónica, se refiere a *«una dieta continuamente deficiente a causa de la imposibilidad de adquirir alimentos»*[6], afectando a las personas o unidades familiares que se muestran permanentemente incapaces de producir o comprar suficientes alimentos. En cambio, la inseguridad alimentaria transitoria hace referencia a una disminución provisional, del acceso a alimentos suficientes, motivada por la variabilidad de los precios, de la producción de alimentos, o bien por la inestabilidad de la renta familiar

---

3 NACIONES UNIDAS, Declaración universal sobre la erradicación del hambre y la malnutrición, de 16 de noviembre de 1974 [en línea], (1974), <https://www.ohchr.org/es/instruments-mechanisms/instruments/universal-declaration-eradication-hunger-and-malnutrition> [Consulta: 26/11/2024].

4 FAO, *Informe del octavo periodo de sesiones del Comité de Seguridad Alimentaria Mundial*, Roma, 1983, p. 14.

5 BANCO MUNDIAL, *Estudio de Políticas del Banco Mundial: La pobreza y el Hambre. Temas y opiniones sobre la seguridad alimentaria en los países en desarrollo*, Washington D.C., 1986, p. 1.

6 Idem.

para adquirir alimentos suficientes (por ejemplo, por una situación temporal de desempleo).

Posteriormente, en la Cumbre Mundial sobre la Alimentación de 1996 se adopta el concepto de seguridad alimentaria vigente y aceptado oficialmente en la comunidad internacional. Así, *«existe seguridad alimentaria cuando todas las personas tienen en todo momento acceso físico y económico a suficientes alimentos inocuos y nutritivos para satisfacer sus necesidades alimenticias y sus preferencias en cuanto a los alimentos a fin de llevar una vida activa y sana»*[7].

No obstante, esta definición en el siglo XXI ha incorporado el aspecto social, exigiendo una accesibilidad física, económica y social. De este modo, se precisa que *«existe seguridad alimentaria cuando todas las personas tienen en todo momento acceso físico, social y económico a suficientes alimentos inocuos y nutritivos para satisfacer sus necesidades alimenticias y sus preferencias en cuanto a los alimentos a fin de llevar una vida activa y sana»*[8]. La inclusión del adjetivo "social" pone el foco de atención en la demanda, el consumo y las dificultades de acceso a alimentos suficientes por parte de las personas o grupos más vulnerables.

Se observa, entonces, como el concepto de seguridad alimentaria aceptado internacionalmente integra distintos elementos: la disponibilidad de alimentos, la calidad e inocuidad, el acceso y la estabilidad.

El primer pilar, la disponibilidad de alimentos, relaciona la cantidad de alimentos con la proporción y las necesidades nutricionales de la población en un ámbito geográfico y demográfico concreto, exigiendo que cada persona tenga a su

---

7 Cumbre Mundial sobre la Alimentación, *Declaración de Roma sobre la Seguridad Alimentaria Mundial de 1996*, Roma, apartado 1.

8 FAO, *El estado de la inseguridad alimentaria en el mundo de 2001*, Roma, 2001, p. 50.

disposición una cantidad suficiente de alimentos para subsistir. Evidentemente, la disponibilidad de alimentos en un Estado o región depende de la oferta y ésta a su vez de la producción interior, de la capacidad de importación, de la existencia y los volúmenes de reservas, del comercio de los alimentos o de la posible ayuda alimentaria.

El segundo pilar hace referencia a la exigencia de la inocuidad y la presencia de una cierta calidad de los productos alimenticios. Para estar bien alimentado no basta con tener el estómago lleno, sino que es necesario tomar en consideración la calidad de los alimentos ingeridos, así como la presencia de alimentos seguros. Este imperativo se puede sintetizar en la presencia de tres cualidades esenciales del alimento, que son: la cualidad gustativa, la riqueza nutricional y la inocuidad de los alimentos. También se alude como segundo pilar a la utilización de los alimentos, entendida como la forma en la que el cuerpo humano aprovecha los diferentes nutrientes existentes en los alimentos. Lógicamente, la ingesta de nutrientes suficientes dependerá de los alimentos consumidos, de su (correcta) preparación o de la presencia de una dieta equilibrada, rica y variada.

Obviamente, la existencia de una oferta adecuada de alimentos tanto a nivel nacional como internacional no garantiza por sí misma la seguridad alimentaria para los individuos o las unidades familiares; sino que es necesario un tercer pilar: la accesibilidad de los productos alimentarios. Éste hace referencia a la posibilidad de obtener los alimentos y, al igual que se indicaba anteriormente, no se trata únicamente de la disponibilidad en un lugar, sino que se deben tener presentes las particularidades de cada individuo o de cada hogar, la accesibilidad física y económica, así como la falta de acceso crónica o transitoria. Este último aspecto se encuentra estrechamente vinculado con la estabilidad o la sostenibilidad, en cuanto que el acceso a los alimentos tiene que ser continuo y estable en el tiempo.

La presencia de las tres dimensiones anteriores no garantiza la existencia de seguridad alimentaria, siendo necesario que las personas tengan asegurado el consumo de alimentos suficientes no sólo en la actualidad, sino en el futuro de manera regular y sostenida en el tiempo. Lógicamente, tal y como indica el refranero popular, *"pan para hoy y hambre para mañana"* no constata la presencia de seguridad alimentaria.

En resumen, para que puedan afirmarse la presencia de seguridad alimentaria es necesario que se cumplan todas las dimensiones apuntadas.

Por último, la doctrina[9] diferencia la presencia de dos dimensiones que se complementan en el concepto de seguridad alimentaria: *food safety* y *food security*.

La primera de ellas, *food safety*, hace referencia a la seguridad sanitaria de los alimentos, centrándose en la exigencia de calidad y de inocuidad de los alimentos. Los productos alimentarios deben ser seguros, no deben contener sustancias nocivas como parásitos, microorganismos, etc. susceptibles de poner en peligro la vida o la integridad de los consumidores y, además, deben ser sanos, salubres y de buena calidad, aptos para satisfacer las necesidades nutricionales y las preferencias alimentarias de los consumidores.

En cambio, la segunda, *food security*, se refiere a la seguridad y la estabilidad del aprovisionamiento de productos alimentarios, tanto en el tiempo como en el espacio, contribuyendo, por ende, a otorgar seguridad, esa tranquilidad psicológica de que las generaciones actuales y las futuras tendrán de forma relativamente permanente y regular a su disposición alimentos suficientes. Lógicamente, esta dimensión incide en asegurar

---

9 RECUERDA GIRELA, M.Á., *Seguridad Alimentaria y Nuevos alimentos. Régimen jurídico-administrativo*, Thomson-Aranzadi, Navarra, 2006, pp. 24-26.

una disponibilidad sostenible de alimentos suficientes atendiendo no sólo al crecimiento demográfico, sino también a la evolución de los hábitos y necesidades alimentarias de los consumidores. Igualmente, esta vertiente implica que los productos alimentarios disponibles deben ser física y económicamente accesibles para la población.

En resumen, la acepción de seguridad alimentaria analizada integra esas dos dimensiones complementarias, porque garantizar la seguridad alimentaria no sólo consiste en asegurar el bienestar en la alimentación, sino también la estabilidad, es decir, el acceso periódico a alimentos suficientes.

III. PRINCIPALES DESAFÍOS EN EL MUNDO RURAL

Una vez precisado el concepto de seguridad alimentaria se debe prestar especial atención a su carácter dinámico. La seguridad alimentaria se adapta a las condiciones imperantes en la sociedad en un lugar y momento concreto. Por ello, resulta imprescindible hacer referencia, a grandes rasgos, a los principales fenómenos que condicionan la seguridad alimentaria. Fenómenos que no aparecen aislados, sino que se encuentran decididamente interrelacionados.

En primer lugar, como no podría ser de otra forma, destaca la globalización, fenómeno omnipresente en todos los ámbitos de la vida, pero difícil de definir como consecuencia de su carácter polivalente, ambiguo y sus múltiples dimensiones[10]. El término globalización se asocia fundamentalmente al ámbito económico. Se habla de globalización de la economía, de los mercados, de la producción, de la competencia por un puesto de trabajo; pero también globalización ecológica, cultural, de la tecnología, de la información, de las técnicas de comuni-

---

[10] BECK, U., *¿Qué es la globalización?*, Paidós, Barcelona, 1998, p. 11.

cación y por supuesto de globalización del narcotráfico, del terrorismo, del crimen organizado, etc.

La aparición de la globalización provoca importantes consecuencias a todos los niveles, quizás la más interesante, en mi opinión, es el hecho de que se ha dejado atrás una época en la que los Estados nacionales dominaban y monopolizaban la escena internacional[11]. Con la irrupción de la globalización, el liberalismo económico o el poder del mercado se han generado nuevos espacios y nuevas oportunidades de poder que ahora ocupan las empresas y, esencialmente, las empresas multinacionales. De hecho, su poder es mayor que el de muchos Estados[12]. Estas grandes corporaciones ejercen su influencia en todos los ámbitos y como no también en el campo de la seguridad alimentaria y en el de la soberanía alimentaria.

En cuanto a la seguridad alimentaria, se aprecian impactos positivos como puede ser la promoción de la investigación y el desarrollo de técnicas y productos innovadores, la implementación de esos avances para aumentar la productividad y la producción, etc. Pero, las empresas multinacionales también son responsables de impactos negativos: reduce la competencia, aumenta las desigualdades (la concentración de poder en las grandes corporaciones implica la exclusión de los agricultores de los procesos de decisión, de fijación de precios, de selección de las variedades o productos, etc., que quedan a merced de las grandes corporaciones), desplazamientos de la producción local (como consecuencia de la entrada de productos más baratos conseguidos mediante prácticas de *dumping* social), la

---

11 Ibidem., p. 79.

12 En este sentido, de las 100 mayores economías 71 son grandes corporaciones. Así, por ejemplo, la empresa Walmart, supera a España, en BABIC, M., FICHTNER, J. y HEEMSKERK, E.M., "States versus Corporations: Rethinking the Power of Business in International Politics", *The International Spectator*, 2017, Vol. 52, Nº 4, p. 27.

dependencia de las importaciones y de las fluctuaciones de los precios (aspecto visible con la pandemia COVID-19, el inicio de la guerra de Ucrania o las distintas crisis económicas), el acaparamiento de las tierras (*land grabbing*), la pérdida de diversidad, la presencia de monocultivos y deforestación, el impacto ambiental o el cambio climático (ampliamente condicionados, por ejemplo, por el aumento de los transportes y la emisión de CO2).

Respecto a la soberanía alimentaria, la repercusión de las empresas multinacionales es evidente. Los pueblos están perdiendo su derecho a decidir la política agraria y alimentaria. Así, las demandas de mayor productividad y rentabilidad imperantes, la primacía de los valores económicos, los intereses de las grandes empresas multinacionales o las propias exigencias impuestas para cobrar la PAC, deciden qué cultivos se siembran o las razas de ganado que se crían en detrimento de las variedades autóctonas, suponiendo, por ende, una grave pérdida de biodiversidad, pero también de autodeterminación.

En segundo lugar y estrechamente relacionado con el anterior, encontramos las amenazas globales, tales como el cambio climático, los conflictos bélicos, el aumento de la población, las migraciones, etc. En la actualidad, el continuo incremento de la población y, por ende, el crecimiento de la actividad antropogénica, el aumento del consumo de alimentos y recursos energéticos se han convertido en una de las grandes preocupaciones de la humanidad. Problemática ésta que, sin duda, se ha agravado con el cambio climático. Este fenómeno se presenta como un importante reto para la seguridad alimentaria. En este sentido, se aprecia como algunas especies no podrán adaptarse y se extinguirán, lo que supondrá no sólo una pérdida de la biodiversidad, sino que también tendrá efectos sobre la cadena alimentaria de otras especies, así como del propio ser humano. Además, los efectos derivados del cambio climático (las inundaciones, las sequías, la erosión del suelo, la escasez de recursos, los cambios en la salinidad del mar, etc.) han supuesto una merma de la superficie fértil cultivable y del rendimiento de los cultivos, provocando cambios en la selección y rotación de cultivos o en las temporadas de cultivo. Cambios todos ellos que alteran la producción y, por ende, la disponibilidad de alimentos y, en definitiva, la seguridad alimentaria. De hecho, la inseguridad alimentaria lejos de disminuir aumenta y por desgracia, seguirá aumentando. En 2023, el hambre afectaba al 9,1% de la población mundial frente al 7,5% en el año 2019. Se estima que entre 713 y 757 millones de personas padecieron hambre en 2023, si se considera el valor medio, 733 millones, estamos ante unos 152 millones de personas más en 2019[13] y las previsiones no se muestran esperanzadoras. El carácter irreversible del cambio climático, el negacionismo, la inacción o el escaso compromiso existente en las diferentes Cumbres Mundiales del Clima desde el Acuerdo de París de 2015 impiden la consecución del ODS 2.

En tercer lugar, los avances científicos y tecnológicos permiten optimizar los recursos (cómo labrar una tierra, qué nutrientes precisa cada suelo, cuándo es el mejor momento de la cosecha), crear productos modificados genéticamente (fresas resistentes a las heladas, manzanos a la sequía, trigos a determinados herbicidas), etc. Muchas de estas aplicaciones biotecnológicas y genéticas se perciben con cierto recelo ante la incertidumbre que generan, puesto que se desconocen los eventuales riesgos que se pueden derivar de su uso y/o consumo y porque el conocimiento existente no es igualitario, estando en manos de los expertos, de las empresas multinacionales.

Igualmente, el sector agroalimentario tampoco permanece ajeno a los avances de la inteligencia artificial, en cuanto que el análisis de datos permite igualmente recopilar datos masi-

---

13 FAO, *The State of Food Security and Nutrition in the World*, p. 3 [en línea] (2024) <https://openknowledge.fao.org/handle/20.500.14283/cd1254en> [Consulta:26/11/2024].

vos para ofrecer soluciones más eficientes y seguras. En este sentido, se puede pensar en la monitorización de las parcelas mediante drones, tractores con GPS o incluso robots para detectar anomalías, efectuar una identificación temprana de plagas, su monitoreo y, por ende, su prevención; la existencia de herramientas digitales capaces de contar la fruta que tiene cada árbol o el número de árboles presentes en una parcela.

Por último, en cuarto lugar, no se debe desdeñar la relevancia del progresivo envejecimiento de la población y la despoblación en el medio rural. Así, un menor número de habitantes implica lamentablemente una menor prestación de servicios: no sólo desde el punto de vista educativo, sanitario, bancario, de acceso a las tecnologías, etc.; sino también desde el punto de vista de la seguridad (dada la ausencia de policías locales y el cierre de cuarteles de la Guardia Civil), constatándose una mayor inseguridad fruto de la falta de efectivos policiales o la falta de coordinación. Asimismo, esta inseguridad se percibe en el aumento de la delincuencia en el mundo rural. No en vano un alto porcentaje de los delitos contra el patrimonio se llevan a cabo en el medio rural, en explotaciones agrícolas y ganaderas. Es más, la inseguridad no sólo se aprecia en el mundo físico, sino también en el ámbito ciber, como consecuencia de la presencia de una mayor vulnerabilidad en el ámbito tecnológico, por ejemplo, en las estafas bancarias a través de Internet. En resumen, la población rural adolece de una mayor vulnerabilidad, motivada por la presencia de factores como la edad, el abandono institucional o la prestación de menos servicios o de menor calidad.

La inseguridad alimentaria es una manifestación más de las crisis globales que nos rodean. Crisis globales, pero claramente desiguales. Así, mientras en los países desarrollados, la seguridad alimentaria en su sentido más estricto está asegurada, es decir, el problema del hambre está superado y la sociedad considerada en su conjunto tiene acceso a los alimentos. En cambio, en las regiones y/o países en vías de desarrollo no es así. Si bien, también es cierto que, en los países desarrollados, primero, existen problemas de inseguridad alimentaria vinculados a la obesidad, el sobrepeso o los hábitos alimentarios insanos, y segundo, los consumidores más "pudientes" cuentan con más recursos para elegir los alimentos más saludables, menos adulterados, etc.; mientras que los más vulnerables carecen de esa posibilidad.

Evidentemente, la seguridad alimentaria depende de cada Estado. Se adapta en función de los objetivos y las necesidades de cada región. Este hecho se aprecia claramente en el ámbito de la Unión Europea. En los años 50 la atención se centraba simplemente en asegurar suficientes alimentos para dar de comer a los ciudadanos europeos. Posteriormente, la presencia de diferentes crisis alimentarias[14] pusieron el énfasis en la calidad y la inocuidad de los productos alimentarios y en los posibles riesgos derivados para la vida y la salud de los consumidores.

En la actualidad, la atención no se dirige tanto hacia la disponibilidad de suficientes alimentos, sino que se orienta a asegurar que los productos alimentarios ofrecidos en los mercados reúnen las condiciones exigidas de calidad y de seguridad. Aspectos en los que claramente incide la política alimentaria o el Derecho alimentario de la Unión Europea con la implementación de criterios rectores como el de trazabilidad de toda la cadena alimentaria.

¿Existe seguridad alimentaria en Castilla y León? La respuesta sería sí, pero hay que tener presente que la inseguridad alimentaria implica más fenómenos que el hambre. De hecho, algunas situaciones como la desnutrición o la obesidad están

---

14 Piénsese, por ejemplo, en el caso de la Colza en España o en la Encefalopatía Espongiforme Bovina (EEB), más conocida como la "enfermedad de las vacas locas".

presentes en nuestra sociedad. Asimismo, no debemos olvidar que, si bien, en líneas generales, existe seguridad alimentaria, también es cierto que en el entorno rural el acceso a determinados alimentos resulta difícil. En los pueblos, máxime cuando se trata de pequeñas localidades, los comercios están desapareciendo, y lógicamente, los pocos que quedan no pueden tener todos los productos alimentarios. A la par, se aprecia como otros productos que son más asequibles, pueden comportar también situaciones de inseguridad alimentaria. Sin ánimo de ser exhaustiva, piénsese, por ejemplo, en la matanza en el domicilio para el autoconsumo, la posible triquinelosis por el consumo de jabalís, las intoxicaciones por el consumo de setas tóxicas o los aumentos de arsénico en el agua del grifo u otras sustancias provenientes de la utilización de fertilizantes, plaguicidas, herbicidas, etc. en las explotaciones agrícolas y ganaderas.

IV. DERECHO PENAL: ANÁLISIS DE LAS PRINCIPALES APORTACIONES EN ESTE CAMPO

Nunca antes la vida cotidiana, todo aquello que nos rodea y, en concreto, el ámbito alimentario ha estado tan regulado como lo está en la actualidad y, a pesar de la amplia regulación existente y de las importantes labores de control y vigilancia, los ciudadanos se sienten inseguros. Evidentemente, en el sector alimentario se podría considerar que esto es normal o incluso la consecuencia lógica derivada de la mala gestión de diferentes crisis alimentarias sufridas en la UE. En nuestra historia reciente la gestión de las crisis alimentarias por parte de los poderes públicos no sólo se mostró insuficiente, sino que claramente priorizó los intereses económicos por encima de la vida y la salud de los consumidores, piénsese, por ejemplo, en la gestión de la denominada "enfermedad de las vacas locas" a principios de los años 90. Estas crisis provocaron un aumento de la demanda de seguridad, así como un aumento de la desconfianza hacia los productores, distribuidores y comerciantes agroalimentarios, pero también hacia las autoridades encargadas de tomar las decisiones sobre la utilización y comercialización de los productos alimentarios. Aspectos éstos decisivos para el importante cambio experimentado en la regulación y en la política alimentaria europea e, indirectamente, también en el Derecho penal.

El Libro verde sobre los principios generales de la legislación alimentaria en la Unión Europea, COM (97) 176 final, de 5 de mayo de 1997, se considera el punto de partida de la nueva política alimentaria europea, puesto que con él se inició el debate público acerca de los principios generales por los que se debía regir el Derecho alimentario. A este instrumento le siguió el Libro Blanco sobre seguridad alimentaria, COM (1999) 719 final, de 12 de enero de 2000, en el que se ponía de manifiesto la importancia de la seguridad alimentaria. De hecho, el Libro Blanco establece la seguridad alimentaria como una de las principales prioridades estratégicas de la UE y fija como principales objetivos garantizar la necesidad de un alto grado de seguridad alimentaria y restaurar la confianza de los consumidores. Asimismo, se debe destacar, entre otros, el Reglamento (CE) nº 178/2002 por el que se establecen los principios y los requisitos generales de la legislación alimentaria, se crea la Autoridad Europea de Seguridad Alimentaria y se fijan procedimientos relativos a la seguridad alimentaria.

Esa nueva normativa alimentaria europea recoge nuevos principios rectores tales como el principio de prioridad de la salud sobre los intereses económicos, de precaución o de cautela, de la granja al consumidor, de transparencia, de información y participación pública, etc. Reglas todas ellas dirigidas a la consecución efectiva de la seguridad alimentaria en el ámbito de la UE.

En la actualidad, los ciudadanos cada vez se muestran más reacios a admitir nuevos riesgos y requieren más seguridad. Estas demandas de seguridad no se limitan al ámbito de la seguridad alimentaria ni al ámbito del Derecho administrativo, sino que también se trasladan al Derecho penal, el cual corre el riesgo de acabar convirtiéndose en un mero instrumento para otorgar seguridad, pero además un instrumento ineficaz, porque sólo de forma simbólica se puede otorgar la ansiada seguridad.

El Derecho penal se suele definir como un medio de control social. Esta afirmación implica que el Derecho penal es una herramienta dirigida a mantener el orden social, a garantizar una convivencia pacífica. El Derecho penal no puede ignorar los problemas y las demandas que plantea la sociedad en cada momento, siendo esencial el carácter social y dinámico del Derecho penal. De este modo, se advierte claramente como el Derecho penal no puede permanecer ajeno a la denominada sociedad del riesgo en la que vivimos. Una sociedad caracterizada por el incremento de los riesgos propios de la sociedad industrializada o técnica, y evidentemente, porque todo progreso conlleva un riesgo y el riesgo cero no existe.

Lógicamente, los avances tecnológicos y científicos en el ámbito alimentario han provocado la presencia de nuevos riesgos. La mayoría de estos riesgos alimentarios no se derivan de plagas o de condiciones meteorológicas adversas, sino que se deben a la decisión y acción antropogénica y a las actuaciones de la industria agroalimentaria. Basta pensar en los avances producidos en el ámbito de las técnicas alimentarias, la mayor complejidad de la cadena de producción de alimentos, el uso de aditivos, las técnicas de envasado, de conservación, la aparición de nuevos alimentos, de alimentos modificados genéticamente, etc.

Pero, no sólo existen más riesgos, sino que también ha habido un cambio en la percepción de los riesgos, máxime cuando se trata de riesgos que dependen de la actividad humana, apreciándose claramente como el nivel de tolerancia hacia los mismos ha descendido. Este cambio en la procedencia y valoración de los riesgos decide que los consumidores, ante cualquier riesgo, pidan seguridad a los poderes públicos, pero también al Derecho penal[15]. Se exige que los responsables de generar un riesgo "paguen", respondan, que se atribuya responsabilidad a las personas físicas o jurídicas implicadas por la creación de esos riesgos para bienes jurídicos como, por ejemplo, la salud de los consumidores.

Entonces, en la denominada sociedad del riesgo se demanda cada vez más la intervención del Derecho penal, que actúe de forma preventiva e incluso precautoria. La idea de eficacia imperante en el Derecho penal moderno le empuja a adelantar la barrera de protección de los bienes jurídicos, sin esperar a la lesión o la puesta en peligro de los mismos, bastando la realización de comportamientos presuntamente peligrosos y tipificando las conductas como delitos de peligro. Así, se adoptan medidas dirigidas a reducir las situaciones de actuación arriesgada[16] consistentes en bajar el umbral del riesgo permitido, aumentar los deberes objetivos de cuidado, flexibilizar los requisitos de la relación de causalidad, presumir la peligrosidad

---

15 HERZOG, F., "Sociedad del riesgo, derecho penal del riesgo, regulación del riesgo (perspectivas más allá del Derecho penal) ", en *Crítica y justificación del Derecho penal en el cambio de siglo,* 2003, pp. 249-258.

16 MENDOZA BUERGO, B., "Gestión del riesgo y política criminal de seguridad en la sociedad del riesgo", en *Derecho y justicia penal en el siglo XXI. Liber Amicorum en Homenaje al Profesor Antonio González-Cuéllar García,* Colex, Madrid, 2006, p. 361; PÉREZ CEPEDA, A. I., *La seguridad como fundamento de la deriva del Derecho Penal postmoderno,* Iustel, Madrid, 2007, pp. 308 y ss; SILVA SANCHEZ, J. M., *La expansión del derecho penal,* Edisofer, Madrid, 2011, p. 37.

del objeto material o de la conducta mediante los delitos de peligro abstracto, etc.[17].

¿Cómo garantiza el Derecho penal la seguridad alimentaria y el desarrollo rural? ¿Cómo hace frente el Derecho penal a los riesgos y retos que se plantean? Mediante normas penales que prohíben la realización de aquellas conductas, que lesionen o pongan en peligro los bienes jurídicos más importantes. Pese a lo que se pudiera pensar, el Derecho penal no está legitimado para intervenir frente a cualquier riesgo, sino que su actividad se encuentra regulada por diferentes principios procedentes del viejo Derecho penal liberal. Así, por ejemplo, el principio de intervención mínima establece que el Derecho penal únicamente se encuentra legitimado cuando se trata de los ataques más graves contra los bienes jurídicos más importantes, por ejemplo, la salud pública, y cuando han fallado el resto de las ramas del ordenamiento jurídico en brindar esa protección. Así, junto a los delitos de fraude alimentario nocivo, que se abordarán en subapartado específico, existen otras tipologías delictivas con claras repercusiones en este ámbito.

En primer lugar, aparece en el art. 235.1.4º CP el hurto agravado: «*Cuando se trate de productos agrarios o ganaderos, o de los instrumentos o medios que se utilizan para su obtención, siempre que el delito se cometa en explotaciones agrícolas o ganaderas y se cause un perjuicio grave a las mismas*». En el Preámbulo de la LO

---

17 GARCÍA RIVAS, N., "Influencia del principio de precaución sobre los delitos contra la seguridad alimentaria", en *Protección penal del consumidor en la Unión Europea*, Nicolás García Rivas (coord.), Ediciones de la Universidad de Castilla-La Mancha (Ed.), 2005, p. 121; MÉNDEZ RODRÍGUEZ, C., "La deriva de los delitos de peligro en la LO 1/2015, de 30 de marzo de reforma del Código penal: La equiparación punitiva de los delitos de peligro dolosos e imprudentes y de los delitos de resultado y peligro abstracto. Una forma de "solventar" la confusa interpretación y aplicación de los tipos penales de peligro", *Estudios Penales y Criminológicos*, Vol. XXXVII, 2017, p. 498.

1/2015, de 30 de marzo, se indica que este tipo penal pretende combatir los delitos cometidos en las explotaciones agrícolas o ganaderas que generan graves perjuicios a sus propietarios, así como una fuerte sensación de inseguridad y desprotección, dado que simplemente los autores de estos delitos aprovechan la dificultad de implementar medidas de protección en estas áreas, causando daños mucho mayores que el valor de lo sustraído.

Igualmente, se prevé la aplicación de esta misma circunstancia a los delitos de robo con fuerza en las cosas (art. 240.2 CP).

En segundo lugar, el art. 298.1.b) CP contempla un delito de receptación agravado. Esta figura pretende desincentivar la sustracción de productos agrarios o ganaderos, o de los instrumentos o medios que se utilizan para su obtención, así como la venta y el tráfico ilegal de los mismos. Este tipo penal cualificado castiga a quien ayuda a los responsables de un delito contra la propiedad o contra el orden socioeconómico en el que no ha intervenido ni como autor ni como cómplice, pero que conoce, a aprovecharse de sus efectos con ánimo de lucro. Esta conducta puede consistir alternativamente en recibir, adquirir o esconder los efectos, los productos agrarios o ganaderos, los instrumentos o los medios que se utilizan para su obtención.

En tercer lugar, aparecen, lógicamente, los delitos de protección de la flora y fauna, así como los delitos contra los animales, dadas las características de las áreas rurales, su interacción con el medio rural o las actividades que predominan en estas zonas. Así, las zonas rurales pueden albergar espacios naturales protegidos, pero también ecosistemas en los que habitan especies protegidas, por lo que conductas como la caza furtiva o la destrucción de hábitats afectan directamente a la flora y la fauna. Igualmente, en las zonas rurales se llevan a cabo actividades agropecuarias estrechamente vinculadas con el medio natural, que pueden estar prohibidas como la tala ilegal, o el uso de determinados medios para controlar a los depredadores que atacan al ganado, etc. Sin olvidar algunas tradiciones ahora prohibidas consistentes en usar animales en determinados ritos de iniciación, como, por ejemplo, *"correr el gallo"* o *"el salto de la cabra"* en la provincia de Zamora.

Igualmente, tienen su importancia los delitos de fraude alimentario no nocivo. Se trata de los delitos relativos a la propiedad industrial al mercado y a los consumidores, que engloban una amplia gama de conductas relacionadas con fraudes, delitos contra productos sujetos a Denominación de Origen Protegidas (DOP), Indicaciones Geográficas Protegidas (IGP) y Especialidades Tradicionales Garantizadas (ETG), productos ecológicos, etc.

4.1. Los delitos de fraude alimentarios nocivo

De acuerdo con el carácter de *ultima ratio* del Derecho penal, la protección de la salud pública en el ámbito alimentario no corresponde en exclusiva al Derecho penal, sino que el Derecho administrativo desempeña un papel esencial en la tutela de la salud pública en este ámbito. El Derecho penal, por tanto, no debe ni puede intervenir ante toda lesión o puesta en peligro de la salud pública, sino que el Derecho penal debe limitarse a castigar los ataques más graves contra la salud pública, renunciado a las conductas y resultados más leves, de los que se ocuparán otras ramas del ordenamiento jurídico, en especial, el Derecho administrativo, que ejerce una importante labor de control y vigilancia de las distintas fases de la cadena alimentaria para garantizar la seguridad de los alimentos. Un claro ejemplo de la delimitación de los campos de actuación del Derecho penal y del Derecho administrativo se encuentra en el art. 363.1 CP, en cuanto que el Derecho administrativo es el encargado de establecer y verificar el cumplimiento de la normativa relativa a la caducidad y composición de los alimentos, sancionando estas conductas en caso de incumplimiento.

Sin embargo, el Derecho penal sólo estará legitimado para intervenir cuando tal incumplimiento suponga además una concreta puesta en peligro para la salud de los consumidores. No obstante, a pesar de las virtudes de esta técnica, la exigencia de vulneración o incumplimiento de la normativa administrativa no está prevista para el resto de las modalidades previstas en el art. 363 CP.

La intervención del Derecho penal en este ámbito se justifica en base a la importancia que tienen los alimentos y como el consumo de alimentos manipulados o adulterados puede poner en peligro la salud de los consumidores, recogiéndose así en los arts. 363 y ss CP los delitos de fraude alimentario nocivo[18]:

- Manipulación de alimentos, art. 363 CP
- Adulteración y conductas relacionadas con animales destinados al consumo humano, art. 364 CP
- Envenenamiento o adulteración con sustancias infecciosas o gravemente nocivas, art. 365 CP
- Conductas imprudentes, art. 367 CP

El art. 363 CP contempla hasta cinco modalidades distintas:

1. *Ofreciendo en el mercado productos alimentarios con omisión o alteración de los requisitos establecidos en las leyes o reglamentos sobre caducidad o composición;*
2. *Fabricando o vendiendo bebidas o comestibles destinados al consumo público y nocivos para la salud;*
3. *Traficando con géneros corrompidos;*

---

18 Vid. más ampliamente, GARCÍA ALFARAZ, A.I., *Seguridad alimentaria: Retos y Derecho penal*, Colex, A Coruña, 2022, pp. 167 y ss.

4. *Elaborando productos cuyo uso no se halle autorizado y sea perjudicial para la salud, o comerciando con ellos; o*

5. *Ocultando o sustrayendo efectos destinados a ser inutilizados o desinfectados, para comerciar con ellos.*

Todas estas modalidades del art. 363 CP exigen la puesta en peligro de la salud de los consumidores, configurándose como un delito de peligro concreto, por lo que para su consumación no basta con demostrar la idoneidad de los alimentos, su peligrosidad o nocividad, sino que se exige verificar también la existencia de un contacto inminente entre el alimento y el consumidor final.

Asimismo, se configuran como delitos especiales, es decir, únicamente pueden cometer estos delitos aquellos que sean productores, distribuidores o comerciantes.

El art. 364.1 CP castiga con la misma pena que el art. 363 CP a: *«El que adulterare con aditivos u otros agentes no autorizados susceptibles de causar daños a la salud de las personas los alimentos, sustancias o bebidas destinadas al comercio alimentario, será castigado con las penas del artículo anterior».*

Sin embargo, a diferencia del art. 363 CP, el art. 364.1 CP no exige la puesta en peligro concreta de la salud de los consumidores, sino que adelanta la intervención penal. Entonces, no es necesario verificar la concreta puesta en peligro, sino que se presume su peligrosidad si se ha llevado a cabo una adulteración del producto con aditivos u otros agentes no autorizados (si se considera que estamos ante un delito de peligro abstracto) o basta con su nocividad potencial, es decir, no sólo hay que demostrar la adulteración del alimento con aditivos u otros agentes no autorizados, sino también es necesario verificar que sean susceptibles de provocar daños a la salud de los consumidores (si se defiende la presencia de un delito de peligro abstracto-concreto).

El art. 364.1 CP, a diferencia del art. 363, tampoco se configura como un delito especial, sino que estamos ante un delito común. De este modo, la acción de adulterar, contemplada en el art. 364.1 CP, la puede realizar cualquier persona. Y sólo a efectos de agravación de la pena, se establece una cualificación cuando el sujeto activo sea propietario o responsable de una fábrica de productos alimenticios.

En el apartado siguiente, el art. 364.2 CP, se recogen cuatro delitos relacionados con animales de abasto o destinados al consumo humano. Los tres primeros apartados del 364.2 CP castigan comportamientos consistentes en administrar a los animales cuyas carnes o productos se destinen al consumo humano sustancias no permitidas, en dosis superiores o para fines distintos de los autorizados, que generen riesgo para la salud; sacrificar animales de abasto o destinar sus productos al consumo humano sabiendo que se les ha administrado las sustancias mencionadas en el número anterior; y, por último, sacrificar animales de abasto a los que se les hayan aplicado tratamientos terapéuticos. Se asiste de nuevo una remisión a la normativa administrativa, en cuanto que es esta rama del ordenamiento jurídico la que fijará qué sustancias están permitidas, en qué dosis y con qué finalidad.

Parece excesivo que las conductas recogidas en el 364.2 CP reciban la misma sanción que las contempladas en el art. 363 CP que al estar configurado como un delito de peligro concreto exige un contacto del alimento con el consumidor, mientras que las recogidas en el art. 364.2 CP sancionan el mero sacrificio de los animales de abasto a los que les han administrado sustancias no permitidas, pero todavía no se han convertido en carne o productos que los consumidores puedan adquirir y mucho menos ingerir. Comportamientos que todavía están muy alejados del consumidor. Es más, en el supuesto contemplado en el art. 364.2.1° CP ni siquiera se ha efectuado el sacrificio del ganado y mucho menos se ha destinado su carne o sus productos al consumo humano.

El 364.2.4º CP sanciona *«despachar al consumo público las carnes o productos de los animales de abasto sin respetar los períodos de espera en su caso reglamentariamente previstos»*, es decir, castiga el mero incumplimiento de los tiempos de espera (delito de peligro abstracto), presumiéndose la peligrosidad de la conducta y castigando penalmente aun cuando esa conducta no pusiera real y efectivamente en peligro la salud de los consumidores. Este extremo plantea un gran problema: la coincidencia del Derecho penal y el Derecho administrativo sancionador, del ilícito penal (art. 364.2.4º CP) con el ilícito administrativo, puesto que ambos exigen únicamente no respetar los tiempos de espera fijados administrativamente, traicionando, por ende, el carácter de *ultima ratio* del Derecho penal.

El art. 365 CP establece que: *«Será castigado con la pena de prisión de dos a seis años el que envenenare o adulterare con sustancias infecciosas, u otras que puedan ser gravemente nocivas para la salud, las aguas potables o las sustancias alimenticias destinadas al uso público o al consumo de una colectividad de personas»*.

Se trata de un delito común y, en general, de un delito de peligro abstracto[19], puesto que únicamente exige que las sustancias puedan ser gravemente nocivas para la salud, pero no requiere la presencia de un peligro para la salud de las personas. Sin embargo, la expresión *«que puedan ser gravemente nocivas para la salud»* también se podría interpretar como un elemento de aptitud y, por lo tanto, que resulte necesario verificar que las sustancias sean idóneas para provocar daños de cierta entidad atendiendo a la sustancia añadida, su dosis o sus

---

19 GARCÍA ALBERO, R., *"De los delitos contra la salud pública"*, en *Comentarios al Código penal español*, T. II, Aranzadi, Cizur Menor, 2016, p. 1032.

efectos, determinando entonces la presencia de un delito de peligro abstracto-concreto[20].

Los delitos de fraude alimentario nocivo se castigan tanto a título de dolo (cuando las conductas se realizan intencionadamente, conociendo y queriendo realizar dichas conductas) como a título de imprudencia grave. La imprudencia se fundamenta en el incumplimiento de los deberes de información y preparación con anterioridad a la ejecución de aquellas conductas susceptibles de producir riesgos para la salud. No obstante, en el art. 367 CP se prevé exclusivamente la sanción de los comportamientos negligentes en los supuestos de imprudencia grave, es decir, exigen que el sujeto activo haya vulnerado gravemente las normas de cuidado existentes (basadas en la experiencia y en los conocimientos científicos disponibles) y necesarias para reducir el peligro (la probabilidad de producción del resultado lesivo) y que como consecuencia de esa vulneración se haya generado un resultado de lesión o de peligro para el bien jurídico tutelado.

La inclusión de la comisión por imprudencia resulta relevante con vistas al tratamiento que se otorga al error, puesto que, de este modo, se posibilita la sanción de los supuestos de error de tipo vencible. En estos casos, el sujeto activo podía haber salvado el error, si hubiera observado las normas de cuidado exigidas basadas en la experiencia y en los conocimientos existentes.

Una vez expuestos, brevemente, los delitos de fraude alimentario nocivo, se realizará a continuación una breve referencia a las principales características que presentan estos delitos.

---

20 DÍAZ-MAROTO Y VILLAREJO, J., *El Derecho penal ante los fraudes alimentarios. Responsabilidad por el producto en la moderna sociedad del riesgo*, Aranzadi, Navarra, 2010, p. 123.

En primer lugar, se trata de delitos que protegen un bien jurídico colectivo, la salud pública, una realidad jurídica diferente a la del bien jurídico individual, entendida como un conjunto de condiciones que posibilitan la salud individual[21]. Este hecho motiva que se utilicen determinadas técnicas de tipificación. Así, la tutela de la salud pública, como se ha apuntado, implica recurrir a las estructuras de peligro. Los delitos de peligro suponen un adelantamiento de la barrera de protección, bastando para sancionar la creación de una situación en la que es probable que el resultado lesivo (para la salud individual de los consumidores) se produzca. Pero, evidentemente, no todos los delitos de peligro son iguales, ni todos resultan igualmente adecuados. Así, en los delitos alimentarios nocivos no siempre se exige comprobar la existencia de un peligro concreto para la salud de los consumidores (propio de los delitos de peligro concreto), sino que se limitan a exigir una nocividad material, entendida como la idoneidad de la sustancia para dañar la salud de las personas (delitos de peligro abstracto-concreto) o incluso, en los delitos de peligro abstracto es suficiente con demostrar la nocividad formal, el mero incumplimiento de la normativa administrativa de remisión. En la actualidad, el empleo de los delitos de peligro abstracto en el ámbito alimentario es una práctica habitual que evidencia la continua tensión entre eficacia y garantías del Derecho penal, venciendo la eficacia, así como la creciente "obsesión" por controlar al máximo los riesgos.

La decisión de tipificar las conductas como delitos de peligro abstracto entraña una pérdida de garantías. Supone una vulneración palpable de principios limitadores del Derecho penal, tales como, por ejemplo, el principio de presunción de inocencia, de intervención mínima o de lesividad. Asimismo,

---

21 PÉREZ ÁLVAREZ, F., *Protección penal del consumidor*, Praxis, Barcelona, 1991, p. 71.

esta opción legislativa compromete la delimitación entre el ilícito penal y el ilícito administrativo. El tipo penal se limita a castigar la mera desobediencia administrativa, correspondiéndose, por tanto, el ilícito penal con el ilícito administrativo.

En segundo lugar, los delitos de fraude alimentario nocivo acuden repetidamente a leyes penales en blanco y elementos normativos. Esta técnica legislativa de remisión resulta adecuada cuando, como en el caso de la salud pública, los bienes jurídicos dependen de condiciones normativizadas. De este modo, las normas extrapenales desempeñan una importante labor, ya que determinan el umbral del riesgo permitido, es decir, precisan qué está tolerado y qué está prohibido. Se trata, por tanto, de un primer filtro para legitimar la intervención penal, para poder sancionar penalmente. Así, en primer lugar, será necesario verificar el incumplimiento de la norma extrapenal y, en segundo lugar, hay que comprobar la puesta en peligro del bien jurídico (en los delitos de peligro concreto) o al menos la existencia de nocividad material (en los delitos de peligro abstracto-concreto), sólo así estaría justificada la intervención del Derecho penal, aunque como se ha indicado, es habitual el empleo de los delitos de peligro abstracto que sancionan el mero incumplimiento administrativo.

A pesar de su conveniencia, el empleo del reenvío plantea algunos inconvenientes relativos a su incompatibilidad con el principio de legalidad, el de seguridad jurídica o cómo deben interpretarse los supuestos de desconocimiento de lo contenido en la normativa a la que remiten, ¿se deben tratar como supuestos de error de tipo o bien de error de prohibición?

Por todo ello, se puede afirmar que en los delitos alimentarios nocivos se asiste a una expansión del Derecho penal[22], vi-

---

22 Passim. SILVA SANCHEZ, J, M., *La expansión del Derecho penal*, Op. cit.

sible en los siguientes aspectos: la ampliación de las conductas tipificadas como delito, la dureza de la respuesta penal[23] o la administrativización del Derecho penal[24].

Esta administrativización del Derecho penal se evidencia esencialmente en dos aspectos[25]: De una parte, la administrativización consiste en el adelantamiento de la intervención penal, dirigida a prevenir la producción de daños en los bienes jurídicos. Por consiguiente, para ejercer la labor preventiva se acude a los delitos de peligro. Técnica legislativa que, como se ha señalado, con frecuencia exige un reenvío a normas extrapenales para determinar el riesgo permitido. Y de otra, la administrativización se constata en la flexibilización del Derecho penal a la hora de exigir el resultado de peligro, puesto que se opta habitualmente por los delitos de peligro abstracto, que no exigen verificar la existencia de un peligro real para el bien jurídico, sino que éste se presume *ipso iure*.

Sin embargo, la expansión del ámbito de actuación del Derecho penal no se limita a tipificar las conductas consideradas peligrosas, sino que también se han flexibilizado los principios y garantías penales, así como las categorías dogmáticas para poder incriminar más fácilmente a los productores de los riesgos[26]. Un claro ejemplo se encuentra en la relación de causalidad que, en los cursos causales complejos, ha mutado de una causalidad general a una causalidad probabilística, que posibilita prescindir de la falta de prueba científico-natural de la cau-

---

23 BERDUGO GÓMEZ DE LA TORRE, I., *Viejo y nuevo Derecho penal: principios y desafíos del derecho penal de hoy*, Iustel, Madrid, 2012, p. 193.

24 SILVA SANCHEZ, J. M., *La expansión del derecho penal*, Op. cit. p. 134.

25 ARROYO ALFONSO, M. S., "Apuntes sobre la administrativización del Derecho penal del medio ambiente", *Actualidad Jurídica Ambiental*, Nº 83, 2018, pp. 7-11.

26 GARCÍA ALFARAZ, A. I., Principio de precaución: seguridad alimentaria y delito, Tirant lo blanch, Valencia, 2022, pp. 216-239.

salidad y que faculta al juez, en la libre valoración de la prueba, a determinar la relación de causalidad atendiendo a una causalidad probabilística[27] entre el resultado y las presuntas causas. Así, todas estas flexibilizaciones del Derecho penal se traducen en una funcionalización del Derecho penal[28] con el objetivo de minimizar el riesgo y dar seguridad (simbólica[29]).

V. CONCLUSIONES

Se asiste a una evidente discriminación del mundo rural y de su población. El ejercicio y efectividad de los derechos reconocidos constitucionalmente, la prestación de servicios privados (bancarios esencialmente) y lo que es más preocupante, de los servicios públicos esenciales como la educación, la sanidad o la seguridad se ven recortados por la exigencia de rentabilidad. Este hecho pone de manifiesto la necesidad de cambiar la perspectiva a la hora de tomar decisiones no sólo por parte de los poderes públicos, sino también por parte de las empresas y los ciudadanos. El criterio rector no debe responder necesariamente a criterios económicos o de rentabilidad, sino que se deben tomar en consideración otros aspectos. En este sentido, la igualdad entre las personas o la idea de sostenibilidad deben ocupar un lugar relevante, asegurando así la prosperidad y la supervivencia de las generaciones presentes, pero también de

---

27 PAREDES CASTAÑÓN, J. M. y RODRÍGUEZ MONTAÑES, T., *El caso de la Colza: Responsabilidad penal por productos adulterados o defectuosos*, Tirant lo Blanch, Valencia, 1995, p. 129.

28 SILVA SÁNCHEZ, J. M., *La expansión del Derecho penal*, Op. cit., pp. 5 y ss.

29 HASSEMER, W. y MUÑOZ CONDE, F., *La responsabilidad por el producto en Derecho penal*, Tirant lo Blanch, Valencia, 1995, p. 33; MENDOZA BUERGO, B., *El Derecho penal en la sociedad del riesgo*, Civitas, Madrid, 2001, pp. 53 y ss.

las generaciones futuras con independencia de que vivan en áreas urbanas o rurales.

Sin duda, la prevalencia de los intereses económicos está condicionando la despoblación de las áreas rurales y la desaparición de nuestros pueblos y esto no es banal, sino que plantea importantes consecuencias. La apuesta por el mantenimiento de nuestros pueblos y de las explotaciones agrícolas y ganaderas en ellos radicadas constituye un eslabón esencial para garantizar no sólo la seguridad alimentaria, sino también el desarrollo rural. Porque si no existen pueblos, si no se invierte en la continuidad y mejora de las explotaciones agrícolas y ganaderas o del sector agroalimentario, implicará una reacción en cadena, la pérdida de empleo, la dependencia de las importaciones de los alimentos, el deterioro medioambiental, etc.

Se exige, por tanto, una actuación preventiva, entendida como cualquier intervención beneficiosa para evitar o reducir un fenómeno no deseado. Evidentemente, la prevención no debe venir exclusivamente del Derecho penal, sino que todas las instancias de control social formal e informal deben implicarse en la consecución de la seguridad alimentaria y el desarrollo rural. Obviamente, el Derecho penal no es la panacea. Es más, de nada sirven previsiones específicas en los delitos contra el patrimonio o la creación de unidades específicas como ROCA si luego no se dotan de efectivos o se cierran cuarteles de la Guardia Civil[30].

El Derecho penal simplemente es un medio de control social, la *ultima ratio* para mantener una convivencia social pacífica, y cuya intervención no es ilimitada, sino que debe someterse al respeto de los principios limitadores vigentes. En los

30 Por ejemplo, únicamente hay dos miembros adscritos a este equipo (ROCA) para resolver los robos en el sector agrario en Salamanca, una provincia con una extensión de 12.349 km^2, con 362 municipios.

últimos tiempos, se asiste a una continua tensión entre eficacia y garantías en el Derecho penal y lamentablemente, la balanza se inclina a favor de la eficacia. No es admisible que la obsesión por la consecución de una seguridad utópica permita vulnerar principios legitimadores del Derecho penal como el de intervención mínima, el de lesividad o el de presunción de inocencia. Máxime cuando existen otras ramas del ordenamiento jurídico como el Derecho administrativo que pueden ejercer la labor de prevención, el control y vigilancia para garantizar la seguridad alimentaria y cuya intervención no exige el respeto de los principios limitadores del Derecho penal. En una sociedad democrática y de Derecho como en la que vivimos, es esencial el respeto de los derechos reconocidos, también por parte del Derecho penal. Además, los límites existentes se erigen como un factor clave para evitar la continua flexibilización y la funcionalización del Derecho penal, que está convirtiendo al Derecho penal en una mera herramienta para otorgar "seguridad" en un Estado de la seguridad.

VI. BIBLIOGRAFÍA

ARROYO ALFONSO, Mª Soledad, "Apuntes sobre la administrativización del Derecho penal del medio ambiente", Actualidad Jurídica Ambiental, Nº 83, 2018, pp. 1-33.

BABIC, M., FICHTNER, J. y HEEMSKERK, E.M., "States versus Corporations: Rethinking the Power of Business in International Politics", The International Spectator, 2017, Vol. 52, Nº 4, pp. 20-43.

BANCO MUNDIAL, Estudio de Políticas del Banco Mundial: La pobreza y el Hambre. Temas y opiniones sobre la seguridad alimentaria en los países en desarrollo, Washington D.C., 1986.

BERDUGO GÓMEZ DE LA TORRE, I., Viejo y nuevo Derecho penal: principios y desafíos del derecho penal de hoy, Iustel, Madrid, 2012.

CUMBRE MUNDIAL SOBRE LA ALIMENTACIÓN, Declaración de Roma sobre la Seguridad Alimentaria Mundial de 1996, Roma.

DÍAZ–MAROTO Y VILLAREJO, J., El Derecho penal ante los fraudes alimentarios. Responsabilidad por el producto en la moderna sociedad del riesgo, Aranzadi, Navarra, 2010.

FAO, Informe del octavo periodo de sesiones del Comité de Seguridad Alimentaria Mundial, Roma, 1983.

FAO, El estado de la inseguridad alimentaria en el mundo de 2001, Roma, 2001.

FAO, The State of Food Security and Nutrition in the World, p. 3. [en línea] (2024) <https://openknowledge.fao.org/handle/20.500.14283/cd1254en

> [Consulta: 26/11/2024].

GARCÍA ALBERO, R., "De los delitos contra la salud pública", en Comentarios al Código penal español, T. II, Aranzadi, Cizur Menor, 2016, pp. 952-1036.

GARCÍA ALFARAZ, A. I., Principio de precaución: seguridad alimentaria y delito, Tirant lo blanch, Valencia, 2022.

GARCÍA ALFARAZ, A. I., Seguridad alimentaria: Retos y Derecho penal, Colex, A Coruña, 2022.

GARCÍA RIVAS, N., "Influencia del principio de precaución sobre los delitos contra la seguridad alimentaria", en Protección penal del consumidor en la Unión Europea, Ediciones de la Universidad de Castilla-La Mancha, 2005, pp. 91-124.

HASSEMER, W. y MUÑOZ CONDE, F., La responsabilidad por el producto en Derecho penal, Tirant lo Blanch, Valencia, 1995.

HERZOG, F., "Sociedad del riesgo, derecho penal del riesgo, regulación del riesgo (perspectivas más allá del Derecho penal)", en Crítica y justificación del Derecho penal en el cambio de siglo: el análisis crítico de la Escuela de Frankfurt, 2003, pp. 249-258.

MÉNDEZ RODRÍGUEZ, C., "La deriva de los delitos de peligro en la LO 1/2015, de 30 de marzo de reforma del Código penal: La equiparación punitiva de los delitos de peligro dolosos e imprudentes y de los delitos de resultado y peligro abstracto. Una forma de "solventar" la confusa interpretación y aplicación de los tipos penales de peligro", Estudios Penales y Criminológicos, Vol. XXXVII, 2017, pp. 487-538.

MENDOZA BUERGO, B., El Derecho penal en la sociedad del riesgo, Civitas, Madrid, 2001.

MENDOZA BUERGO, B., "Gestión del riesgo y política criminal de seguridad en la sociedad del riesgo", en Derecho y justicia penal en el siglo XXI.

Liber Amicorum en Homenaje al Profesor Antonio González-Cuéllar García, Colex, Madrid, 2006, pp. 351-372.

MINISTERIO DE AGRICULTURA, PESCA Y ALIMENTACIÓN, Informe Anual de la industria alimentaria española, periodo 2022-2023, [en línea] (2024)<https://www.mapa.gob.es/en/alimentacion/temas/industria-agroalimentaria/20240126informeanualindustria2022-20234t23ok_tcm38-659567.pdf> [Consulta: 26/11/2024].

NACIONES UNIDAS, Declaración universal sobre la erradicación del hambre y la malnutrición, de 16 de noviembre de 1974 [en línea], (1974), <https://www.ohchr.org/es/instruments-mechanisms/instruments/universal-declaration-eradication-hunger-and-malnutrition> [Consulta: 26/11/2024].

PAREDES CASTAÑÓN, J. M. y RODRÍGUEZ MONTAÑES, T., El caso de la Colza: Responsabilidad penal por productos adulterados o defectuosos, Tirant lo Blanch, Valencia, 1995.

PÉREZ ÁLVAREZ, F., Protección penal del consumidor, Praxis, Barcelona, 1991.

PÉREZ CEPEDA, A. I., La seguridad como fundamento de la deriva del Derecho Penal postmoderno, Iustel, Madrid, 2007.

RECUERDA GIRELA, M. Á., Seguridad Alimentaria y Nuevos alimentos. Régimen jurídico-administrativo, Thomson-Aranzadi, Cizur Menor, 2006.

SILVA SANCHEZ, J. M., La expansión del derecho penal, Edisofer, Madrid, 2011.

CAPÍTULO XI.

CONSIDERACIONES EN TORNO AL PRECIO EN LOS CONTRATOS ALIMENTARIOS FORMALIZADOS ENTRE EL PRODUCTOR PRIMARIO Y EL ADQUIRENTE-REVENDEDOR

MARTÍN GONZÁLEZ-ORÚS CHARRO
Profesor Ayudante Doctor de Derecho Mercantil
Universidad de Salamanca

RESUMEN: El sector agroalimentario presenta un interés muy elevado en su aspecto jurídico. Uno de los aspectos más analizados es el contractual, específicamente centrado en las relaciones entre productores primarios y los primeros adquirentes de sus productos; considerando que los primeros constituyen el eslabón más débil de la cadena alimentaria en virtud de su escaso poder de negociación, el legislador centra mucho el foco legal para la adecuada tutela de sus interese económicos. Considerando las reglas del derecho contractual y la del derecho contra la competencia desleal, en los últimos años la legislación muestra especial desarrollo en materia de constancia y establecimiento de precios en las relaciones jurídicas entre estos operadores. El núcleo de este trabajo reside en abordar una selección de cuestiones en torno al precio en los contratos alimentarios, al amparo de examinar la regulación vigente, extraer de ella algunas críticas y proponer mejoras.

Palabras clave: control de precios, contratación, poder de negociación, cadena alimentaria.

SUMARIO: I. INTRODUCCIÓN. II. CADENA ALIMENTARIA Y ESLABÓN DÉBIL: EL PRODUCTOR PRIMARIO. III. RELACIONES CONTRACTUALES EN LA CADENA ALIMENTARIA: NOCIONES BÁSICAS Y TIPOLOGÍA. IV. EL PRECIO COMO ELEMENTO VERTEBRADOR DEL CONTRATO ALIMENTARIO. 1. La fijación de precios en la legislación alimentaria. 1.1 Principio general: libertad de pacto. 1.2 Medidas de tutela en materia de precios. 1.2.1 Constancia del precio en el contrato como regla general: dispensa en caso de pago al contado (art. 8.3 LMMLCA). 1.2.2 Factores para determinar el precio. A) Prohibición de venta a pérdida. B) Prohibición de modificar unilateralmente el precio. C) Límite a los aplazamientos de pago del precio. D) Prohibición de imputar pagos a la otra parte no relacionados con la venta de los productos agrícolas o alimentarios del proveedor. E) Pago por pérdida o deterioro de los alimentos entregados al comprador sin culpa del productor. V. BIBLIOGRAFÍA.

I. INTRODUCCIÓN

Desde hace décadas, el sector de la contratación alimentaria presenta importantes problemas que precisan de una solución sumaria y eficaz. Hace poco más de diez años, nuestro legislador centró su foco de atención en el sector agroalimentario para dar una solución a los múltiples problemas. Pese a la existencia de algunas normas anteriores a este período, el primer hito reseñable fue la Ley 12/2013, de 2 de agosto, de medidas para mejorar el funcionamiento de la cadena alimentaria (LFCA). Esta norma pone de manifiesto la importancia de un sector que es tan importante como básico, y más en un país como el nuestro, que presenta tan elevada variedad de productos alimentarios. Así se hace constar en la Exposición de Motivos de la LFCA: "*La Alimentación en España es un signo de identidad que surge de la gran variedad y riqueza de las producciones agroalimentarias de este país que son consecuencia de la diversidad de sus tierras, mares, ecosistemas y tradiciones. La importancia por tanto de todo lo relacionado con los alimentos, no deriva sólo de la necesidad de satisfacer una función primaria de todo ser humano, sino de la intrínseca relación que la alimentación ha venido tradicional-*

mente manteniendo con la sociedad, la economía y el medio rural en España. Este vínculo inexorable ha ido consolidándose con el paso del tiempo y generando alrededor un sector de vital importancia, que tiene como fin último no sólo atender a las demandas de los consumidores, sino generar riqueza y contribuir de forma significativa al crecimiento económico y al desarrollo y progreso del medio rural español. El sector agroalimentario en España tiene pues un valor estratégico innegable para la economía nacional".

Sin embargo, el sector alimentario es vulnerable en su conjunto, considerando sus características especiales y su idiosincrasia propia. Dentro de todo el elenco de operadores económicos que intervienen en la cadena alimentaria, el más deteriorado es el productor primario; el primer eslabón y, probablemente, el más importante, pues él crea el producto y, sin éste, no habría mercado alimentario. El desequilibrio de poder de negociación de experimenta fuerza su propio deterioro ante la exigencia de aceptar condiciones que, lejos de ser idóneas, en muchos casos son perjudiciales. Para paliar este problema, los productores primarios aúnan fuerzas y recursos mediante la creación de asociaciones donde se integran para aumentar su tamaño y reequilibrar, en la medida de lo posible, ese déficit de poder que individualmente tienen[1].

Uno de los extremos que más afecta al sector son los precios de venta y suministro de los productos alimentarios. A efectos de procurar una protección adecuada para todos los operadores que conforman la cadena alimentaria, la Directiva

---

1 En este sentido, resulta de especial interés la aportación del Prof. ÁVILA DE LA TORRE, A., "El reconocimiento de la organización de productores: principales cuestiones societarias", en MARTÍN ARESTI, P. (Dir.); CURTO POLO, M. (Dir.); y GONZÁLEZ-ORÚS CHARRO, M. (Dir.), *Innovación y competencia en el sector agroalimentario. Hacia una mayor competitividad en un entorno normativo complejo,* Tirant lo Blanch, Valencia 2024, pp.17-48.

(UE) 2019/633 del Parlamento Europeo y del Consejo, de 17 de abril de 2019, relativa a las prácticas comerciales desleales en las relaciones entre empresas en la cadena de suministro agrícola y alimentario, impuso una serie de medidas que serán examinadas a lo largo del trabajo. El objeto de aquéllas es evitar daños indeseados, como la venta a pérdida que ya experimentan, por ejemplo, los eslabones inferiores de la cadena, o la obligación de asumir costes adicionales en el procedimiento de negociación para el suministro de alimentos.

II. CADENA ALIMENTARIA Y ESLABÓN DÉBIL: EL PRODUCTOR PRIMARIO

El sector alimentario constituye una pieza esencial para satisfacer la demanda nutricional de la población; se compone, a tenor de lo dispuesto en el art. 5 b) de la Ley 12/2013, de 2 de agosto, de medidas para mejorar el funcionamiento de la cadena alimentaria (LMMFCA)[2], de las ramas productivas agrícola, ganadera, forestal y pesquera, así como de la sección dedicada a la transformación y distribución de sus productos; muchas de ellas, provistas de una cantidad inabarcable de normativa[3].

---

2 BOE de 3 de agosto de 2013.

3 Según el tipo de producto, nacen distintas necesidades de producción, distribución, controles sanitarios y otros factores que precisan de una regulación específica. En el sector de los productos cárnicos y sus derivados (bóvidos, de ovinos, cápridos, suidos, équidos, camélidos o cetáceos): Real Decreto 1066/1990, de 27 de julio, y su regulación en sede de producción, transformación y distribución (Real Decreto 1976/2004, de 1 de octubre); para las carnes frescas, disponemos de los Reales Decretos 1066/1990, de 27 de julio, y 1376/2003, de 7 de noviembre, relativo a sus condiciones de producción, almacenamiento y comercialización. En lo referente a los productos de la pesca (marinos o de agua dulce), frescos o conservados por distintos procedimientos autorizados, su legislación aparece concentrada en el Real Decreto

Dentro del sector, confluyen una gran cantidad de operadores

1521/1984, de 1 de agosto, por el que se aprueba la Reglamentación Técnico-Sanitaria de los Establecimientos y Productos de la Pesca y Acuicultura con Destino al Consumo Humano; igualmente, disponemos de normas para las especies de moluscos y otros invertebrados marinos especiales, como el Real Decreto 345/1993, de 5 de marzo. El sector de la leche y otros productos lácteos también copa un importante espacio en la regulación, especialmente en lo relativo a su calidad y métodos de análisis: Reales Decretos 1533/1991, de 18 de octubre, y 2021/1993, de 19 de noviembre, como en lo referido al ámbito del control hacia los productores que operan en este mercado: Reales Decretos 752/2011, de 27 de mayo, para la leche cruda de oveja y cabra, o para la producción del yogurt: Real Decreto 271/2014, de 11 de abril. Para los aceites vegetales comestibles, cabe destacar el Real Decreto 3000/1979, de 7 de diciembre, que regula los procesos industriales para su creación; y, en sede autonómica, procede mencionar la Ley 5/2011, de 6 de octubre, del olivar de Andalucía, de fomento al desarrollo sostenible de sus territorios y al impulso de la calidad y promoción de sus productos. Respecto del sector de huevos y derivados, procede mencionar el Real Decreto 1254/1991, de 2 de agosto, por el que se dictan normas para la preparación y conservación de la mayonesa de elaboración propia y otros alimentos de consumo inmediato en los que figure el huevo como ingrediente. Y, en último lugar, otros productos alimentarios, procede mencionar muchas normas: el Real Decreto 782/1984, de 28 de marzo, por el que se regula la producción, intervención y precio de determinados alcoholes etílicos; la Ley 24/2003, de 10 de julio, de la Viña y del Vino; la Ley 5/2004, de 7 de mayo, de Ordenación Vitivinícola; la Ley 2/2020, de 5 de marzo, de la vitivinicultura; Real Decreto 678/2016, de 16 de diciembre, por el que se aprueba la norma de calidad de la cerveza y de las bebidas de malta; Real Decreto 72/2017, de 10 de febrero, por el que se aprueba la norma de calidad de las diferentes categorías de la sidra natural y de la sidra; Real Decreto 1798/2010, de 30 de diciembre, por el que se regula la explotación y comercialización de aguas minerales naturales y aguas de manantial envasadas para consumo humano; o el Real Decreto 1799/2010, de 30 de diciembre, por el que se regula el proceso de elaboración y comercialización de aguas preparadas envasadas para el consumo humano.

que intervienen desde el proceso de fabricación del alimento (productores primarios) hasta su venta final (mayoristas y minoristas) al cliente que habrá de consumirlo, sin contar a estos últimos a efectos LMMFCA[4]; es por tano, una red de distribución vertical. En este sentido, el art. 5 a) LMMFCA define la cadena alimentaria como el *"Conjunto de actividades que llevan a cabo los distintos operadores que intervienen en la producción, transformación y distribución de productos agrícolas y alimentarios, excluyendo las actividades de transporte, y las empresas de hostelería y restauración con un volumen de facturación inferior a diez millones de euros, excluyéndose también las empresas en las actividades de servicios de alojamiento con un volumen de facturación inferior a 50 millones de euros"*. Sin embargo, la cadena alimentaria presenta una particularidad que la hace algo diferente del resto de redes comerciales. En los tradicionales sistemas de producción-distribución, es el productor quien, generalmente, asume una mayor fuerza negociadora respecto de sus distribuidores; en la cadena alimentaria, en cambio, ocurre la situación inversa: son los productores de alimentos quienes resultan más perjudicados por estar peor dotados de capacidad de negociación, especialmente el eslabón primero.

El productor primario es una persona física o jurídica cuya actividad ejerce en el seno de la producción agrícola, ganadera, forestal o en la pesca [art. 5 d) LMMFCA]; casi todos ellos son personas naturales que titulan una pequeña explotación agrícola o ganadera, profesión que ejercen fruto de una sucesión en el negocio familiar, que viene perdurando desde varias generaciones. Considerando su condición de operador

---

[4] A efectos del art. 5 c) LMMFCA, serán operadores: *"La persona física o jurídica del sector alimentario, incluyendo una agrupación, central o empresa conjunta de compra o de venta, que realiza alguna actividad económica en el ámbito de la cadena alimentaria. Los consumidores finales no tendrán la condición de operadores de la cadena alimentaria"*.

de tamaño pequeño y su actuación casi siempre autónoma, sus condiciones han ido empeorando con el paso de los años, fruto de la presión que ejercen otros eslabones superiores de la cadena alimentaria. Pese a los esfuerzos del legislador por ofrecer mecanismos para su protección y reequilibrio de su poder de negociación, el factor miedo continúa siendo el obstáculo principal que impide una evolución en tal sentido, quizá porque -como indica algún autor- no sienten un verdadero apoyo de la autoridad pública ante la ausencia de mecanismos que garanticen una confidencialidad del denunciante[5], por lo menos hasta ahora[6].

---

5 RUIZ PERIS, J. I., "El sector agroalimentario a la búsqueda de equilibrios de mercado", en PALAU RAMÍREZ, F. (Dir.); y MARTÍ MIRAVALLS, J. (Dir.), *Retos en el sector agroalimentario: Regulación, competencia y propiedad industrial,* Tirant lo Blanch, Valencia, 2022, pp. 29-42, p. 31.

6 En tal sentido, procede recordar que el artículo único de la Ley 16/2021, de 14 de diciembre, introdujo en la LMMLCA una práctica desleal consistente en la aplicación de represalias por parte de un operador de la cadena frente a otro en caso de que este último formulara una denuncia contra el primero en sede del ejercicio o protección de sus derechos. Así lo dispone el art. 14 bis 1 h) LMMFCA: *"Quedan prohibidas las siguientes prácticas comerciales desleales; (...) h) Que una de las partes de la relación comercial amenace con llevar a cabo, o lleve a cabo, actos de represalia comercial contra la otra parte cuando esta ejerza sus derechos de negociación, contractuales o legales, incluidos la presentación de una denuncia o la cooperación con las autoridades de ejecución durante una investigación".* Por otro lado, merece destacar otra norma posterior muy relacionada con la que acabamos de mencionar: la Ley 2/2023, de 20 de febrero, reguladora de la protección de las personas que informen sobre infracciones normativas y de lucha contra la corrupción. Esta norma ofrece una tutela en esta sede, pues facilita -en nuestro caso- al productor alimentario o un tercero aportar información a las autoridades públicas sobre la comisión de infracciones por otros operadores quebrantadores del Derecho de la unión, evitando que éstos puedan aplicar, por ello, represalias al denunciante [arts. 1.1 y 2.1 a) Ley 2/2023].

Al objeto de solventar este conflicto, los productores primarios recurrieron en su momento al asociacionismo. Fueron varias las agrupaciones que han creado desde los años ochenta hasta ahora: por ejemplo, la Unión de Pequeños Agricultores y Ganaderos (UPA, con más de 80.000 afiliados en España); todos ellos agricultores y ganaderos de todas las comunidades autónomas. De hecho, uno de sus objetivos más prioritarios es lograr precios justos para en la primera venta de productos agrícolas[7]. Otras agrupaciones similares son la Asociación Riojana de Agricultores y Ganaderos, la Asociación Agraria–Jóvenes Agricultores (ASAJA), la Federación Española de Industrias de alimentación y Bebidas (FIAB), la Federación Nacional de Cofradías de Pescadores o la Federación Española de Organizaciones Pesqueras (FEOPE).

Este problema de desequilibrio en el poder de negociación viene manifestado desde las autoridades europeas desde hace más de una década. La Comunicación de la Comisión sobre mejorar el funcionamiento de la cadena alimentaria en Europa, de 28 de octubre de 2009 [COM (2009) 591, final] alertó en su punto 3.1.1. que: *"En la cadena alimentaria, la existencia de desequilibrios considerables en el poder de negociación de las partes contratantes es un fenómeno habitual y las partes interesadas han señalado que constituye una grave preocupación. Esta asimetría en el poder de negociación puede dar lugar a prácticas comerciales desleales, puesto que los operadores de mayor tamaño y más poderosos intentan imponer acuerdos contractuales que los favorezcan, ofreciendo mejores precios o imponiendo mejores cláusulas y condiciones. Estas prácticas pueden darse en todos los eslabones de la cadena y adoptar la forma, por ejemplo, de pagos atrasados, modificaciones unilaterales de los contratos, cambios específicos en las condiciones contractuales, pagos por adelantado en calidad de derechos de participación en las negociaciones, etc."*.

---

7 Puede consultar más información de esta agrupación en el siguiente enlace web: https://www.upa.es/upa/que-es-upa/quienes-somos/.

También tuvo un papel muy relevante el Código de Buenas Prácticas Mercantiles en la Contratación Alimentaria, aprobado mediante acuerdo el 24 de noviembre de 2015 (CPMA 2015)[8]. Este texto centra su base en el principio de lealtad de todos los operadores que actúan en la cadena alimentaria; igualmente sobre los principios de buena fe, interés mutuo, equidad, distribución equitativa de riesgos y responsabilidades, compromiso y confianza. Concretamente, el punto 8 aborda los compromisos generales en materia de contratos, que deberán formularse por escrito con redacción clara, transparente y de contenido suficiente; además, el punto 10 incide en la importancia de garantizar su adecuado cumplimiento, incorporando plazos razonables de preaviso para la eventual ruptura de la relación comercial. En último término, merece destacar otro aspecto importante, relacionado con las eventuales penalizaciones en caso de incumplimiento por alguna de las partes; señala el punto 10, inciso segundo, aquéllas serán transparentes, justificadas, y no desproporcionadas frente a los daños sufridos.

Por otro lado, la corrección del desequilibrio negociador en el mercado alimentario se ha procurado a través de una doble vía.

---

8 El código de buenas prácticas fue publicado en el BOE de 18 de diciembre de 2015. Fueron partes integrantes y firmantes la entonces Ministra de Agricultura, Alimentación y Medio Ambiente, por un lado; y, de otro, la Asociación Española de Distribuidores, Autoservicios y Supermercados (ASEDAS), la Asociación Agraria-Jóvenes Agricultores (ASAJA), la Unión de Pequeños Agricultores y Ganaderos (UPA), la Coordinadora de Organizaciones de Agricultores y Ganaderos (COAG), Cooperativas Agro-alimentarias de España y la Federación Española de Industrias de la Alimentación y Bebidas (FIAB). Actualmente, están adheridos a él más de 100 asociaciones y empresarios del sector agroalimentario.

En primer lugar, desde la perspectiva del derecho para la defensa de la competencia, que resulta aplicable al sector alimentario por indicación expresa de la LMMFCA[9]. En este sentido, dispone el art. 42 TFUE que las normas en materia de competencia serán aplicables a la producción y al comercio de los productos agrícolas teniendo en cuenta los objetivos de la política agraria común (cfr. art. 39.1 TFUE). Tal y como parece, las relaciones contractuales entre proveedores y distribuidores están sujetas a la prohibición de las prácticas colusorias del art. 101 TFUE, quedando a salvo algunas excepciones que recoge el Reglamento (UE) n.º 1308/2013 del Parlamento Europeo y del Consejo, de 17 de diciembre de 2013, por el que se crea la organización común de mercados de los productos agrarios (en adelante: RUE 1308/2013)[10]. No obstante, pese a

---

9 Dispone el art. 7 LMMFCA: *"El contenido de las relaciones reguladas por la presente Ley, así como la aplicabilidad de los principios rectores en la ejecución e interpretación de tales relaciones, quedará sometido a la normativa de defensa de la competencia, sin perjuicio de lo dispuesto en la normativa comunitaria"*.

10 En realidad, el RUE 1308/2013 constituye una norma de remisión que establece el ámbito de aplicación de las normas del derecho de la competencia en el sector de productos agrarios. Así, dispone el art. 206 I del RUE 1308/2013: *"Salvo disposición en contrario del presente Reglamento y de conformidad con el artículo 42 del TFUE, los artículos 101 a 106 del TFUE y sus disposiciones de aplicación se aplicarán, con sujeción a lo dispuesto en los artículos 207 a 210 del presente Reglamento, a todos los acuerdos, decisiones y prácticas con templados en el artículo 101, apartado 1, y en el artículo 102 del TFUE relativos a la producción o el comercio de productos agrarios"*. En torno a las excepciones agrícolas, en primer término, queda fuera del artículo 101.1 TFUE los acuerdos, decisiones y prácticas concertadas de agricultores, asociaciones de agricultores o asociaciones de estas asociaciones, organizaciones de productores, o sus asociaciones, que se refieran a la producción o venta de productos agrarios o a la utilización de instalaciones comunes de almacenamiento, tratamiento o transformación de productos agrarios, siempre que pongan en peligro los objetivos del artículo 39 del TFUE (art. 209.1

esta regla general, lo cierto es que, en realidad, el derecho de la libre competencia resulta escasamente aplicable al sector alimentario, por dos razones. La primera, por causa de la llamada "derogación funcional" de este conjunto de normas, incardinada en el art. 209 II RUE 1308/2013: *"El artículo 101, apartado 1, del TFUE no se aplicará a los acuerdos, decisiones y prácticas concertadas de agricultores, asociaciones de agricultores o asociaciones de estas asociaciones, organizaciones de productores reconocidas al amparo del artículo 152 del presente Reglamento, o asociaciones de organizaciones de productores reconocidas al amparo del artículo 156 del presente Reglamento, que se refieran a la producción o venta de productos agrarios o a la utilización de instalaciones comunes de almacenamiento, tratamiento o transformación de productos agrarios, a menos que pongan en peligro los objetivos del artículo 39 del TFUE"*[11]. Y, en segundo lugar, la normativa sobre defensa de la competencia adquiere un protagonismo residual, pues los efectos negativos suscepti-

---

I RUE 1308/2013) Por otro lado, también quedan excepcionados los acuerdos, decisiones y prácticas concertadas que conlleven la obligación de cobrar un precio idéntico o por medio de los cuales quede excluida la competencia (art. 209.1 II RUE 1308/2013). Tales conductas no estarán prohibidas o sujetas a decisión previa (art. 209.2 RUE 1308/2013). Para un mayor desarrollo, vid.: CARBAJO CASCÓN, F., "Incentivos a la agregación de la oferta agrícola desde el derecho de la competencia", en PALAU RAMÍREZ, F. (Dir.); y MARTÍ MIRAVALLS, J. (Dir.), *Retos en el sector agroalimentario: Regulación, competencia y propiedad industrial,* Tirant lo Blanch, Valencia, 2022, pp. 43-59, pp. 48-52.

11 Sobre esta cuestión, vid.: GUILLEM CARRRAU, J., "La derogación funcional del derecho de la competencia: el intercambio de información, la fijación de precios y de cantidades a la luz del asunto ENDIVIAS", en CARBAJO CASCÓN, F. (Dir.), *Competencia, propiedad intelectual y tutela de consumidores en el sector agroalimentario,* Tirant lo Blanch, Valencia, 2022, pp. 963-982, pp. 968-971.

bles de ocasionar para la libre competencia son relativos y de poco impacto[12].

Mayor relevancia ha supuesto combatir el problema desde el derecho contra la competencia desleal. En este sentido, nuestra normativa nacional contempla la prohibición de explotación de la situación de dependencia económica de un operador a sus clientes o proveedores que no dispongan de alternativa equivalente para el ejercicio de su actividad (art. 16.2 LCD); sin embargo, en el sector alimentario ha sido muy notable la aportación de la Directiva 2019/633. La norma europea contempla dos listados de prácticas desleales en su art. 3 Directiva 2019/633 sobre prácticas comerciales desleales en las relaciones entre empresas en la cadena de suministro agrícola y alimentario[13]: el primero de ellos constituye una "lista

---

12 Expone VAQUERO PINTO, M. J., ["Los contratos alimentarios en la ley de medidas para mejorar el funcionamiento de la cadena alimentaria: ¿más sombras que luces?", en MARTÍN ARESTI, P. (Dir.); CURTO POLO, M. (Dir.); y GONZÁLEZ-ORÚS CHARRO, M. (Dir.), *Innovación y competencia en el sector agroalimentario. Hacia una mayor competitividad en un entorno normativo complejo*, Tirant lo Blanch, Valencia 2024, pp. 559-634, p. 572] que las posiciones de dominio entre operadores del sector alimentarios tienen un alcance relativo y no absoluto; por tanto, insuficiente para proyectar efectos relevantes en el mercado. Por su parte, OLMEDO PERALTA, E., ["Poder de mercado, poder de negociación y abusos explotativos en la cadena alimentaria", en CARBAJO CASCÓN, F. (Dir.), *Competencia, propiedad intelectual y tutela de consumidores en el sector agroalimentario*, Tirant lo Blanch, Valencia, 2022, pp. 1137-1180, p. 1170] que no se perciben fallos relevantes en el sector alimentario que requieran una intervención desde la normativa de defensa de la competencia.

13 Todas ellas son objeto de un profundo análisis en las siguientes obras: VICIANO PASTOR, J., "La regulación de las prácticas comerciales desleales en el sector agroalimentario: a propósito de la directiva (UE) 2019/633", en PALAU RAMÍREZ, F. (Dir.); y MARTÍ MIRAVALLS, J. (Dir.), *Retos en el sector agroalimentario: Regulación, competencia y propiedad industrial*, Tirant lo Blanch, Valencia, 2022, pp. 107-126;

negra", que integra conductas que, en todo caso, serán consideradas desleales y, por ende, absolutamente prohibidas (art. 3.1 Directiva 2019/633); el segundo es una "lista gris", pues incorpora prácticas que, por regla general, resultan prohibidas, a no ser que a menos que resulten acordadas previamente de manera clara y sin ambigüedad en el contrato de suministro o en cualquier contrato posterior entre el proveedor y el comprador (art. 3.2 Directiva 2019/633). Estas prácticas han sido incorporadas a la legislación española gracias a la Ley 16/2021, que introdujo el art. 14 bis en la LMMLCA (aunque el texto resultante no ha quedado exento de crítica[14]); si bien, la regulación traspuesta no distingue entre operadores económi-

---

igualmente merecen una especial atención los trabajos integrados en CARBAJO CASCÓN, F. (Dir.), *Competencia, propiedad intelectual y tutela de consumidores en el sector agroalimentario*, Tirant lo Blanch, Valencia, 2022: FERNÁNDEZ-CARBALLO CALERO, P. "La lista negra de prácticas comerciales en la cadena de suministro agrícola y alimentario en la Directiva (UE) 2019/633 y su incorporación al ordenamiento jurídico español", pp. 1247-1271; LOUREDO CASADO, S., "La lista negra de prácticas desleales en el sector agroalimentario de la Directiva 2019/663", pp. 1273-1313. DOMÍNGUEZ PÉREZ, E., "Prácticas grises en la cadena agroalimentaria: el artículo 3.2 de la Directiva (UE) 2019/663 y el nuevo artículo 14.bis.2 (B, C, D) de la Ley 12/2013, tras la reforma operada por la Ley 16/2021, de 14 de diciembre", pp. 1315-1350; CARBAJO CASCÓN, F., "Prácticas grises en la cadena agroalimentaria. El artículo 3.2 de la Directiva (UE) 2019/663 y el nuevo artículo 14.bis.2 (A, E, F) de la Ley 12/2013, de 2 de agosto, de medidas para mejorar el funcionamiento de la cadena agroalimentaria", pp. 1351-1382.

14 No obstante, esta norma de trasposición ha sido examinada con fuerte ojo crítico por algunos autores, pues observan ciertos excesos regulatorios por parte de nuestro legislador en su actividad de trasposición. En este sentido: MARTÍN ARESTI, P., "Los excesos regulatorios de la reforma de la ley 12/2013 sobre el funcionamiento de la cadena alimentaria", *Actas de Derecho Industrial y Derecho de Autor*, tomo 42, 2022, pp. 149-174.

cos que ostenten una posición de desequilibro en la posición negociadora o de dependencia económica, de otros que no se encuentran en dicha situación. En consecuencia, se ofrece la misma protección, tanto a proveedores como adquirentes de productos alimentarios[15].

III. RELACIONES CONTRACTUALES EN LA CADENA ALIMENTARIA: NOCIONES BÁSICAS Y TIPOLOGÍA

Para hacer efectiva la llegada de los alimentos hasta los consumidores desde el productor primario, todos los operadores de la cadena alimentaria están vinculados por relaciones contractuales para la transmisión del producto y su circulación a través de toda la cadena. Contratos entre operadores cuya definición proporciona el art. 5 f) LMMFCA: *"Aquel en el que una de las partes se obliga frente a la otra a la venta de productos agrícolas o alimentarios, y esta se obliga por un precio cierto, bien se trate de una compraventa o de un suministro de forma continuada. Se exceptúan aquellos que tengan lugar con consumidores finales"*. Como bien indica el precepto, las modalidades típicas para realizar la contratación entre operadores de la cadena y, más en particular, entre el productor primario el primer adquirente de alimentos, son dos. En primer lugar, es muy frecuente recurrir al clásico contrato de compraventa, donde uno de los contratantes -productor primario- se obliga a entregar una cosa de-

15 VAQUERO PINTO, M. J., "Los contratos alimentarios en la ley de medidas para mejorar el funcionamiento de la cadena alimentaria: ¿más sombras que luces?", cit., p. 575; no obstante, apunta DONMÍNGUEZ PÉREZ, "Prácticas grises en la cadena agroalimentaria...", cit., p. 1336-1342) que el legislador europeo asume implícitamente que la deslealtad de la conducta deviene, al margen de su contenido, cuando el operador que la ejecuta dispone de una mayor dimensión empresarial frente al que la sufre.

terminada (alimento, en unidades autónomas o por peso) y el otro -adquirente- a pagar por ella un precio cierto, en dinero o signo que lo represente (art. 1445 CC). Esta modalidad es muy utilizada en general dentro del sector alimentario, pero especialmente por compradores que no desean vincularse establemente con los productores, bien porque inician tratos comerciales, o, porque siendo conocidos, prefieren poder abrirse a otros oferentes que acepten un mejor precio. Por otro lado, es habitual, también, el recurso a los contratos de suministro por productores y adquirentes que buscan formalizar acuerdos más estables y seguros de colaboración; prestaciones periódicas entregadas y abonadas en los plazos pactados, con posibilidad de informar, puntualmente, sobre un aumento o disminución en las capacidades de suministro y abastecimiento, según la alteración de las necesidades objetivas que cada contratante pueda experimentar. Aparte de estas dos fórmulas contractuales, la doctrina también ha hecho referencia, en alguna ocasión, a otra modalidad afín a la compraventa y al suministro: el contrato estimatorio; sin embargo, la cuestión no ha resultado sencilla, pues esta tipología contractual presenta, a priori, ciertos roces con la LMMFCA y, en consecuencia, refleja algunos obstáculos para ser valorada como contrato alimentario[16].

Con independencia de la modalidad contractual elegida, lo cierto es que tendrá una naturaleza civil y no mercantil. Proce-

---

16 Destaca CRUZ GONZÁLEZ, M. ["Esquemas contractuales de tipo estimatorio en la distribución agroalimentaria y su encaje en la ley de cadena alimentaria", en MARTÍN ARESTI, P. (Dir.); CURTO POLO, M. (Dir.); y GONZÁLEZ-ORÚS CHARRO, M. (Dir.), *Innovación y competencia en el sector agroalimentario. Hacia una mayor competitividad en un entorno normativo complejo,* Tirant lo Blanch, Valencia 2024, pp. 711-747, pp. 721-722 y, especialmente: 737-747], quien ha estudiado cuidadosamente el asunto de la compatibilidad de las reglas de la LMMFCA y la cláusula estimatoria (especialmente con su art. 14 bis 1 e) y 14 bis 2 f)].

de recordar la exclusión del art. 326 2.º CCom, niega la calificación de mercantiles a estos contratos: *"Las ventas que hicieren los propietarios y los labradores o ganaderos, de los frutos o productos de sus cosechas o ganados, o de las especies en que se les paguen las rentas"*. Considerando el contexto histórico y social del año 1885, el legislador decidió excluir toda actividad agraria del Derecho mercantil; un sector cuyo régimen queda supeditado al Código civil[17]; y, curiosamente, este texto carece de normas especí-

---

17 Vid.: entre otros: AMAT LLOMBART, P., "Contratación de productos agrarios en la cadena alimentaria y prácticas comerciales desleales. A propósito de la trasposición de la Directiva 2019/633", *Revista de Derecho Agrario y Alimentario*, n.º 77, 2020, pp. 7-67, p. 35; y CABALLERO LOZANO, J. M., "La protección del contratante débil: el caso del ganadero en el suministro de leche cruda", en MUÑIZ ESPADA, E., *Cambios en la Ley de Cadena Alimentaria: propuestas para la urgente transposición de la Directiva 2019/633, Reus*, Madrid, 2020, pp. 261-304, p. 276 y 285; y ECHEBARRÍA SÁENZ, M., "El contrato de suministro", en RUIZ PERIS, J. I. (Dir.); y MARTÍ MIRAVALLS, J. (Dir.), *Contratos de distribución. Agencia, distribución, concesión, franquicia, suministro y estimatorio*, Atelier, Barcelona, 2018, pp. 263-288, p. 263. En su momento, yo mismo critiqué la anacrónica exclusión del art. 326 2.º CCom [en la obra "Contratos de suministro y aprovisionamiento entre el productor primario y el distribuidor de productos agroalimentarios", en CARBAJO CASCÓN, F. (Dir.), *Competencia, propiedad intelectual y tutela de consumidores en el sector agroalimentario*, Tirant lo Blanch, Valencia, 2022, pp. 753-793, pp. 776-783] manifestando, entre otras razones, que no obedecía a razones objetivas o técnicas, sino a una mera discriminación motivada por el pensamiento de la época. Incluso el Tribunal Supremo expuso la crítica de forma clara hace cuatro décadas: *"exclusión que la práctica generalidad de la doctrina -con alguna singular aunque autorizada opinión discrepante- atribuye a una justificación tradicional, que marginaba de la esfera del comercio a las actividades agrícola y ganadera dada su índole familiar, y que si tuvo justificación en la época codificadora, cuando las operaciones de cultivo no pasaban de rudimentarias y se insertaban las más de las veces en una economía de subsistencia, no es válida para las explotaciones de hoy, desarrolladas en una verdadera empresa agraria; a pesar de lo cual es innegable que el precepto sigue vigente*

ficas para regular la contratación de productos alimentarios entre proveedores y distribuidores[18].

En todo caso, la LMMFCA establece previsiones específicas de tutela para las partes en la relación. Aquí sólo haré referencia expresa a dos de ellas, puesto que otras muchas están relacionadas con la determinación -directa o indirecta- del precio; aspecto, este último, que dejamos reservado para los apartados posteriores del trabajo. En primer lugar, los contratos alimentarios están sujetos a un requisito de forma: *"Los contratos alimentarios deberán formalizarse por escrito firmándose por cada una de las partes que intervienen en ellos, y su redacción se basará en los principios de transparencia, claridad, concreción y sencillez. Dicha formalización deberá realizarse antes del inicio de las prestaciones que tengan su origen en los mismos, pudiendo efectuarse mediante firma electrónica, quedando en poder de cada una de las partes una copia"* (art. 8.1 LMMFCA). La exigencia de documentar el contrato por escrito es, en todo caso, un requisito *ad probationem*, y no *ad solemnitatem*, para lo cual indica la ley que el cumplimiento

---

y con prevalencia frente a las normas del 235" [STS de 30 de octubre de 1981 (RJ 1981/5467)]. Por su parte, la Sección Segunda de la Comisión General de la Codificación, encabezada por D. Alberto Bercovitz Rodríguez-Cano, quiso poner fin a esta controversia en la PROCOMER 2013; concretamente, así lo dispusieron sus artículos 001-2 y 511-1. El primero de los preceptos otorga la consideración de empresario a las personas físicas y jurídicas *"que ejerzan o en cuyo nombre se ejerza profesionalmente una actividad económica organizada de producción o cambio de bienes o de prestación de servicios para el mercado, incluidas las actividades agrarias y las artesanales"*. Igualmente, añade el art. 511-1 PROCOMER 2013: *"Es mercantil la compraventa realizada en el ejercicio de alguna de las actividades expresadas en el artículo 001-2 de este Código, siempre que, además, estén sujetos al propio Código el comprador o el vendedor"*.

18 VAQUERO PINTO, M. J., "Los contratos alimentarios en la ley de medidas para mejorar el funcionamiento de la cadena alimentaria: ¿más sombras que luces?", cit., p. 579.

de tal formalidad no determinará la existencia y validez del contrato (art. 8.2 LMMFCA), sino una sanción administrativa de naturaleza pecuniaria[19]. El efecto de la validez (y no la nulidad) está previsto, entre otros motivos, para garantizar la seguridad jurídica de los acuerdos adoptados válidamente y, en particular, en favor del productor primario[20].

Por otro lado, el art. 9 LMMFCA establece un contenido mínimo para todo contrato alimentario. Entre algunas de sus menciones, exige: la identificación de las partes, con indicación del objeto y precio, señalando todos los pagos realizados y los descuentos aplicados, condiciones de pago, entrega y puesta a disposición de los productos, derechos y obligaciones de las partes y la información que deben suministrarse, y lo referente a la duración y extinción del vínculo[21]. Además, para ofrecer

---

19 El art. 24.1 a) LMMFCA establece una multa de entre 250 hasta 3.000 euros, cuya graduación se efectuará en torno al grado de intencionalidad o la naturaleza del perjuicio causado (art. 25 LMMFCA). En tal sentido, se presumen autor de esta infracción al comprador, salvo prueba en contrario (art. 23.4 LMMFCA).

20 Fundamentalmente, porque una nulidad por incumplimiento de la forma determinaría la restitución de las prestaciones que, en caso de alimentos perecederos, el productor primario experimentaría una pérdida por el deterioro de aquéllos; una vez restituidos, no habría ya forma de darle una salida en el mercado. Vid.: AMAT LLOMBART, P., "Contratación de productos agrarios en la cadena alimentaria y prácticas comerciales desleales. A propósito de la trasposición de la Directiva 2019/633", cit., p. 41; y RODRÍGUEZ CACHÓN, T., "Relaciones contractuales en la cadena alimentaria: análisis a la luz de la nueva regulación", *Revista de Derecho Civil*, n.º 1, 2018, pp. 191-217, p. 209.

21 Estas mismas indicaciones son las que contempla el art. 4 Ley 2/2000, de 7 de enero, reguladora de los contratos tipo de productos agroalimentarios. Por otro lado, no procede desconocer la existencia de contratos tipo para ciertos productos alimentarios elaborados como formularios homologados por el Ministerio de Agricultura, Pesca y Alimentación a través de sus múltiples órdenes ministeriales: Orden

mayor seguridad, la normativa establece deberes de conservación documental a cargo de los operadores de la cadena alimentaria; concretamente, deberán custodiar diligentemente toda la correspondencia, documentación y justificantes, en soporte electrónico o en papel, relacionados con los contratos alimentarios que celebren en el marco de lo dispuesto en esta ley, durante un período de cuatro años (art. 11.1 LMMFCA). En último lugar, la objeto de fiscalizar adecuadamente el cumplimiento sobre forma y contenido de los contratos, se crea el Registro de Contratos Alimentarios, donde únicamente serán objeto de inscripción los acuerdos formalizados entre productores primarios o las agrupaciones de éstos y los primeros adquirentes de éstos, así como sus modificaciones, anexos e información complementaria (art. 11 bis 1 5.1 Real Decreto

---

APA/528/2021, de 20 de mayo, por la que se homologa el contrato tipo de compraventa de limones con destino a comercialización en fresco, que regirá para la campaña 2021/2022 (BOE de 31 mayo de 2021); Orden APA/529/2021, de 20 de mayo, por la que se homologa el contrato tipo de compraventa de limones con destino a transformación, que regirá para la campaña 2021/2022 (BOE de 31 de mayo de 2021); Orden APA/530/2021, de 20 de mayo, por la que se homologa el contrato tipo de compraventa de limones ecológicos con destino a comercialización en fresco, que regirá para la campaña 2021/2022 (BOE de 31 de mayo de 2021); Orden APA/531/2021, de 20 de mayo, por la que se homologa el contrato tipo de compraventa de pomelos con destino a comercialización en fresco, que regirá para la campaña 2021/2022 (BOE de 31 de mayo de 2021); Orden APA/532/2021, de 20 de mayo, por la que se homologa el contrato tipo de compraventa de pomelos con destino a transformación, que regirá para la campaña 2021/2022 (BOE de 31 de mayo de 2021); Orden APA/770/2020, de 27 de julio, por la que se homologa el contrato-tipo de compraventa de uva con destino a su transformación en vino que regirá durante la campaña 2020/2021 (BOE de 6 de agosto de 2020); y Orden APA/771/2020, de 27 de julio, por la que se homologa el contrato-tipo de compraventa de vino que regirá durante la campaña 2020/2021 (BOE de 6 de agosto de 2020).

1028/2022, de 20 de diciembre, por el que se desarrolla el Registro de Contratos Alimentarios).

IV. EL PRECIO COMO ELEMENTO VERTEBRADOR DEL CONTRATO ALIMENTARIO

El precio en el contrato alimentario y, especialmente en el formalizado entre el productor primario y el primer adquirente de sus productos, constituye una prestación principal y básica del comprador o suministrado en la compraventa o suministro. Para el agricultor, ganadero, o cualquier otra clase de productor, la recepción del pago del precio le permite subsistir -con cierta precariedad- en el mercado alimentario; por tanto, es factor condicionante. Por esta razón, un de las grandes preocupaciones del legislador ha sido un control en la fijación de precios en el contrato alimentario; no obstante, cabe decir, que los métodos o vías para garantizar un precio equilibrado a los costes con cierto margen de beneficio han resultado infructuosos. El precio en el contrato alimentario se rige por las reglas generales de la compraventa civil; así, el cumplimiento de esta prestación consiste en la entrega de una cantidad cierta de dinero o signo que lo represente (art. 1445 CC), cuyo régimen aplicable, en defecto de pacto, será el de las obligaciones pecuniarias[22]. El pago del precio podrá realizarse en efectivo o por cualquier otro medio de pago admitido (cheque, pagaré, transferencia, Bizum, etc.).

22 DÍEZ-PICAZO Y PONCE DE LEÓN, L., *Fundamentos de derecho civil patrimonial IV. Las particulares relaciones obligatorias*, Aranzadi, Cizur Menor, 2010, p. 152.

4.1 La fijación de precios en la legislación alimentaria

4.1.1 Principio general: libertad de pacto

En torno a la determinación del precio en el contrato alimentario, conforme a la regla general, deberá quedar establecido al tiempo de perfeccionar el contrato o, al menos, que resulte determinable; este último aspecto aporta cierta flexibilidad, pues no es preciso que la cuantía exacta esté fijada en ese momento, que puede posponerse a un momento posterior, siempre que no resulte necesario un nuevo acuerdo posterior para fijarlo. Señala la doctrina que, en los contratos alimentarios, la certeza en el importe del precio se torna relativamente compleja, pues lo que paga el primer comprador al productor primario depende de lo que a su vez aquél pueda obtener revendiendo el alimento al siguiente eslabón de la cadena[23]. Ahora bien, la legislación valenciana vino a incorporar ciertas prohibiciones destinadas a paliar este problema; concretamente, la Disp. Ad. Segunda de la Ley 3/2013, de 26 de julio, de los Contratos y otras Relaciones Jurídicas Agrarias dispone: "*Se reputarán nulos, por contrarios a esta ley, los pactos por los que el agricultor o la agricultora persona física ceda las facultades de disposición sobre la cosecha a cambio de una retribución inicialmente indeterminada, ya se exprese con la cláusula «a comercializar» o cualquier otra; y en general, todas las formas y cláusulas contractuales que hagan*

[23] Señala ARPIO SANTACRUZ, J., ["La determinación del precio en los contratos alimentarios", en CARBAJO CASCÓN, F. (Dir.), *Competencia, propiedad intelectual y tutela de consumidores en el sector agroalimentario*, Tirant lo Blanch, Valencia, 2022, pp. 983-1040, p. 990-991] que la determinación del importe del alimento "a resultas" genera que el precio se determine "de arriba hacia abajo", lo que desemboca en su inadecuada transmisión a lo largo de la cadena.

soportar al agricultor o a la agricultora, persona física, los riesgos de la comercialización de la cosecha en la que no interviene".

4.2. Medidas de tutela en materia de precios

4.2.1. Constancia del precio en el contrato como regla general: dispensa en caso de pago al contado (art. 8.3 LMMLCA)

Uno de los elementos más importantes que la ley exige establecer en el acuerdo es el precio. En primer lugar, éste deberá constar en el sentido de que constituye la prestación principal del primer comprador. Dispone el art. 9.1 c) LMMFCA que habrá figurar: *"(...) Precio del contrato alimentario, con expresa indicación de todos los pagos, incluidos los descuentos aplicables, que se determinará en cuantía fija y/o variable, en función únicamente de factores objetivos, verificables, no manipulables y expresamente establecidos en el contrato, que en ningún caso puedan ser manipulables por el propio operador u otros operadores del sector o hacer referencia a precios participados (...)".* El legislador procura que las partes dejen bien atada la relación en torno a este extremo, precisamente para evitar cualquier variación injustificada del importe que percibirá la otra parte y que pueda ser oscuramente impulsada por el comprador. Procede reparar en que la ley está pensando en contratos de tractos sucesivo (suministro), considerando que menciona el término "descuentos" y "todos los pagos", lo que manifiesta una clara intención del legislador de proteger al vendedor de forma continuada en toda la relación, descartando una mera y exclusiva tutela inicial.

Aspecto interesante, en este punto es la excepción contemplada en el art. 8.3 LMMFCA: *"No obstante, en las relaciones entre operadores de la cadena alimentaria cuando el pago del precio se realice al contado contra la entrega de los productos alimenticios, no será necesario suscribir un contrato alimentario, teniendo las partes la obligación de identificarse como operadores y documentar dichas relaciones comerciales mediante la expedición de la correspondiente factura con los requisitos establecidos en el Real Decreto 1619/2012, de 30 de noviembre, por el que se aprueba el Reglamento por el que se regulan las obligaciones de facturación".* La ley establece un supuesto donde exime, no ya de incorporar un elemento en el documento, sino de formular por escrito el propio contrato. El motivo de esta dispensa se ubica en el pago al contado del precio; si se realiza de esta manera, a la entrega del producto, el legislador parece considerar suficientemente cubierto el interés de la parte vendedora (productor primario). La norma no está permitiendo la ausencia de toda formalidad escrita, pues la prueba del negocio queda documentada mediante la correspondiente factura, cuyo contenido habrá de cumplir los requisitos legales -suficiente, a criterio del legislador, para asegurar las oportunas garantías de las partes[24]-; estaríamos, por tanto, en presencia de un contrato alimentario verbal, reforzado con una factura escrita. Esta excepción es únicamente aplicable para contratos de tracto único con pago al contado; de este modo, no sería aplicable a contratos de tracto sucesivo -con independencia de la modalidad de pago-, ni tampoco a los de tracto único con pago postergado o aplazado del precio[25]. A mi juicio, esta excepción no queda suficientemente justificada, pues impide una tutela adecuada al productor primario, básicamente porque, con independencia de la constancia de una factura, ésta no expresa los términos que acordaron en su momento las partes. Así, es posible que, inicialmente, el pacto consistiera en el intercambio de alimentos a un precio "x", y

---

24 ARPIO SANTACRUZ, J., "La determinación del precio en los contratos alimentarios", cit., pp. 1001-1002.

25 SÁNCHEZ HERNÁNDEZ, R., "Los contratos alimentarios en la Ley de la cadena alimentaria (Referencia a la normativa y doctrina italiana «dei contratti di cessione dei prodotti agrícola e agroalimentari»)", *Actualidad Civil*, n.º 3, 2015 (LA LEY 2606/2015).

después el comprador -al tiempo de la entrega- forzase al productor a aceptar un precio "x-5", por ejemplo, que es el que refleja la factura[26].

4.2.2. Factores para determinar el precio

A) Prohibición de venta a pérdida

La LMMFCA establece una prohibición de venta a pérdida establecida en un modo indirecto, pues la norma no hace referencia expresa a este concepto, sino que establece que *"(...) cada operador de la misma deberá pagar al operador inmediatamente anterior un precio igual o superior al coste de producción de tal producto en que efectivamente haya incurrido o asumido dicho operador (...)"* (art. 12 ter 1 LMMFCA). Una medida establecida al objeto de evitar la destrucción de la cadena de valor, aplicable a todos los eslabones de la cadena, salvo al último (consumidor). La redacción del precepto se realizó con sumo cuidado, pues haber incorporado una prohibición general de la venta con pérdida (especialmente en el sector minorista) tiene difícil encaje en el Derecho de la Unión[27]. Nótese, además, que el precepto úni-

---

26 Comparten esta postura: AMAT LLOMBART, P., ("Contratación de productos agrarios en la cadena alimentaria y prácticas comerciales desleales..., cit., pp. 42-43) y VAQUERO PINTO, M. J., ("Los contratos alimentarios en la ley de medidas para mejorar el funcionamiento de la cadena alimentaria: ¿más sombras que luces?", cit., p. 605) quienes consideran que, aún tratándose de una compraventa con pago al contado, la ausencia de forma escrita puede constituir un incentivo para el escape en el cumplimiento de las exigencias legales o para la comisión de prácticas desleales, que son más fáciles de ocultar si la relación no consta documentada por escrito.

27 Procede recordar que la sentencia del TJUE de 19 de octubre de 2017 (asunto C-295/16: Administración Regional murciana contra

camente alude a un precio que, como mínimo, cubra el coste de producción, sin hacer mención expresa al de adquisición que, a juicio de la doctrina, hubiera sido lo razonable[28]; pues, la fórmula legal empleada, más que una prohibición de venta a pérdida, constituye una obligación al comprador de abonar un precio superior al que invirtió o abonó el productor o adquirente anterior por el alimento[29]. Apuntan algunos autores que esta prohibición indirecta de venta a pérdida no prevé ningún tipo de excepción, y vender a precio anormalmente reducido resulta, en ocasiones, una opción económicamente conveniente. Por ejemplo, procedería aplicarla en supuestos donde -en

---

la empresa mayorista Europamur Alimentación, S.A.) declaró que el art. 14 Ley 7/1996, de 15 de enero, de Ordenación del Comercio Minorista (LOCM) no se ajustaba a la legislación comunitaria contenida en la Directiva 2005/29/CE del Parlamento Europeo y del Consejo de 11 de mayo de 2005. El TJUE consideró excesiva la prohibición general de venta a pérdida del art. 14 LOCM, razón por la cuál fue reformado al año siguiente por el art. 6.1 del Real Decreto-ley 20/2018, de 7 de diciembre, en el sentido de prohibir únicamente aquellas ventas a pérdida que se reputen desleales. Vid.: GONZÁLEZ PONS, E., "El nuevo régimen de la venta a pérdida en España: el final de la adaptación pendiente de la ley de ordenación del comercio minorista a la directiva de prácticas comerciales desleales", *Revista de Derecho Patrimonial*, n.º 48, 2019 (consultado en Aranzadi Instituciones: BIB\2019\1078). relativa a las prácticas comerciales desleales de las empresas en sus relaciones con los consumidores

28 GARCÍA VIDAL, Á., "La fijación de precios en la cadena alimentaria", en PALAU RAMÍREZ, F. (Dir.); y MARTÍ MIRAVALLS, J. (Dir.), *Retos en el sector agroalimentario: Regulación, competencia y propiedad industrial*, Tirant lo Blanch, Valencia, 2022, pp. 61-76, p. 70.

29 APARICIO VAQUERO, J. P., "La intervención legislativa en la fijación del precio en los contratos alimentarios", en MARTÍN ARESTI, P. (Dir.); CURTO POLO, M. (Dir.); y GONZÁLEZ-ORÚS CHARRO, M. (Dir.), *Innovación y competencia en el sector agroalimentario. Hacia una mayor competitividad en un entorno normativo complejo*, Tirant lo Blanch, Valencia 2024, pp. 635-676, pp. 649-650.

ciertos momentos- el valor de mercado de un alimento se encuentre por debajo de su coste de producción, como ocurre en el sector agroalimentario[30]; también en casos de productos perecederos próximos a caducar; o en supuestos en que resulte la única vía para que el productor pueda recuperar, al menos, una parte de su inversión[31].

Por otro lado, la LMMFCA incorpora otra disposición exclusivamente y algo reiterativa, aplicable a las ventas entre el productor primario y el primer adquirente de sus alimentos: *"(…) El precio del contrato alimentario que tenga que percibir un productor primario o una agrupación de estos deberá ser, en todo caso, superior al total de costes asumidos por el productor o coste efectivo de producción (…)"* [art. 9.1 c) II LMMFCA]. El objeto de este precepto responde a una finalidad tuitiva particular: la necesidad de garantizar una remuneración justa y equitativa al productor primario[32]; retribución que debe cubrir sobradamente el esfuerzo humano y la inversión económica para, correlativamente, arrojar un porcentaje de beneficio digno, que permita al productor hacer de su trabajo un negocio rentable. En todo caso, el precepto peca de ciertas lagunas que restan efectividad a la medida; por ejemplo, a quién incumbe verificar que el precio es superior al coste efectivo de producción (comprador/ vendedor), ni tampoco ante qué autoridad, aspecto que no ha pasado desapercibido por la doctrina[33].

---

30 ARPIO SANTACRUZ, J., "La determinación del precio en los contratos alimentarios", cit., p.1023.

31 GARCÍA VIDAL, Á., "La fijación de precios en la cadena alimentaria", cit., p. 70.

32 ARPIO SANTACRUZ, J., "La determinación del precio en los contratos alimentarios", cit., p.1017.

33 GARCÍA VIDAL, Á., "La fijación de precios en la cadena alimentaria", cit., p. 72; y APARICIO VAQUERO, J. P., "La intervención legislativa en la fijación del precio en los contratos alimentarios", cit., p. 666.

Dentro del concepto de costes, el legislador resulta muy específico, pues menciona expresamente: *"(...) entre otros, el coste de semillas y plantas de vivero, fertilizantes, fitosanitarios, pesticidas, combustibles y energía, maquinaria, reparaciones, costes de riego, alimentos para los animales, gastos veterinarios, amortizaciones, intereses de los préstamos y productos financieros, trabajos contratados y mano de obra asalariada o aportada por el propio productor o por miembros de su unidad familiar (...)"* [art. 9.1 c) II LMMFCA]. Ante la elevada complejidad de interpretar este parámetro, el Ministerio de Agricultura, Pesca y Alimentación se comprometió a elaborar los criterios para determinar los costes de producción de los productos agrarios, pesqueros y alimentarios; hecho que debía haberse producido hace tiempo[34] y que ha generado el malestar de los operadores del sector[35]. En torno al modo de imputar los costes comunes de cada operador en relación al

---

34 Dispuso la Disp. Ad. Tercera Ley 16/2021, de 14 de diciembre que: *"En el plazo de seis meses desde la completa entrada en vigor de la ley, el Ministerio de Agricultura, Pesca y Alimentación publicará los criterios sobre los diferentes factores que intervienen en la determinación del coste de producción de los productos agrarios, pesqueros y alimentarios, a los que hace referencia el artículo 9 de la Ley 12/2013, de 2 de agosto, de medidas para mejorar el funcionamiento de la cadena alimentaria"*. Considerado que esta ley entró completamente en vigor el 31 de enero de 2023 (fecha en que estuvo plenamente operativo el Registro de Contratos Alimentarios: Disp. Final Octava 2 Ley 16/2021, de 14 de diciembre); de modo que los criterios aludidos para la determinación del coste debían haberse publicado el 31 de junio de 2023.

35 A tal efecto, la Unión de Uniones de Agricultores y Ganaderos emitió un comunicado el 10 de enero de 2024 para exigir al Ministerio de Agricultura que cumpliera con la ley y publicara sin demora los criterios sobre la determinación del coste de producción: *"Instamos en su día al Ministerio de Agricultura a que acelerara los trabajos y no esperase a estar obligado por ley a publicar estos criterios, pero ahora lo que reclamamos es que simplemente cumpla con la ley y publique unos criterios de determinación de costes de producción que deberían estar ya en manos de los agricultores y ganaderos para negociar el precio por el que perciben sus productos"*, indicó

contrato formalizado, la ley ofrece cierto margen de apreciación al operador afectado: *"La determinación del coste efectivo habrá de realizarse tomando como referencia el conjunto de la producción comercializada para la totalidad o parte del ciclo económico o productivo, que se imputará en la forma en que el proveedor considere que mejor se ajusta a la calidad y características de los productos objeto de cada contrato"* [art. 9.1 c) III LMMFCA]. En último lugar, procede mencionar que el art. 9.1 j) LMMFCA exigía acreditar el cumplimiento de estos requisitos mediante declaración expresa de las partes en el contrato, aspecto que fue finalmente suprimido por la Ley 16/2021, de 14 de diciembre.

B) Prohibición de modificar unilateralmente el precio

El art. 12.1 LMMFCA prohíbe la modificación unilateral de las condiciones contractuales; se impide, en suma, la imposición irregular de un empeoramiento de la posición negocial de una parte en beneficio de la otra. Evita, además, forzar la aceptación de decisiones contractuales unilaterales de una parte frente a la otra una vez concluido el contrato respecto de potenciales modificaciones de su contenido no previstas en él, ni tampoco de sus condiciones y proceso de adopción[36]. El art. 12 LMMFCA no hace referencia expresa al precio sino a las condiciones contractuales en general; sin embargo, su art. 14 bis 1 c) y el art. 3.1 c) Directiva (UE) 2019/633 sí lo mencionan, junto con otras previsiones del contrato[37]. De hecho, se

---

la organización. Este comunicado está disponible para su descarga en: https://launio.org/download-doc/456110.

36 LOUREDO CASADO, S., "La lista negra de prácticas desleales en el sector agroalimentario de la Directiva 2019/663", cit., p. 1288.

37 Art. 3.1 c) Directiva (UE) 2019/633: *"Los Estados miembros se asegurarán de que se prohíban, al menos, todas las siguientes prácticas comerciales desleales: (...) c) que el comprador modifique unilateralmente los términos del contrato de suministro de productos agrícolas y alimentarios, en lo que se refiere a la*

aprecia cierta complementariedad o redundancia respecto de lo previsto en el 14 bis 1 c) LMMFCA, que establece como práctica prohibida: *"(…) Que una de las partes del contrato alimentario modifique unilateralmente los términos del contrato de suministro de productos agrícolas y alimentarios, en lo que se refiere a la frecuencia, método, lugar, calendario o volumen del suministro o la entrega de los productos agrícolas y alimentarios, las normas de calidad, las condiciones de pago o los precios"*. El motivo de tal previsión legal resulta razonable, pues, al margen de constituir una práctica desleal, este hecho resulta igualmente reprobable desde la perspectiva del derecho privado al constituir un abuso de derecho cuando la modificación es impuesta de mala fe a la otra parte y sin consentimiento de ésta; un supuesto no amparado por la ley en ningún caso (art. 7.2 CC), de modo que no habría de resultar eficaz[38].

Al mismo tiempo, el precepto incorpora excepciones de sentido común: la primera de ellas reside en el consentimiento de la parte pasiva y afectada por la modificación contractual; en este caso, no podemos hablar de una excepción propiamente dicha, pues el mutuo acuerdo elimina la naturaleza unilateral del acto, ya que el cambio -aún siendo sugerido por una parte- finalmente es libremente aceptada por ambas. Incluso,

---

frecuencia, método, lugar, calendario o volumen del suministro o la entrega de los productos agrícolas y alimentarios, las normas de calidad, las condiciones de pago o los precios, o en lo que se refiere a la prestación de servicios siempre que estos se mencionan explícitamente en el apartado 2". El subrayado es nuestro.

38 Expone O'CALLAGHAN MUÑOZ, J., ["Comentario al art. 7 CC", en O'CALLAGHAN MUÑOZ, J. (Dir.), *Código Civil. Comentado y con jurisprudencia*, La Ley, Madrid, 2008, pp. 41-47, p. 42] que el acto abusivo no produce efecto alguno y obliga a quién a realizado el abuso a indemnizar las consecuencias negativas producidas por su acto; aparte, claro está, de las medidas administrativas y/o judiciales dirigidas a evitar la persistencia del abuso.

ocurrirá que una parte proponga modificar un término del acuerdo y la otra, al aceptar, sugiera reformar algún otro extremo a cambio de aceptar la modificación inicial propuesta. La segunda excepción que recoge el art. 12.1 LMMFCA permite la modificación unilateral del contrato cuando se realice de conformidad a los principios rectores del art. 4 de la citada ley: equilibrio y justa reciprocidad entre las partes, libertad de pactos, buena fe, interés mutuo, equitativa distribución de riesgos y responsabilidades, cooperación, transparencia y respeto a la libre competencia en el mercado. Una vez más ocurre algo parecido a lo que indicábamos antes: en este caso, la modificación introducida es de buena fe y goza de una reciprocidad de partes y, por tanto, de una aceptación razonable por la otra parte.

La finalidad de evitar las modificaciones unilaterales del 12.1 LMMFCA es -además de corregir potenciales abusos entre las partes de un contrato alimentario- es eludir actuaciones sorpresivas para el contratante "débil" (productor primario) quien puede verse expuesto, por ejemplo, a una reducción del precio por el comprador de sus productos al tiempo de realizar la entrega. Un caso muy habitual y fundado, generalmente, en razones de poco peso y torticeras, con el único objeto de adquirir productos deseados a un precio inferior (el producto no presenta un tono de color esperado, o cuando es ligeramente de un tamaño más reducido a lo que el comprador alega que cabría esperar, etc.).

Ya el apartado 5.3 Libro Verde sobre las prácticas comerciales desleales en la cadena de suministro alimentario y no alimentario entre empresas en Europa[39] realizó un apunte respecto a esta cuestión, indicando que: *"Todo contrato debe*

---

39 Libro Verde sobre las prácticas comerciales desleales en la cadena de suministro alimentario y no alimentario entre empresas en Europa. Bruselas, 31.1.2013; COM (2013) 37 final.

especificar las circunstancias concretas en las que las partes puedan conjuntamente, en el momento oportuno y con conocimiento de causa, modificar sus condiciones, así como las normas detalladas con arreglo a las cuales puedan hacerlo, determinando también el proceso para fijar la necesaria compensación por los posibles costes que se deriven de tal modificación contractual a instancia de una de las partes contratantes". Disposición en consonancia con el último inciso del art. 12.1 LMMFCA: *"(...) Los contratos alimentarios deberán contener las correspondientes cláusulas en las que se prevea el procedimiento para su posible modificación"*.

C) Límite a los aplazamientos de pago del precio

El art. 14 bis 1 a) LMMFCA incorpora una previsión respecto del pago aplazado de alimentos frescos y perecederos, por expresa referencia a la Disp. Ad. Primera Ley 15/2010, de 5 de julio, de modificación de la Ley 3/2004, de 29 de diciembre, por la que se establecen medidas de lucha contra la morosidad en las operaciones comerciales. Para delimitar el concepto de tales productos, resulta clarificador el párrafo segundo del primer apartado de la citada disposición: *"Se entenderá por productos de alimentación frescos y perecederos aquéllos que por sus características naturales conservan sus cualidades aptas para comercialización y consumo durante un plazo inferior a treinta días o que precisan de condiciones de temperatura regulada de comercialización y transporte"*. Para otros alimentos que no reúnan estas características y resulten, por tanto, más resistentes al tiempo, el plazo máximo de pago será de 60 días (Disp. Ad. Primera 2 Ley 15/2010). A efectos probatorios y de cómputo, pesa sobre el vendedor la obligación de documentar la entrega y recepción de los productos constatando expresamente su fecha, momento en el que empezará el *dies a quo*.

D) Prohibición de imputar pagos a la otra parte no relacionados con la venta de los productos agrícolas o alimentarios del proveedor

Otra de las prácticas que prohíbe el legislador y que están indirectamente relacionadas con el precio de los productos, es la imputación por el adquirente de pagos al productor no contextualizados con la venta de los alimentos; previsión que establece el art. 14 bis 1 d) LMMFCA y constituye una cláusula "negra" determinada por el art. 3.1 d) Directiva (UE) 2019/633. El comprador de alimentos suele emplear estás prácticas para desplazar al productor primario los costes que, por su naturaleza, son propios de aquél; ello constituye una transferencia desleal de riesgos que habrá de valorarse en cada caso. En este sentido, el Libro Verde ofrece algunos ejemplos de estas prácticas prohibidas: la financiación de actividades de negocio propias de la otra parte (por ejemplo, la exigencia de una inversión en nuevos puntos de venta); la obligación de compensar pérdidas sufridas por el socio comercial; o los largos retrasos de pago[40].

Asimismo, el Libro Verde ilustra a los contratantes estableciendo que: *"una práctica leal sería que las partes contratantes acordaran que cada operador asuma la responsabilidad de sus propios riesgos y no intente indebidamente transferirlos a otras partes. Las partes contratantes deben acordar las condiciones en las que contribuirán a*

---

40 Apartado 5.4 del Libro Verde sobre las prácticas comerciales desleales en la cadena de suministro alimentario y no alimentario entre empresas en Europa. Por otro lado, expone VICIANO PASTOR, J., ["La regulación de las prácticas comerciales desleales en el sector agroalimentario: a propósito de la Directiva (UE) 2019/633", cit., pp. 107-125, p. 122] que algunos servicios que ofrece el comprador, como los relacionados con las listas de precios, la comercialización de los productos o la promoción de los mismos, son parte de las negociaciones y están directamente afectos a la transacción. Cualquier otro servicio que no guarde relación con los señalados, es ajeno a la venta; por tanto, exigir al proveedor pagos por estos últimos supone una práctica desleal.

las actividades de promoción o las actividades por cuenta propia de la otra parte. Los importes cobrados por servicios lícitos deben corresponder a su valor. Otra característica podría ser que los cánones de referenciación que, en su caso, acuerden ambas partes sean proporcionados al riesgo asumido. Las partes contratantes no deben, en ningún caso, exigir el pago de servicios no prestados o de bienes no entregados ni el pago de importes que manifiestamente no correspondan al valor o coste del servicio prestado"[41].

E) Pago por pérdida o deterioro de los alimentos entregados al comprador sin culpa del productor

Otra práctica desleal en el sector agroalimentario es relativa a ciertas obligaciones de pago a cargo del productor por daño o perecimiento del producto. Concretamente, el art. 14 bis 1 e) LMMFCA prohíbe al comprador exigir al proveedor pagar el deterioro o la pérdida de los productos agrícolas y alimentarios (o por ambos motivos) cuando tal hecho se ha producido sin culpa de este último en los locales del comprador o cuando la propiedad ha sido transferida a éste. Para que opere esta prohibición, es preciso que concurran tres requisitos.

El primero de ellos es el deterioro o pérdida del producto. En torno al deterioro, es el que presenta mayores problemas de delimitación; no obstante, parece que la norma permite cierta amplitud de miras. Deterioro implica un desgaste, desperfecto o menoscabo del producto; el legislador parece considerar desde los grandes deterioros -siempre que no supongan una destrucción total de la cosa- hasta otros de menor calado -pero habrán de ser lo suficientemente perceptibles o que afecten mínimamente al uso del producto-. En este sentido, los desper-

---

[41] Apartado 5.4 del Libro Verde sobre las prácticas comerciales desleales en la cadena de suministro alimentario y no alimentario entre empresas en Europa.

fectos mínimos que no alteran la sustancia del alimento, sino más bien suponen una alteración estética pequeña, no deberían quedar encuadrados en el rango del 14 bis 1 e) LMMFCA. Otros que -como he indicado- alteran sensiblemente el producto y, por tanto, su uso y consumo, sí tienen incidencia. La doctrina suele referirse a ellos como los que merman el aspecto y calidad del alimento, que tendrá incidencia directa sobre el precio que los compradores posteriores (incluidos los consumidores) estarán dispuestos a pagar por él[42]. La pérdida, en cambio, supone la destrucción o inutilidad total del producto (equivalente a su extravío) que impide de lleno su comercialización posterior. Fuera de estos dos supuestos, en interpretación *sensu contrario* del precepto que realiza algún autor, parece lícita la exigencia de pagos por otros conceptos como por el de almacenamiento o gestión de los alimentos[43].

El segundo requisito es la entrega o traslado de la propiedad del bien al comprador. En primer término, en caso de ser este último ya propietario del bien dispone ya es *dominus* y es detentador (por poseedor) del bien, lo que hace razonable que asuma el riesgo de la pérdida. La segunda posibilidad descansa en que el comprador no sea propietario, pero sí poseedor y, de alguna manera, custodio de la misma hasta que sea su titular.

El último requisito es relativo a la culpabilidad de la pérdida o deterioro. El art. 14 bis 1 e) LMMFCA contempla un supuesto de caso fortuito o fuerza mayor, aspecto que motiva la deslealtad del acto, por dos razones. La primera de ellas reside en el hecho de exigir un pago a quién no ha intervenido en el acto dañoso del objeto del contrato; más aún, tampoco ha po-

---

42 LOUREDO CASADO, S., "La lista negra de prácticas desleales en el sector agroalimentario de la Directiva 2019/663", cit., p. 1292.

43 CRUZ GONZÁLEZ, M., "Esquemas contractuales de tipo estimatorio en la distribución agroalimentaria y su encaje en la ley de cadena alimentaria", cit., p. 742.

dido hacer nada por evitarlo ya que la mercancía está ya bajo su posesión, que se encuentra bajo la custodia del comprador o de un tercero autorizado por éste. La segunda razón está relacionada con el régimen de la transmisión de riesgos en la compraventa o suministro. Procede recordar que la mayoría de las transacciones alimentarias tienen un carácter civil por imperativo del art. 326 CCom; por tanto, con independencia del tipo de mercancías de que se trate (específicas o genéricas), bien perfeccionado el contrato o realizada la entrega al comprador, éste ya ha asumido el riesgo de su pérdida o deterioro (art. 1452 CC[44]). Por tanto, en estos casos -y en consonancia con la disciplina de desplazamiento de los riesgos- exigir al productor de alimentos asumir tal carga, resulta una práctica prohibida, y más aún cuando la pérdida o el deterioro ocurre por motivos

---

44 Sobre este aspecto, procede recordar la complejidad que reviste el asunto de la transmisión del riesgo en la compraventa civil, calificada por algunos autores como "oscura, confusa o lagunosa" [entre ellos: ALONSO PÉREZ, M., *El riesgo en el contrato de compraventa*, Montecorvo, Madrid, 1972, p. 291]. El art. 1452 CC contempla un doble régimen, según la naturaleza del objeto del contrato. En primer lugar, para la venta de cosas determinadas (art. 1452 I CC) y de cosas fungibles hecha aisladamente y por un solo precio, o sin consideración a su peso, número o medida (art. 1452 II CC), el legislador se remite a los arts. 1096 y 1182 CC; la conclusión para estos casos es la aplicación del principio romano *"res perit emptore"*; en consecuencia, *"la pérdida o destrucción o deterioro de la cosa vendida por obra de un tercero o del caso fortuito o fuerza mayor es imputable al comprador desde el momento de la perfección del contrato"* [STS de 22 de abril de 2004 (RJ 2004/2673); también: DÍEZ-PICAZO Y PONCE DE LEÓN, L., *Fundamentos de derecho civil patrimonial IV...*, cit., p. 114]. En cambio, si la venta se realiza sobre cosas fungibles a razón de un precio fijado por peso, número o medida (art. 1452 III CC), el riesgo desplaza al comprador tras la especificación de la mercancía en consideración a la regla *genus nunquan perit* [vid.: O'CALLAGHAN MUÑOZ, J., "Comentario al art. 1452 CC", en O'CALLAGHAN MUÑOZ, J. (Dir.), *Código Civil. Comentado y con jurisprudencia*, La Ley, Madrid, 2008, pp.1506-1507, p. 1506].

imputables al comprador (art. 457 CC); todo ello, claro está si el vendedor entregó la cosa en el mismo estado convenido o en el que estaba la cosa al tiempo de perfeccionarse el contrato (art. 1468 I CC).

IV. BIBLIOGRAFÍA

AMAT LLOMBART, P., "Contratación de productos agrarios en la cadena alimentaria y prácticas comerciales desleales. A propósito de la trasposición de la Directiva 2019/633", Revista de Derecho Agrario y Alimentario, n.º 77, 2020, pp. 7-67.

APARICIO VAQUERO, J. P., "La intervención legislativa en la fijación del precio en los contratos alimentarios", en MARTÍN ARESTI, P. (Dir.); CURTO POLO, M. (Dir.); y GONZÁLEZ-ORÚS CHARRO, M. (Dir.), Innovación y competencia en el sector agroalimentario. Hacia una mayor competitividad en un entorno normativo complejo, Tirant lo Blanch, Valencia 2024, pp. 635-676.

ARPIO SANTACRUZ, J., ["La determinación del precio en los contratos alimentarios", en CARBAJO CASCÓN, F. (Dir.), Competencia, propiedad intelectual y tutela de consumidores en el sector agroalimentario, Tirant lo Blanch, Valencia, 2022, pp. 983-1040.

ÁVILA DE LA TORRE, A., "El reconocimiento de la organización de productores: principales cuestiones societarias", en MARTÍN ARESTI, P. (Dir.); CURTO POLO, M. (Dir.); y GONZÁLEZ-ORÚS CHARRO, M. (Dir.), Innovación y competencia en el sector agroalimentario. Hacia una mayor competitividad en un entorno normativo complejo, Tirant lo Blanch, Valencia 2024, pp.17-48.

CABALLERO LOZANO, J. M., "La protección del contratante débil: el caso del ganadero en el suministro de leche cruda", en MUÑIZ ESPADA, E., Cambios en la Ley de Cadena Alimentaria: propuestas para la urgente transposición de la Directiva 2019/633, Reus, Madrid, 2020, pp. 261-304.

CARBAJO CASCÓN, F., "Incentivos a la agregación de la oferta agrícola desde el derecho de la competencia", en PALAU RAMÍREZ, F. (Dir.); y MARTÍ MIRAVALLS, J. (Dir.), Retos en el sector agroalimentario: Regulación, competencia y propiedad industrial, Tirant lo Blanch, Valencia, 2022, pp. 43-59.

CARBAJO CASCÓN, F., "Prácticas grises en la cadena agroalimentaria. El artículo 3.2 de la Directiva (UE) 2019/663 y el nuevo artículo 14.bis.2 (A, E, F) de la Ley 12/2013, de 2 de agosto, de medidas para mejorar el funcionamiento de la cadena agroalimentaria", en CARBAJO CASCÓN, F. (Dir.), Competencia, propiedad intelectual y tutela de consumidores en el sector agroalimentario, Tirant lo Blanch, Valencia, 2022, pp. 1351-1382.

CRUZ GONZÁLEZ, M. "Esquemas contractuales de tipo estimatorio en la distribución agroalimentaria y su encaje en la ley de cadena alimentaria", en MARTÍN ARESTI, P. (Dir.); CURTO POLO, M. (Dir.); y GONZÁLEZ-ORÚS CHARRO, M. (Dir.), Innovación y competencia en el sector agroalimentario. Hacia una mayor competitividad en un entorno normativo complejo, Tirant lo Blanch, Valencia 2024, pp. 711-747.

DOMÍNGUEZ PÉREZ, E., "Prácticas grises en la cadena agroalimentaria: el artículo 3.2 de la Directiva (UE) 2019/663 y el nuevo artículo 14.bis.2 (B, C, D) de la Ley 12/2013, tras la reforma operada por la Ley 16/2021, de 14 de diciembre", en CARBAJO CASCÓN, F. (Dir.), Competencia, propiedad intelectual y tutela de consumidores en el sector agroalimentario, Tirant lo Blanch, Valencia, 2022, pp. 1315-1350.

ECHEBARRÍA SÁENZ, M., "El contrato de suministro", en RUIZ PERIS, J. I. (Dir.); y MARTÍ MIRAVALLS, J. (Dir.), Contratos de distribución. Agencia, distribución, concesión, franquicia, suministro y estimatorio, Atelier, Barcelona, 2018, pp. 263-288.

FERNÁNDEZ-CARBALLO CALERO, P. "La lista negra de prácticas comerciales en la cadena de suministro agrícola y alimentario en la Directiva (UE) 2019/633 y su incorporación al ordenamiento jurídico español", en CARBAJO CASCÓN, F. (Dir.), Competencia, propiedad intelectual y tutela de consumidores en el sector agroalimentario, Tirant lo Blanch, Valencia, 2022, pp. 1247-1271.

GARCÍA VIDAL, Á., "La fijación de precios en la cadena alimentaria", en PALAU RAMÍREZ, F. (Dir.); y MARTÍ MIRAVALLS, J. (Dir.), Retos en el sector agroalimentario: Regulación, competencia y propiedad industrial, Tirant lo Blanch, Valencia, 2022, pp. 61-76.

GUILLEM CARRRAU, J., "La derogación funcional del derecho de la competencia: el intercambio de información, la fijación de precios y de cantidades a la luz del asunto ENDIVIAS", en CARBAJO CASCÓN, F. (Dir.), Competencia, propiedad intelectual y tutela de consumidores en el sector agroalimentario, Tirant lo Blanch, Valencia, 2022, pp. 963-982.

LOUREDO CASADO, S., "La lista negra de prácticas desleales en el sector agroalimentario de la Directiva 2019/663", en CARBAJO CASCÓN, F. (Dir.), Competencia, propiedad intelectual y tutela de consumidores en el sector agroalimentario, Tirant lo Blanch, Valencia, 2022, pp. 1273-1313.

MARTÍN ARESTI, P., "Los excesos regulatorios de la reforma de la ley 12/2013 sobre el funcionamiento de la cadena alimentaria", Actas de Derecho Industrial y Derecho de Autor, tomo 42, 2022, pp. 149-174.

O'CALLAGHAN MUÑOZ, J., ["Comentario al art. 7 CC", en O'CALLAGHAN MUÑOZ, J. (Dir.), Código Civil. Comentado y con jurisprudencia, La Ley, Madrid, 2008, pp. 41-47.

OLMEDO PERALTA, E., ["Poder de mercado, poder de negociación y abusos explotativos en la cadena alimentaria", en CARBAJO CASCÓN, F. (Dir.), Competencia, propiedad intelectual y tutela de consumidores en el sector agroalimentario, Tirant lo Blanch, Valencia, 2022, pp. 1137-1180.

RODRÍGUEZ CACHÓN, T., "Relaciones contractuales en la cadena alimentaria: análisis a la luz de la nueva regulación", Revista de Derecho Civil, n.º 1, 2018, pp. 191-217.

RUIZ PERIS, J. I., "El sector agroalimentario a la búsqueda de equilibrios de mercado", en PALAU RAMÍREZ, F. (Dir.); y MARTÍ MIRAVALLS, J. (Dir.), Retos en el sector agroalimentario: Regulación, competencia y propiedad industrial, Tirant lo Blanch, Valencia, 2022, pp. 29-42.

SÁNCHEZ HERNÁNDEZ, R., "Los contratos alimentarios en la Ley de la cadena alimentaria (Referencia a la normativa y doctrina italiana «dei contratti di cessione dei prodotti agrícola e agroalimentari»)", Actualidad Civil, n.º 3, 2015 (LA LEY 2606/2015).

VAQUERO PINTO, M. J., "Los contratos alimentarios en la ley de medidas para mejorar el funcionamiento de la cadena alimentaria: ¿más sombras que luces?", en MARTÍN ARESTI, P. (Dir.); CURTO POLO, M. (Dir.); y GONZÁLEZ-ORÚS CHARRO, M. (Dir.), Innovación y competencia en el sector agroalimentario. Hacia una mayor competitividad en un entorno normativo complejo, Tirant lo Blanch, Valencia 2024, pp. 559-634.

VICIANO PASTOR, J., "La regulación de las prácticas comerciales desleales en el sector agroalimentario: a propósito de la directiva (UE) 2019/633", en PALAU RAMÍREZ, F. (Dir.); y MARTÍ MIRAVALLS, J. (Dir.), Retos en el sector agroalimentario: Regulación, competencia y propiedad industrial, Tirant lo Blanch, Valencia, 2022, pp. 107-126.

CAPÍTULO XII.

"LEGISLAR MEJOR: EL BANCO DE TIERRAS". ALTERNATIVA PARA ACCEDER A LA POSESIÓN ARRENDATICIA EN LAS RELACIONES CONTRACTUALES RÚSTICAS

ANTONIO ALAEJOS ANDRES[1]
Ph. D. Derecho Privado Patrimonial USAL
Universidad de Salamanca

RESUMEN: El Legislador debe desarrollar los cuerpos normativos de los colectivos y sectores económicos con una finalidad funcional y social, así como las figuras jurídicas que sirvan para su implantación. A través de perspectivas se perciben las necesidades a quienes van dirigidas las normas siendo necesario "Ruralizar las Leyes" – *"Rural Proofing"* – para apreciar sus necesidades, en este caso de los operadores agropecuarios. Una figura pendiente de implementarse en el sector agropecuario de Castilla y León es el "Banco de Tierras", hoy en fase de Anteproyecto desde febrero de 2013. Las recomendaciones de la Comisión Europea harán efectivo y eficaz su desarrollo normativo. Su análisis establecerá las posibles protecciones y restricciones a establecer al sector agropecuario.

Palabras Clave: Arrendamientos rústicos. Banco de Tierras. Legislar Mejor. Ruralizar las Leyes. *"Rural Proofing"*.

---

1 https://www.linkedin.com/in/aalaejos/; aalaejos@usal.es

SUMARIO: I. "RURAL PROOFING"; II. EL ACCESO DEL OPERADOR AGROPECUARIO A LA TIERRA; III. EL BANCO DE TIERRAS; IV. LA PERSPECTIVA EUROPEA DEL BANCO DE TIERRAS; V. CONCLUSIONES; VI. BIBLIOGRAFÍA

I. "RURAL PROOFING".

La tendencia del legislador es tratar de mejorar la normativa de los sectores económicos, entre ellos el agropecuario al haber perdido en los últimos años la percepción de establecer marcos normativos desde cierta "Perspectiva Rural".

La marginación o postergación histórica sufrida por ciertos colectivos ha hecho que incluso el Tribunal Constitucional concluyera sobre la necesidad de mejorar estas situaciones al producirse una variación conceptual a lo largo del tiempo del tratamiento desigual ya que no todas las situaciones deben recibir un tratamiento igual ante la Ley[2]. La igualdad jurídica se transforma en desigualdad debiendo el Estado proteger a la parte natural o socialmente más débil[3], en este caso a los vinculados al medio rural como sector primario.

---

2 (Ollero Tassara, 1992). "Relevancia constitucional de la igualdad. In *Funciones y fines del derecho: estudios en homenaje al profesor Mariano Hurtado Bautista* (pp. 543-554). Universidad de Murcia. "No toda desigualdad de trato resulta contraria al principio de igualdad" y "el tratamiento diverso en situaciones distintas puede venir incluso exigido en un Estado social y democrático de Derecho".

3 Canalejas Méndez, J; *Academia de Jurisprudencia, 1881*: "No ha de contentarse el Estado con proclamar la igualdad política y la igualdad civil; está obligado a intervenir activamente para prestar condiciones positivas que hagan posible la vida plenamente humana de sus miembros".

La Declaración de Septiembre de 2016 de Cork 2.0[4] hizo virar la tendencia legislativa hacia el deber de las autoridades públicas de atender las necesidades rurales. Se hacía preciso poner en marcha políticas o servicios, contemplando el impacto de la necesidad rural como parte del proceso, así como "garantizar que las comunidades rurales pudieran acceder fácilmente a las cosas que necesitan, sin obsesionarse con cómo se proporcionan[5]".

De esta forma nació el "*Rural Proofing*", bajo el lema de "Una vida mejor en el medio rural", como compromiso político para examinar y garantizar que las políticas no perjudicaran a zonas rurales y a sus operadores – propietarios y arrendatarios de la tierra – para desarrollar mejor su actividad empresarial.

En nuestro país esta novedosa inquietud legislativa se ha desarrollado con el "Mecanismo Rural de Garantía[6]" mediante el reto de "Ruralizar las Leyes". Se han constituido grupos de trabajo integrados por personas de distintos ámbitos y sectores sociales. Revisan la legislación, así como las políticas sectoriales y económicas desde un "Prisma Rural". Su lema es: "En la España rural, no hay igualdad de trato si las condiciones de partida son desiguales".

Estos Foros europeos o nacionales reivindican la necesidad de adecuar las políticas públicas y su legislación a las necesidades y potencialidades del mundo rural. El mejor reflejo comu-

---

4 (European Commission. Directorate–General for Agriculture and Rural Development, 2016). "*Declaración de Cork 2.0 : "Una vida mejor en el medio rural*". <Conferencia Europea sobre Desarrollo Rural Cork 2.0, Septiembre de 2016 >.

5 Shortall S, Brown LD. *"Thinking About Rural Inequalities as a Cross-National Research Project"*. New Castel University; Journal of Rural Studies 2019, pags.213-218.

6 (Mecanismo Rural de Garantía, 2021). "*Rural Proofing*". *Ruralizar las Leyes. Una cuestión de justicia.* < https://ruralproofing.com/ >

nitario del "*Rural Proffing*" es la Comunicación sobre "Legislar Mejor" de la Comisión Europea[7], donde se detalla de forma expresa el compromiso a promover mecanismos de verificación rural para analizar sus posibles impactos en estas comunidades.

Con la perspectiva de "Legislar Mejor" se pretende tutelar la transposición eficiente de la normativa comunitaria sectorial, corrigiendo a nivel nacional los excesos o deficiencias al ser incorporada. Se prevé un previsible progreso socio – económico por el desarrollo de estructuras y relaciones jurídicas que se deriven pues el impacto será el deseado.

Si esta tendencia legislativa se traspone a la normativa sectorial, de forma especial a la posesión arrendaticia, debe traerse a colación la conclusión de D. Manuel Hidalgo, Abogado y articulista[8], quien ya en Agosto de 1954 calificó la legislación arrendaticia rústica como dispersa y difusa la cual generaba gran confusión entre técnicos y profesionales, así como que, siendo el texto tan vago, se convertía en contradictorio. A la fecha actual, la dispersión persiste.

Sin perjuicio de las derogaciones y disposiciones transitorias publicadas, actualmente conviven normativas aplicables a

---

7 (Comisión Europea, 2021). "*Legislar mejor: aunar fuerzas para mejorar la legislación*", pag.15-16; < Better Regulation: Joining Forces to make better laws >: "Se reforzarán las evaluaciones de impacto territorial y la perspectiva rural, de forma que las necesidades y especificidades de los distintos territorios de la UE se tengan mejor en consideración, por ejemplo, de zonas urbanas o rurales, zonas transfronterizas o regiones ultraperiféricas, para facilitar una recuperación más simétrica y la cohesión en la Unión".

8 (Hidalgo, 1954). "*Sistematización y reforma de la legislación de arrendamientos rústicos*"; Revista de Estudios Agrosociales, pags.61 a 102. <Sistematización y reforma de la legislación de arrendamientos rústicos–Ágora (agora.edu.es) >

cada uno de los distintos contratos de arrendamientos rústicos. Sin embargo, todos tienen un punto de convergencia en que "los arrendamientos y aparcerías vigentes a la entrada en vigor de cada Ley se regirán por la normativa aplicable a su celebración[9]".

- Ley 83/1980 de 31 de diciembre, para contratos celebrados antes de 2004.
- Reforma de la Ley de 1980 al amparo de la Ley 19/1995, de 4 de Julio, de Modernización de Explotaciones Agrarias de 1995, para los contratos celebrados entre julio de 1995 y mayo de 2004.
- Ley 49/2003, de 26 de Noviembre, de Arrendamientos Rústicos para los contratos celebrados entre mayo de 2004 y enero de 2006.
- Reforma de la anterior a tenor de la Ley 26/2005, de 30 de noviembre, para los contratos celebrados a partir de enero 2006.
- Reforma del art.13.2 de la Ley 49/2003 a tenor de la Ley 27/2015, de 30 marzo, de desindexación de la economía española para los contratos celebrados a partir del 1 de abril de 2015.
- Y el Código Civil (art. 1546 y ss) para los arrendamientos rústicos a los que no se pueden aplicar la ley especial arrendaticia.

De esta trayectoria legislativa se aprecia la dificultad del legislador para encajar los diversos arrendamientos según la deriva económica, política nacional e intereses sociales. De igual forma, sus diversas duraciones contractuales de seis años y pró-

---

9 D.T. 1ª de la Ley 49/2003. Los contratos de arrendamiento y de aparcería vigentes a la entrada en vigor de esta ley, se regirán por la normativa aplicable al tiempo de su celebración.

rrogas de otros cinco con limitación de hasta veintiún años, o los de cinco años prorrogables por otros tres o cinco sin limitación, e incluso los contratos de larga duración, hace que el sector adolezca de cierta inseguridad social al no saber si es mejor suscribir, renovar o prorrogar tácita o expresamente los contratos, sin perjuicio de la consecuente inseguridad jurídica por las variadas disposiciones transitorias.

Aunque sean pocos los contratos de arrendamientos a los que se le aplique la Ley 83/1980, de 31 de Diciembre, de Arrendamientos Rústicos[10], al tratarse de cultivadores personales éstos tendrán derecho a tácitas reconducciones o prórrogas legales, a veces por periodos indeterminados, determinables por las partes o pendientes de resolución judicial. En estos casos se hace difícil fijar el inicio de la relación contractual para estimar su fecha de finalización. Ante la pacífica y prolongada detentación arrendaticia el operador tratará de no desvelar este dato esencial como garantía propia al no contar con la suficiente seguridad jurídica para el debido desarrollo de su actividad.

II. EL ACCESO DEL OPERADOR AGROPECUARIO A LA TIERRA.

De esta forma, el operador agropecuario alardea humildemente de no saber pues el arrendador – propietario suele imponer las condiciones contractuales. No obstante, aquel ha desarrollado una innata ventaja competitiva en conflictos derivados de la relación contractual. Este perfil se acentúa sobremanera cuando se acerca el fin de la relación, máxime al tener

10 (Ley 83/1980, de 31 de diciembre, de arrendamientos rústicos, 1981) D.T.1ª. <Ley 83/1980, de 31 de diciembre, de arrendamientos rústicos>

limitada la oferta de acceso a la tierra donde desarrollar su actividad. Se trata de medidas de autoprotección en la posesión pacífica y prolongada ante la indiferencia del legislador, como deber implícito, en atender a sus necesidades, esto es: "El acceso a la tierra para el desarrollo empresarial".

A mayor abundamiento, el desierto doctrinal en materia arrendaticia rústica es elocuente en sedes y archivos públicos. Después de la Ley 83/1980, de 31 de Diciembre, y hasta 1991, constan tan sólo 14 artículos en la Revista de Estudios Agrosociales del Ministerio de Agricultura, Pesca y Alimentación[11], en un sector – sólo el arrendaticio rústico – que mueve unos 1.100 millones de Euros y parece no conmover al legislador. No obstante, a nivel privado debe destacarse la labor prolija llevada a cabo por civilistas con vinculación y afección todos ellos al sector y derecho agrario[12] con publicaciones referentes y constantes desde una perspectiva contractual, legal y procesal, así como rural.

---

11 (Ministerio de Agricultura Pesca y Alimentación, 2024). Revista de Estudios Agrosociales; < [Revista de Estudios Agrosociales]–>;

12 (Gil-Robles y Gil-Delgado, 1982). "*Comentarios prácticos a la Ley de arrendamientos rústicos: Ley 83/1980, de 31 de diciembre*"; pags.251-253. (Gil-Robles y Gil-Delgado, 1988). "*Arrendamientos rústicos y legislación agraria básica*", pags.713-715.
(Llamas Valbuena & Llamas Pombo, 1989). "*Arrendamientos rústicos: Sentencias del Tribunal Supremo y Audiencias Territoriales posteriores a la Ley de 31 de diciembre de 1980*";
(Llamas Pombo, 1984). "*Creación de la figura del profesional de la agricultura en la nueva ley de arrendamientos rústicos*", págs.455-470. (Llamas Pombo, 2005); "*Arrendamientos rústicos: cuestiones procesales*". Cuadernos de derecho agrario, pags.229-250. (Llamas Pombo, 2004). "*Comentarios prácticos a la nueva ley de arrendamientos rústicos*", págs.610-624. (Llamas Pombo, 2006). "*A la luz de la Ley de Enjuiciamiento Civil 1/2000 y de la Ley 49/2003 de Arrendamientos Rústicos, en la reciente modificación sufrida por la Ley 26/2005, ¿cabe la facultad enervatoria de la acción de desahucio en los arrendamientos rústicos?*", págs.13-18

Quizás por las preocupaciones de personas de distintos sectores, incluido el jurídico, la tendencia de acoger las necesidades del mundo rural a través de mecanismos como los recogidos en la Comunicación sobre "Legislar Mejor" de la Comisión Europea para su posterior transposición nacional, sea el punto de partida para cubrir la reseñada necesidad del sector arrendaticio, esto es acceder a un mercado regulado de tierras para su explotación.

No se plantean ideas regresivas o limitativas de la propiedad privada, sino que se abunda en la necesidad del operador agropecuario en su acceso a la tierra. Esta necesidad sectorial se recoge en el "Estudio sobre el acceso a la Tierra[13]" publicado en Enero de 2021 por el MAPA. No resulta desencaminada ni peregrina esta necesidad posesoria y carencia rural. De igual forma, se recoge este sentimiento en actuales Foros Agrarios sin un objetivo cierto de resolución[14].

El Estudio concluye que siendo España el segundo país de la UE con mayor superficie agraria útil por detrás de Francia, con un total de 23´2 millones de Has, de las cuales el 59% están en régimen de propiedad, el 32´6% en arrendamiento, y las restantes en otros regímenes de tenencia[15], "la movilidad de la tierra en nuestro país es baja en términos de compraventa como arrendamiento de superficie rústica anual", máxime

---

13 (Ministerio de Agricultura Pesca y Alimentación, 2021). "*Estudio sobre el acceso a la tierra*"; < Estudio sobre el acceso a la tierra >

14 (Luis & Regadera, 2024). < Cabero, en el Foro del Sector Agrario: "El campo es rentable y tiene futuro". > Lorenzo Rivera Prieto, Coordinador UPA-COAG de Castilla y León: "El Banco de Tierras – medio adecuado para potenciar la figura del agricultor como emprendedor – es una idea excepcional, pero no acaba de cuajar. Necesitamos que los jóvenes se incorporen al campo y para ello hay que facilitarles un espacio poniéndoles ayudas y precios razonables"

15 (Instituto Nacional de Estadística, 2017). < Encuesta sobre la Estructura de las Explotaciones Agrarias 2016 >

cuando hay clasificadas como abandonadas unas 94.000 Has y sin aprovechamiento unas 2´2 millones de Has.

Esta falta de movilidad se debe, entre otros motivos, al valor afectivo de la tierra más allá de lo económico que frena su adquisición a personas ajenas a la familia, a las elevadas presiones fiscales para comprar y vender, acaparamiento de tierras de mayor valor y calidad por grandes explotaciones con capacidad de compra, o incluso la presencia de no profesionales en el mercado con una visión meramente especulativa. La tendencia alcista del precio medio de la tierra se incrementó en un 3´8% en Castilla y León[16] viene condicionado por la falta de conexión entre oferentes y demandantes, así como por las ayudas de la P.A.C. a la superficie y al sistema de derechos de ayuda. De igual forma, la tendencia alcista de los arrendamientos en Castilla y León incrementa los costes fijos arrendaticios sobre el valor añadido neto de la explotación (VAN)[17].

Desde el ámbito jurídico, las figuras del tanteo, retracto o el derecho de adquisición preferente de las que goza el arrendatario rústico representan otra limitación para el acceso a la tierra, incluso para la incorporación de los jóvenes al tener mayor facilidad los ya instalados en su adquisición, salvo que procedan de entornos familiares agrarios ya asentados y desarrollando su actividad.

III. EL BANCO DE TIERRAS.

Ante el incremento de la competitividad agraria y crecimiento continuo de las explotaciones, o en su caso el abando-

---

16 (Servicio de Estudios, Estadística y Planificación Agraria JCyL, 2022). < Encuesta sobre precios de la tierra en Castilla y León 2015-2022 >

17 (Subdirección General de Análisis, Coordinación y Estadística, 2023); < Cánones anuales de arrendamientos rústicos 2022 / Base 2016 >

no de tierras surge la figura del "Banco de Tierras" para facilitar el acceso a la explotación o a la propiedad, así como dar subvenciones con las que fomentar el alquiler o cesión a los propietarios ante la existencia de tierras abandonadas.

A pesar de que estar el Bando de Tierras implantado y desarrollado en otras Comunidades Autónomas como Gran Canaria, Galicia y Valencia, con un perfil más minifundista, Castilla La Mancha, así como en Castilla y León sólo se desarrolla en la Comarca del Bierzo (León) con una superficie agraria que se corresponde con el 0´013% del total de la Comunidad[18].

A excepción de Castilla y León, las anteriores Comunidades Autónomas tienen su desarrollo normativo sobre el "Banco de Tierras", incluso la de Castilla La Mancha con explotaciones similares a las castellanoleonesas con su reciente Ley 9/2023, de 3 de abril, de Agricultura Familiar y de Acceso a la Tierra[19]. Sin embargo, nuestra Comunidad a pesar de detentar de las principales superficies agrarias tiene estancado su desarrollo normativo desde febrero de 2013 con la publicación del Anteproyecto de la Ley Agraria de Castilla y León[20] resultando inexplicable esta paralización con tanta superficie susceptible de inclusión.

Antes de examinar someramente el premarco normativo de esta Ley Agraria, para proyectar una mejor perspectiva legisla-

---

18 (Junta de Castilla y León, 2022). "*Datos abiertos. Superficie de Cultivos Herbáceos*". La superficie total cultivable de secano y regadío en Castilla y León es de 33´07 M Has de las cuales 4´3 K Has se encuentran en la Comarca de El Bierzo (León); < Superficies de cultivos herbáceos — Análisis de datos abiertos JCyL >. (Junta de Castilla y León, 2019). "*Agromapa de Castilla y León*"; < https://agromapa.netlify.app/ >

19 (Ley 9/2023, de 3 de abril, de Agricultura Familiar y de Acceso a la Tierra en Castilla La Mancha, 2023)

20 (Junta de Castilla y León, 2013). "*Anteproyecto de Ley Agraria de Castilla y León*". < Anteproyecto de Ley Agraria de Castilla y León | JCyL >

tiva ante la necesidad de los operadores agropecuarios en el acceso a la tierra, se hace preciso elaborar un D.A.F.O. similar a los proyectos empresariales para la toma de decisiones.

Debilidades	**Amenazas**
Dispersión normativa	Limitación a la propiedad privada
Dificultad interpretativa contractual	Injerencia pública
Insuficiente desarrollo funcional	Abandono de tierras (94 K Has)
Posesión limitada	2.2 M Has sin aprovechamiento
Tendencia alcista de precios	Despoblación territorial
Fortalezas	**Oportunidades**
Cultura posesoria tradicional	Incorporación al sector primario
Desarrollo empresarial	Incremento de explotaciones
Competitividad agraria	Acceso a propiedad o explotación
Formación agraria de operadores	Subvenciones fomento del alquiler

La pretendida creación del "Banco de Tierras" en Castilla y León se erige como registro administrativo de carácter público que sirve de instrumento para facilitar la oferta y la demanda de parcelas rústicas, cultivadas y cultivables. Recoge las necesidades de los operadores agropecuarios sirviendo de carácter informativo, sin producir efectos sobre el régimen de propiedad, derechos reales o gravámenes y sin que su inclusión suponga prueba del derecho de propiedad o de otros derechos que sobre las mismas pudieran existir. Además, posibilita la incorporación de suelos considerados infrautilizados, así como los efectos de los incumplimientos de su infrautilización y función social[21].

No obstante, todo ello como se dice, es un mero Anteproyecto sin solución de continuidad bien por indecisión normativa, ineficacia legislativa, insuficiencia de recursos administrativos

21 Arts.75 a 81 del Anteproyecto de la Ley Agraria de Castilla y León.

para su desarrollo, o bien por falta de perspectiva de legislar con miras al desarrollo rural en un entorno eminentemente agrario.

IV. LA PERSPECTIVA EUROPEA DEL BANCO DE TIERRAS.

La Comunicación interpretativa de la Comisión Europea sobre la adquisición de tierras agrícolas y el Derecho de la Unión Europea (2017/C 350/05)[22] recoge que la protección de tierras agrícolas es posible, pudiendo aceptarse algunas restricciones en este mercado o "Banco de Tierras" según el dictado de resoluciones del Tribunal de Justicia de la Unión Europea (TJUE)[23]. Se subraya que los objetivos son coherentes con los objetivos de la Política Agraria Común[24] pues garantiza un nivel de vida equitativo a la población al tener en cuenta las características especiales de su actividad.

Para regular con la normativa comunitaria los mercados de la tierra, o estos "Bancos de Tierras", se pretende equilibrar el atraer el capital a las zonas rurales con la realización de objetivos políticos legítimos, por lo que esta Comunicación analiza ciertas características normativas para determinar que:

---

22 (Comunicación interpretativa de la Comisión sobre la adquisición de tierras agrícolas y el Derecho de la Unión Europea, 2017). < Comunicación interpretativa sobre la adquisición de tierras agrícolas y el Derecho de la Unión Europea (2017/C 350/05) >

23 Aumento de tamaño de las explotaciones para explotarlas de forma tradicional, directa, rentable y viable, uso razonable, protección a la ordenación del territorio, impedir la especulación inmobiliaria y conservar la población. Asunto C-182/83, Fearon, apartado 3; Asunto C-452/01, Ospelt, apartados 39 y 43; Asunto C-370/05, Festersen, apartados 27 y 28; Asunto C-302/97, Konle, apartado 40.

24 Art.39 del TFUE

- La autorización administrativa previa restringe la libre circulación de capitales sin perjuicio de justificarse en concretas circunstancias. El control posterior a la transmisión no supone que sea contrario a la finalidad agrícola perseguida, pero debe basarse en criterios no discriminatorios, objetivos, conocidos y precisos, sin imponer condiciones desproporcionadas[25].
- Los derechos de prelación a favor de categorías de compradores (agricultores arrendatarios) se pueden justificarse por razones ligadas a los objetivos de la política agrícola pudiendo considerarse una restricción proporcionada de la libre circulación de capitales pues son menos restrictivos que una prohibición de adquirir por no agricultores[26].
- Las intervenciones estatales para impedir el control de precios excesivos de las tierras pueden estar justificadas como prohibir su venta si se considera, según criterios objetivos, que el precio es excesivamente especulativo. La regulación de precios, no discriminatorios, precisos y bien adaptados pueden ser adecuadas para frenar la especulación excesiva o para ahorrar a los agricultores profesionales costes de adquisición que podrían poner en peligro la rentabilidad de sus explotaciones[27].
- Aunque se reconoce la necesidad de asegurar el predominio de la explotación directa como objetivo legítimo de interés general, no se acepta este requisito general para adquirirlas como una medida proporcionada pues esta condición limitaba las posibilidades de arrenda-

---

25 Asunto C-201/15, AGET Iraklis, apartados 99-101 y asunto C-567/07, Woningstichting Sint Servatius, apartados 37 y 38

26 Asunto C-452/01, Ospelt, apartado 52

27 Asunto C-112/05, Volkswagen, apartado 19.

miento de tierras a agricultores que no tuvieran recursos propios para adquirirlas. El objetivo se logra con medidas menos restrictivas, como supeditar la adquisición al compromiso del adquirente de mantener el destino agrícola[28].

- Supeditar la adquisición a la condición de que el adquirente posea cualificaciones específicas en agricultura constituye una restricción de dudosa proporcionalidad, ya que no es necesario que las posea si garantiza mantener su destino agrícola, así como al no existir regulación sobre la profesión de "agricultor" que exija unas condiciones para desempeñarla[29].
- La residencia en la tierra o cerca de ella es un requisito restrictivo incompatible con los principios de la libre circulación de capitales, libertad de establecimiento, así como al derecho del adquirente a elegir libremente su residencia[30].
- La prohibición de la venta a personas jurídicas restringe la libre circulación de capitales y libertad de establecimiento constituyendo un obstáculo para transacciones que no afectan al uso agrícola[31].
- Fijar límites máximos al tamaño del terreno que puede adquirirse o poseerse constituye una restricción de la libre circulación de capitales, ya que limita la decisión de los inversores en su adquisición, con ciertas justificaciones como de interés público superior, en concreto aumentar el tamaño de las explotaciones agrícolas para

---

28 Asunto C-452/01, Ospelt, apartados 13, 49 a 53.

29 Asunto Ospelt, C-452/01, apartados 49 a 53.

30 Asunto C-370/05, Festersen, apartados 35 y 40.

31 Asunto C-452/01, Ospelt, apartado 51.

que puedan ser explotadas de manera rentable o permitir el desarrollo de explotaciones viables.

- Los privilegios a los ciudadanos nacionales propios constituyen una discriminación encubierta por razones de nacionalidad[32].
- Se rechaza el requisito de reciprocidad por incompatible cuando la adquisición de tierra por ciudadanos de otro Estado miembro depende de que a sus propios nacionales se les permita adquirirla en el país de origen, ya que la obligación de cumplir la normativa comunitaria no depende de que la cumplan otros Estados miembros[33].

A pesar del carácter privado de la mayor parte de los predios rústicos, las entidades públicas podrán gestionar bajo la supervisión comunitaria el "Banco de Tierras" para satisfacer las necesidades de la oferta y demanda de los operadores agropecuarios. Aunque el modelo francés plenamente desarrollado, puede servir de modelo para España, aquí sólo se menciona en la Ley 19/1995, de 4 de julio, sobre Modernización de Explotaciones Agrarias[34] para dejarlo a iniciativa de las Comunidades Autónomas, y en nuestro caso a la expectativa.

---

[32] Asunto C-279/93, Finanzamt Köln-Altstadt / Schumacker; art.63 del TFUE.

[33] Asuntos C-118/07, Comisión/Finlandia, apartado 48.

[34] (Ley 19/1995, de 4 de julio, de Modernización de las Explotaciones Agrarias, 1995). D.A.6ª.2 sobre beneficios fiscales en el I.R.P.F. a la transmisión de determinadas fincas rústicas y explotaciones agrícolas, recoge que exigirá que las transmitidas se destinen a constituir o consolidar explotaciones agrarias prioritarias o que, adquiridas por las Administraciones públicas, se integren en Bancos de tierras u órganos similares por razones de protección del medio natural. < Ley 19/1995, de 4 de julio, de Modernización de las Explotaciones Agrarias >

Ante esta necesidad del sector agrario, las conclusiones surgidas de los foros de debate y de la perspectiva de “Ruralizar las Leyes” proponen revisar el Reglamento del Parlamento Europeo y del Consejo relativo a los planes estratégicos de la Política Agraria Común post 2020 con referencia específica al fomento de inversiones para la compra de tierras por jóvenes aun no siendo en la primera instalación, bonificación de intereses y otro puntos de interés agrario[35].

Tal es la envergadura del debate que está en estudio la Reforma de toda la normativa nacional en materia arrendaticia rústica, tanto desde la definición de agricultor profesional, explotación prioritaria y entidades asociativas, sino la propia duración al considerarla insuficiente, fomento de arrendamientos a medio o largo plazo para desarrollar la aplicación de mejoras agronómicas o instalaciones en beneficio del mantenimiento de superficies para su no abandono, arrendamientos con opción de compra, medidas de protección para arrendador y arrendatario (seguros y modelos de contrato), resolución de conflictos y otros aspectos.

V. CONCLUSIONES.

La posesión pacífica y prolongada para desarrollar debidamente la actividad empresarial en el mundo rural se hace ne-

---

35 (Ministerio de Agricultura Pesca y Alimentación, 2021). “*Estudio sobre el acceso a la tierra*”. Art.68.3.c): Sobre la intervención de inversiones: compra de tierras por un importe superior al 10 % del gasto admisible total para la operación de que se trate, [...] en el caso de instrumentos financieros este límite máximo se aplicará al gasto público admisible desembolsado al destinatario final o, en el caso de las garantías, al importe del préstamo subyacente. < Estudio sobre el acceso a la tierra>

cesaria. De ahí la tendencia legislativa de "**Legislar Mejor**" a fin de **evitar la desigualdad de colectivos** con marcos normativos desde "**Perspectivas y Prismas Rurales**" que impidan marginaciones y postergaciones sectoriales, como partes débiles, así como que sirvan para **garantizar el fácil acceso a sus necesidades**, sin reparar con la forma en la que se proporcionen en equilibrio con otros derechos de otros colectivos y tutela de sus derechos.

Con el lema de "**Ruralizar las Leyes**" se pretende **equilibrar las relaciones jurídicas**, ya que, si las condiciones de partida sectoriales son desiguales, no habrá igualdad de trato.

Con el reto de "Legislar Mejor" se pretende **tutelar la transposición eficiente de la normativa comunitaria sectorial**, corrigiendo a nivel nacional los excesos, deficiencias o carencias al ser incorporada.

La indiferencia del legislador hace que, a través de grupos de trabajo y foros – ajenos al poder gubernativo –, surjan los "**Bancos de Tierras**" para cubrir las necesidades y carencias del sector, para desarrollarlos a nivel legislativo y judicial **estableciendo protecciones y restricciones** en el acceso a las tierras agrícolas. Ante los datos agrícolas sobre **falta de explotación y abandono de tierras**, su desarrollo normativo se hace obligatorio incluso para **revisar la normativa arrendaticia rústica** y garantizar una mejor detentación pacífica y prolongada de la tierra.

Al menos, el derecho agrario no permanece anquilosado en el tiempo como pudiera parecer, sino que **mantiene su paulatina y constante evolución normativa** a fin de satisfacer a los operadores agropecuarios, tratando de lograr la **adecuada convergencia** entre la detentación pacífica y prolongada, y su acceso a través de "Bancos de Tierras". Veremos donde se llega de momento con la intención de "Legislar Mejor".

VI. BIBLIOGRAFÍA.

COMISIÓN EUROPEA. (2021). *Comunicación de la Comisión Europea.* https://eur-lex.europa.eu/legal-content/ES/TXT/PDF/?uri=CELEX:52021DC0219&from=EN

Comunicación interpretativa de la Comisión sobre la adquisición de tierras agrícolas y el Derecho de la Unión Europea (2017). https://eur-lex.europa.eu/legal-content/ES/TXT/?uri=CELEX%3A52017XC1018%2801%29

EUROPEAN COMMISSION. Directorate-General for Agriculture and Rural Development. (2016). *Declaración de Cork 2.0: "Una vida mejor en el medio rural"*. Publications Office. https://data.europa.eu/doi/10.2762/370993

GIL-ROBLES Y GIL-DELGADO, J. M. (1982). Comentarios prácticos a la Ley de Arrendamientos Rústicos. *Revista Crítica de Derecho Inmobiliario, 548*, 251-253.

GIL-ROBLES Y GIL-DELGADO, J. M. (1988). Arrendamientos rústicos y legislación agraria básica. *Revista Crítica de Derecho Inmobiliario, 585*, 713-715.

HIDALGO, M. (1954). Sistematización y reforma de la legislación de arrendamientos rústicos. *Revista de Estudios Agrosociales, 8*, 61-102.

INSTITUTO NACIONAL DE ESTADÍSTICA. (2017). Encuesta sobre la Estructura de las Explotaciones Agrícolas (EEA). *Instituto Nacional de Estadística.*

JUNTA DE CASTILLA Y LEÓN. (2013). *Anteproyecto de Ley Agraria de Castilla y León* (Castilla y León). Junta de Castilla y León. https://agriculturaganaderia.jcyl.es/web/jcyl/AgriculturaGanaderia/es/Plantilla100Detalle/1246464862173/2/1284256922543/Texto

JUNTA DE CASTILLA Y LEÓN. (2019). *Agromapa de Castilla y León.* https://agromapa.netlify.app/

JUNTA DE CASTILLA Y LEÓN. (2022). *Datos abiertos. Superficies de cultivos herbáceos.* https://analisis.datosabiertos.jcyl.es/explore/dataset/superficies-de-cultivos-herbaceos/information/?sort=codigo_provincia

Ley 9/2023, de 3 de abril, de Agricultura Familiar y de Acceso a la Tierra en Castilla La Mancha, Pub. L. No. Ley 9/2023, BOE-A-2023-11946 69693 (2023). https://www.boe.es/eli/es-cm/l/2023/04/03/9

Ley 19/1995, de 4 de julio, de Modernización de las Explotaciones Agrarias, Pub. L. No. Ley 19/1995, BOE-A-1995-16257 20394 (1995). https://www.boe.es/eli/es/l/1995/07/04/19

Ley 83/1980, de 31 de diciembre, de arrendamientos rústicos, Pub. L. No. Ley 83/1980, BOE-A-1981-2261 2149 (1981). https://www.boe.es/eli/es/l/1980/12/31/83

LLAMAS POMBO, E. (1984). Creación de la figura del profesional de la agricultura en la nueva ley de arrendamientos rústicos. *Estudio de derecho civil en homenaje al profesor J. Beltrán de Heredia y Castaño,* 455-470.

LLAMAS POMBO, E. (2004). *Artículo 33. Jurisdicción y competencia.* 610-624. https://dialnet.unirioja.es/servlet/articulo?codigo=5395519

LLAMAS POMBO, E. (2005). Arrendamientos rústicos: Cuestiones procesales., (2), 229-250. *Cuadernos de derecho agrario, 2,* 229-250.

LLAMAS POMBO, E. (2006). A la luz de la Ley de Enjuiciamiento Civil 1/2000 y de la Ley 49/2003 de Arrendamientos Rústicos, en la reciente modificación sufrida por la Ley 26/2005, ¿cabe la facultad enervatoria de la acción de desahucio en los arrendamientos rústicos? *Consultor inmobiliario: Revista mensual de actualidad para profesionales, 74,* 13-18.

LLAMAS VALBUENA, E., & LLAMAS POMBO, E. (1989). *Arrendamientos rústicos: Sentencias del Tribunal Supremo y Audiencias Territoriales posteriores a la Ley de 31 de diciembre de 1980.* Trivium.

LUIS, C., & REGADERA, M. (2024, mayo 14). *Cabero, en el Foro GACETA del sector agrario: «El campo es rentable y tiene futuro».* La Gaceta de Salamanca. https://www.lagacetadesalamanca.es/salamanca/cabero-foro-gaceta-sector-agrario-campo-rentable-20240514114913-nt.html

MECANISMO RURAL DE GARANTÍA. (2021). *«Rural Proofing». Mecanismo Rural de Garantía. Ruralizar las Leyes. Una cuestión de justicia.* https://ruralproofing.com/

MINISTERIO DE AGRICULTURA PESCA Y ALIMENTACIÓN. (2021). *Estudio sobre el acceso a la tierra.* Subdirección General de Dinamización del Medio Rural.

MINISTERIO DE AGRICULTURA PESCA Y ALIMENTACIÓN. (2024). *Revista de Estudios Agrosociales.* https://www.mapa.gob.es/app/publicaciones/art_lista_art.asp?ano=&titulo=&autor=&revista=&tipo=materia&materia=Arrendamiento+r%FAstico&texto_libre=&codrevista=REAS&page=1

OLLERO TASSARA, A. (1992). Relevancia constitucional de la igualdad. *Funciones y fines del derecho: estudios en homenaje al profesor Mariano Hurtado Bautista,* 543-554. Universidad de Murcia.

SERVICIO DE ESTUDIOS, ESTADÍSTICA Y PLANIFICACIÓN AGRARIA JCYL. (2022). *Encuesta de precios de la tierra* (Castilla y León) [Text]. Junta de Castilla y León. https://agriculturaganaderia.jcyl.es/web/es/estadistica-informacion-agraria/encuesta-precios-tierra.html

SUBDIRECCIÓN GENERAL DE ANÁLISIS, COORDINACIÓN Y ESTADÍSTICA. (2023). *Encuesta de Cánones de Arrendamiento Rústico 2022* [Dataset]. https://www.mapa.gob.es/es/estadistica/temas/estadisticas-agrarias/economia/canones-anuales-arrendamientos-rusticos/

CAPÍTULO XIII.

EL SECTOR RURAL COMO UNA CAUSAL DE VULNERABILIDAD DE LOS CONSUMIDORES EN SUS RELACIONES DE CONSUMO.

MISAEL ALBERTO ANDRADE VEGA

Abogado, Máster y Doctorando en Derecho Privado Patrimonial de la Universidad de Salamanca y Universidad Pública de Navarra. Correo electrónico mandradevega@usal.es

Resumen: El presente capitulo tiene por objeto describir y analizar el concepto de consumidor vulnerable, relevando el territorio como una casual de vulnerabilidad de los consumidores que viven alejados de las grandes urbes. En ese contexto, haré una descripción de algunas áreas de consumo vinculadas a los sectores rurales y a las dificultades de los consumidores para acceder a determinados bienes o servicios.

Palabras Clave: consumidor vulnerable, Ley 4/2022, sectores rurales, situaciones de vulnerabilidad, equilibrio contractual, efectos jurídicos.

I.- CONTEXTO DEL CONSUMIDOR VULNERABLE

El ordenamiento jurídico español incorporó el concepto de consumidor vulnerable, el cual se encuentra regulado en articulo 3.2 del TRLGDCU, definición incorporada en un comienzo en el año 2021 por el Real Decreto Ley 1/2021[1], a consecuencia de la crisis sanitaria Covid-19 y posteriormente por medio de la Ley 4/2022, de fecha 25 de febrero, sobre protección de los consumidores y usuarios frente a situaciones de vulnerabilidad social y económica.

Esta nueva categoría de consumidor surge como un contraste de lo que conocemos como "*consumidor medio*"[2], es decir, aquel que normalmente en sus relaciones de consumo es atento y perspicaz, capaz de entender la información precontractual que se le entrega y sabe con claridad las consecuencias jurídicas del acto de consumo que celebra. El consumidor vulnerable difiere mucho a lo que es el consumidor medio, ya que este en determinadas relaciones de consumo, por diversas circunstancias especiales, no es atento y perspicaz, no es capaz de comprender la información precontractual dada por el empresario y no tiene la capacidad de apreciar con claridad las consecuencias jurídicas de los actos de consumo que celebra. En ese contexto, el consumidor vulnerable es aquel tipo de consumidor que presenta una o más capas adicionales de vul-

---

1 Real Decreto-ley 1/2021, de 19 de enero, de protección de los consumidores y usuarios frente a situaciones de vulnerabilidad social y económica.

2 CÁMARA LAPUENTE, S., "Libro primero. Disposiciones generales" en *Comentarios al texto refundido de la Ley de consumidores y usuarios,* tomo I, Tirant Lo Blanch, Valencia, 2022, pp. 61-2018.

nerabilidad, distinta de aquella que es estructural[3] y que afecta a todos los consumidores en sus relaciones de consumo[4].

El artículo 3.2 del TRLGDCU[5] define al consumidor vulnerable y el concepto nos entrega una serie de *factores* que nos permiten determinar si un consumidor se encuentra o no en una situación de vulnerabilidad respecto de una relación concreta de consumo, entre las que encontramos el contexto territorial, sectorial y temporal. El mencionado artículo cuando establece que un consumidor se puede encontrar en una especial situación "*territorial, sectorial o temporalmente*", se refiere a que existen determinados consumidores que son vulnerable debido al lugar en el que residen, por el área del producto o servicio que adquieren o contratan o por qué la causa de vulnerabilidad que afecta al consumidor puede ser momentánea, es decir, que en otro momento no sea vulnerable[6].

---

3 BAROCELLI, Sergio Sebastián (2018). *Hacia la construcción de la categoría de consumidores hipervulnerables* en BAROCELLI, Sergio Sebastián (dir.), *Consumidores Hipervulnerables.* Buenos Aires: El Derecho.

4 LÓPEZ DÍAZ P., "El consumidor hipervulnerable como débil jurídico en el derecho chileno: una taxonomía y alcance de la tutela aplicable", Revista Latin American Legal Studies, Vol. 10 N° 2 (2022), pp. 340-415.

5 Articulo 3.2 TRLGDCU " Asimismo, a los efectos de esta ley y sin perjuicio de la normativa sectorial que en cada caso resulte de aplicación, tienen la consideración de personas consumidoras vulnerables respecto de relaciones concretas de consumo, aquellas personas físicas que, de forma individual o colectiva, por sus características, necesidades o circunstancias personales, económicas, educativas o sociales, se encuentran, aunque sea territorial, sectorial o temporalmente, en una especial situación de subordinación, indefensión o desprotección que les impide el ejercicio de sus derechos como personas consumidoras en condiciones de igualdad".

6 MARÍN LÓPEZ, J., "El concepto de Consumidor Vulnerable en el Texto Refundido de la Ley General para la Defensa de los Consumidores y Usuarios", *Revista Cesco* N°37, año 2021, pág. 114.

En ese orden de ideas, la vulnerabilidad se caracteriza por ser "*dinámica*" por lo que ella no es permanente o estática, la que puede ir variando o cambiando, vale decir, un consumidor en un momento determinado puede ser considerado vulnerable y en otro momento no. También el dinamismo de la vulnerabilidad se refiere a que un determinado consumidor, en un área de consumo es considerado como vulnerable, pero quizás en otra no lo sea[7].

CAMARA LAPUENTE[8] señala que el concepto de consumidor vulnerable establecido en el artículo 3.2 del TRLGDCU, fija dos criterios que permiten calificar el dinamismo de la vulnerabilidad que afecta a un consumidor. El primer criterio hace referencia a que la vulnerabilidad puede ser individual o colectiva, debido a sus características, circunstancias o necesidades personales, educativas, sociales o económicas. El segundo criterio que nos permite calificar el dinamismo de la vulnerabilidad es él que se da en un determinado contexto territorial, sectorial o temporal.

El concepto de consumidor vulnerable incorporado a la normativa de protección al consumidor no sólo ve la vulnerabilidad desde una perspectiva económica, sino que abarca una gama de *factores* que permiten determinarla. Es por lo mismo, que los fatores de vulnerabilidad de un consumidor en sus relaciones particulares de consumo, no sólo provienen de sus circunstancias estrictamente personales, sino que se deben consi-

---

7 Exposición de motivos de Ley 4/2022, de 25 de febrero, de protección de los consumidores y usuarios frente a situaciones de vulnerabilidad social y económica

8 CÁMARA LAPUENTE, S., "Libro primero. Disposiciones generales" en *Comentarios al texto refundido de la Ley de consumidores y usuarios,* tomo I, Tirant Lo Blanch, Valencia, 2022, pp. 61-2018.

derar otras circunstancias como lo son el origen demográfico, lugar de residencia, el social, la formación, entre otras[9].

No cabe duda de que, el lugar de residencia en determinadas situaciones particulares es una causal de vulnerabilidad de un consumidor. La exposición de motivos de la Ley 4/2022, señala que el lugar en el que reside una persona es una causal de vulnerabilidad para determinados consumidores, especialmente de aquellos que viven alejados a las ciudades, es decir, en sectores rurales, teniendo problemas de acceso a una serie de bienes o servicios. Es muy distinto ser un consumidor en una ciudad, donde por lo general se tiene libre acceso a todos los productos o servicios y donde existe libertad de elección. El consumidor en un sector rural, alejado de la cuidad, tiene problemas de elección en los productos o servicios y en el acceso a los mismos, por ejemplo, los servicios bancarios en los pueblos con pocos habitantes normalmente no tienen sucursales; hay sectores donde no se tiene acceso a internet y muchas de las relaciones de consumo se hacen vía telefónica.

Vivir en un sector rural es una causal de vulnerabilidad para un consumidor, ya que dichos sectores se han ido despoblando no sólo en España, sino que en la gran mayoría de los países de Europa. El fenómeno de los sectores rurales ha sido denominado la "*España vacía*" la cual contrasta con la "*España llena*", la que se identifica con los sectores urbano, en la cual se concentran millones de habitantes[10]. Hace un par de décadas se puede apreciar que, los habitantes de los sectores rurales, especialmente de aquellos con menos opciones laborales, se trasladan a las ciudades en busca de mejores expectativas de vida.

---

9 Exposición de motivos de Ley 4/2022, de 25 de febrero, de protección de los consumidores y usuarios frente a situaciones de vulnerabilidad social y económica.

10 Estudio sobre la Situación Demográfica en España: Efectos y consecuencias, Defensor del Pueblo, Madrid, año 2019, pagina 86.

En España el desplazamiento de los residentes de los sectores rurales ha sido hacia las zonas litorales y la zona más próximas a la capital, en perjuicio de las zonas interiores del país[11].

En ese contexto, surgen los problemas para los habitantes que viven alejados de las grandes urbes, ya que comienzan a tener dificultades para acceder a servicios públicos como la sanidad, educación y servicios esenciales como la banca, banda ancha de internet y transporte[12]. Lo anterior genera una mayor exclusión y desconexión de los habitantes no solo por la lejanía geografía, sino que también por la dificultad en el acceso y en la elección de bienes y servicios imprescindibles para su diario vivir. Surgiendo una brecha entre los consumidores de los sectores rurales y los de los sectores urbanos, ya que los primeros se encuentran excluidos socialmente debido al lugar en el que viven, lo que los transforma en consumidores vulnerables.

La situación de los sectores rurales y como ella afecta a los consumidores en sus relaciones concretas de consumo, se contrapone totalmente a lo establecido en el articulo 174 del Tratado de Funcionamiento de la Unión Europea, que dispone que, con la finalidad de fortalecer la cohesión económica, social y territorial, la UE deberá reducir las diferencias en los niveles de desarrollo de las diferentes regiones y el retraso de las menos favorecidas, es decir, debe existir un desarrollo armónico en los diversos sectores de los países. El articulo citado señala que, se deberá prestar atención a las zonas rurales y a las regiones que tienen desventajas de carácter naturales o de-

---

11 Informe Retos de la inclusión financiera Servicios bancarios y personas vulnerables, Defensor del pueblo, Madrid, mayo 2024, pagina 68-69.

12 Estudio sobre la Situación Demográfica en España: Efectos y consecuencias, Defensor del Pueblo, Madrid, año 2019, pagina 86.

mográficas graves y permanentes, en los cuales se concentran pocos habitantes[13].

La problemática de los sectores rurales como causante de vulnerabilidad de los consumidores, también ha sido una preocupación de Naciones Unidas, la cual, en sus Directrices para la protección del consumidor del año 2015, establece dentro de sus principios generales, la protección de los consumidores en situación vulnerable y en desventaja. Añade que los Estados miembros deberán asegurar la distribución eficiente de los bienes y servicios esenciales, cuando estos se vean amenazados con especial consideración a las zonas rurales. La directriz añade que los Estados miembros deberán formular programas generales de educación e información del consumidor, con la finalidad de capacitar a los consumidores para que puedan discernir y hacer elecciones fundadas de bienes y servicios. Dichos programas deberán tener una especial atención a las necesidades de los consumidores vulnerables, tanto en las zonas rurales como urbanas, incluyendo a las personas de bajos ingresos y a los analfabetos[14].

---

13 Articulo 174 de TFUE "A fin de promover un desarrollo armonioso del conjunto de la Unión, ésta desarrollará y proseguirá su acción encaminada a reforzar su cohesión económica, social y territorial.
La Unión se propondrá, en particular, reducir las diferencias entre los niveles de desarrollo de las diversas regiones y el retraso de las regiones menos favorecidas.
Entre las regiones afectadas se prestará especial atención a las zonas rurales, a las zonas afectadas por una transición industrial y a las regiones que padecen desventajas naturales o demográficas graves y permanentes como, por ejemplo, las regiones más septentrionales con una escasa densidad de población y las regiones insulares, transfronterizas y de montaña".

14 Directrices para la Protección del Consumidor, Naciones Unidas, Nueva York y Ginebra, año 2016.

La desigualdad entre los consumidores de los sectores urbanos y rurales debe ser resuelta por el Estado español, ya que la Constitución Española en su artículo 9.2[15], mandata a los poderes público a promover condiciones a fin de que la libertad y la igualdad de estos y de los grupos en que se integren sean reales y efectivas, debiendo remover los obstáculos que dificulten su plenitud y faciliten la participación de todos en la vida política, económica, cultural y social. A mi parecer estimo que, el mandato constitucional es la base para que todas las personas que viven en España tengan plena participación en la sociedad, independientemente de si viven o no en un sector rural o urbano, si son nacionales o no, si son adultos mayores o son personas con más o menos conocimientos tecnológicos.

Para finalizar se puede concluir que conforme al proceso denominado "España vacía" los sectores rurales en su mayoría se encuentran despoblados, lo que a originado una serie d problemáticas para los consumidores, ya que estos no tienen muchas veces acceso a bienes o servicios esenciales para su diario vivir. Por lo mismo, nos encontramos con una "ruralidad" la que, en determinadas relaciones concretas de consumo, es una causa de vulnerabilidad de un consumidor, situación que impide que puedan ejercer sus Derechos en un plano de igualdad.

---

15 Articulo 9.2 de las CE dispone que "Corresponde a los poderes públicos promover las condiciones para que la libertad y la igualdad del individuo y de los grupos en que se integra sean reales y efectivas; remover los obstáculos que impidan o dificulten su plenitud y facilitar la participación de todos los ciudadanos en la vida política, económica, cultural y social

II.- LOS CONSUMIDORES VULNERABLES, LOS SECTORES RURALES Y LOS BIENES O SERVICIOS.

Como ya señalé para muchos consumidores el vivir en una zona lejana a las grandes ciudades, es una causa de vulnerabilidad, ya que en muchos casos ellos ven dificultado el acceso a determinados bienes y servicios. Lo mismo ocurre con la elección de estos, ya que, en determinadas circunstancias, el consumidor adquiere o contrata sin la posibilidad elegir. Lo anterior se debe a la despoblación de las zonas rurales, lo que tiene como consecuencia que, muchos bienes o servicios se han dejado de comercializar en los pueblos o en las zonas con menos población.

De hecho, el Defensor del pueblo en su Informe sobre la situación demográfica de España señala que, las dificultades que enfrentan los habitantes de las zonas más despobladas para acceder a servicios básicos como lo son la sanidad, educación, transporte, banca y una buena cobertura de internet, debe ser abordado de manera urgente, ya que la brecha de desigualdad atenta contra los principios constitucionales de equidad e igualdad y ello es inaceptable para una sociedad moderna[16]. Son muchos las carencias que sufren las personas que viven en lugares alejados de las grandes urbes, las que deben ser resueltas por los poderes públicos, conforme lo mandata la Constitución Española en el artículo 9.2.

En ese aspecto debo destacar que, la Junta de Castilla y León, ya se encuentra haciendo frente a los problemas que actualmente tiene la ruralidad y que afecta la vida cotidiana de los consumidores. El 18 de septiembre de 2024, se comunica a la comunidad que, la Junta va a impulsar una serie de medidas con la finalidad de propiciar empleos de calidad y avanzar en

---

16 Informe sobre La situación demográfica en España. Efectos y consecuencias, Defensor del Pueblo, Madrid, 2019, pp. 99 y 107.

la cohesión social y territorial con planes específicos de apoyo al medio rural, autónomos, comercio y desarrollo industrial[17].

Debo hacer presente que, son de variada índole los bienes o servicios respecto de los cuales los consumidores de los sectores rurales tienen dificultes para acceder a ellos, es por lo mismo que, en las siguientes líneas me detendré brevemente en alguno de ellos y haré un pequeño análisis siempre desde el punto de la vulnerabilidad territorial.

2.1 Servicios bancarios en los sectores rurales y los consumidores.

Es un hecho que el sector bancario es uno de los que menos presencia tiene en los sectores rurales, ya que como veremos, muchas de sus oficinas han sido cerradas y la cantidad de cajeros automáticos ha disminuido desde el año 2008 a la fecha. Acá las causas de vulnerabilidad no sólo son por el lugar de residencia del consumidor, sino que existen otros factores, como lo son los sectores con poca población, en la cual en su mayoría son adultos mayores, con poco manejo de tecnologías digitales, por lo que tienen muchas dificultades para acceder a las bancas online, para ingresar a sus productos bancarios por la web y para concretar transacciones[18].

En cuanto a las oficinas bancarías, es de mencionar que estas han ido disminuyendo, lo que ha impactado principalmente en los sectores alejados de las grandes ciudades, principalmente en aquellos lugares de menos de 5000 habitantes,

---

17 https://comunicacion.jcyl.es/web/jcyl/Comunicacion/es/Plantilla100Detalle/1284721258206/NotaPrensa/1285439484150/Comunicación

18 Informe Consumidores vulnerables: Servicios financieros en el mundo rural, OCU, diciembre año 2021, pagina 3.

donde todavía hay presencia de alguna de ellas[19]. En los lugares con menos de 2000 habitantes estas son casi inexistentes. En Castilla y León según un informe elaborado por OCU[20], se llegó a la conclusión de que 38% de quienes viven en sectores con menos de 5000 habitantes no tiene una sucursal bancaria en su municipio, por lo que se ven en la obligación de desplazarse a las oficinas bancarias más cercana a su residencia.

En ese contexto, es posible apreciar como los consumidores residentes en sectores rurales se encuentran vulnerados, ya que tienen dificultades en el acceso a oficinas bancarias, a la información de los productos contratados, a la asesoría personal de un ejecutivo, debiendo desplazarse a otras localidades, donde muchos de ellos son adultos mayores, los cuales al no saber manejar las nuevas tecnologías no acceden a su banca online. Muchas de sus transacciones las hacen vía telefónica, con contratos de adhesión, en temas muy difíciles de comprender, lo que acrecienta cada vez más la asimetría contractual del consumidor.

Una situación muy similar ha ocurrido con los cajeros automáticos en los sectores rurales, los cuales han ido disminuyendo, ya que según el informe de OCU, el 17% de las personas encuestadas y que viven en localidades de menos de 5.000 habitantes, no cuentan con ningún cajero automático. Dicha suma aumenta a un 30% cuando nos referimos a los sectores con menos de 2000 habitantes[21]. En Castilla y León, según el mismo estudio, se concluye que el 37% de quienes viven en sectores rurales con menos de 5.000 habitantes no disponen

---

19 Idem

20 Informe Consumidores vulnerables: Servicios financieros en el mundo rural, OCU, diciembre año 2021, pagina 6-7.

21 Informe Consumidores vulnerables: Servicios financieros en el mundo rural, OCU, diciembre año 2021, pagina 13.

de ningún cajero automático en su municipio[22]. El no tener un cajero automático en un sector rural, es otro factor de vulnerabilidad para un consumidor, el cual para poder acceder al dinero en efectivo debe desplazarse a otro sector o ciudad, situación que muchas veces dificulta sus compras diarias en pequeños comercios, en los cuales no se acepta el pago con tarjetas bancarias. Puede ocurrir que, un consumidor de un sector rural tenga en su lugar de residencia un cajero automático de un banco distinto al que él tiene contratado, lo que también lo vulnera y le genera un perjuicio, ya que toda vez que gira se le cobra una comisión por usarlo.

Los consumidores del sistema bancario de los sectores rurales, junto con ser vulnerables debido al lugar en el que residen, tienen otra vulnerabilidad, la que consiste en que el área de la banca es muy compleja, ya que los productos ofrecidos a los clientes son demasiados abstractos y complejos para un consumidor medio, situación que los convierte en doblemente vulnerables.

Se ha reconocido que dentro de las causales de vulnerabilidad de un consumidor encontramos aquellas que dicen relación con las fallas del mercado financiero, que se relacionan directamente con la calidad de la información que se entrega al consumidor al momento de contratar un producto bancario. Otra causal de vulnerabilidad del consumidor dice relación con la capacidad que tiene el consumidor de procesar y captar la información que se le entrega. Ambas causas llevan a que el consumidor tome decisiones equivocada sobre el producto financiero que contrata[23].

---

22 Idem, pagina 14.

23 Concepto y causas del consumidor vulnerable en servicios financieros y en grandes temas del consumo, ADICAE, año 2021, pagina 25.

Es sabido que el Derecho de consumo descansa en la idea en el Derecho a la información que se debe entregar a los consumidores en las etapas previas a la contratación a fin de que pueda tomar una decisión razonada y fundada. En el área bancaria, el deber información que da el empresario al consumidor, ha sido plasmada desde una visión del consumidor medio, es decir, aquel que tiene el mismo nivel de profesionalidad que el empresario, que es capaz de comprender temas tan abstractos como son el bancario y el financiero. Es decir, el gran problema que tiene el consumidor es que no entiende la información que se le entrega, que pese a ser atento y perspicaz no comprende el producto bancario que está contratando.

La Ley 4/2022 incorporó en el artículo 3.2 el concepto de consumidor vulnerable. Aquí surge la interrogante, si esta nueva ley refuerza la protección del consumidor vulnerable en el sector bancario. Si bien la Ley reforma una serie de artículos del TRLGD, relativos a deber de información precontractual cuando se contrata con un consumidor vulnerable, en el cual se debe tomar especial consideración a este tipo de consumidores, en concreto no existe una doble protección o un mayor cuidado para el consumidor vulnerable. Si revisamos específicamente el articulo 19 N°5 de la TRLGDCU, en el cual se dispone que, con relación con las prácticas comerciales relativas a servicios financieros, podrán establecerse normas sectoriales, que otorguen una mayor protección, la que desde área bancaria no existe, es decir, no existe una protección reforzada al consumidor vulnerable bancario.

2.2. Las telecomunicaciones en los sectores rurales y los consumidores.

La Ley Orgánica 3/2018, de 5 de diciembre, sobre Protección de Datos Personales y garantía de los derechos digitales, consagra en su articulo 81 el Derecho de acceso universal a internet. La norma citada garantiza a todos los habitantes de España el acceso a internet, sin importar la condición personal, social, económica o geográfica. La norma añade que, tal acceso universal, debe ser asequible, de calidad y no discriminatorio para toda la población. Por último, se establece que la garantía del derecho de acceso a Internet debe atender la realidad especial de los entornos rurales.

Lo que hace el legislador al señalar que, el Derecho de acceso a internet deberá atender a la realidad de los entornos rurales del país, es reconocer que el Derecho de acceso universal no está garantizado en determinados sectores del territorio nacional, ya que existen brechas digitales a raíz acceso y la calidad de la conexión, debido al lugar en el que residas o vivas. Lo anterior tiene como consecuencia que, los consumidores de los sectores rurales tengan dificultades vinculadas con los servicios digitales.

En este aspecto se marca una diferencia de la realidad que viven los consumidores de los sectores urbanos con los rurales, la quedo de manifiesto en la pandemia sanitaria COVID 19, crisis que modificó nuestras formas de adquirir bienes y servicios, las que pasaron de ser presenciales a online. Según informe de la Red de lucha contra la pobreza y exclusión social en el Estado español, el consumo electrónico durante el año 2020, periodo de la crisis sanitaria, fue un 10% menor en los sectores rurales que en los urbanos[24]. La escasez de infraestructura en telecomunicaciones ha provocado que, en muchos sectores rurales, los consumidores se encuentren excluidos de esta nueva forma de adquirir bienes y servicios, situación que los segrega y que les dificulta el acceso a ellos.

---

24 Estudio sobre Brecha digital, rural y de género, Red Europea de lucha contra la pobreza y la exclusión social en el Estado español, noviembre 2022, página 31.

El término "brecha"[25] por un lado es sinónimo de una herida o una rotura y, por otro, de abertura o agujero o separación por donde se pierde seguridad, ambas acepciones tienen una connotación negativa, la que es aplicable a la denominada brecha digital. Es de mencionar que, las brechas digitales generan desigualdades en el acceso a la información y al conocimiento, lo que acrecienta las diferencias en los grupos menos favorecidos de la sociedad, entre los que encontramos a los consumidores vulnerables de los sectores rurales.

Hasta fines del año 2020, el 21,7%[26] de la población rural no contaba con internet en su casa. Otro aspecto interesante es el relativo es el acceso a la fibra óptica en hogares en los sectores rurales, ya que de ello depende mucho la calidad y la velocidad de las conexiones de sus dispositivos digitales. Sólo el 33%[27] de la población rural tiene acceso a la fibra óptica, siendo el método de conexión más utilizado en los sectores urbanos o en las grandes ciudades. El mismo estudio nos muestra que la población rural de España se conecta a internet un 10% menos que la media total de la población española y 16% del mundo rural se conecta a internet menos de 5 horas a la semana.

Que un consumidor, cuya vulnerabilidad se encuentra agravada por vivir en un sector rural, no cuente con internet o tenga dificultad en su acceso, implica un mayor grado de vulnerabilidad, ya que como sabemos, contar con una conexión es imprescindible para el desenvolvimiento de cualquier persona, especialmente para acceder a estas nuevas formas de contrac-

---

25 OLARTE ENCABO, S., "Brecha digital, pobreza y exclusión social ", Revista andaluza de trabajo y bienestar social, N°138, año 2017.

26 Estudio Cómo la España Vaciada llena su tiempo en Internet: El primer informe sobre el consumo de Internet en la España rural, Eurona, año 2021, pagina 6.

27 Idem

ción de bienes y servicios. El consumidor que no cuenta con internet en el sector rural se encuentra totalmente desconectado y excluido de acceder al mercado. El tener dificultades de acceso a internet acrecienta la brecha digital, especialmente en los adultos mayores, quienes no saben manejar los dispositivos digitales y no saben acceder a las plataformas para la adquisición de bienes o servicio.

No tener internet o tener dificultades de conexión afecta el día a día de los niños, niñas o adolescentes que viven en los sectores rurales. Muchas de sus actividades o deberes escolares se desarrollan por medio de aparatos digitales, las que sin internet o con una buena conexión no funcionan. Es impensado en la actualidad un niño o un estudiante no cuente con un ordenador, ya que ello le permite estudiar, buscar información educativa, conectarse a clases o a reuniones vía zoom.

El contar con una fibra óptica permitiría a muchos de los consumidores poder acceder a consultas medicas por medio de plataformas digitales, lo que les ahorraría el desplazamiento a centros médicos los cuales se encuentran normalmente en las ciudades cercanas. Además, una buena conexión a internet permitiría a trabajadores que tengan la posibilidad de hacer teletrabajo poder hacerlo desde sus hogares en los sectores rurales.

Creo firmemente que, que los sectores rurales de España deben estar conectados mediante un sistema de alta velocidad, para la lo cual se debe contar con una infraestructura solida en telecomunicaciones, debiendo implementarse una formación digital para todos, con especial énfasis en los grupos vulnerables de la sociedad, a fin de que ninguna persona quede excluida de estas nuevas formas de contratación de bienes y servicios. Es más, el articulo 83 de la Ley de Protección de datos personales, establece el Derecho a la educación digital, con el fin de garantizar la incorporación de todos a la sociedad digital y asegurar el aprendizaje de un consumo responsable. La norma señala que tal educación debe realizarse con un enfoque inclusivo, con especial atención de las personas con necesidades educativas especiales.

En conclusión, debe existir un esfuerzo de los poderes públicos del estado, para que exista una infraestructura de telecomunicaciones desplegada en todo el territorio nacional, que permita unir a todas las zonas del país, red que tenga una alta velocidad sin distinción del lugar en el que vivas o residas. Conjuntamente se debe capacitar a las personas de los sectores rurales sobre estas nuevas formas de contratación, a fin de evitar una segregación y exclusión de los consumidores de los sectores más alejados.

2.3. Los sectores rurales y los consumidores eléctricos.

En las siguientes líneas me abordaré sucintamente la problemática que tienen los consumidores eléctricos de los sectores rurales, mirando su vulnerabilidad desde el punto de vista amplio, dándole énfasis al lugar en el que viven y como ello afecta sus relaciones contractuales de consumo.

En los sectores rurales de España nos encontramos con una serie de problemáticas que afectan a sus habitantes en el área eléctrica, teniendo presente que, ella es esencial para el desarrollo de la vida cotidiana de las personas. Es impensado que un consumidor no cuente con energía eléctrica o no tenga una calefacción adecuada en su hogar, principalmente en aquellos sectores que en meses de invierno hace mucho frio o en verano hace mucho calor. Por lo mismo, vivir en un sector rural, bajo determinadas circunstancias, constituye un factor de vulnerabilidad de un consumidor eléctrico, según explicaré más adelante.

La Estrategia Nacional contra la pobreza energética de España por el periodo 2019-2024, señala que la pobreza energética es un problema actual y que ella no es otra cosa que, una manifestación clara de lo que es la pobreza y la exclusión[28]. Dicha estrategia plantea que, la pobreza energética corresponde a una situación en la que se encuentra un grupo familiar o una persona, quienes no pueden satisfacer sus necesidades básicas de suministro de eléctrico, como consecuencia de no contar con los ingresos suficientes, lo que, en muchos casos, puede agravarse por no contar el consumidor con una vivienda eficiente energéticamente. Es decir, su hogar no es capaz de mantener una temperatura adecuada para vivir[29].

El concepto de pobreza energética ha ido cambiando, ya que en un comienzo se consideraban tres factores para determinarla 1) precios de la energía; 2) ingresos de los hogares 3) eficiencia energética de las viviendas y sus equipamientos. Actualmente, el concepto ha ido evolucionando a raíz del surgimiento de la denominada vulnerabilidad energética, la que permite añadirle otras variables, distintas a las establecidas por la literatura clásica.[30] Es por ello por lo que, la pobreza energética va mucho más allá de las variables relativas a la imposibilidad de pagar la factura, a los precios de la energía y a tener una vivienda ineficiente energéticamente. Ella comprende factores como lo son el desempleo, el lugar de residencia, la precariedad laboral, la discapacidad, la nacionalidad, el género y la pobreza en general, situaciones que impiden que un consumidor o su grupo familiar puedan mantener un hogar en condiciones de temperatura adecuada o no pueda cubrir sus necesidades básicas de energía.

---

28 https://www.miteco.gob.es/es/prensa/estrategianacionalcontralapobrezaenergetica2019-2024_tcm30-496282.pdf.

29 Idem.

30 Informe sobre la Pobreza energética en España, análisis de tendencias de la Asociación de Ciencias Ambientales, Madrid, España, año 2014, página 27

La UE mediante la Directiva 2009/72/CE, comienza a preocuparse de los consumidores eléctricos más desprotegidos, en la cual establece en su considerando 53, que la pobreza energética es un problema cada vez mayor y que los Estados miembros afectados que no hayan tomado las medidas respectivas, deberán crear planes de acción y otros instrumentos para luchar contra esta problemática. Por otro lado, España a través de la Ley 24/2013, sobre el sector eléctrico, comienza a dar protección al consumidor vulnerable y hacer frente a la pobreza energética. Hago presente que, la protección del consumidor vulnerable mediante el bono social mira a la vulnerabilidad desde una perspectiva económica, visión muchos más restringida a la que se establece en el artículo 3.2 del TRLGDCU.

El artículo 45[31] de la Ley 24/2013 define al consumidor vulnerable en el sector eléctrico desde una perspectiva económica, ya que destaca que solo serán considerados como tales, las personas físicas que, las que, en su vivienda habitual, cumplan con determinados requisitos de poder adquisitivo y de consumo, a los cuales se les aplicará el bono social. En ese aspecto, la vulnerabilidad del consumidor eléctrico va mucho más allá de si el consumidor tiene o no recursos económicos o capacidad de consumo.

Se ha planteado que una de las causas de vulnerabilidad de un consumidor eléctrico es que no comprende la información precontractual entregada por el empresario, ya que es un área difícil de comprender[32], donde si bien se regulan los deberes

---

31 Articulo 45 de la Ley 24/2013 define a consumidor vulnerable eléctrico como "los consumidores de electricidad que cumplan con las características sociales, de consumo y poder adquisitivo que se determinen. En todo caso, se circunscribirá a personas físicas en su vivienda habitual"

32 Concepto y causas del consumidor vulnerable en servicios financieros y en grandes temas del consumo, ADICAE, año 2021, pagina 40.

de información y los Derechos del consumidor, su regulación es demasiado extensa y compleja. Si bien la Ley 24/2013 en su artículo 44, sobre el sector eléctrico, regula los Derechos del consumidor eléctrico, surge la duda si ella es suficientemente clara. En lo personal creo que, la información precontractual no va a romper la asimetría negocial, ya que se basa en un consumidor medio, el que es inexistente, en especial aquellos que viven en los sectores rurales, los cuales no cuentan con oficinas, donde muchos adultos mayores resuelven sus dudas por teléfono o se deben desplazar kilómetros para obtener información de sus contratos de electricidad.

Un estudio sobre la vulnerabilidad del consumidor eléctrico concluyó que dentro de los problemas que tienen sus clientes, se encuentran las dificultades que tienen para acceder a las oficinas físicas, sobre todo en los sectores más distantes a las ciudades. El estudio añade que, a lo menos el 21% de estos consumidores vulnerables han sufrido variadas dificultades respecto del acceso a la oficina física de las compañías comercializadoras y un 25% ha tenido a lo menos una dificultad para acceder a ellas. Ello sin contar las dificultades que tienen las personas con algún tipo de discapacidad o enfermedad.

Lo que trato de resaltar es que la vulnerabilidad del consumidor eléctrico no es solo económica, sino que es multifactorial. Lamentablemente, la Ley sectorial no contempla norma de protección a los consumidores que sufren de alguna vulnerabilidad. Si bien EL TRLGDCU en su artículo 3.2 estableció un concepto de consumidor vulnerable y en el artículo 19 N°5 dispuso que, las prácticas comerciales en el ámbito energético podrán establecerse normas legales o reglamentarias que ofrezcan una mayor protección al consumidor, en concreto no existe una mayor protección del consumidor eléctrico en sus relaciones de consumo.

III.- CONCLUSIONES

La incorporación de la figura del consumidor vulnerable al ordenamiento jurídico mediante la Ley 4/2022, vino otorgar una doble protección a los consumidores, especialmente en la epata precontractual de las relaciones de consumo, con el fin de restablecer la igualdad entre las partes.

Este nuevo concepto de consumidor vulnerable nos entrega factores que nos permiten determinar su vulnerabilidad, dentro los cuales encontramos el territorial, el que, en determinadas relaciones de consumo, constituye una causal de vulnerabilidad. No es lo mismo ser un consumidor en una ciudad donde se tiene libre elección de bienes y servicios, que, en un sector rural, donde el consumidor tiene dificultades en la libre elección y adquisición de los bienes y servicios. El consumidor de un sector rural normalmente tiene problemas de acceso a internet, tiene una población envejecida y sin conocimientos en las nuevas formas de contratación.

Al existir tal desigualdad, el legislador debe propiciar una protección mayor a este tipo de consumidores, reforzando la información precontractual, principalmente por las características de los habitantes de los sectores rurales y por su bajo conocimiento en el uso de nuevas tecnologías. Las normas sectoriales en materias de telecomunicaciones, energía, banca deben otorgar una protección diferenciada al consumidor vulnerable en los sectores rurales.

Los poderes Públicos, según lo consagra el artículo 9.2 de la CE, deben propiciar la igualdad de todos los consumidores sean de un sector rural o de una gran ciudad. Así mismo, es necesario capacitar a todos los consumidores los sectores rurales especialmente en temáticas relativas a las compras vía online y consumo responsable. Por último, las Comunidades autónomas deben general planes de reactivación de los sectores que se encuentran alejados de las urbes, a fin de que tales lugares vuelvan a contar con los bienes y servicios necesarios para los consumidores.

IV. BIBLIOGRAFIA.

BERCOVITZ RODRÍGUEZ-CANO, A., *El Principio de Protección de los Consumidores*, Editorial Aranzadi, Madrid, Julio 2018.

BAROCELLI, Sergio Sebastián (2018). *Hacia la construcción de la categoría de consumidores hipervulnerables* en BAROCELLI, Sergio Sebastián (dir.), *Consumidores Hipervulnerables*. Buenos Aires: El Derecho.

CÁMARA LAPUENTE, S., "Libro primero. Disposiciones generales" en *Comentarios al texto refundido de la Ley de consumidores y usuarios* (Cañizares Laso, A., Dir.) tomo I, Tirant Lo Blanch, Valencia, 2022.

CÁMARA LAPUENTE, S., *Contratos y Protección Jurídica del Consumidor*, Editorial Olejnick, año 2018.

LÓPEZ DÍAZ P., "El consumidor hipervulnerable como débil jurídico en el derecho chileno: una taxonomía y alcance de la tutela aplicable", *Revista Latin American Legal Studies*, Vol. 10 N°2, año2022, pp. 340-415

HERNÁNDEZ DÍAZ-AMBRONA, M, *Consumidor Vulnerable*, Colección de Derecho de Consumo, Editorial Reus S.A, Madrid, año 2015.

MARÍN LÓPEZ, J., "El concepto de consumidor vulnerable en el Texto Refundido de la Ley General para la Defensa de los Consumidores y Usuarios", *Revista Cesco N°37/2021*, págs. 9-16.

OLARTE ENCABO, S., "Brecha digital, pobreza y exclusión social ", *Revista andaluza de trabajo y bienestar social*, N°138, año 2017.

REYES LÓPEZ, M., *Manual de Derecho privado de consumo*, 3 edición, La Ley, Madrid, septiembre de 2022.

CAPÍTULO XIV.

LAS MASCARADAS DE CASTILLA Y LEÓN. "APROPIACIONES DE CREACIONES CULTURALES NO RECEPTADAS EN LA NORMATIVA DE PROPIEDAD INTELECTUAL".

RODRIGO ALEJANDRO GÓMEZ TORRE[1]

RESUMEN: La temática escogida como punto de partida, es un conflicto propiciado a raíz de las lagunas legales que posee la institución jurídica de la Propiedad Intelectual. Institución concebida en el siglo XX para establecer legalmente asignaciones económicas devenidas de las creaciones culturales. En el comienzo del siglo XXI, al transformarse en obsoleto el modelo de negocio del siglo pasado y su unidad de gestión económica, se acostumbra a denunciar en reuniones y artículos científicos la falta de eficacia normativa de estas normas frente a los avances tecnológicos. En este trabajo se expone que el instituto no se volvió obsoleto, sino que ya lo era para realidades "pre-tecnológicas". Las creaciones colectivas de los pueblos de la "España vaciada" durante mucho tiempo fueron de interés solo para algunos intelectuales, artistas y científicos sociales mientras que para otros eran invisibles, despreciados y concebidos como atrasados. Hoy, para diversos actores sociales, adquieren un gran valor al considerarse como significativas mercancías para la explotación comercial. Por medio de un método inductivo, desde una óptica de la

1 Docente de Derecho Informático de la Universidad Nacional de Cuyo, República Argentina. Investigador Posdoctoral "Margarita Salas" de la Universidad de Salamanca, Reino de España. Correo electrónico rgomeztorre@usal.es

"Teoría Crítica del Derecho", se procura en este artículo atribuir relevancia al sentido sociopolítico del Derecho como instituto. Es decir, una plena eficacia del discurso que cuestione el tipo de justicia expuesto por cualquier ordenamiento jurídico no negando la "apariencia real" del fenómeno jurídico, sino procurando revelar los intereses y las contradicciones que se ocultan tras esa estructura normativa en constante crisis. Para ello se analiza el encuadre jurídico de las Mascaradas de Castilla y León como creaciones culturales.

Palabras clave: Creaciones culturales, Conocimientos Tradicionales, Patrimonio Cultural, Propiedad Intelectual

I. INTRODUCCIÓN

Con la finalidad de contribuir a la subsistencia económica de los pueblos de Castilla y León, y de este modo aportar a la disminución de las migraciones cada vez más acentuadas desde estos pueblos a las grandes urbes, es que escogimos esta temática que se desarrollará brevemente en las siguientes líneas.

Es que, a través de varios viajes por los extensos territorios de la bella Comunidad de Castilla y León que un extranjero afincado en Salamanca ha realizado; se ha podido apreciar que en más de una ocasión estos pueblos procuran sustentar parte de su economía con la explotación de turística de los bienes culturales que en estas localidades perduran.

Sin embargo, se nota una diferencia de trato (al momento de explotar estos bienes) según estemos frente a bienes culturales materiales o inmateriales. Adentrándonos en el análisis de las disposiciones normativas la Ley 12/2002, de 11 de julio, de patrimonio cultural de Castilla y León, vigente al momento del conflicto de intereses planteado en el presente artículo, establece una categorización de Bienes de Interés Cultural (en adelante BIC) diferenciando entre:

- Monumento: El cual se define como la construcción u obra producto de actividad humana, de relevante interés histórico, arquitectónico, arqueológico, artístico, etnológico, científico o técnico, con inclusión de los muebles, instalaciones o accesorios que expresamente se señalen como parte integrante de él, y que por sí solos constituyan una unidad singular.
- Jardín histórico: Se establecen dentro de este concepto al espacio delimitado, producto de la ordenación por el hombre de elementos naturales, a veces complementado con estructuras de fábrica, y estimado de interés en función de su origen o pasado histórico o de sus valores estéticos, sensoriales o botánicos.
- Conjunto histórico: Comprendiendo por tal a la agrupación de bienes inmuebles que forman una unidad de asentamiento, continua o dispersa, condicionada por una estructura física representativa de la evolución de una comunidad humana, por ser testimonio de su cultura o constituya un valor de uso y disfrute para la colectividad, aunque individualmente no tengan una especial relevancia. Se destaca que es conjunto histórico cualquier núcleo individualizado de inmuebles comprendidos en una unidad superior de población que reúna esas mismas características y pueda ser claramente delimitado.
- Sitio histórico: es el lugar o paraje natural vinculado a acontecimientos o recuerdos del lugar inventariado pasado, tradiciones populares, creaciones culturales o literarias, y a obras del hombre que posean valor histórico, etnológico, paleontológico o antropológico.

- Conjunto etnológico: es quel paraje o territorio transformado por la acción humana, así como los conjuntos de inmuebles, agrupados o dispersos, e instalaciones vinculados a formas de vida tradicional.
- Vía Histórica: son aquellos caminos de comunicación de reconocido valor histórico o cultural, cualquiera que sea su naturaleza.
- Zona Arqueológica: es aquel lugar o paraje natural en el que existen bienes muebles o inmuebles susceptibles de ser estudiados con metodología arqueológica, hayan o no sido extraídos y tanto si se encuentran en la superficie como en el subsuelo o bajo las aguas.
- Bien Cultural Inmaterial: encuadran en esta categorías aquellas actividades o manifestaciones culturales inmateriales.

Sobre esta última categoría es que haremos foco, toda vez que se ha observado que cuando se explota comercialmente (en estos pueblos) un monumento o conjunto histórico, verbigracia un castillo o una torre, los recaudos que estipula la normativa por la cual se regula su utilización, se observan a rajatabla. Al tiempo que este tipo de explotaciones turísticas se transforman en una actividad económica que, sin formar parte de las explotaciones agrarias con las que se acostumbra a generar riquezas en estas zonas, ofrecen una opción laboral para aquellos que pretenden vivir en estos entornos, contribuyen al mantenimiento del BIC.

A nadie se le ocurre privatizar un monumento (una torre o castillo como habíamos tomado como ejemplo) para hacer con él lo que plazca, ya sea una explotación comercial turística, de albergue rústico o instalar una fábrica o centro de acopio en ellos.

Esto es así ya que está claramente regulado en la legislación y, al ser un bien material, los pobladores y quienes explotan este tipo de BIC, no realizan un uso indiscriminado a su mero interés privado; sino que desde las adaptaciones edilicias para brindar seguridad a los visitantes, hasta las actividades y horarios en que se desarrollan, tienen que contar con una aprobación y veeduría del organo adminstrativo correpondiente.

Pues bien, hemos observado con estupor que en muchos casos no ocurre lo mismo cuando estamos frente a la explotación de un Bien Cultural Inmaterial.

II. DESARROLLO TEMÁTICO

El conflicto en particular que desarrollamos se suscita entre las creaciones culturales históricas de estos pueblos, denominadas mascaradas, y la apropiación (léase privatización en forma monopólica) de este bien cultural inmaterial. Esta apropiación se realiza haciendo uso de las estructuras legales de asignación de derechos que establece la legislación denominada en forma amplia como Propiedad Intelectual.

Concretamente, hacemos referencia a la posibilidad que brinda la legislación marcaria (Ley 17/2001, de 7 de diciembre, de Marcas) de atribuirle a un sujeto de derecho la explotación monopólica de la palabra "Mascaradas" al reconocer el registro de esta en una clase determinada para que sea explotada comercialmente a su criterio[2], cuando por el Acuerdo 16/2023, de 9 de marzo, de la Junta de Castilla y León, se declara a Las Mascaradas en Castilla y León como expresión comunitaria incluida dentro de la categoría de Bien de Interés Cultural de carácter inmaterial.

---

2 Se puede apreciar la afirmación consultando el sitio https://www.bodegasfarina.com/es/vinos/mascaradas-v12 última fecha de acceso 30/11/2024.

El acuerdo 16/2023 define a las mascaradas como un conjunto excepcional, diverso y complejo de manifestaciones y rituales festivos que se celebran en pequeñas comunidades rurales de la Comunidad Autónoma de Castilla y León.

Este acuerdo establece que la transmisión oral, la identidad de los miembros de una colectividad, las acciones que se representan, los personajes que intervienen, la indumentaria y objetos utilizados, la música, los sonidos, el espacio en el que se desarrollan, el marco temporal, el protagonismo de la comunidad, la diversidad de símbolos y significados, la pervivencia a lo largo de la historia y la vitalidad actual, hacen de las Mascaradas unas manifestaciones culturales de alto valor patrimonial para la Comunidad Autónoma.

Mientras en la actualidad abundan los textos que pretenden analizar como la normativa relativa a la Propiedad Intelectual (o a las marcas) se encuentran con obstáculos insalvables frente a las nuevas tecnologías y procuran exponer la falencia de estas normas (y por ende falta de eficacia al momento de aplicación), pocos artículos se enfocan en esta temática que pretendemos desarrollar. Más aún, cuando las creaciones colectivas no provienen de comunidades autóctonas de Latinoamérica, sino de comunidades tradicionales afincadas en el continente europeo dentro de los países que se denominan centrales, como es el caso del Reino de España.

Por ello este breve trabajo procura demostrar que la normativa de asignaciones legales de Propiedad Intelectual, es obsoleta no ahora que a los poderes económicos tradicionales les sienta incómodo la falta de eficacia de la normativa frente a los avances de la tecnología que terminó por transformar en obsoleto su modelo de negocio (y por lo tanto su unidad de gestión económica), sino que ya era obsoleta para tutelar otro tipo de creaciones que en la actualidad se continúan obviando, aun cuando contribuyen en forma directa a profundizar la crisis que ha generado el desplazamiento de personas que abandonan los pueblos de las provincias para habitar en las grandes urbes.

Allende que los creadores de estas producciones no representan a grupos económicos de importancia para la economía de mercado denominada occidental, pocos juristas o medios de comunicación tachan de piratas a quienes utilizan de trampolín los conocimientos ancestrales de estas comunidades para rentabilizar un negocio propio. Tampoco se acostumbra a hacer alusión a la falta de seguridad jurídica que generan estos comportamientos para el avance de la creatividad o el progreso de las ciencias y artes útiles.

En fin, lo que se procura, modestamente, es por medio de un método inductivo, exponer lo que en la "teoría crítica del derecho" se define como importante en tanto se le atribuye relevancia al sentido sociopolítico del derecho como instituto. Es decir, una plena eficacia al discurso que cuestione el tipo de justicia expuesto por cualquier ordenamiento jurídico, no negando la "apariencia real" del fenómeno jurídico, sino procurando revelar los intereses y las contradicciones que se ocultan tras una estructura normativa determinada.

En el caso en particular aportado, podemos ver como el ordenamiento jurídico le otorga el monopolio sobre la palabra "Mascaradas" a las BODEGAS FARIÑA, S.L. por su reconocimiento como marca denominativa en la clase número 33 conforme a la clasificación internacional de Niza. Este hecho suscita un conflicto con los intereses de las comunidades que celebran este tipo de actos año tras año, toda vez que esa creación cultural disiente totalmente de la lógica con la cual la sociedad de consumo estableció los perfiles y requisitos de los sujetos que pueden titularizar las asignaciones legales que devienen de la explotación de creaciones del intelecto.

Así, mientras en la Junta de Castilla y León estipula que las Mascaradas son manifestaciones culturales de alto valor patrimonial para la comunidad, la Oficina Española de Marcas y

Patentes le otorga un monopolio legal a una persona jurídica para que haga uso comercial, dentro de una determinada categoría, de este tipo de BIC.

Reconocemos que los conocimientos tradicionales tienen características muy complejas a los ojos de la legislación imperante, en primera instancia, porque son resultado de procesos de creación anónimos y colectivos que no partieron de un principio de propiedad privada y mucho menos de de una dimensión económica de la actividad.

En particular las mascaradas son celebraciones festivas en las que se concentran una gran cantidad de significados y elementos simbólicos tanto de carácter inmaterial como material. En el origen, entre otras interpretaciones históricas que se le han brindado, se afirma que estas celebraciones paganas se realizaban alrededor de las fechas en la que se producía el solsticio de invierno y su finalidad era pedirle a los dioses que el ciclo entrante traiga consigo buenas cosechas.

Luego del influjo del catolicismo y la imposición de las costumbres de esa religión a los habitantes de esta zona, se erradicaron varios de estos ritos. Sin embargo, en aquellos pueblos en donde no se pudo imponer la lógica católica y borrar por completo los rituales que se realizaban desde el pasado, se procuró desde las esferas del "nuevo poder" banalizar estos ritos encauzándolos en festividades comunitarias.

En la actualidad, como destaca el Acuerdo 16/2023, de 9 de marzo, de la Junta de Castilla y León, los pueblos en los que se mantiene la celebración de esta tradición; rememoran ritos públicos de un carácter benefactor que propician la abundancia y el renacer de la vida.

Estos ritos la Junta los tiene como portadores de mensajes unificadores e inclusivos, de prosperidad, tolerancia, autoestima, armonía, resolución de conflictos y que en la actualidad suponen un importante refuerzo de la identidad para estos pequeños núcleos rurales que se encuentran en grave riesgo de desaparición.

Como puede apreciarse, estas creaciones no pasaron por el diseño que "pergenió una persona jurídica" para explotar una línea de sus productos aprovechándose de un bien inmaterial de la comunidad. Claro está que esa asociación se realiza dentro de la lógica de las unidades de negocios actuales en donde se procura mejorar el margen de rentabilidad, que queda en manos de la empresa para luego destinarlo como mejor le plazca, pero que nada tiene que ver con la posibilidad de que estas pequeñas comunidades puedan ver incrementados los ingresos a sus arcas.

Alrededor de una década atrás se ha puesto de moda en el mercado que los conocimientos y prácticas que han sido preservados por pequeñas comunidades que fueron adaptadándolas a los cambios y dinámicas sociales para sobrevivir[3], empiecen a ser codiciados y tener valor en la economía actual. Esto devino de la observación de que el consumidor valoraba esos conocimientos, prácticas y recursos al momento de establecer sus preferencias de consumo. Así estos conocimientos pasaron a ser convertidos en productos de masas.

Puede que este contraste suene brusco para la gran mayoría de los profesionales liberales creativos, quienes anteponen sus principios culturales vinculados a la protección del interés particular del creador y la prevalencia de la propiedad privada antes que la propiedad comunitaria. Sin embargo, entende-

---

3 La Pobladura de Aliste, en Zamora, sirve como ejemplo a lo afirmado. Esta pequeña población ha adaptado la celebración de "La Obisparra" desde hace veinte años para promover el turismo, adecuando la fecha de celebración de la mascarada del 26 de diciembre al 15 de agosto. https://www.eldiario.es/castilla-y-leon/cultura/obisparra-mascarada-invierno-pueblo-zamora-celebra-verano-sobrevivir_1_10429047.html última fecha de acceso 30/11/2024.

mos que al igual que los otros BIC, este debería ser explotado en consonancia a las normas y por ende en beneficio de las comunidades que se han encargado de mantenerlos vivos a lo largo del tiempo.

Y no afirmamos esto sólo en una visión romántica o sentimental para con estas comunidades, ya advertimos al lector al comienzo del artículo que quien escribe estas líneas es extranjero (por lo que poco se puede identificar con los integrantes de estas comunidades), sino que muy por el contrario estimamos que frente al conflicto que sufre la "España vaciada" y teniendo en cuenta la especulación económica que realizan los nuevos actores del sistema capitalista de estas creaciones, es de justicia compartir las rentas entre todas las personas o comunidades que se vieron inmersas en el proceso de creación de la denominación que actualmente se explota como marca comercial agregada a un producto.

Frente a este hecho, que hasta para el razonamiento más básico de un jurista poco avezado en la materia de propiedad intelectual podría afirmar que vulnera lo que ya afirmaba Ulpiano en el siglo III de los cristianos (*Iustitia est constans et perpetua voluntas ius suum cuique tribuendi),* entendemos que debe buscarse una respuesta justa en la normativa imperante.

Así, el Pacto Internacional de Derechos Económicos Sociales y Culturales, en su artículo 15 apartado 1 inciso C que establece que *Los Estados Parte en el presente Pacto reconocen el derecho de toda persona a: a) Participar en la vida cultural; b) Gozar de los beneficios del progreso científico y de sus aplicaciones; c) Beneficiarse de la protección de los intereses morales y materiales que le correspondan por razón de las producciones científicas, literarias o artísticas de que sea autora.*

En este caso tomaremos en forma inversa el carácter residual al que se llega en la OBSERVACIÓN GENERAL N.° 17 (COMITÉ DE DERECHOS ECONÓMICOS, 2005) y que establece que alcance de la protección de los intereses morales y materiales del autor prevista en el apartado c) del párrafo 1 del artículo 15 no coincide necesariamente con lo que se denomina derechos de propiedad intelectual en los tratados internacionales. Es decir que no entraremos a discutir si las comunidades deberían organizarse para registrar sus productos como una marca, una denominación de origen, un modelo industrial o simplemente como una obra autoral para que se tutelen los derechos establecidos en el Convenio de Berna.

No nos interesa si esta creación del intelecto encuadra en alguno de los sarcófagos jurídicos que crean las legislaciones nacionales o internacionales para tutelar los derechos de quienes generan una creación del intelecto. Podemos afirmar que es una creación del intelecto, que fue originaria de estas comunidades y que en la actualidad no importa si tienen carácter de novedad, aplicación industrial y calidad inventiva. Si carece de alguno de ellos, si está en el dominio público o si fue registrado con fecha cierta por un proceso administrativo ante un organismo estatal o supranacional.

Entendemos que, con esta definición en forma inversa, basta para defender la postura en un tribunal (de ser necesario para reclamar el beneficio económico) ya que al ser un Pacto que obliga a los Estados firmantes a realizar actos en favor de obtener determinados fines, los diferentes órganos del Estado deberán observar sus lineamientos y cumplir tanto con su obligación como con sus recomendaciones.

En forma concreta el Consejo de Derechos Humanos de la Asamblea General de Naciones Unidas ha tenido la oportunidad de pronunciarse en este sentido por intermedio Informe de la Relatora Especial sobre los derechos culturales, Farida Shaheed. El Consejo de Derechos Humanos en el vigésimo periodo de sesiones. Al tratar el tema 3 de la agenda "Promoción y protección de todos los derechos humanos, civiles, políticos, económicos, sociales y culturales, incluido el derecho al desarrollo, establece claramente como conclusiones y recomendaciones para los Estados que *"deben adoptar medidas para asegurar el derecho de los pueblos indígenas a mantener, controlar, proteger y desarrollar la propiedad intelectual sobre su patrimonio cultural, sus conocimientos tradicionales y sus expresiones culturales tradicionales"*[4].

Si bien la norma hace referencia a Pueblos Indígenas, entendemos que su aplicación vale analógicamente a las comunidades de la "España vaciada" en lo que hace al objeto de este artículo. Así *"La Declaración de las Naciones Unidas sobre los Derechos de los Pueblos Indígenas, que reconoce el derecho de los pueblos indígenas a la libre determinación y a mantener y desarrollar su cultura y su lucha por la supervivencia cultural, establece que los pueblos indígenas tienen derecho a mantener, controlar, proteger y desarrollar su propiedad intelectual de su patrimonio cultural, sus conocimientos tradicionales y sus expresiones culturales tradicionales (art. 31, párr. 1)"*.

En el mismo sentido se pronuncia la doctrina internacional que trata el tema, Chapman en su obra "La propiedad intelectual como derecho humano" del año 2001, establece que "*Para fomentar la realización del derecho a la participación cultural, los Estados Parte deberían desarrollar regímenes de propiedad intelectual compatibles con la práctica y la revitalización de las tradiciones culturales en su país*"[5] y cita particularmente el proyecto de Declaración al que previamente se hizo referencia.

Afortunadamente para estas comunidades, el Reino de España (y en particular Castilla y León) es prolífero al momento

---

4 SHAHEED, F. (2014). *Informe de la Relatora Especial sobre los derechos culturales. Tema 3 de la agenda. Promoción y protección de todos los derechos humanos, civiles, políticos, económicos, sociales.* Nueva York: Consejo de Derechos Humanos vigésimo período de sesiones. pág. 25.

5 CHAPMAN, A. (2001). "La propiedad intelectual como derecho humano: obligaciones dimanantes de apartado c) del párrafo I del Artículo 15 del Pacto Internacional de Derechos Económicos, Sociales y Culturales". *Boletín de derecho de autor, XXXV*(3).

de legislar. Por ello, estas situaciones se encontraban receptadas en la ley 12/2002, de 11 de julio, de Patrimonio Cultural de Castilla y León y en la actualidad, desde el 20 de septiembre del 2024, cuando entró en vigor de la ley 7/2024, de 20 de junio, de Patrimonio Cultural de Castilla y León, se cuenta con herramientas jurídicas nacionales, o comunales incluso, para procurar encontrar una solución económicamente más justa que la que se está dando actualmente al conflicto planteado.

Entre la normativa que procura regular las asignaciones legales que circundan este tipo de creaciones, destacamos el decreto 37/2007, de 19 de abril, por el que se aprueba el Reglamento para la protección del Patrimonio Cultural de Castilla y León en el cual se establece en el Capítulo I del Título III, denominado "Conservación y Protección de los Bienes integrantes del Patrimonio Cultural de Castilla y León", concretamente en los artículos 67 y 68, el deber de conservación de los bienes integrantes del Patrimonio Cultural de Castilla y León y las consecuencias por el incumplimiento de este deber de conservación.

En forma consecuente el artículo 8 de la ley 7/2024, de 20 de junio, de Patrimonio Cultural de Castilla y León establece la cooperación que deben prestar las Entidades Locales en el ámbito de sus competencias para la protección, conservación y difusión de los bienes culturales ubicados en su ámbito territorial.

Y en lo que hace a las labores de quien redacta este artículo, poniendo el acento en el objeto del Congreso realizado en la Universidad de Salamanca para el intercambio de ideas de jóvenes investigadores de Castilla y León, destacamos que el artículo 11 de la normativa en su apartado 2 punto c) designa a las Universidades de Castilla y León, como órganos consultivos para la aplicación de la ley. Motivo por el cual, una copia de este artículo se le hizo llegar a la Administración para que haga uso de las facultades que otorga el artículo 40 (actuaciones subsidiarias y de control de la Administración).

Se destaca la legislación precedente ya que, sin necesidad de acudir a normas internacionales la Administración puede actuar legalmente en el control de la explotación de este tipo de bienes. Si la administración observa que los propietarios, poseedores o titulares de derechos reales sobre bienes declarados de interés cultural o Bienes Inventariados no realizan las actuaciones necesarias para el cumplimiento de los deberes de conservación, la Consejería competente en materia de patrimonio cultural, previo requerimiento a los interesados podrá ordenar su ejecución subsidiaria. La normativa prioriza tanto la buena explotación de este tipo de bienes, que establece que la administración tiene la posibilidad de proceder a la expropiación forzosa de la marca en cuestión para intentar soluciones que hagan justicia con estas comunidades.

Entre tantas opciones que existen para la distribución de las rentas, puede proponerse que cualquier pago que se haga por el uso del conocimiento comunitario catalogado como BIC, deberá dirigirse a un fondo administrado por la comunidad. Estos fondos se podrían utilizar para protección, desarrollo, fortalecimiento y mantenimiento de la comunidad, así como también para la mantención de sus conocimientos y recursos.

A título de corolario no se puede dejar de apuntar la coincidencia de quien escribe estas líneas con la tesis expuesta por Lea Shaver en su obra *"The right to Science and Culture"*. La autora sostiene que hay una constante tensión en torno a los institutos que regulan la Propiedad Intelectual y los que regulan los Derechos Humanos, transformando la ciencia, tecnología, información y creación en bienes privados cuando en realidad son bienes públicos; lo que conlleva a la imposibilidad o dificulta de lo que ella llama "derecho (de acceder) a la ciencia y la cultura".

Cuando la autora afirma: *"I suggest that international IP law is in tension with human rights norms not only in certain narrow instances, but systematically. To the extent that IP protections transform creativity, information, science, and technology from public goods into private ones, I argue that they are fundamentally in tension with what I shorthand as "the right to science and culture."* quien escribe estas líneas, modestamente agregaría, que esa lógica es válida, aplicable y compartida siempre y cuando el objeto analizado sean las creaciones de la mente que se desarrollan dentro del mundo occidental y capitalista que han desarrollado los Estado Nación y los organismos supranacionales por ellos creados.

III. CONCLUSIONES

Entendemos que la apropiación del conocimiento por parte de las compañías o instituciones que lo toman de las comunidades de la España vaciada, terminan por transformar los derechos de dichas comunidades en derechos privados y monopólicos para tales instituciones.

Durante mucho tiempo este tipo de conocimientos tradicionales fueron de interés solo para algunos intelectuales, artistas y científicos sociales, mientras que para otros eran invisibles, despreciados y concebidos como atrasados. Hoy para diversos actores sociales que se encuentran insertos en el mercado, adquieren un gran valor al considerarse como significativas mercancías para la explotación comercial. Frente a la despoblación de estas comunidades, el fin que puede y debe perseguir el derecho es propender a equilibrar las asignaciones económicas obtenidas por este tipo de apropiación/explotación.

Para ello proponemos un cambio de paradigma, en donde se partiese desde una visión holística del instituto profundamente emparentado a los derechos humanos. Asumimos estimamos que se debería partir de un enfoque más cercano a la realidad histórica y ontológica de estos bienes como bienes públicos que son y no como bienes privados.

Estimamos que esta visión evitará las consecuencias de la privatización del conocimiento que actualmente no sólo afecta a personas que habitan las comunidades menos desarrolladas (denominadas periféricas); sino que también atingen a diversos sectores marginados de las comunidades centrales.

Hasta que se llegue al estadio en que la comunidad global asimile que el derecho al acceso a la cultura, a la salud, a la educación y el desarrollo de la ciencia forman parte del grupo de los denominados *ius cogens,* proponemos el uso de las normas comunales, nacionales e internacionales que tienen plena validez jurídica en la actualidad.

Concluimos que lo establecido en el artículo 30 de la Convención de Viena y sus interpretaciones consecuentes, en donde se resaltan las características de absolutos e integrales que tienen los tratados de derechos humanos, podría oficiar de piedra fundacional para que los Estados que han ratificado estos instrumentos queden obligados a respetarlos para con sus ciudadanos sin importar la relación sinalagmática que pueda vincularlos con terceros.

Creemos que la identificación de nuestros propios Estados occidentales como infractores de derechos humanos en este ámbito de derechos de propiedad intelectual, en vez de la evasión que implica la condena de lejanos Estados que no participan de la cosmovisión occidental, podría contribuir a dar el primer paso que la academia, que se dedica a este objeto de estudio, se debería comprometer a dar.

En ningún caso puede privarse a las personas humanas del goce de los derechos reconocidos en los tratados de derechos humanos; es por ello por lo que se propone el cambio del estándar de normas mínimas por un estándar de normas máximas, al tiempo que se promuevan y respeten la mayor cantidad de flexibilidades existentes en las actuales normas. Flexibilidades que identificamos con la denominación de límites y excepciones conforme al artículo 9 inciso 2 del Convenio de Berna y artículo 13 del ADPIC[6].

Estos estándares de máximo deben descansar en principios de razonabilidad y proporcionalidad que permitan a los creadores (humanos) de las obras obtener un nivel de vida adecuado conforme al producto de su trabajo o creaciones. Es decir, que haciendo el uso más básico de las premisas jurídicas reconocidas en las normas por el "mundo moderno", en el caso planteado en concreto en el que banalmente se promociona la práctica de la filantropía en una línea de vinos, advertimos que se debería haber contado con la anuencia de las comunidades que celebran estas manifestaciones culturales para registrar la marca y luego comercializar estos vinos en el mercado; ya que sin ello no podrían hacerlo.

En los últimos tiempos se destacan conflictos en torno a los derechos de propiedad intelectual por la utilización de las nuevas tecnologías, mientras en forma somera se hace referencia a este tipo de desconocimientos de derechos de diversas comunidades postergadas.

A raíz de la preponderancia económica, y de allí política y social de las compañías tecnológicas, cada vez se hace menos referencia a los derechos de autores individuales para poner más el foco en las creaciones empresariales. Esas creaciones de más de un individuo rápidamente encontraron recepción en los tratados internacionales de Propiedad Intelectual.

Por el contrario si el objeto de análisis se realiza sobre otros bienes, es decir, si analizamos las creaciones del intelec-

---

6 Sobre el punto nos expresamos en profundidad en GOMEZ TORRE, R. *"Derechos de autor en el S.XXI. Revisión crítica frente a las novedades tecnológicas"*. ATELIER MERCANTIL, BARCELONA. 2022

to o espíritu, que provienen de comunidades ancestrales que no participan de la lógica comercial "del mundo moderno", podremos observar cómo su tesis pierde aplicación y que los bienes públicos nunca sufren esa mutación continuando en el dominio público, de modo tal que los amantes de la filantropía pueden ejercer el derecho de acceder a la ciencia y cultura para luego sí imponerlas, a fuerza de técnicas de marketing, a disposición de los consumidores.

Es decir que cuando cambian los sujetos de derecho, dejamos de preocuparnos por los derechos y su eficacia; permitiendo que haya unas reglas de juego (en crisis) para unos habitantes del mundo y otra norma (o ninguna) para otros. Parafraseando a Eduardo Galeano podríamos afirmar que el mundo se divide entre filántropos y filantropeados, ya sabrá cada uno de qué lado puede o quiere estar. Por lo pronto, los integrantes de las Universidades públicas de Castilla y León tenemos normativa (y moralmente) la obligación de procurar la preservación de los BIC de la Comunidad Autónoma.

IV. REFERENCIAS BIBLIOGRÁFICAS.

BARRERA JURADO, G. "Riesgos y tensiones de las marcas colectivas y denominaciones de origen de las creaciones colectivas artesanales indígenas". *Apuntes: Revista de Estudios sobre Patrimonio Cultural–Journal of Cultural Heritage Studies.*, *27*(1), 36-51. (2014).

CHAPMAN, A. "La propiedad intelectual como derecho humano: obligaciones dimanantes de apartado c) del párrafo I del Artículo 15 del Pacto Internacional de Derechos Económicos, Sociales y Culturales". *Boletín de derecho de autor, XXXV* (3). (2001).

COMITÉ DE DERECHOS ECONÓMICOS, S. Y. C. (2005). *Observación General N.° 17.* Ginebra: COMITÉ DE DERECHOS ECONÓMICOS, SOCIALES Y CULTURALES.

GREEN, M. *International Anti- Poverty Law Center.* Nueva York: COMITÉ DE DERECHOS ECONÓMICOS, SOCIALES Y CULTURALES 24° período de sesiones Ginebra. 2000.

GOMEZ TORRE, R. *Derechos de autor en el S.XXI. Revisión crítica frente a las novedades tecnológicas.* Barcelona: Atelier. 2022.

KHOR, K. "El saqueo del conocimiento: propiedad intelectual, biodiversidad, tecnología y desarrollo sostenible. 1a ed. Barcelona: Icaria, 2003.

SHAHEED, F. *Informe de la Relatora Especial sobre los derechos culturales. Tema 3 de la agenda. Promoción y protección de todos los derechos humanos, civiles, políticos, económicos, sociales.* Nueva York: Consejo de Derechos Humanos vigésimo período de sesiones. 2014.

SHAVER, L. "The Right to Science and Culture". *Wisconsin Law Review,* 121-184. 2010.

CAPÍTULO XV.

LE PROCEDURE CONCORSUALI DELL'IMPRENDITORE AGRICOLO IN ITALIA

CARLA MARIA BIONDO

RESUMO: *Nell'ordinamento italiano, l'imprenditore agricolo è stato, per molto tempo, escluso totalmente dalle procedure concorsuali in virtù di un favor che il Legislatore gli ha concesso, stante la doppia alea imprenditoriale consistente nella compresenza del rischio economico nonché del rischio ambientale. Tale scelta legislativa si è rivelata una lama a doppio taglio, poiché ha lasciato scoperto l'imprenditore agricolo rispetto all'escussione dei singoli crediti, non fornendogli alcuna possibilità di liberarsi dei debiti mediante procedure concorsuali.*

Pertanto, sono state elaborate una serie di procedure rivolte anche all'imprenditore agricolo. Il panorama normativo odierno appare, però, frammentato e non esente da profili critici dal punto di vista applicativo.

Parole chiave: *Imprenditore agricolo. Procedure concorsuali. Crisi e insolvenza.*

ABSTRACT: *In the Italian legal system, the agricultural entrepreneur has been, for a long time, totally excluded from insolvency procedures by virtue of a favor that the Legislator granted him, given the double entrepreneurial risk consisting in the co-presence of economic risk as well as environmental risk. This legislative choice proved to be a double-edged sword, as it left the agricultural entrepreneur exposed to the enforcement of individual credits, providing him with no possibility of freeing himself from debts through insolvency proceedings.*

Therefore, a series of procedures have also been developed aimed at agricultural entrepreneurs. However, today's regulatory landscape appears fragmented and not free from critical aspects from an application point of view.

Per molto tempo, l'ordinamento giuridico italiano ha totalmente estromesso l'imprenditore agricolo dalle procedure concorsuali. Tale esclusione affondava le proprie radici nella distinzione tra attività commerciale e attività agricola, già presente nella ripartizione tra Codice di Commercio del 1882 e Codice civile del 1865[1]. La distinzione è stata mantenuta nel Codice Civile del '42, prevedendo una nozione generale di imprenditore e una nozione specifica per quello agricolo; la Legge Fallimentare, promulgata nel medesimo anno, si è posta in maniera coerente, escludendo l'operatività del fallimento per questa categoria speciale. Si è, quindi, formato un criterio negativo[2] di individuazione dell'impresa agricola e contestualmente–ai sensi dell'art. 1 della Legge Fallimentare coeva–l'imprenditore agricolo è stato sottratto dal fallimento, sintomo del fatto che non si ritenesse necessario tutelare alcun interesse collettivo, reputando l'insolvenza dell'imprenditore agricolo incapace di procure dannii alla collettività, a differenza dell'imprenditore commerciale per il quale si riteneva socio-economicamente rilevante trattare in modo paritario i creditori

---

1 Cfr. AMBROSIO M., *Sulla "fallibilità dell'impresa agricola, in Diritto agroalimentare,* 1, 2020, 213 e POMPILIO D., *La crisi dell'impresa agricola,* in FONDAZIONE NAZIONALE DEI COMMERCIALISTI, *L'impresa agricola in Italia. Profili civilistici, giuslavoristici, contabili e fiscali,* p. 54-55, consultabile, in formato PDF, alla pagina web https://www.fondazionenazionalecommercialisti.it/node/1485 (ultima consultazione all'11 giugno 2024)

2 V., *ex multis,* OPPO G., *Materia agricola e forma commerciale,* in *Scritti in onore di Francesco Carnelutti,* Padova, 1950, 169 e ss.; CARMIGNANI S., *La società in agricoltura,* in *Quaderni di studi senesi,* Milano, 1999, p. 51; CAMPOBASSO G.F., *Diritto commerciale, vol. I, Diritto dell'impresa,* Torino, 2013, p. 48; PALAZZOLO A., *L'imprenditore commerciale: l'impresa individuale,* in VISENTINI G. E PALAZZOLO A., *Compendio di diritto commerciale,* Padova, 2014, p. 11; JANNARELLI A., *La ricerca della "specialità" dell'impresa agricola e l'inesorabile tramonto dell'art. 2135 cod. civ.,* in *Riv. Dir. Agr.,* 2, 2019, p. 218.

di questo in caso d'insolvenza, onde evitare forti ripercussioni sul mercato[3]. Inoltre, la *ratio* di tale esclusione risiedeva nel fatto che l'imprenditore agricolo fosse di per sé soggetto ad un'alea maggiore rispetto ai profitti e ad un più alto rischio d'impresa, legato al ciclo biologico[4]. In particolare, si dava rilievo al fatto che l'imprenditore agricolo fosse contemporaneamente esposto sia al *rischio economico* sia al c.d. *rischio ambientale*[5]. Tale scelta era vista dal Legislatore italiano come un *favor* verso l'imprenditore agricolo, poiché l'esenzione dal fallimento era un vantaggio per il debitore, essendo questi, in tal modo, non soggetto ai gravi effetti personali e penali della procedura, al discredito commerciale e, persino al disonore associato alla condizione di fallito[6]. L'altro lato della medaglia, però, era che l'imprenditore agricolo restava perennemente esposto ad azioni esecutive individuali dei creditori, senza alcuna possibilità di liberarsi dai debiti complessivamente; l'assenza di qualsivoglia procedura concorsuale, pertanto, poteva risultare *de facto,* in alcuni casi, penalizzante.

---

[3] Cfr. Ambrosio M., *Sulla "fallibilità dell'impresa agricola, op.cit.*, 213 e 216; sul punto v. Mossa L., *Trattato del nuovo diritto commerciale,* Padova 1957, p. 226 e Ragusa Maggiore G., *L'impresa agricola e i suoi aspetti di diritto commerciale e fallimentare,* Napoli, 1964, 170 e ss.

[4] Sul punto Carmignani S., *Attività agricola e crisi d'impresa,* in *Diritto agroalimentare,* 3, 2021, p. 467 precisa che il rischio biologico non è eliminabile e, sommato al rischio di mercato, ne esalta in negativo i possibili effetti. E Carmignani S., *Imprenditore agricolo e prospettive di riforma delle procedure concorsuali,* in *Diritto agroalimentare,* 3, 2018, p. 535

[5] Cfr. Campobasso G.F., *La crisi dell'impresa. La composizione negoziata della crisi,* in *Diritto commerciale. 3. Contratti. Titoli di credito. Procedure concorsuali,* (a cura di) Campobasso M., Milano, 2022, 509

[6] Cfr. Campobasso G.F., *La crisi dell'impresa, op.cit.,* 509

Tale distinzione è stata definita come un *privilegio mostruoso e incomprensibile* [7], considerando la disparità di trattamento tra tipologie di imprenditori, sotto il profilo dell'assoggettabilità delle conseguenze derivanti dallo stato d'insolvenza.

L'avvento delle nuove tecnologie, la crisi economica degli scorsi decenni e l'ampliamento della nozione di imprenditore agricolo, anche in relazione alle *attività connesse*[8], hanno assottigliato la differenza sostanziale tra impresa agricola e impresa commerciale, rendendo sempre più anacronistico il sistema a doppio binario.

L'impresa agricola, oggi, ha potenzialmente il medesimo impatto sul mercato dell'impresa commerciale in relazione al giro d'affari, all'incidenza sui creditori, nonché in relazione ai mercati nazionali e internazionali[9]. Il concetto di impresa appare sempre più unitario e, pertanto, diventano sempre più fragili le motivazioni che hanno giustificato un trattamento differenziale dell'impresa agricola in relazione alla gestione degli stati di decozione[10].

---

7 MOSSA, L. *Trattato del nuovo diritto commerciale,* Padova, p.226; fa cenno al suddetto privilegio mostruoso anche CARMIGNANI S., *Attività agricola e crisi d'impresa, op. cit.,* p. 464.

8 Sull'ampliamento della nozione di imprenditore agricolo ex art 2135 c.c. in virtù dell'art. 1, comma 1 D. Lgs. 18 maggio 2001, n. 228. v. *ex multis,* VECCHIONE A, *L'imprenditore agricolo,* Napoli, 2004, p. 44; COSTATO L., *I tre decreti legislativi di orientamento in campo agricolo, forestale e della pesca,* in *Riv. Dir. Agr.*, 2001, I, p. 218; AMBROSIO M., ATTIVITÀ E IMPRESA AGRICOLA, Milano, 2008, p. 103; GOLDONI M., *L'art. 2135 del codice civile e le esigenze di un ripensamento sul piano sistematico della "specialità" dell'impresa agricola,* in *Riv. Dir. Agr.*, 2019, I, p. 381.

9 Cfr. CARMIGNANI S., *Imprenditore agricolo, op.cit.,* p.537

10 In tal senso BUONOCORE V., *Il nuovo imprenditore agricolo, l'imprenditore ittico e l'eterogenesi dei fini,* in *Giur. Comm.*, 2002, 1, p. 29.Sul graduale ridimensionamento dell'originale specificità della disciplina dell'imprenditore agricolo v. anche PISCIOTTA G., *L'impresa agricola*

Di conseguenza, nel tempo, sono state create delle procedure concorsuali *ad hoc*–distinte dal *fallimento* e dal *concordato preventivo*–per rispondere anche alle esigenze dell'impresa agricola, così da evitare pericolose derive che le crisi delle imprese agricole possono arrecare al sistema economico nel suo complesso[11].

Un primo passo è stato fatto dalla legge 27 gennaio 2012, n. 3 riguardante la *Composizione delle crisi da sovraindebitamento* e, successivamente e in maniera più organica, la maggior spinta innovativa è stata data dalla nuova Riforma delle procedure concorsuali che ha avuto come prodotto finale, ai sensi del Decreto Legislativo 12 gennaio 2019, n. 14 e ss.mm.ii., *il Codice della Crisi d'Impresa e dell'Insolvenza*[12]. In estrema sintesi e per quanto risulta rilevante in questa sede, la riforma ha reso il fallimento (ora chiamato *liquidazione giudiziale*) l'*extrema ratio*[13], prediligendo la procedura atte a salvare le imprese nonché ha allargato e frammentato tali procedure alternative, fornendo delle opzioni non solo alle imprese commerciali non piccole ma anche agli enti diversi dalle imprese e società commerciali, per favorire sia l'imprenditore sia i creditori, rispettivamente

---

tra mercato e statuto speciale, in *Riv. Dir. Ec. Trasp. Amb.*, 2009, *passim*. Sul fatto che l'esonero dal fallimento sembrerebbe aver perso significato v. GERMANÒ A., *L'imprenditore agricolo e il fallimento*, in *Dir. Giur., agr. Al. Amb.*,11, 2011, p.722

11 V. CONSIGLIO NAZIONALE DEI DOTTORI COMMERCIALISTI E DEGLI ESPERTI CONTABILI, *Linee guida per il risanamento delle imprese agricole*, 19 Febbraio 2021, n.21, p. 1, consultabile, in formato PDF alla pagina web https://commercialisti.it/informative/21-linee-guida-per-il-risanamento-delle-imprese-agricole/ (ultima consultazione all'11 giugno 2024).

12 E' stato, però evidenziato da AMBROSIO M., *Sulla "fallibilità dell'impresa agricola", op.cit.*, 228 e da Jannarelli, A., La ricerca della "specialità, op.cit. 232-233 *che il termine "agricolo" ricorra comunque con estrema parsimoni nel testo del codice della crisi d'impresa.*

13 Cfr. CAMPOBASSO G.F., *La crisi dell'impresa, op.cit.*, 357

in relazione alla continuazione dell'attività economica e alla soddisfazione dei crediti[14].

È stata così presa la consapevolezza che anche nelle imprese e società agricole, la crisi economica dell'impresa è un evento di fronte al quale i mezzi di tutela individuali dei creditori, previsti nell'ordinamento italiano, si rilevano strumenti inadeguati e insufficienti. *Inadeguati* perché si non tratta di tutelare il singolo creditore ma una massa di creditori e di tutelare questi non di fronte ad inadempimento isolati bensì di fronte ad una situazione che coinvolge l'intero patrimonio del debitore; *insufficienti*, perché il problema non è solo quello di salvaguardare e realizzare i diritti di una massa di creditori, ma anche quello di cercare di contemperare tale esigenza, che pur resta primaria, con gli ulteriori interessi collettivi coinvolti dalla qualità di imprenditore del debitori[15]. Pertanto, appare evidente la necessità di un apparato di sostegno per l'impresa agricola che, nel rispetto delle peculiarità di tale tipo d'impresa, possa supportarlo nei momenti di crisi senza compromettere la funzionalità e la continuità dell'attività[16].

Ad oggi vi sono una pluralità di procedure concorsuali alle quali l'imprenditore agricolo può accedere. Il panorama normativo odierno appare, però, frammentato e non esente da profili critici dal punto di vista applicativo. La normativa vigente

---

14 Con particolare riferimento, secondo CONSIGLIO NAZIONALE DEI DOTTORI COMMERCIALISTI E DEGLI ESPERTI CONTABILI, *Linee guida, opc.it,* 3, ai c.d. interlocutori bancari, i quali sono tra i soggetti che *de facto* sono tra i soggetti maggiormente esposti al rischio di trovare inadeguata soddisfazione delle proprie ragioni nella liquidazione del patrimonio dell'imprenditore agricolo.

15 In tal senso, con uno sguardo generale sull'impresa, CAMPOBASSO G.F., *La crisi dell'impresa, op.cit,*337.

16 Cfr. CONSIGLIO NAZIONALE DEI DOTTORI COMMERCIALISTI, *Linee guida., op.cit.,* 3

prevede misure rivolte allo *stato di crisi*[17], di tipo preventivo, e misure rivolte allo *stato di insolvenza*[18], al fine di permettere la continuazione dell'attività d'impresa oppure per giungere alla liquidazione.

In primis, la *composizione negoziata della crisi*, è uno strumento di allerta, a carattere preventivo, atto ad anticipare e scongiurare l'arrivo della situazione di insolvenza. La composizione negoziata della crisi è concepita come una misura di risanamento alternativa all'apertura di una procedura concorsuale e, pertanto, l'attuale disciplina precisa che sia necessario che vi siano alcuni requisiti oggettivi, ossia, che sia ragionevolmente perseguibile il risanamento dell'impresa, che non siano pendenti nei confronti dell'imprenditore procedure concorsuali o che l'imprenditore non abbia rinunciato alla domanda di accesso ad una procedura concorsuale da meno di quattro mesi. Per consentire l'intervento più precoce possibile è dunque sufficiente anche solo una *probabilità di crisi* anche se né la crisi né l'insolvenza sono ancora in atto.

Dal punto di vista operativo, si prevede la nomina di un esperto indipendente e professionalmente qualificato, in funzione di facilitatore delle negoziazioni fra un imprenditore

---

17 Ai sensi dell'art 2, comma 1 lett. a. CCII, per crisi si intende *lo stato del debitore che rende probabile l'insolvenza e chi si manifesta con l'inadempimento dei flussi di cassa prospettici a far fronte alle obbligazioni nei successivi dodici mesi.* In sostanza è in crisi il debitore che, pur essendo al momento ancora in grado di far fronte alle proprie obbligazioni, probabilmente in futuro non disporrà della liquidità sufficiente per adempiere regolarmente i pagamenti in scadenza nei prossimi dodici mesi; sul punto, si rinvia a Campobasso G.F., *La crisi dell'impresa. Op.cit.*, 346.

18 Ai sensi dell'art. 2 comma 1 lett b. CCII, l'imprenditore versa in stato d'insolvenza quanto *non è più in grado di soddisfare regolarmente le proprie obbligazioni.* Si deve, quindi, trattare di una situazione patologica e irreversibile; sul punto, si rinvia a Campobasso G.F., *La crisi dell'impresa. Op.cit.*, 359-360.

in difficoltà economica e i suoi creditori al fine di conseguire il risanamento dell'impresa. Ai sensi dell'art 12, comma 1 CCI, può presentare domanda di nomina dell'esperto qualsiasi imprenditore *quando si trova in condizioni di squilibrio patrimoniale o economico-finanziario che ne rendono probabile la crisi o l'insolvenza.* L'istanza deve essere presentata alla Camera di Commercio tramite piattaforma telematica nazionale. Congiuntamente all'istanza devo essere presenti i documenti contabili che attestino la situazione finanziaria dell'impresa; poiché le società agricole non sono tenute alle scritture contabili, si prevede il deposito di una situazione patrimoniale e finanziaria aggiornata a non oltre sessanta giorni prima della presentazione dell'istanza.

L'imprenditore agricolo, durante questa procedura, conserva la gestione dell'impresa e può compiere tutti gli atti di ordinaria e straordinaria amministrazione ma deve astenersi dal compiere atti che pregiudichino ingiustamente gli interessi dei creditori. D'altro canto, i creditori, durante la procedura, non possono acquisire diritti di prelazione non concordati con l'imprenditore, non possono esercitare i rimedi contrattuali-individuali per l'inadempimento e non possono iniziare o proseguire azioni esecutive o cautelari sul patrimonio, sui beni, o sui diritti aziendali e del debitore. La procedura si svolge in maniera informale su impulso dell'esperto e ha durata di centottanta giorni, prorogabili di altri centottanta giorni su richiesta delle parti o in pendenza di procedimenti per la concessione di misure protettive o autorizzazioni. Qualora la composizione negoziata sia andata a buon fine il risultato è un contratto da l'imprenditore agricolo e uno o più creditori che consenta di superare la crisi; ma può essere anche stipulata, ad esempio, una *convenzione di moratoria* di cui *infra.* Nel caso, invece, in cui l'esito della procedura sia negativo, l'imprenditore potrà comunque proseguire la ricerca di una soluzione della crisi attraverso altri strumenti, come, ad esempio, domandando l'omologazione di un *accordo di ristrutturazione dei debiti* o chiedere l'ammissione ad un *concordato semplificato per la liquidazione del patrimonio*[19].

La *convenzione di moratoria* è un accordo stragiudiziale con cui si pattuisce una dilazione della scadenza dei crediti, nonché la rinunci agli atti o la sospensione delle azioni esecutive. Se approvato da una maggioranza qualificata–pari al 75% dei creditori appartenenti ad una categoria–produce affetto anche nei confronti dei creditori dissenzienti della medesima categoria. La convenzione di moratoria è efficace senza bisogno di omologazione da parte del tribunale.

In situazione di crisi o d'insolvenza si può far uso, inoltre, degli *accordi di ristrutturazione dei debiti*: si tratta di una procedura concorsuale basata su un accordo fra il debitore, in stato di crisi o d'insolvenza, ed una maggioranza qualificata di creditori. Consta di un meccanismo bifasico composta dalla prima fase negoziale e dalla seconda fase pubblicistica, consistente nell'ottenimento dell'omologazione del tribunale e nella pubblicazione nel registro delle imprese. La procedura così composta è in grado di far sì che l'accordo sia idoneo a produrre effetti anche per i creditori "estranei"; è proprio in ciò che si ravvisa la *concorsualità* del procedimento: si tratta di uno strumento che coinvolge così tutti i creditori anteriori alla procedura medesima[20]. L'accordo prevede l'adesione di almeno il 60% dei creditori Tale accordo può essere finalizzato tanto alla liquidazione del patrimonio, tanto al risanamento ed alla continuazione dell'attività aziendale. Ai creditori non aderenti deve comunque essere garantito il pagamento integrale ma non necessariamente "regolare", nel senso che è possibile un ampio dilazionamento nei loro confronti fino a un massimo di centoventi giorni dall'omologazione per i

---

19 Cfr. Campobasso G.F., *La crisi dell'impresa. Op.cit.*, 356

20 Cfr. Campobasso G.F., *La crisi dell'impresa. Op.cit.*, 475

debiti scaduti e centoventi giorni dalla scadente per quelli non ancora scaduti.

Tra le varie procedure rivolte all'imprenditore agricolo si annovera anche la *liquidazione coatta amministrativa:* è una procedura concorsuale a carattere amministrativo cui sono assoggettate determinate categorie di imprese specificatamente indicate da leggi speciali, tra cui rientrano le cooperative e i consorzi e, nello specifico (e sono rilevanti in questa sede), cooperative e i concorsi agricoli[21]. La *ratio* di tale disciplina è l'eliminazione dal mercato dell'impresa attraverso un procedimento amministrativo di liquidazione che assicura anche il soddisfacimento dei creditori, nel rispetto della *par conditio creditorum*, come passaggio per arrivare alla soppressione dell'impresa e senza approvazione dei creditori.

Tra le novità più rilevanti del Codice della crisi d'impresa e dell'insolvenza rivolte anche (e non solo) all'impresa agricola vi sono la *liquidazione controllata* e il *concordato minore.*

La *liquidazione controllata del sovraindebitato* è un procedimento che presenta affinità con la *liquidazione giudiziale* (ex *fallimento*) sia per lo scopo che per la struttura[22]; a differenza della seconda, la prima procedura più essere utilizzata anche quando si è in presenza ancora di una mera crisi finanziaria, non ancora qualificabile come insolvenza, e gli effetti sul debitore

---

21 In linea con il principio di esclusione dell'imprenditore agricolo in tutte le sue forme, le cooperative agricole e i consorzi agricoli in senso stretto non sono assoggettabili alle procedure concorsuali dell'imprenditore commerciale. Per una lettura critica sul punto v. LOCASCIO ALIBERTI E., *I problemi del fallimento delle cooperative agricole. Nota a sentenza, Cassazione Civile Sez. I, 24 marzo 2014 n.6835,* in *Giur. Comm.*, 4, 2015, 715-726.

22 La disciplina trova il suo antecedente in quella contenuta nella sezione seconda del capo secondo della l. 27 gennaio 2012, n. 3 sulla liquidazione del patrimonio del debitore sovraindebitato.

appaiono meno gravosi, ossia non si producono gli effetti personali e penali della liquidazione giudiziale[23]. Altresì, si prevede ai sensi dell'art. 282 CCII che operi l'esdebitazione di diritto[24], che viene dichiarata con il decreto di chiusura della procedura o comunque nei termini di legge; ciò riguarda anche il concordato minore di cui *infra.*

Il *concordato minore* è una figura affine al *concordato preventivo* mediante il quale si prevede il superamento della crisi del debitore mediante l'attuazione di un piano proposto dal debitore stesso; è possibile sia mirare alla prosecuzione dell'attività imprenditoriale sia alla liquidazione del patrimonio. In ultimo, si segnala che il Legislatore ha previsto, anche per l'imprenditore agricolo accesso al concordato semplificato per la liquidazione del patrimonio, figura prevista ove il debitore, che abbia inutilmente esperito la composizione negoziata della crisi, ove le trattative siano state da lui svolte in buona fede; in tal caso l'imprenditore agricolo può predisporre una proposta di concordato con cessione dei beni, sottoponendola ad omologazione giudiziale senza passare per l'approvazione dei creditori. Si tratta di una forma "semplificata" di concordato,

---

23 Tra i più vistosi si annoverano i limiti posti sui diritti civili come il segreto epistolare o la libertà di movimento, le incapacità civili e politiche e l'esposizione a sanzioni penali quali la bancarotta fraudolenta o il ricorso abusivo al credito. Per un approfondimento sul punto si rinvia a CAMPOBASSO G.F., *La crisi dell'impresa. Op.cit.,* 381-382.

24 La norma è volta ad agevolare l'accesso del debitore sovraindebitato al beneficio dell'esdebitazione. In caso di liquidazione controllata del sovraindebitato, si prevede infatti che l'effetto esdebitatorio si produca *ex lege,* al momento della chiusura della procedura oppure una volta decorsi tre anni dalla sua apertura. Il ruolo del Tribunale è limitato ad una mera ricognizione di un effetto già prodottosi o che non si è potuto produrre in ragione della sussistenza di una delle cause ostative indicate all'art. 280 CCII.

in cui poiché la fase delle trattative è già (infruttuosamente) avvenuta, è possibile comunque passare al vaglio giudiziale.

Illustrato il vasto panorama normativo, è d'uopo verificare che il suddetto sistema normativo sia utile per il salvataggio dell'impresa agricola in difficoltà oppure se – nelle pieghe normative – si annidino ostacoli che potrebbero frapporre impedimenti lungo il cammino del salvataggio dell'impresa agricola[25].

Il sistema di procedure appare eccessivamente frammentato, in un *mare magnum* di istituti; inoltre, si rileva la presenza di rinvii normativi tra procedure[26] oppure la necessità di operare interpretazioni analogiche[27], in entrambi i casi per colmare le lacune di alcune procedure scarsamente disciplinate; ciò complica l'applicazione delle discipline medesime.

Altresì, da una lettura d'insieme del Codice della Crisi d'impresa e dell'insolvenza emerge come esso sia stato redatto avendo in mente, come modello di riferimento, l'imprenditore commerciale e prevedendo un adattamento implicito agli altri

---

25 In tal senso, CARMIGNANI S., *Attività agricola e crisi d'impresa, op.cit.*, p. 464.

26 Ad esempio, in tema di concordato minore, l'art.74, ult. comma, CCII fa un rinvio alla normativa del concordato preventivo, nei limiti di quanto compatibile, lasciando all'interprete l'onere di rilevare i profili di incompatibilità e rendere la disciplina flessibile.

27 Ad esempio, alle norme della liquidazione giudiziale, il Legislatore non opera un rinvio generale ed esplicito, limitandosi ad attuare qua e là dei rimandi a specifiche disposizioni, mentre un richiamo in blocco avviene solo con riferimento al procedimento unitario, nei limiti della compatibilità; sul punto v. DE MATTEIS S., *La liquidazione controllata nel codice della crisi d'impresa e dell'insolvenza*, in *Dir. Fall. e delle Soc. Comm.* ,2, 2021, 349 3 ss. Altresì, ad esempio, viene operata un'interpretazione analogica di alcune norme del concordato preventivo per colmare la scarsa disciplina degli accordi di ristrutturazione dei debiti; in tal senso CAMPOBASSO G.F., *La crisi dell'impresa. Op.cit.*, 475.

soggetti esdebitati; tale adattamento non è certo automatico e richiede un minuzioso lavoro di *labor lime,* con riguardo all'ente di riferimento e, in questa sede, all'imprenditore agricolo. Inoltre, la *ratio* della disciplina è quella di anticipare e prevenire l'insolvenza dell'impresa mediante strumenti di allerta: tali strumenti impongono obblighi organizzativi, presumibilmente presenti nelle imprese agricole con ampi giri d'affari ma non presenti e di difficile implementazione nelle piccole imprese agricole; si consideri che l'attivazione degli strumenti di allerta, ai fini della formulazione di accordi con i creditori per scongiurare l'insolvenza, richiede l'intervento di professionisti indipendenti, l'adeguamento dei valori catastali dei beni aziendali al dato reale e un'approfondita analisi dei flussi di cassa; il tutto appare in parte ostico, poiché applicato a imprese non soggette all'obbligo di tenuta delle scrittura contabili. Quest'ultima questione assume proprio rilevanza in relaziona alla difficoltà di individuare precocemente lo stato di crisi e risulta strettamente connessa alla difficoltà di predisporre una situazione patrimoniale aggiornata, ad esempio, della composizione della crisi da sovraindebitamento[28].

In conclusione, il sistema italiano ha intrapreso un cammino verso una nuova visione dell'imprenditore agricolo in situazione di crisi o di insolvenza e, pertanto, il vasto ventaglio di procedure concorsuali messe a disposizione strumenti utili per tutelare – contemporaneamente–imprenditore agricolo e suoi creditori, addivenendo a soluzioni mediante le quali si cerca di massimizzare il tasso di soddisfazione delle parti coinvolte. Date le peculiarità dell'impresa agricola e il dato normativo non sempre esaustivo, si auspica, però, un percorso dottrinale che possa opportunamente ed efficacemente colmare le lacune normative e indirizzare gli operatori del settore verso un uso

---

[28] Tale difficoltà è stata solleva da CARMIGNANI S., *Attività agricola e crisi d'impresa, op.cit.*, p. 471-472.

consapevole ed efficiente delle procedure o ulteriori interventi legislativi atti a semplificare maggiormente la disciplina.

CAPÍTULO XVI.

EL LEASING COMO MEDIO DE FINANCIACIÓN EN EL SECTOR AGROALIMENTARIO

AGUEDA ARIADNA FANEGO MUGIONE

RESUMEN: El presente trabajo analiza las características del contrato de leasing en el ámbito español, así como las posibles ventajas que presenta la figura para los empresarios de pequeñas y medianas empresas en el ámbito rural. A partir de allí, se analizan los posibles bienes objeto del contrato en el ámbito agroalimentario, los beneficios de la modalidad de leasing conocida como lease-back y, por último, las posibilidades que presenta el leasing a nivel internacional.

Palabras clave*:* leasing, lease-back, arrendamiento financiero, ganado, cultivo, Ciudad del Cabo, Protocolo MAC.

I. EL CONTRATO DE ARRENDAMIENTO FINANCIERO (LEASING) EN ESPAÑA

La introducción del leasing en España se produjo en la década de 1960, siendo "Alequinsa, S.A." y "Alquiber, S.A." las primeras sociedades de leasing del país, creadas en el año 1965. Pronto fueron seguidas por otras que han sido de mucha importancia para el negocio dentro de España, como por ejemplo "Iberleasing, S.A.", "LICO, S.A." y "Unión Internacional de Financiación (UNINTER)"[1].

En la década mencionada, España tuvo un despegue económico que permitió que la fórmula del leasing se desarrollara[2]. El leasing se transformó en una alternativa a las formas más tradicionales de financiamiento ayudado, sin dudas, por los tipos de interés tendientes a la baja de la época (reduciéndose de esta manera los costes financieros de las operaciones), la disminución de los márgenes financieros y de los costos de explotación, así como la alta competitividad del sector financiero y una mayor oferta existente. Por otro lado, los profesionales y empresarios fueron adquiriendo mayores conocimientos sobre el funcionamiento del contrato, así como de las ventajas que presentaba, tanto fiscales como económicas y financieras. Se produjo, de esta forma, un incremento en la demanda de leasing y se optimizaron las condiciones de negociación del contrato, mejorando los costes de la operación para los tomadores

---

1 Como subraya VIDAL BLANCO, la proliferación de sociedades dedicadas al leasing es un indicio de la importancia que logró alcanzar la actividad durante los primeros cinco años de su existencia en España (*Vid.* VIDAL BLANCO, C., *El leasing, una innovación en la técnica de la financiación*, Ministerio de Hacienda, Instituto de Estudios Fiscales, Instituto de Planificación Contable, Madrid, 1977, p. 41).

2 Aunque, como señalan CHULIÁ VICENT y BELTRÁN ALANDETE, ese desarrollo se produjo con notable demora con relación al resto de los países de la región. (*Vid.* CHULIÁ VICENT, E.; BELTRÁN ALANDETE, T., *Aspectos jurídicos de los contratos de leasing*, Librería Bosch, Barcelona, 1989, pp. 16-17).

del leasing, cuestión crucial al momento de decidir el tipo de financiación que un proyecto requiere[3].

Podemos definir al leasing como aquel contrato a través del cual una parte, denominada dador o arrendador financiero, conviene transferir a la otra parte, llamada tomador o arrendatario financiero, la tenencia de un bien cierto y determinado para su uso y goce, contra el pago de un determinado canon periódico, y le confiere una opción de compra por un precio[4].

En el derecho español, el contrato se encuentra regido principalmente por la autonomía de la voluntad de las partes (art. 1255 CC), siendo un contrato nominado pero atípico, puesto que la regulación establecida por el Legislador es muy fragmentaria, dispersa y de índole principalmente fiscal[5]. La legislación se ha encargado de describir el fenómeno económico en cuestión, pero no delimita el régimen jurídico sustantivo del contrato. Así, nos encontramos con que ninguna de las leyes que tratan el leasing establece, por ejemplo, los derechos

---

3 *Vid.* Segurado Llorente, J. L., *Todo sobre el leasing*, De Vecchi, Barcelona, 1987, pp. 27-33.

4 Si bien en el ámbito del derecho español las partes del contrato suelen denominarse arrendador y arrendatario financiero, en virtud de la denominación que ha utilizado el legislador, en muchos otros ordenamientos y, por sobre todo, en la Ley modelo de leasing de UNIDROIT, dichas partes reciben la denominación de dador y tomador (el texto de la ley modelo se encuentra disponible en <https://www.unidroit.org/wp-content/uploads/2021/07/Leasing-Model_Law-Spanish.pdf>). [Consulta: 20/11/2024.]

5 *Vid.* Carrasco Perera, Á.; Cordero Lobato, E.; Marín López, M. J., *Tratado de los Derechos de Garantía*, Tomo II, Cuarta edición, Thomson Reuters Aranzadi, Cizur Menor (Navarra), 2022, p. 516, y Parra Lucán, M. Á., "El Leasing en la jurisprudencia", *Aranzadi Civil*, vol. III-II, 1994, pp. 15-16.

y obligaciones de cada una de las partes[6]. El Tribunal Supremo, por su parte, lo ha definido como un contrato complejo y atípico regido por sus específicas estipulaciones y de contenido no uniforme[7].

La DA tercera de la Ley 10/2014, de 26 de junio, de ordenación, supervisión y solvencia de entidades de crédito[8] establece que serán consideradas operaciones de arrendamiento financiero "*aquellos contratos que tengan por objeto exclusivo la cesión del uso de bienes muebles o inmuebles, adquiridos para dicha finalidad según las especificaciones del futuro usuario, a cambio de una contraprestación consistente en el abono periódico de cuotas. (...) El contrato de arrendamiento financiero incluirá necesariamente una opción de compra, a su término, en favor del usuario*". Sin embargo, debe tenerse en cuenta que esta ley brinda una definición del contrato de leasing a los fines de establecer un régimen fiscal especial para los contratos que cumplan con lo establecido en la mencionada DA tercera. De esta manera, si bien uno de los mayores atractivos del leasing son los beneficios fiscales de los que suelen gozar las partes, podrían celebrarse contratos de arrendamiento financiero que no cumplieran con lo establecido en dicha disposición adicional. Tales contratos serían válidos en virtud del principio de autonomía de la voluntad,

---

6 Para un análisis delos distintos aspectos regulados del leasing por la legislación vigente, *vid.* CARRASCO PERERA, Á.; CORDERO LOBATO, E.; MARÍN LÓPEZ, M. J., *Tratado de los Derechos de Garantía*, cit., Tomo II, pp. 516-519.

7 STS de 28 de noviembre de 1997 (RJ/1997/8273) y STS de 2 de febrero de 2006 (RJ/2006/494), entre otras. *Vid.* también PÉREZ GURREA, R., "Estudio del leasing financiero y del lease-back a propósito de la RDGRN de 29-1-2005 y de la sentencia del TS de 2-2-2006", *Revista Crítica de Derecho Inmobiliario*, 696, 2006, p. 1655.

8 BOE núm. 156, de 27 de junio de 2014.

pero las partes no podrían disfrutar de los beneficios fiscales mencionados[9].

En este trabajo nos centraremos en el leasing mobiliario empresarial o profesional y más particularmente, en el llamado leasing agroalimentario, debido al sector económico al que pertenecen los usuarios o arrendatarios financieros en estos casos y por la clase de bienes sobre los que puede celebrarse este contrato.

II. POSIBLES OBJETOS DEL CONTRATO DE LEASING AGROALIMENTARIO

Los bienes objeto de leasing pueden ser diversos. Así, mientras se cumpla con los requisitos generales del objeto de un contrato, es decir, ser lícito, posible, determinado o determinable y susceptible de valoración económica, correspondiendo a un interés de las partes, la normativa específica solo nos requiere una cosa más: la afectación del bien a la actividad profesional o comercial del tomador del leasing. De esta forma, la DA tercera de la LOSSEC reza que *"[l]os bienes objeto de cesión habrán de quedar afectados por el usuario únicamente a sus explotaciones agrícolas, pesqueras, industriales, comerciales, artesanales, de servicios o profesionales"*.

---

9 Este es el caso del leasing al consumo, donde una persona ya sea física o jurídica actúa fuera de su actividad profesional o empresarial. Si bien el arrendatario financiero no contaría con los beneficios fiscales legalmente previstos para el leasing empresarial o profesional, contaría con la protección de la normativa imperativa de protección del consumidor. *Vid.* CARRASCO PERERA, Á.; CORDERO LOBATO, E.; MARÍN LÓPEZ, M. J., *Tratado de los Derechos de Garantía*, cit., Tomo II, p. 519.

Por tanto, y dentro del tema que nos compete aquí, el leasing podría tener como objeto maquinaria agrícola (como tractores) y equipamiento para las granjas. Estos suelen ser los casos más comunes en el contrato y con mayor publicidad por parte de las sociedades de leasing. Sin embargo, y más interesante aún, es que un posible objeto de leasing es también el ganado. En este sentido, por ejemplo, podemos encontrarnos con vacas lecheras, nodrizas y cerdas madre siendo el bien objeto del contrato.

También nos encontramos con la posibilidad de celebrar el contrato sobre cultivos de alto valor. Algunos ejemplos de esto son tradicionales, como el olivo o la vid, pero también encontramos aquí el cultivo de almendro, pistacho o aguacate. Esta clase de cultivo ha transformado el sector agrario español en las últimas décadas, habiéndose incrementado las superficies dedicadas a ello y exigiendo una optimización del proceso productivo de la mano de la tecnología y la innovación, en miras a lograr una correcta correlación entre la importante inversión inicial que requieren y los elevados precios de mercado de los que gozan.

Lo valioso de esta posibilidad es muy notable ya que, en los tres casos, permite financiar uno de los gastos iniciales más grandes de una explotación agropecuaria.

En base al tipo de bien sobre el que se realice la inversión y su tiempo de amortización será la duración del contrato. Así, una vaca lechera normalmente suele contratarse por una media de dos años, mientras que una vaca destinada a la industria cárnica puede contar con un plazo de 5 años. Los cultivos suelen pactarse por períodos de 2 a 5 años con un período de carencia de un año, pero esto claramente variará de cultivo a cultivo.

III. VENTAJAS DEL CONTRATO DE LEASING PARA EL SECTOR AGROALIMENTARIO

Como bien ha resaltado la doctrina[10], las ventajas y desventajas de la utilización del leasing deben ser analizadas en cada caso en particular ya que, en dependiendo las circunstancias una ventaja puede transformarse fácilmente en desventaja si las condiciones no son las correctas. Enumeraremos aquí algunas ventajas que presenta este contrato frente a la adquisición directa de activos por parte del empresario. Sin embargo, el peso o importancia que tenga en cada caso una posible ventaja dependerá de las circunstancias particulares.

Entre las ventajas que presenta esta figura, nos encontramos las siguientes: En primer lugar, a través del contrato de leasing los empresarios pueden utilizar y disfrutar de un bien sin contar con los recursos económicos necesarios para adquirirlos. En segundo lugar, aunque contaran con la capacidad económica de adquirirlos por sí mismos desde el comienzo, pueden beneficiarse de mantener cierta liquidez dentro de su patrimonio y evitar así desequilibrios de tesorería[11]. La liquidez que perderían, al tener que adquirir el bien por su cuenta o financiando una parte del precio de compra, pueden mantenerla disipando dicha inversión en el tiempo. En tercer lugar, el capital no se encuentra inmovilizado y puede destinarse a nuevas inversiones a la vez que el empresario mantiene las líneas de crédito habituales.

Otra ventaja del leasing es que puede financiarse hasta el 100% del importe de la inversión y disponer del bien desde un principio como si se la hubiera comprado. Se permite así que,

---

10 Castelló Taliani, E., *Estudio económico de los contratos de leasing y su captación en los informes contables*, Instituto de Contabilidad y Auditoría de Cuentas, Madrid, 1989, pp. 57-73.

11 *Ibid.*, p. 59.

sin tener que realizar un gran desembolso de dinero inicial más que el de la primera cuota, se cuente con la utilización de un bien que puede incorporarse a la cadena productiva y financiar con su propia productividad su disfrute[12].

En las últimas décadas, la figura del "Leasing" ha tomado mayor protagonismo como técnica de financiación empresarial gracias a las ventajas que presenta frente figuras más clásicas, como es el caso de la prenda sin desplazamiento, la cual podría ser una opción que considerar en los casos en que el bien a financiar sea, por ejemplo, maquinaria agrícola[13]. No obstante, en este último caso, a las ventajas ya indicadas podemos mencionar la siguiente: la eliminación del riesgo de obsolescencia de la cosa[14]. En este sentido, si a lo largo del contrato de leasing ocurre la situación de que el avance tecnológico en la cuestión ha sido tal que el ejercicio de la opción de compra

---

12 Se trata de la regla conocida como "*pay as you earn*". Al respecto, ROJO AJURIA expresó: "El principio fundamental en que se sustenta, autofinanciación con rendimiento, se ajusta más a las particularidades de muchas empresas que prefieren ir financiando su inversión a medida que ésta sea productiva que inmovilizarse o endeudarse". No obstante, el autor destaca que no puede considerarse el *pay as you earn* como esencial o exclusivo del leasing y que hay que analizar en cada caso si la inversión efectivamente logra financiarse así misma pues "de una manera más realista, la regla *pay as you earn* puede expresar un óptimo financiero: la sincronización entre la amortización técnica del bien y la amortización financiera del crédito que facilitó su adquisición" (ROJO AJURIA, L., *«Leasing» mobiliario*, Tecnos, Madrid, 1987, p. 204-205).

13 ROJO AJURIA refiere cómo el leasing se plantea como una alternativa frente al fracaso que presentaron tanto la LHMPSD (*Tol 138515*) como la LVPBM de 1965 (*Tol 682018*). *Vid. Ibid.*, pp. 139-146.

14 *Vid.* AMAT, O., *El leasing : modalidades, funcionamiento y comparación con otras opciones*, Ediciones Deusto, Madrid, 1989, p. 96. El autor resalta la facilidad que otorga el contrato de leasing para una rápida sustitución de los equipos financiados por otros más modernos y actualizados.

del bien no es recomendable, entonces el usuario tiene aún la posibilidad restituir el bien a la sociedad de leasing arrendadora al finalizar el plazo y celebrar un nuevo contrato respecto a la alternativa tecnológicamente más avanzada.

Es importante tener en cuenta, así mismo, que la dificultad existente en el acceso al financiamiento bancario para las pequeñas y medianas empresas en el ámbito rural, con los costes asociados a ello, posicionan al Leasing agroalimentario como una forma de financiación que puede favorecer al sector y propiciar su desarrollo. En este sentido, como método de financiación, el leasing presenta costes menores asociados a la contratación frente a la prenda sin desplazamiento y un estudio crediticio más flexible en relación al tomador ya que el arrendador financiero cuenta con la propiedad del bien financiado como garantía de la operación[15] hasta que se ejerza, eventualmente, la opción de compra[16].

---

15 Si bien fue una cuestión controvertida en la doctrina si el arrendador financiero era propietario del bien o solamente tenía la titularidad de una garantía real (ya fuera considerándolo un acreedor fiduciario o equiparándolo a un acreedor garantizado con reserva de dominio), como bien señalan CARRASCO PERERA, CORDERO LOBATO y MARÍN LOPEZ, dichas corrientes doctrinales son poco convincentes en virtud de que la propia normativa relativa a este contrato (aunque fragmentaria y dispersa) reconoce la propiedad del bien al arrendador financiero (*Vid.* CARRASCO PERERA, Á.; CORDERO LOBATO, E.; MARÍN LÓPEZ, M. J., *Tratado de los Derechos de Garantía*, cit., Tomo II, pp. 528-529).

16 Al respecto debemos recordar que el leasing debe contar siempre con una opción de compra establecida a favor del arrendatario, pero la cuantía de dicha opción no es lo que determina su calificación contractual. En este sentido, desde la STS de 28 de noviembre de 1997, cit., se ha establecido jurisprudencialmente que "no hay base legal ni lógica que establezca un parámetro para indicar la proporción que deba tener la opción de compra respecto al valor monetario del bien objeto del tantas veces mencionado contrato de arrendamiento

Por último, pero no menos importante, el leasing cuenta, también, con algunas ventajas en el ámbito fiscal y contable, como es el tratamiento del IVA y la amortización del bien contablemente. Además, y refiriéndonos particularmente del leasing agroalimentario, existen bonificaciones particulares si la inversión se considera que contribuye a la eficiencia energética de la actividad agropecuaria o a mejorar la sostenibilidad. Esto comprende, por ejemplo, el cultivo de árboles de regadío[17], así como la modernización del sistema de riego y la tecnología que fuera necesaria para el aumento de la eficiencia energética[18]. De esta manera, no solo podría invertirse a través de esta figura en los árboles necesarios para la plantación sino tam-

financiero también conocido con el nombre de «leasing»" (FD 1º de la sentencia mencionada).

17 Podemos mencionar aquí el caso de dos cultivos de alto valor que a los que nos hemos referido anteriormente: el almendro y el olivo. El almendro es un árbol que, si bien puede cultivarse en secano y así ha sido tradicionalmente, cultivado en regadío permite obtener rendimientos significativamente mayores, aumentando su productividad y mejorando la calidad de las almendras. Del mismo modo, el olivo es un árbol que también ha sido tradicionalmente asociado con cultivos de secano debido a la alta tolerancia que presenta a la sequía y a su capacidad de adaptarse a suelos pobres y climas áridos. Sin embargo, este árbol también puede cultivarse en regadío, obteniéndose un aumento de productividad importante, así como una calidad del fruto mayor. En ambos casos, el cultivo en regadío maximiza su potencial productivo.

18 En este sentido, y a modo de ejemplo, podemos encontrarnos con las "ayudas para la realización de actuaciones de eficiencia energética en explotaciones agropecuarias" en Castilla y León, en virtud del RD 149/2021, de 9 de marzo, por el que se regula el programa de ayudas para la realización de actuaciones de eficiencia energética en explotaciones agropecuarias y la Orden de 2 de noviembre de 2023, de la Consejería de Agricultura, Ganadería y Desarrollo Rural por la que se convocan las ayudas para la realización de actuaciones de eficiencia energética en Explotaciones Agropecuarias.

bién en la renovación tecnológica de la explotación agrícola, gozando además de los beneficios fiscales y las bonificaciones mencionadas.

A pesar de todo esto, como mencionábamos en un principio, debe considerarse en cada caso si la contratación de un leasing es la opción más interesante o económicamente rentable, teniendo también en cuenta que las cuotas mensuales del contrato pueden ser más elevadas que las de un préstamo o una compraventa a plazos[19]. El estado de las tasas de interés y los índices de inflación también son elementos a considerar al momento de elegir el método de financiación externa que más convenga a la empresa. Por último, debe tenerse en cuenta que deberá contratarse un seguro respecto al bien, ya que los riesgos relacionados a la cosa se trasladan al usuario a pesar de que el arrendador financiero mantenga la propiedad de la cosa. Así, los gastos de dicho seguro deben valorarse dentro de los costos generales de la operación.

A modo de conclusión, podemos decir que el leasing no solo facilita el acceso a bienes productivos, sino que también optimiza la gestión financiera y fiscal de los empresarios, promoviendo inversiones estratégicas en sectores clave, como lo es el sector agropecuario.

IV. PARTICULAR CONSIDERACIÓN DEL CONTRATO DE "*SALE AND LEASE-BACK*"

Por otro lado, también es muy interesante para la financiación del sector agropecuario la modalidad de leasing conocida

---

[19] Para la comparación de los costes de la operación de leasing con otras alternativas de financiación desde la perspectiva del usuario, *vid.* entre otros, AMAT, O., *El leasing: modalidades, funcionamiento y comparación con otras opciones*, cit..

como *Sale and lease-back*, o *lease-back* sencillamente[20]. Esta modalidad de leasing ha sido reconocida tanto doctrinal[21] como jurisprudencialmente[22], aunque en este último caso ha sido un camino largo y sinuoso[23].

---

20 También se conoce esta figura bajo la denominación de leasing de retorno o retroleasing.

21 *Vid.* Carrasco Perera, A.; Cordero Lobato, E.; Marín López, M. J., *Tratado de los Derechos de Garantía,* Tomo II, cit., pp. 574 y ss.; Pacheco Cañete, M., *El contrato de «Lease-Back»*, Marcial Pons, Ediciones Jurídicas y Sociales, Madrid, 2004; Ginés Castellet, N., "El "lease back" como un supuesto de enajenación en garantía", *La notaria,* 6, 2003, La Ley; Cilveti Gubía, M. B., "Comentario a la STS de 16 de mayo de 2000", *Cuadernos Cívitas de Jurisprudencia Civil,* 55, 2001; Martínez Velencoso, L., "El "Lease-Back" o "Leasing de retorno": distinción de otras figuras. Aplicación de la Ley de Usura. Comentario a la Sentencia del TS de 17 de marzo de 1998 Rec. Núm. 164/1994 (RJ 1998, 1351)", *Revista Aranzadi de Derecho Patrimonial,* 1, 1998, pp. 315-324; Martínez Espín, P., "Venta y "lease back"", en Carrasco Perera, Á. (ed.), *Tratado de la Compraventa. Homenaje a Rodrigo Bercovitz,* Tomo I, Aranzadi, Cizur Menor, 2013; Amat, O., *El leasing : modalidades, funcionamiento y comparación con otras opciones,* cit., pp. 26-28; Vivas Tesón, I., "Comentario a la STS de 10 de febrero de 2005 (RJ/2005/1405)", *Cuadernos Cívitas de Jurisprudencia Civil,* 71, 2006; Castelló Taliani, E., *Estudio económico de los contratos de leasing y su captación en los informes contables,* cit., pp. 37-38, entre otros.

22 Solo a modo ejemplificativo, podemos mencionar las siguientes sentencias de la Sala Primera, de lo Civil, del Tribunal Supremo: STS de 1 de febrero de 1999 *(Tol 5120216),* STS de 20 de noviembre de 1999 *(Tol 5120675),* STS de 16 de mayo de 2000 *(Tol 2471583),* STS de 22 de junio de 2001 (RJ/2001/5073), STS de 10 de febrero de 2005 *(Tol 591005),* STS de 2 de febrero de 2006, cit., y STS de 15 abril de 2010 *(Tol 1856675).*

23 *Vid.* Parra Lucán, M. Á., "Comentario a la STS de 2 de febrero de 2006 (RJ/2006/494)", *Cuadernos Civitas de Jurisprudencia Civil,* vol. 72, 2006. La autora resalta lo contradictoria que ha sido la jurisprudencia del Tribunal Supremo sobre la figura del "lease-back" a lo largo de los años, careciéndose de una doctrina uniforme. En el mismo sentido,

Partiendo de la definición brindada anteriormente, podemos definir la modalidad de leasing que nos interesa. En el contrato de *lease-back*, el arrendatario acuerda transferir la propiedad de un bien al arrendador a cambio de un precio, quien luego le transmitirá dicho bien en calidad de arrendamiento financiero con la correspondiente opción de compra sobre el mismo. La venta y el posterior arrendamiento financiero pueden constar en un mismo documento o en dos instrumentos distintos, incluso celebrarse en fechas distintas, pero debe tenerse en cuenta que se trata siempre de un único contrato complejo[24].

En estos casos puede decirse que el arrendatario cuenta con los bienes necesarios para su actividad, pero requiere de financiamiento para llevarla a cabo o adquirir nuevos bienes. Esta modalidad del contrato permite al arrendatario obtener la liquidez que necesita para su actividad a partir de su propio patrimonio, volviendo un activo ilíquido en líquido, sin perder la tenencia del bien y pudiendo recuperar su propiedad, si fuera de su interés, a la finalización del contrato. Es una forma de financiación muy útil para las pequeñas y medianas empresas que necesitan liquidez, ya sea para realizar nuevas adquisiciones o para mantener un flujo de dinero disponible más acorde a las necesidades de la empresa. El usuario recibe una cantidad de dinero en concepto de precio de la compraventa y luego queda obligado a restituirlo junto con los intereses, en los plazos pactados, en virtud del arrendamiento financiero.

---

vid. CARRASCO PERERA, Á.; CORDERO LOBATO, E.; MARÍN LÓPEZ, M. J., *Tratado de los Derechos de Garantía*, cit., Tomo II, p. 575.

24 *Vid.* CARRASCO PERERA, Á. Y OTROS, *Tratado de los Derechos de Garantía*, cit., Tomo II, p. 574 y PARRA LUCÁN, M. Á., "Comentario a la STS de 1 de febrero de 1999", *Cuadernos Cívitas de Jurisprudencia Civil*, 50, 1999, p. 835.

Si bien puede apreciarse a primera vista una similitud con el préstamo con garantía real, lo cierto es que como señaló oportunamente ROJO AJURIA, la diferenciación de la figura se ha realizado legalmente y se corresponde con una decisión de política legislativa[25]. Adicionalmente, la jurisprudencia ha brindado una serie de elementos que observar para decidir si se está ante un verdadero contrato de *lease-back* o ante una simulación que trate de ocultar un préstamo con garantía real[26]. Así, entre estos elementos a considerar encontramos los siguientes: la naturaleza del arrendador financiero y la del arrendatario financiero; la naturaleza y características del bien objeto del contrato; la existencia de una compraventa previa

---

25 *Vid.* ROJO AJURIA, L., *«Leasing» mobiliario,* cit., pp. 146-152. Si bien el autor se refirió particularmente a la diferenciación entre el leasing y la compraventa a plazos de bienes muebles, lo cierto es que los argumentos por él esgrimidos son válidos para la distinción con otras figuras. En este sentido, la diferenciación realizada por parte del legislador de la figura que nos ocupa es muy significativa. La figura del *lease-back* ha sido mencionada expresamente por el legislador a lo largo de los años. Por ejemplo, en la Ley de Patrimonio del Estado (Decreto 1022/1964, de 15 de abril), en la redacción dada por la Ley 13/1996, de 30 de diciembre, de medidas fiscales, administrativas y del orden social admitía el *lease-back,* permitiéndole a la Administración celebrar contratos de leasing sobre bienes que hubiera previamente enajenado (en la redacción de la normativa vigente no se alude expresamente al *lease-back*). Otro ejemplo es la mención realizada en la primera regulación de las operaciones de arrendamiento financiero, en el Real Decreto Ley 15/1977, de 25 febrero, sobre medidas fiscales, financieras y de inversión pública, que en su artículo 26.3 se refería a "la venta realizada a una Empresa de arrendamiento financiero cuando ésta arriende el bien en el mismo acto a su vendedor". Es modalidad también es mencionada en la ORVPBM, art. 2.2.2°, al expresar que "en el Registro se inscribirán separadamente:(…) 2.° Los contratos de arrendamiento financiero, incluidos los arrendamientos financieros de retro".

26 STS de 2 de febrero de 2006, cit.. STS de 15 abril de 2010, cit..

ligada al arrendamiento financiero como presupuesto necesario que comporte una efectiva transmisión de la propiedad en favor del arrendador financiero; las circunstancias del contrato reveladoras de la voluntad de las partes de procurar al arrendatario financiero la continuación en el uso del bien objeto del contrato en condiciones favorables desde el punto de vista fiscal o mercantil y compatibles con la obtención de liquidez para la realización de sus operaciones (siendo crucial esta finalidad); una duración razonable del contrato en atención a su finalidad; la existencia de equilibrio entre el precio de la compraventa y el precio fijado en el arrendamiento financiero como valor del bien objeto del mismo; el equilibrio entre las prestaciones y, por supuesto, el reconocimiento de una opción de compra a favor del arrendatario financiero susceptible de ser ejercitada a la finalización del contrato.

Por otro lado, la trascendencia del bien objeto del contrato para la actividad del arrendatario financiero y su naturaleza y características particulares, en cuanto apto instrumentalmente para la realización de actividades agrícolas en este caso, también es rescatado por la jurisprudencia del Tribunal Supremo en relación con este contrato[27]. Se ha considerado que si el bien objeto del contrato ya se encontraba en posesión del arrendatario entonces el arrendatario o tomador del leasing no tenía una verdadera necesidad de él[28]. En numerosas ocasiones este argumento fue utilizado para decidir que las partes no habían celebrado un verdadero contrato de *lease-back* sino un préstamo con garantía real, llegándose a modificar en algunos casos incluso la calificación contractual que había realizado el tribunal de instancia[29]. Sin embargo, consideramos que en es-

---

27 STS de 2 de febrero de 2006, cit..

28 STS de 10 de febrero de 2005, cit..

29 Por ejemplo, la STS de 16 de mayo de 2000, cit., en donde el Tribunal consideró que "cuando resultan indiferentes las características o

tos casos el análisis que debe realizarse debe ser un poco más profundo. Si bien en un principio puede parecer que la necesidad de financiación, es decir, de dinero, es la única existente en el *lease-back*, esto no es así. No se está considerando que no solamente la necesidad del bien mencionada el Tribunal Supremo sí existe, sino que también es importante y determinante para que la figura del *lease-back* sea la elegida por las partes. Es decir, no da igual el bien sobre el que se contrata puesto que no sólo se trata de un bien cuyo valor debe ser el suficiente como para otorgar esa liquidez necesaria para la empresa, sino que también es un bien del cual el futuro arrendatario no puede desprenderse y perder su uso, puesto que éste es esencial para el desarrollo de su actividad. Si se elige al *lease-back* como modo de financiación es porque permite obtener liquidez sin perder ese bien tan necesario para el proceso productivo. El bien sobre el cual se elige contratar es importante, hay una efectiva necesidad de él, caso contrario podría utilizarse cualquier otro negocio jurídico que permitiera adquirir liquidez en lugar de esta figura. Además, siendo un bien instrumental para el ejercicio de la actividad profesional del arrendatario, la colocación en el mercado por parte de la sociedad de leasing es más complicada y, por tanto, el interés de búsqueda de una mera garantía real del préstamo queda desvirtuado.

V. EL LEASING AGROALIMENTARIO EN EL ÁMBITO INTERNACIONAL

En el ámbito internacional, debemos decir que existen numerosos avances en materia de financiación y acceso al cré-

---

naturaleza del bien inmueble transmitido y luego arrendado con opción de compra y no responde a la finalidad prevista en la Ley" se está ante una simulación y no frente a un contrato de leasing en su modalidad de *lease-back* (FD 4°).

dito en el sector agrícola. Así, nos encontramos con diversos trabajos de UNIDROIT, que ha creado una línea de trabajo específicamente dedicada al papel crucial que el Derecho privado puede desempeñar en el desarrollo agrícola[30]. Por otro lado, también desarrolló el "Protocolo sobre cuestiones específicas de los elementos de equipo minero, agrícola y de construcción"[31] (Protocolo MAC), del Convenio relativo a garantías internacionales sobre elementos de equipo móvil[32] (en adelante el Convenio o Convenio de Ciudad del Cabo), para facilitar la adquisición de equipos agrícolas de alto valor.

El Convenio mencionado fue adoptado en el año 2001 en la Conferencia diplomática celebrada en Ciudad del Cabo, enmarcándose en un proceso de armonización del derecho. Su propósito es establecer un régimen jurídico uniforme para las garantías internacionales establecidas sobre determinados bienes muebles, particularmente bienes de equipo, cuya importancia económica es significativa y poseen una movilidad inherente[33], otorgándoles, además, una protección a través de su registración. De este modo, se busca facilitar las transacciones internacionales relacionadas con la financiación de la adquisición y el uso de dichos bienes de forma eficiente, así como la protección de las garantías concebidas dentro del Convenio de

---

30 Para más información al respecto, puede visitarse la sección correspondiente en la página web de UNIDROIT donde, además, puede accederse a los distintos trabajos, estudios e instrumentos: <https://www.unidroit.org/agriculture/>. [Consulta: 20/11/2024.]

31 La traducción del instrumento al español se encuentra disponible para su consulta en el siguiente enlace: <https://www.unidroit.org/wp-content/uploads/2021/07/Mac-Protocol_spanish.pdf>. [Consulta: 20/11/2024.]

32 DO n° L 121, de 15 de mayo de 2009, pp. 8-24.

33 Lo que genera una difícil conexión territorial, haciendo que la *Lex rei sitae* no sea adecuada en estos casos.

manera universal, independientemente del Estado en donde la cosa se encuentre[34].

El Convenio de Ciudad del Cabo intenta contrarrestar una serie de dificultades presentes en el marco internacional, entre ellas, las diferencias en cuanto al tratamiento jurídico y la concepción de distintas fórmulas de garantías y los inconvenientes que se derivan de la necesidad de la inscripción de tales negocios jurídicos en los registros locales, afectándose así el reconocimiento y por tanto la efectividad de las garantías constituidas en otro país.

A través de la iniciativa que significó el Convenio, UNIDROIT buscó dirigir y concentrar los esfuerzos de armonización jurídica en el comercio internacional en determinados sectores específicos que poseen necesidades de financiación concretas, así como prácticas comerciales propias. Nos referimos a los sectores aeronáutico, ferroviario, espacial y, por último, minero, agrícola y de la construcción[35]. Se espera alcanzar así una mayor eficiencia en las operaciones transfronterizas de bienes de equipo móvil garantizadas con activos y de arrendamiento a través de la seguridad que brinda la existencia de un marco jurídico común y la flexibilidad del sistema establecido.

---

34 *Vid.* el preámbulo del Convenio y *"Textos sobre garantías reales preparados por la CNUDMI, la Conferencia de La Haya y el UNIDROIT. Comparación y análisis de las principales características de los instrumentos internacionales relacionados con las operaciones garantizadas"*, Naciones Unidas, Austria, 2012, disponible en <https://uncitral.un.org/sites/uncitral.un.org/files/media-documents/uncitral/es/uncitral-hcch-unidroit-s.pdf>. [Consulta: 20/11/2024.]

35 Estos tres últimos sectores cuentan con un único Protocolo dedicado a ellos, el "Protocolo MAC" mencionado anteriormente, a diferencia de los demás, para los cuales se ha desarrollado e implementado un Protocolo por cada uno de ellos.

El Convenio de Ciudad del Cabo establece un régimen uniforme para las garantías internacionales sobre determinados elementos de equipo móvil en lo que concierne a la constitución, la prioridad, los remedios ante el incumplimiento y la insolvencia del deudor, buscando la eficiencia del sistema y la protección de los derechos en juego, para la conservación de su operatividad en los distintos Estados miembros, sin que sea necesario el recurrir a diversas normas conflictuales en la materia.

Para la consecución de los objetivos mencionados anteriormente, el Convenio cuenta con una particular estructura modular o dual y en dos niveles, compuesta por el instrumento en sí mismo y sus Protocolos, que da lugar al llamado "sistema Ciudad del Cabo"[36]. Con la articulación de ambas piezas, se intenta brindar normas adecuadas y específicas para cada sector tratado por el Convenio. La interacción entre una y otra pieza no es de subordinación, puesto que los Protocolos no son una reglamentación del Convenio. Por el contrario, ambos instrumentos se complementan y de tal unión resulta el Convenio aplicable a la categoría de bienes que se trate[37].

En una primera instancia, el Convenio fija un marco uniforme y básico, con normas generales, aplicables a todas las ca-

---

[36] En un primer momento se caracterizó a la estructura del sistema como dual, considerándose solamente la dupla Convenio-Protocolo. No obstante, al incorporarse las normas que regulan el Registro Internacional correspondiente a cada Protocolo, esta estructura se transforma en "multidivisional" (*Vid.* Rodríguez De Las Heras Ballell, T., "El concepto funcional de garantía en el Convenio de Ciudad del Cabo relativo a garantías internacionales sobre elementos de equipo móvil", *Anuario de Derecho Civil,* Tomo LXV, fascículo IV, 2012.

[37] Así lo establece claramente el Convenio en su art. 6.

tegorías de equipo móvil abarcadas por él[38]. Cada Protocolo, luego, adapta las normas generales del Convenio a las particularidades de cada sector, determina su entrada en vigor con relación a la categoría de bienes en cuestión y precisa, detalla, el ámbito de aplicación. El Convenio, en virtud de esta estructura dual, no puede operar con independencia de sus Protocolos; es una base flexible que puede adaptarse a las necesidades de cada categoría en virtud de los Protocolos correspondientes y su aplicación está determinada por la situación del deudor en uno de los Estados contratantes, no importando dónde se encuentre situado el bien o el acreedor al momento de contratar.

El "sistema Ciudad del Cabo" se basa en tres elementos clave o pilares[39]: el concepto de garantía internacional, un cuerpo de normas uniformes y un modelo de Registro Internacional. El primero, es un concepto *sui generis*, autónomo, unitario y funcional, que agrupa diferentes negocios jurídicos que poseen función de garantía en la práctica comercial. El segundo pilar, la formulación de normas uniformes, permite su aplicación a distintos elementos objeto de la garantía en virtud del Convenio y, gracias a los Protocolos específicos, su aplicación y adaptación acorde a las particularidades de cada categoría

---

38 El ámbito de aplicación objetivo del Convenio de Ciudad del Cabo se establece de manera genérica y amplia.

39 *Vid.* FELIU REY, J., "Retos y tendencias actuales en materia de garantías mobiliarias", en MIRANDA SERRANO, L. M., PAGADOR LÓPEZ, J. (dirs.) *Retos y tendencias de Derecho de la contratación mercantil*, Marcial Pons, Madrid, 2017, pp. 532-533, y RODRÍGUEZ DE LAS HERAS BALLELL, T., "El Convenio de Ciudad del Cabo relativo a garantías internacionales sobre elementos de equipo móvil y sus Protocolos", en JEREZ DELGADO, C. (coord.) *Textos internacionales sobre garantías mobiliarias: reflexión y análisis*, Agencia Estatal Boletín Oficial del Estado, Madrid, 2017, pp. 61-146. Particularmente, RODRÍGUEZ DE LAS HERAS BALLELL se refiere a estos elementos como piezas conceptual, sustantiva y adjetiva o registral, respectivamente.

de equipo. Ambos deben interpretarse conjuntamente, pero en caso de discordancia deben prevalecer las disposiciones del Protocolo aplicable. En tercer lugar nos encontramos con el Registro internacional, que permite la protección de ciertos derechos a nivel internacional, no sólo en caso de ser calificados como "garantías internacionales" por el Convenio y el Protocolo oportuno, puesto que al registro acceden más que sólo estas garantías. Gracias a que es único y centralizado para cada protocolo, se supera la dificultad en la registración de garantías extranjeras en los registros locales, colaborando a la eficacia y reconocimiento de las garantías en el comercio internacional. La consulta de sus registros puede realizarse online desde cualquier lugar, evitando los problemas de publicidad transfronteriza que conllevan los registros locales[40].

Si bien el Convenio fue adoptado en el año 2001, no entró en vigor hasta 2006, momento en el que también entró en vigor su Protocolo sobre cuestiones específicas de los elementos de equipo aeronáutico. Cuenta, en la actualidad, con 87 Estados contratantes y la Unión Europea como organización de integración económica regional[41]. En la medida en que

---

40 La inscripción de la garantía internacional no es constitutiva, pero le otorga publicidad y oponibilidad a terceros, así como activa las reglas de prioridad establecidas en el Convenio.

41 En virtud de la Decisión del Consejo de 6 de abril de 2009 relativa a la adhesión de la Comunidad Europea al Convenio relativo a garantías internacionales sobre elementos de equipo móvil y su Protocolo sobre cuestiones específicas de los elementos de equipo aeronáutico, adoptados conjuntamente en Ciudad del Cabo el 16 de noviembre de 2001, la Comunidad Europea depositó el 28 de abril de 2009 el instrumento de adhesión al Convenio y el Protocolo aeronáutico en calidad de organización regional de integración económica, de conformidad con los artículos 48 del Convenio y XXVII del Protocolo mencionado. De esta forma, el Convenio de Ciudad del Cabo entró en vigor para la Unión Europea el 1 de agosto de 2009, vinculando también así a sus Estados miembros.

el Convenio de Ciudad del Cabo, al igual que sus Protocolos, incluye disposiciones en cuestiones en las que la UE posee competencia, los países miembros de la Unión deben adoptar las medidas necesarias para cumplir e implementar tales disposiciones. Sin embargo, es importante resaltar que el hecho de que la UE se haya adherido al Convenio no implica que sus Estados miembros deban, a su vez, ratificarlo. Este hecho, no obstante, permitió la ratificación de los Estados miembros de la Comunidad interesados, la cual había estado bloqueada por la mencionada concurrencia de competencias distribuidas entre la UE y los Estados miembros, necesitando de tal adhesión para poder ratificar con plenos efectos el Convenio y sus Protocolos.

Por su parte, España depositó ante UNIDROIT el instrumento de su adhesión al Convenio de Ciudad del Cabo en el año 2013[42]. No fue sino hasta 2015, sin embargo, que se produjo el depósito de su adhesión al Protocolo aeronáutico, dando lugar por tanto a un proceso escalonado y dilatado de incorporación al sistema de Ciudad del Cabo. Así, el Convenio entró en vigor para el país el 1 de marzo de 2016. Actualmente, si bien España es parte de del protocolo mencionado y del protocolo ferroviario[43], sería muy interesante su inclusión en el Protocolo sobre cuestiones específicas de los elementos de equipo minero, agrícola y de construcción, debido a las facilidades que suma al crédito en el ámbito internacional, en un sector que depende ciertamente de esto. De esta forma, los agricultores y otras entidades agrícolas se beneficiarían de un

---

42 BOE n.º 238, de 4 de octubre de 2013.

43 El Protocolo de Luxemburgo sobre cuestiones específicas de los elementos de material rodante ferroviario (también conocido simplemente como el Protocolo de Luxemburgo o Protocolo ferroviario), entró en vigor recientemente, gracias a la ratificación de España y la puesta en funcionamiento del Registro Internacional correspondiente, el día 8 de marzo de 2024.

mayor acceso a equipos agrícolas modernos a un coste ciertamente menor, aumentando así la productividad y el rendimiento del sector.

En este sentido, una operación de leasing que se celebrase sobre equipo agrícola, de acuerdo al Protocolo y a su Anexo 2, podría contar no sólo con los beneficios habituales de este contrato sino también con la protección del negocio y de la garantía dada por el Convenio y su Protocolo MAC. Se encuentran incluidas, por ejemplo, máquinas de ordeñar, germinadores, máquinas para la limpieza, clasificación o cribado de semillas, tractores, topadoras, pulverizadores, sembradoras, cosechadoras, etc.. La adhesión de España a este cuarto protocolo del Convenio de Ciudad del Cabo podría traducirse en una mayor disposición por parte de los financiadores internacionales a entrar en el mercado español y comprometer mayores cantidades financiadas en las operaciones de leasing agroalimentario, ofreciendo créditos a menor coste que el actual. Sin dudas, el Convenio de Ciudad del Cabo aumenta la seguridad jurídica del sector que nos interesa en el ámbito internacional, mejorando las condiciones de contratación y favoreciendo la modernización del agro.

VI. BIBLIOGRAFÍA

AMAT, O., *El leasing : modalidades, funcionamiento y comparación con otras opciones*, Ediciones Deusto, Madrid, 1989.

CARRASCO PERERA, Á.; CORDERO LOBATO, E.; MARÍN LÓPEZ, M. J., *Tratado de los Derechos de Garantía*, vol. Tomo II, Cuarta edición, Thomson Reuters Aranzadi, Cizur Menor (Navarra), 2022.

CASTELLÓ TALIANI, E., *Estudio económico de los contratos de leasing y su captación en los informes contables*, Instituto de Contabilidad y Auditoría de Cuentas, Madrid, 1989.

CHULIÁ VICENT, E.; BELTRÁN ALANDETE, T., *Aspectos jurídicos de los contratos de leasing*, Librería Bosch, Barcelona, 1989.

CILVETI GUBÍA, M. B., "Comentario a la STS de 16 de mayo de 2000", *Cuadernos Cívitas de Jurisprudencia Civil*, n.º 55, 2001, pp. 67-86.

FELIU REY, J., "Retos y tendencias actuales en materia de garantías mobiliarias", en Luis María Miranda Serrano, Javier Pagador López (eds.) *Retos y tendencias de Derecho de la contratación mercantil*, Marcial Pons, Madrid, 2017, pp. 519-538.

GINÉS CASTELLET, N., "El «lease back» como un supuesto de enajenación en garantía", *La notaria*, n.º 6, 2003, La Ley, pp. 27-64.

MARTÍNEZ ESPÍN, P., "Venta y «lease back»", en Ángel Carrasco Perera (ed.) *Tratado de la Compraventa. Homenaje a Rodrigo Bercovitz*, vol. Tomo I, Aranzadi, Cizur Menor, 2013, pp. 201-211.

MARTÍNEZ VELENCOSO, L., "El «Lease-Back» o «Leasing de retorno»: distinción de otras figuras. Aplicación de la Ley de Usura. Comentario a la Sentencia del TS de 17 de marzo de 1998 Rec. Núm. 164/1994 (RJ 1998, 1351)", *Revista Aranzadi de Derecho Patrimonial*, n.º 1, 1998, pp. 315-324.

PACHECO CAÑETE, M., *El contrato de «Lease-Back»*, Marcial Pons, Ediciones Jurídicas y Sociales, Madrid, 2004.

PARRA LUCÁN, M. Á., "El Leasing en la jurisprudencia", *Aranzadi Civil*, vol. III-II, 1994, pp. 15-49.

- "Comentario a la STS de 1 de febrero de 1999", *Cuadernos Cívitas de Jurisprudencia Civil*, n.º 50, 1999, pp. 823-840.

- "Comentario a la STS de 2 de febrero de 2006 (RJ/2006/494)", *Cuadernos Civitas de Jurisprudencia Civil*, vol. 72, 2006, pp. 1741-1772.

PÉREZ GURREA, R., "Estudio del leasing financiero y del lease-back a propósito de la RDGRN de 29-1-2005 y de la sentencia del TS de 2-2-2006", *Revista Crítica de Derecho Inmobiliario*, n.º 696, 2006, pp. 1652-1661.

RODRÍGUEZ DE LAS HERAS BALLELL, T., "El concepto funcional de garantía en el Convenio de Ciudad del Cabo relativo a garantías internacionales sobre elementos de equipo móvil", *Anuario de Derecho Civil*, vol. Tomo LXV, fascículo IV, 2012, pp. 1605-1651.

- "El Convenio de Ciudad del Cabo relativo a garantías internacionales sobre elementos de equipo móvil y sus Protocolos", en Carmen Jerez Delgado (ed.) *Textos internacionales sobre garantías mobiliarias: reflexión y análisis*, Agencia Estatal Boletín Oficial del Estado, Madrid, 2017, pp. 61-146.

ROJO AJURIA, L., *«Leasing» mobiliario*, Tecnos, Madrid, 1987.

SEGURADO LLORENTE, J. L., *Todo sobre el leasing*, De Vecchi, Barcelona, 1987.

VIDAL BLANCO, C., *El leasing, una innovación en la técnica de la financiación*, Ministerio de Hacienda, Instituto de Estudios Fiscales, Instituto de Planificación Contable, Madrid, 1977.

VIVAS TESÓN, I., "Comentario a la STS de 10 de febrero de 2005 (RJ/2005/1405)", *Cuadernos Cívitas de Jurisprudencia Civil*, n.º 71, 2006, pp. 679-693.